"十三五"国家重点图书

湖北省学术著作出版专项资金资助项目

数字信息资源与服务创新研究丛书

数字信息资源开放存取

Open Access to Digital Information Resources

黄如花 著

WUHAN UNIVERSITY PRESS
武汉大学出版社

图书在版编目(CIP)数据

数字信息资源开放存取/黄如花著.—武汉：武汉大学出版社,2017.3
数字信息资源与服务创新研究丛书
ISBN 978-7-307-18218-9

Ⅰ.数…　Ⅱ.黄…　Ⅲ.图书馆—数字信息—信息资源—文献资源建设—研究　Ⅳ.G250.7

中国版本图书馆 CIP 数据核字(2016)第 151499 号

责任编辑:詹　蜜　　责任校对:汪欣怡　　版式设计:马　佳

出版发行：**武汉大学出版社**　(430072　武昌　珞珈山)
(电子邮件：cbs22@ whu.edu.cn　网址：www.wdp. com.cn)
印刷：武汉精一佳印刷有限公司
开本：720×1000　1/16　印张:30　字数:432 千字　插页:8
版次：2017 年 3 月第 1 版　2017 年 3 月第 1 次印刷
ISBN 978-7-307-18218-9　定价:88. 00 元

“十三五”国家重点图书

湖北省学术著作出版专项资金资助项目

数字信息资源与服务创新研究丛书

数字信息资源开放存取

黄如花 著

WUHAN UNIVERSITY PRESS
武汉大学出版社

武漢大學
School of Inf

摄影　傅玲

数字信息资源与服务创新研究丛书

数字信息资源开放存取

iSchools运动与图书情报学教育的变革

可移动文化遗产保护体系研究

科学数据管理与共享的理论与实践

数字信息环境下的图书馆管理

面向公众需求的档案资源建设与服务研究

基于用户资源关联的社会化推荐研究

移动数据服务关键技术

数字信息资源保存的理论与技术

XML信息索引与检索

数字出版集成化管理研究

数字图书馆原理与技术研究

作者简介

黄如花，管理学博士，武汉大学信息管理学院副院长、教授、博士生导师。美国加州大学伯克利分校高级研究学者、匹兹堡大学访问学者。国际期刊《国际信息与图书馆述评》同行评审专家、国际知识组织协会（ISKO）会员、中国图书馆学会学术委员会副主任委员，湖北省图书馆学会副会长。主要研究领域有信息组织、信息检索与服务、开放存取、数据开放与共享等。目前已出版著作9部，在国内外学术刊物和国际会议发表论文100余篇，大多数为CSSCI期刊论文；其中，《中国图书馆学报》14篇，SSCI索引2篇、EI索引4篇，CPCI索引6篇、《人大复印报刊资料》转载10余篇。主持完成了国家社科基金、教育部重点研究基地等各类科研项目10余项，现主持国家社科基金重大项目“面向国家大数据战略的政府数据开放共享对策研究”（2015ZDC025）。

本书为教育部新世纪人才支持计划“面向e-Science的数字信息资源开放存取及其实现技术研究”的研究成果；系“十三五”国家重点图书，湖北省学术著作出版专项资金资助项目“数字信息资源与服务创新研究丛书”之一。

前　言

联合国教科文组织(UNESCO)2016年5月9日与开放存取知识库联盟(Confederation on Open Access Repositories, COAR)签署的《COAR-UNESCO开放存取联合声明》指出:"开放存取已成为全球趋势","随着世界进入可持续发展的新纪元,科学研究成果的开放与包罗万象会变得日益重要。"随着开放存取运动的不断深入,可开放存取的资源数量不断增长,范围不断拓展,其质量也不断提高。对图书馆而言,数字信息资源的开放存取可以缓解图书馆的经费紧张、在短期内以比较经济的方式增加图书馆的馆藏并使之保持可持续增长的态势、增强文献保障能力等。我们在调研中发现,仅Open Science Directory等4个网站收录的开放存取资源就价值人民币8亿多元。数字信息资源的开放存取也有助于提高国家科研投资的效益、扩大作者及其所在机构的影响、方便用户信息存取以及促进学术信息的快速交流。2012年5月1日,英国开放存取执行工作组(UK Open Access Implementation Group, OAIG)发布的2个报告——《学术研究成果开放存取对公共部门的好处》和《学术研究成果开放存取对志愿者和慈善机构的好处》显示,开放存取为公共部门节省了 2800 万英镑，以后会有更多的回报。

数字信息资源的开放存取已引起国际组织、各国政府、科研资助机构、国内外大学与研究机构、出版社和 IT 机构的共同关注。联合国、世界卫生组织、国际粮农组织等资助启动了多个开放存取项目。2012 年 4 月 6 日，联合国教科文组织（UNESCO）出版了《发展与促进开放存取的政策指南》（*Policy Guidelines for the Development and Promotion of Open Access*）。2012 年 4 月 10 日，世界银行发布“开放知识文库”（Open Knowledge Repository, OKR）。2009 年 3 月 11 日，美国总统奥巴马签署了旨在使美国国立健康研究院资助成果强制公开政策永久生效的《2009 年综合拨款法案》。据 UNESCO 的“全球开放存取门户”（Global Open Access Portal，GOAP）统计，截至 2015 年 5 月，美国在开放存取仓储指令与政策注册（Registry of Open Access Repository Mandates and Policies，ROARMAP）网站注册的有 4 个资助机构指令和 50 多个来自公立与私立研究机构、研究性大学与文理学院的机构指令。2012 年英国政府宣布成立世界上第一个科学数据开放存取的研究机构——开放数据研究所（Open Data Institute，ODI），并承诺 5 年内投资 100 万英镑支持 ODI。加拿大从国家层面发布了《加拿大开放政府行动计划 2014—2016》（Canada's Action Plan on Open Government，2014-2016）。国内外知名科研资助机构、大学和研究所纷纷发布科研成果开放存取的强制性要求或建议。2013 年 12 月 25 日，欧盟委员会宣布启动开放研究数据试点，开放公共资助研究数据。从 2017 年起，“地平线 2020”（Horizon 2020）项目中的开放研究数据试验（Open Research Data Pilot）会拓展到所有领域。联合国教科文组织“全球开放存取门户”（GOAP）建立的目的就是为了提供全球科学信息开放存取最新状态信息，其“资助机构存储指令”（Funder Deposit Mandates）显示，全球要求开放存取资助成果的已超过 50 个；著名的开放存取出版商 BioMed Central 收录的“资助机构开放存取政策与指令”（Funder Open Access Policies and Mandates）则更多。

尤值一提的是，2015 年 10 月 29 日发布的《十八届五中全会公报》提出我国“实施国家大数据战略”，标志着大数据战略正式上升为国家战略。《中共中央关于制定国民经济和社会发展第十三个五年规划的建议》进一步提出“实施国家大数据战略，推进数据资源开放共享”。国务院《促进大数据发展行动纲要》多次明确提出政府数据开放共享。美、英等政府数据开放起步早的国家在政府数据开放方面快马加鞭，纷纷推出其开放政府战略的“升级版”，如加拿大于2014年年底推出《加拿大开放政府行动计划2014—2016》，英国于2015年初发布《英国开放数据路线图》，美国于2016年5月推出其第4次开放政府行动计划。在国际组织和发达国家带动下，政府数据开放共享的国际合作倍受瞩目。可见，政府数据开放共享已成为信息资源开放存取领域新的热点。

信息资源的开放存取引起了学者们的广泛关注。其重要标志是“开放存取日”（Open Access Day）、“开放存取周”（Open Access Week）、“开放存取年”（Open Access Year，2009年）和“欧洲开放数据周”（European Open Data Week，2012年5月21—26日）的相继提出，还建立了专门的开放存取网站。据开放存取名录（Open Access Directory，OAD）的统计，关于开放存取的博客和社交媒体网站均超过200个，不同学科的开放数据获取站点近200个，1991年以来发布的开放存取有关的宣言超过100个。

国内外图书情报机构积极参与数字信息资源的开放存取。国际图联（IFLA）、美国图书馆协会（ALA）、美国大学与研究图书馆协会（ACRL）、美国图书馆与信息资源委员会（CLIR）、英国联合信息系统委员会（JISC）、美国国会图书馆、中国国家图书馆、中国科学院国家科学图书馆以及国内外知名大学图书馆均为此做出了多方面的努力。2012年年初以来，ACRL已向白宫传达其关于开放存取和数字化数据的意见，并将此列为其2012年立法进程的第一优先要务；而且，其“2015立法日程”（ACRL Legislative Agenda 2015）仍将联邦研究成果的开放存取放在首位。2015年8月21—25日在南非开普敦召开的IFLA年会上，开放存取知识库联盟（COAR）的执行主任Kathleen Shearer撰文介绍COAR的“跨地区开放存取仓储联盟项目”(Aligning Repository Networks Initiative),与旨在促进研究数据无障碍共享的研究数据联盟(Research Data Alliance,RDA)组织了一个图书馆与研究数据的座谈会,以从地区与机构的视角讨论图书馆的数据管理问题,并与美国研究图书馆协会(ARL)和加拿大研究图书馆协会(Canadian Association of Research Libraries,CARL)的同行联合撰文介绍了旨在促进研究数据集免费与开放的 SHARE 项目和 CARL 启动的基于图书馆的研究数据管理网络“通过共享专门知识和管理研究数据支持加拿大创新”(Portage：Supporting Canadian Innovation through Shared Expertise and Stewardship of Research Data)。

近些年来国内外数字信息资源开放存取领域的理论研究和实践取得了哪些进展？开放存取有哪些影响？图书馆应该如何应对？图书情报机构如何充分利用自身在信息组织、信息检索和信息服务领域的专长与优势,促进数字信息资源的开放存取以及开放存取信息资源的利用？数字信息资源开放存取中有哪些问题需要解决？这些问题都亟待较为系统的研究。

我们的中外文文献调查表明,国内已出版 7 部开放存取领域的著作,其中 4 部主要讨论 e 印本文库、开放存取期刊质量、开放存取的实现途径、开放存取期刊研究,2 部专门从图书馆的角度对开放存取进行了讨论,1 部用一章内容讨论开放存取在图书馆中的应用。整体而言,从图书馆角度讨论开放存取的著作不是很多。国外出版的著作中手册、指南、简介、会议论文集或论文汇编较多,但很少涉及我国的理论与实践成果。涉及开放存取资源的检索、元数据管理、重组等技术问题者甚少;尚未发现国内外有系统研究上述问题的专著;近年来关注度日益提升的科学数据与教育资源的开放存取,远未引起国内学者的足够重视,这方面的成果比较薄弱,写进著作者甚少;因此我们希望做点尝试。

本书以笔者主持的教育部新世纪优秀人才支持计划“面向 e-Science 的数字信息资源开放存取及其实现技术研究”的系列研究成果为基础,增加了 2011 年以后的成果,尤其是开放教育资源、科学数据的开放存取、政府数据开放有关的内容。全书共 12 章,可分为以下三大方面的内容：

数字信息资源开放存取的有关理论。全面梳理了“开放存取”和“开放存取信息资源”等概念的不同表述和定义，阐述了开放存取信息资源的范围、开放存取的发展历程、开放存取的实现途径。从开放存取的经济意义和商业模式、开放存取的影响力和评估、开放存取的实现方式、开放存取资源的组织和利用等方面对2006年以来国内外开放存取的研究成果进行了述评。

数字信息资源开放存取的实践。从国际组织、各国政府、主要科研资助机构、大学或科研机构、图书情报机构、出版社和开放存取领域的合作7个方面总结了国内外数字信息资源开放存取的实践进展。提出了开放存取背景下图书馆的应对之策，如从国际组织的重要文件中寻求依据、充分发挥各级图书馆协（学）会的作用、利用开放存取资源缓解图书馆的经费紧张、将开放存取资源的收集与管理作为馆藏发展政策的有机组成部分等。

数字信息资源开放存取的有关技术。详细阐述了开放存取资源的检索、元数据管理和重组3个方面的有关工具与方法，并辅之以相应的案例，力求为图书馆提供可操作性强的实践指导。提出了开放存取资源的互操作、长期保存以及知识产权保护等问题及其相应的对策。

本书是数年来本人和所指导的博士研究生、硕士研究生共同研究成果的集中体现。主要来源有：本人撰写的其他书稿中有关开放存取的章节；我们合作撰写并公开发表的论文；本人组织、学生们参与撰写（合著或独著）的在《图书情报工作》和《图书与情报》等刊物刊发的开放存取专题稿件。但这些成果历时多年，收入本书时进行了大量的删、增与更新，与其当时出现的形态存在很大差异。博士研究生刘龙、硕士研究生陈萌与林焱新增了许多素材，核实了所有网页文献的网址。谢谢各位同学的付出！

本书在写作过程中参考了国内外大量的相关研究成果，在此，谨向这些文献的作者致以诚挚的谢意！

开放存取领域的进展可谓日新月异，尽管本书力图反映最新进展,仍难以跟上变化的速度。

由于编者学识、水平有限,书中疏漏和不妥乃至错误之处在所难免,敬祈专家、学者和读者批评指正!

黄如花 谨识

2016年6月19日于珞珈山

序　言

随着数字信息资源呈指数级增长、形态与来源多元化和复杂化,任何一个图书馆都没有能力也不可能收藏所有的信息资源。一方面,出版物价格的持续高涨使得图书馆购买能力相对下降;另一方面,用户的信息资源需求又不断增加,尤其是随着数字参考服务的发展,图书馆的服务对象正在发生变化,超越传统上的本馆范围逐渐向外延伸,有的甚至扩大到全球范围。这是网络环境下文献信息资源管理与服务领域发生的一个重大变化和必然趋势。如何利用有限的经费满足用户不断增长的需求是全球每个图书馆面临的现实问题, 数字信息资源的开放存取给图书馆发展带来新的契机。更为重要的是,数字信息资源的开放存取有助于促进科研成果的及时传播、提升科研项目资助的效率以及优化学术交流体系。在这种背景下,对数字信息资源开放存取进行系统研究颇有必要。

《数字信息资源开放存取》正是黄如花教授多年来在该领域潜心探索、不断实践和深入研究的成果,很高兴能够看到她的这本新著即将与读者见面。纵观全书,有以下三个特点:

第一,立意高远。该书立足于图书馆,讨论图书馆如何利用开放存取资源提升馆藏与服务质量，但又不局限于图书馆，将数字信息资源开放存取置于更大的社会背景与整个学术交流体系中进行考察，研究图书馆在数字信息资源开放存取中的作用、如何与出版社等数字信息资源开放存取相关利益方开展合作、如何为学者的学术交流与知识产权保护提供服务、如何敦促政府相关主管部门出台促进数字信息资源开放存取政策；面向全球总结数字信息资源开放存取理论研究与实践成果，既考虑国内外图书馆和图书馆协(学)会的活动，又关注图书馆之外重要组织机构的努力，包括联合国教科文组织(UNESCO)、世界知识产权组织(WIPO)、世界经合组织(OECD)等国际组织，美国国立健康研究院(NIH)等知名科研资助机构与大学和研究机构等。我很欣喜地看到，作者的这种研究视角符合《国际图联 2016—2021 战略规划》(IFLA Strategic Plan 2016-2021)提出的 4 个核心战略方向之首的“社会中的图书馆”(Libraries in Society)。

第二，内容系统。该书对数字信息资源开放存取的概念、发展历程、国内外研究与实践进行了系统梳理，以帮助读者快速、全面地了解数字信息资源的开放存取领域的理论与实践进展。与此同时，详细论述了数字信息资源开放存取实现途径、开放存取资源的检索、基于类型与基于学科的开放存取资源获取策略、开放存取资源的元数据管理、开放存取资源的重组等技术性问题，尤其是对目前鲜有研究的科学数据的开放存取和教育资源的开放存取分别另辟专章进行研究。除此之外，对数字信息资源开放存取的其他一些重要的相关问题，如质量控制、知识产权保护和数字信息资源的长期保存等进行了分析。

第三，资料新颖。无论是就理论探索还是实践进展而言，开放存取都是一个发展变化很快的动态领域。一部讨论动态变化很快的领域的著作，时效性是很重要的。黄如花教授的书做到了这一点。该书力图反映数字信息资源开放存取领域的最新动态，援引了大量最新案例与数据，我注意到，在引言和正文中许多素材都是开放存取领域刚刚发生不久的重要标志性事件，书中涉及的所有网页文献的访问日期都重新进行了核实，还专辟一节介绍全球开放存取门户

(GOAP)等反映全球开放存取最新动态的门户网站。

所有这些,无不显示出一个青年学者的学术追求与研究潜力,反映出她多年来对数字信息资源的开放存取领域全面而深入的探索和研究,以及这些思考和研究所带来的可喜成果。我很高兴得知,该书先后入选湖北省学术出版基金、国家出版基金和国家“十三五”重点图书。难能可贵的是,黄如花教授将其关于教育资源开放存取的研究付诸实践,积极参与开放教育资源的建设与传播,她在教育部主管的爱课程网开设的开放在线课程——“信息检索”资源共享课和“慕课”已吸引了来自国内外的10余万学员学习,受到很多学子的欢迎。我就亲耳听见我身边好几位年轻学人对她的“慕课”的赞赏。她的这些学术实践,为她的新作增添了鲜活的思考。期待黄如花教授在已取得的成果基础上,能够进一步深化并适当拓展研究,不断有新的思考、新的发现及新的研究成果。同时,也期待所有对数字信息资源开放存取感兴趣的读者和学习者都能够从该书中获益。

我与黄如花教授已相识多年。最早注意到黄如花教授是看到她2003年发表在《中国图书馆学报》的论文“网络信息组织的发展趋势”,该文的内容深度与对网络信息组织发展趋势的预测吸引了我,以为是一位年长的学者,此后开始关注她,逐一读过她在《中国图书馆学报》发表的10余篇论文。第一次近距离的接触是2011年在中山大学举办的“青年情报科学家论坛”,当时我和马费成教授作为顾问受邀参会并作讲座,那次参会人员很多,会议分两个大组进行大会发言,我恰好分在黄如花教授担任主持人和点评人的那个大组,她敏锐的思想、清晰的思路和精当的点评及总结给我留下了深刻印象,体现了她深刻独到的学术认知。2012年参加她所在的武汉大学信息管理学院的留学生答辩时,她流利的英语和提问又使我看到了她的外语功底。2015年年底,我有幸作为国家社科基金重大项目的评审专家,十分欣喜地看到了她提交的投标书,其选题的科学性、前沿性与论证的严密性,以及严肃认真对待每一个学术问题的精神,均使我耳目一新,这是一份难得一见的规范的申报文本。

《数字信息资源开放存取》是黄如花教授对近年来研究成果的

一个总结,我有幸先睹为快,并在此作序把她的成果介绍给广大读者,感到十分高兴。在该书即将出版之际,写下一点儿感想,既是致贺,也是期望。

是为序。

黄长著

2016 年 6 月于北京

黄长著　中国社会科学院学部委员、研究员,国家社科基金图书馆·情报与文献学学科规划评审组召集人,国家哲学社会科学研究专家咨询委员会委员,中国社会科学情报学会荣誉理事长

CONTENTS 目　　录

第1章　数字信息资源开放存取绪论

网络技术的发展和成熟使科研人员的学术交流活动日益频繁且形式多样化，为全球的知识共享创造了良好的条件。但是，传统的学术交流模式已难以适应科研活动的新要求，在一定程度上阻碍了知识的交流和共享。

为了解决自20世纪70年代起就出现的"学术期刊危机"，构建一个真正服务于科学研究的学术交流体系，开放存取（Open Access，OA）作为一种新的学术信息共享的理念和出版机制应运而生，它是国际学术界、出版界、图书情报界为了推动利用互联网自由传播科研成果而发起的运动，旨在促进学术信息的广泛交流，促进利用互联网进行科学交流与出版，提升科学研究的公共利用程度、保障科学信息的长期保存，提高科学研究的效率。开放存取运动（Open Access Movements）于20世纪90年代末在全球大规模地兴起。截至2016年6月17日，全世界已有5963位个人和875个相关研究机构签署了著名的《布达佩斯开放存取倡议》（*Budapest Open Access Initiative*，BOAI），表示支持对学术研究论文的开放存取①。

---

① Budapest Open Access Initiative. View Signatures [EB/OL]. [2016-06-17]. http://www.budapestopenaccessinitiative.org/list_signatures.

1.1 数字信息资源开放存取的有关概念

1.1.1 开放存取

(1)开放存取术语的由来

有学者认为,“Open Access”这一术语是 2002 年开放社会研究所(Open Society Institute,OSI)在布达佩斯由一批教师、图书馆员和出版商提出和定义的,用来描述读者不必是某一订购单位的成员或付费者即可在线找到和完整阅读的那些研究论文。

但笔者经核实,BOAI 于 2001 年 12 月 1—2 日签署,可见,“Open Access”这一术语至少在此时已出现,并非 2002 年才提出。笔者进一步进行文献检索发现,早在 1991 年 7 月,美国总统办公室发布的关于《全球变化研究数据管理》的政策声明就指出:数据应以尽可能低的成本向全球变化研究人员提供,确保其完全和开放存取①,其使用的术语便是“Open Access”。据此推断,至少在 1991 年 7 月,“Open Access”这一术语已在美国官方文件中出现。而 BOAI 只是使这一术语更广为人知,笔者进一步找到了证实该观点的以下素材。

开放存取领域的著名专家皮特·萨伯(Peter Suber)认为,2002 年 BOAI 推广了“Open Access”这个术语,该术语从 2005 年开始扩展到学术界之外,不止限于原本使用的本义,已经被其他行业所借用,比如电力电网与有线电视的互操作、Wi-Fi 热点,甚至医生预约的时间表编排的新方法中都用到“Open Access”这一术语。越来越多的文章讨论和推荐开放存取,越来越多的讨论和推荐开放存取的文章本身也是可开放存取的②。

---

① Data Management for Global Change Research Policy Statements [EB/OL].[2016-06-10]. 其对应的原文为:Data should be provided at the lowest possible cost to global change researchers in the interest of full and open access to data. http://www.gcrio.org/ocp97/box1ch3.html.

② Welcome to the SPARC Open Access Newsletter(issue #93, January 2, 2006)[EB/OL].[2016-04-10]. http://www.earlham.edu/~peters/fos/newsletter/01-02-06.htm.

(2)开放存取的不同称谓

用于表达“开放存取”含义最广的英文表述是Open Access,我国台湾地区学者的译法不少,如公开访问、公开取阅、开放取用、开放取阅或开放近用等。如毛庆祯认为,“台湾的图书馆界把Open译为‘开放’‘公开’,Access译为‘取阅’‘取用’‘近用’‘存取’‘查阅’,组合成多种可能的译名”。他建议将“Open Access”译为“开放近用”,“近用是接近使用的简称,相对的名词是付费近用(Toll Access)”①。

我国大陆地区曾有学者根据全国科学技术名词审定委员会出版的《科学技术名词审定的原则及方法》,认为较适宜的译文是“开放访问”②。现在,对OA的翻译多样,如开放存取、开放获取、公开获取、公共获取、开放使用等,相较而言,用“开放存取”更多。

与开放存取有关的术语还有:

免费存取(Free Access),如包括美国图书馆协会在内的10个图书馆协会及组织发表声明支持的《免费访问科学文献的华盛顿原则:非营利性出版商声明》③便使用该术语。

“免费在线存取”(freely accessible online)“读者不支付费用在线存取”(accessible online without cost to readers),如《布达佩斯开放存取倡议》④在使用开放存取的同时,也使用了这两个术语。

美国夏威夷大学信息和计算机科学系的Peter Jacso在2006年国际图书馆协会与机构联合会(International Federation of Library Associations and Institutions,IFLA,通常简称为国际图联)大会亚太分部关于开放存取的开放分会场指出,“开放存取”(Open Access)比“免费存取”(Free Access)更好,因为它意味着来自任何地方的任何人

① 毛庆祯.开放近用运动的真谛[EB/OL].[2016-04-10].http://www.lins.fju.edu.tw/mao/works/definition.html.

② 马景娣.Open Access中文译名探讨[J].图书馆杂志,2005(10):34-36.

③ Washington D. C. Principles for Free Access to Science — A Statement from Not-for-Profit Publishers[EB/OL].[2016-04-10]. http://www.dcprinciples.org/.

④ Budapest Open Access Initiative[EB/OL].[2016-04-11]. http://www.soros.org/openaccess/read.shtml.

在任何时间可不付费获得很好的结构化的数字资源(或其中的一部分)①。

笔者倾向于使用“开放存取”,因为它包括作者个人、所在机构或出版社的“存储”和用户的“获取”。而且,教育部和国家社科基金2005 年以来资助的 10 余个项目均使用该术语,如国家社科基金项目“开放存取与图书馆的未来发展”(05BTQ001)、教育部人文社会科学研究青年基金项目“基于概念格的高校图书馆开放存取资源知识服务体系构建研究”(10YJC870035)和国家自科基金项目“开放存取数字期刊学术质量评价与控制研究”(70973094)等。目前,中国大陆学者用该术语的居多。

(3)开放存取的定义

目前,国际上比较权威的“开放存取”的定义有以下 8 种:

① 联合国教科文组织的定义。

目前可见的最权威、最新的定义来自联合国教科文组织(The United Nations Educational, Scientific and Cultural Organization, UNESCO)。其 2012 年 4 月 6 日出版的《发展与促进开放存取的政策指南》认为,开放存取(OA)是向所有人提供经同行评审的、学术和研究信息的免费存取。它要求权利持有人向全世界范围授予不可撤销的存取的权利,以便以合法的行动复制、分发、传输和产生任何形式的衍生作品,而给予原作者以适当的归属②。

②《布达佩斯开放存取倡议》的定义。

2001 年 12 月 1—2 日,美国开放社会研究所(OSI)在匈牙利的布达佩斯召开了一个小型但十分活跃的旨在促进全世界各学科领域研究论文在互联网上免费传播进程的会议,这次会议的结果便产生了《布达佩斯开放存取倡议》(BOAI)。该倡议首次给出了开放存取

① Peter Jacso. Open Access Scholarly Databases — A Bird's Eye View of the Landscape [EB/OL]. [2016-04-14].http://archive.ifla.org/IV/ifla72/papers/157-Jacso-en.pdf.

② Policy Guidelines for the Development and Promotion of Open Access [EB/OL].[2016-05-14] http://unesdoc.unesco.org/images/0021/002158/215863e.pdf.

的完整定义,并指出了开放存取的两种实现途径:自我存档和开放存取期刊。

BOAI给予的定义是:对于某文献,存在多种不同级别和种类的、范围更广的、更容易操作的获取方法。对某文献的“开放存取”(open access to this literature),我们意味着它在互联网公共领域里可以被免费获取,并允许任何用户阅读、下载、复制、传递、打印、检索该文献,或实现其全文链接、为之建立索引、用做软件的输入数据或其他任何合法用途。用户在使用该文献时不受经济、法律或技术的限制,而只需在存取时保持文献的完整性,对其复制和传递的唯一限制,或者说版权的唯一作用是使作者有权控制其作品的完整性,及作品被正确接受和引用①。

③《巴斯达开放存取出版声明》的定义。

《巴斯达开放存取出版声明》(*Bethesda Statement on Open Access Publishing*,通常简称为《巴斯达声明》)发表于2003年7月。该宣言提出,开放存取出版物(Open Access Publication)必须满足两个条件:一是文献作者或著作权人授权世界范围内的所有用户免费、无条件地获取他们的文献,允许用户为合理目的而以任何数字媒体形式公开地复制、利用、传播和演示这些文献,并创作和传播基于这些文献的新作品,用户可作为个人使用打印出少量复本;二是作品的完整版本、所有附件和上述授权声明要以一种标准电子格式存储在至少一个网络数据库中,这些数据库由某些研究机构、学术团体、政府部门或其他知名组织采用适当的技术标准建立和维护,以确保作品的开放访问、自由传播、统一检索和长期保存②。

④《柏林宣言》的定义。

2003年10月22日,德国、法国、意大利等国的科研机构根据

① Budapest Open Access Initiative [EB/OL]. [2016-04-12].http://www.soros.org/openaccess/read.shtml.

② Definition of Open Access Publication [EB/OL].[2015-04-12].http://www.earlham.edu/~peters/fos/bethesda.htm#Definition.

BOAI,《ECHO宪章》(*Charte of* ECHO)和《巴斯达声明》的精神,起草了《对科学与人文学科知识开放存取的柏林宣言》(*Berlin Declaration on Open Access to Knowledge in the Sciences and Humanities*,通常简称为《柏林宣言》),意在将互联网作为全球科学知识的基地和人类思考的重要设施,提供给研究政策制定者、研究机构、资金代理商、图书馆、档案馆和博物馆需要考虑的各种措施。

《柏林宣言》对开放存取做出了与《巴斯达声明》相似的定义,指出开放存取必须满足两个方面的条件:第一,作者和版权所有人承诺:所有用户具有免费、不被更改、全球和永久使用其作品的权利,在承认作者身份的条件下,为了任何责任的目的,许可所有用户使用任何数字媒介形态,公开复制、使用、发行、传播和展示其作品,制作和发行其衍生作品,并允许所有用户打印少量份数以供个人使用;第二,完整版本的作品及其附属资料,包括上面提到的许可承诺,以适当的标准电子格式在原始论文发表后,立即存储在至少一个以恰当的技术标准(比如Open Archive定义的标准)建立的在线数据库中。这个数据库是由研究所、学术团体、政府机构或其他组织支持的,而这些组织结构都力求使开放式访问、无限制的传播、互用性和长期存档成为可能①。

该宣言鼓励科研人员与学者在“开放存取”的原则下公开其研究成果;鼓励文化机构通过在互联网上提供他们所拥有的资源来支持“开放存取”;用发展的手段和方法来评估“开放使用”对促进科研的贡献②。

由于《布达佩斯开放存取倡议》《巴斯达开放存取出版声明》和《柏林宣言》是开放存取领域十分有影响的文件,且其英文名称均以B开头,内容上又彼此互补,故上述定义通常被统称为“BBB定义”。

---

① Berlin Declaration on Open Access to Knowledge in the Sciences and Humanities [EB/OL]. [2015-04-12]. http://w.ww.zim.mpg.de/openaccess-berlin/berlin_declaration.pdf.

② Berlin Declaration on Open Access to Knowledge in the Sciences and Humanities [EB/OL].[2015-04-12]. http://w ww.zim.mpg.de/openaccess-berlin/berlin_declaration.pdf.

⑤国际图联的定义。

国际图联(IFLA)采纳了《英国惠康信托基金会支持开放存取出版的立场声明》(*Welcome Trust Position Statement in Support of Open Access Publishing*)中关于开放存取的定义,认为符合下列两个条件者为开放存取出版物:其一,著者及著作所有权人授权所有的使用者免费、永久、全球的存取权利,只要标注著者及著作所有权人的姓名,就同意使用者复制、使用、传播、表演、展示其作品,为了研究目的而以任何数字媒体改编和传播改编后的作品,制作少量复本供个人使用;其二,作品出版后,应立即存储在至少一个由学术机构、学会组织、政府机关等单位支撑的在线典藏(online repository),作品的全文,包括附件及前述的授权声明,以标准的电子格式,以便无限制地开放存取、不受限制地传播、互操作和长期开放存档。IFLA 认为,开放存取的对象是个别作品,不以期刊或出版社为对象①。

⑥ 美国研究图书馆协会的定义。

2004 年 5 月,美国研究图书馆协会(Association of Research Libraries,ARL)学术交流办公室发布的《形成开放存取问题的框架》指出,开放存取是指创作而不期望直接得到经济利益的作品,并在公共互联网上不收任何费用,提供读者为教学与研究目的使用②。

⑦《开放存取萨尔瓦多宣言:发展中国家的观点》的定义。

该宣言于 2005 年 9 月 21—25 日举行的“发展中国家开放存取国际研讨会”(The International Seminar on Open Access for Developing Countries)签署,它指出,开放存取意味着没有限制地获取和利用科技信息。在一个日益全球化的世界中,科学是没有国界的,对信息获取的任何排斥都是不可接受的。重要的是,信息获取应被视为普遍的权利,而与地区无关。开放存取必须促进发展中国家积极参与全世界的科技信息交流,包括免费获取科技知识

---

① Definition of Open Access Publication [EB/OL].[2016-04-12]. http://www.ifla.org/V/cdoc/open-access04.html.

② Association of Research Libraries Office of Scholarly Communication. Framing the Issue: Open Access [EB/OL]. [2016-04-12]. http://www.arl.org/bm~doc/framing_issue_may04.pdf.

遗产，有效参与知识创造和传播过程，更多地支持与发展中国家直接相关的领域①。

⑧《开放存取期刊名录》对开放存取期刊的定义。

瑞典隆德大学图书馆制作的著名的《开放存取期刊名录》（Directory of Open Access Journals，DOAJ）认为，开放存取期刊是采取不向读者或其所在机构收取存取费用的资金模式的期刊。而且进一步指出，根据 BOAI 的定义，读者有对这些期刊论文的全文进行阅读、下载、复制、传递、打印、检索和链接的权利②。

尽管上述定义的表述有别，其核心思想是一致的，即指数字信息在互联网公共领域里可以被免费获取，并允许任何用户阅读、下载、复制、传递、打印、检索等合理利用，以保证数字信息的自由传播、开放利用和长期保存。

关于开放存取，还有许多观点。例如，有的学者认为，开放存取是指电子学术论文（electronic scholarly articles）在使用端可免费获得（available freely at the point of use）③。限于篇幅，在此不一一列举。

（4）开放存取的不同程度

① 完全的开放存取。

前文所述的国际权威的 UNESCO 和 BBB 关于开放存取的定义，均主张对所有用户免费。

② 不完全的开放存取。

著名的开放存取专家 Peter Suber 指出，不完全的开放存取（Incomplete Realizations of Open Access）指方向正确但还没有达到目标、妥协或退缩，只能算部分开放存取，值得鼓励，并宜给予更进一步

---

① Salvador Declaration on Open Access：The Developing World Perspective [EB/OL].[2016-04-12].http://www.icml.org/meetings/openaccess/public/documents/declaration.htm.

② Definitions：Open Access Journal [EB/OL].[2016-04-12].https://doaj.org/faq.

③ Keith G.Jeffery. Open Access：An Introduction [EB/OL]. [2016-04-12].http://users.ecs.soton.ac.uk/harnad/Temp/ercim.pdf.

的支持，期望早点达到开放存取的目标。从另一个角度说，他们力图用不太充分的资源满足用户需求，因此耽误了开放存取的进程。许多采取这些步骤的期刊正在进行实验，随着时间的推移，他们可采取进一步措施以通向完全的开放存取(full open access)。Peter Suber 进一步指出，20 种不完全开放存取情况有：在线但需付费，或许更贵；在线但需付费，但费用支付得起(affordable)；在线且免费，但只能看到引文、摘要、目次等，没有全文；在线且免费，但只限预印本(preprint)，放在预印本知识库或作者主页，没有免费在线的后印本(postprints)；在线且免费，自预印本提交或被录用后放在期刊网站，但后印本需在印刷版出版一段时间后；在线且免费，但只限特刊，正常刊期需付费；上网且免费检索，但不能免费在线阅读；在线且免费阅读，但不能复制及打印；上网且免费阅读，但只限"合理使用"(fair use，fair dealing)；在线且免费阅读及打印，但一次只能使用一篇论文，因此不能免费或不能有效地索引其内容；在线且免费，但只限文字部分，不含图表、插图、多媒体数据、数据集等；在线且免费，但只限最新一期，不含过刊；在线且免费，但只限过刊，不含最新一期论文；所有刊期免费在线，但只限付费近用出版(toll-access publication)几个月后；所有刊期免费在线，但有时间限制，如促销期有效(introductory offers)；上网且免费，但只限被录用且还未出版的论文；在线且免费，但只限注册用户，即使注册免费；在线且免费，但只限从付费论文中挑选的部分，或补充付费论文的不足；在线且免费，但只限作者已付出版费的论文；在线且免费，但只限指定的使用者，如：已付费学会的会员、已付费机构的雇员、居住在特定国家的居民等①。

1.1.2 数字信息资源

数字信息资源是指所有以电子数据的形式把文字、图像、声音、动画等多种形式的信息，存储在光、磁等非纸介质的载体中，并通过

① Incomplete Realizations of Open Access［EB/OL］.［2016-04-13］. http://www.earlham.edu/~peters/fos/lists.htm#incomplete.

网络、计算机或终端等方式再现出来的资源①。

本书所指的数字信息资源主要指学术性数字信息资源。

1.1.3　开放存取资源

(1)开放存取资源的称谓

用于表示开放存取资源含义的术语很多,如“开放存取资源”(open access resources);“开放存取信息资源”(open access information resources);“开放存取文献”(open access literature②);“开放存取出版物”(open access publication,如前文 IFLA 的用语);“开放存取信息”(open access information);“开放存取收藏”(open access collections③,OCLC 的开放存取资源检索工具 OAIster 也用此术语);“开放存取资料”(open access materials);“可公共利用的资源”(publicly available resources);“免费存取的数字资源”(freely accessible digital materials);“可开放利用的资源”(openly available resources);“创作共用资源”(creative commons resources④)等,中国台湾地区学者称为“开放近用文献”。

笔者更倾向于“开放存取资源”,因其更简洁,且美国研究图书馆协会(ARL)⑤等本领域重要的机构和加州数字图书馆⑥等著名的

---

① 肖希明等著.数字信息资源建设与服务研究[M].武汉:武汉大学出版社,2008:2.

② Open Access Overview: Focusing on Open Access to Peer-reviewed Research Articles and Their Preprints [EB/OL].[2016-04-13].http://www.earlham.edu/~peters/fos/overview.htm.

③ Open Access Collections. A One Day Workshop on the Challenges and Opportunities of Open Access Publishing for Australian Universities [EB/OL].[2016-04-13]. http://www.apsr.edu.au/open_access_collections/index.htm.

④ Open Access (OA) & Creative Commons (CC)-For Everyone.[EB/OL].[2016-09-24]. http://libguides.library.cqu.edu.au/oa-and-cc.

⑤ Anna K. Hood. Open Access Resources [EB/OL].[2016-04-13]. http://www.arl.org/bm~doc/spec300web.pdf.

⑥ Open Access Resources at the UC Libraries: Policies and Procedures for Shared Cataloging, Linking, and Management [EB/OL].[2016-04-13].http://www.cdlib.org/inside/collect/openaccess.html.

项目均用此术语。

(2)开放存取资源的含义

狭义的开放存取资源主要指通过开放存取的实现途径发布的信息资源,即开放存取期刊、学科库、机构库和个人网站(博客)中收录的资源。

Peter Suber 认为,“开放存取文献是指数字化、在线、免费、免除大部分著作权及授权限制的文献”。中国台湾地区学者毛庆祯也持此观点,认为“开放近用文献没有订阅费、授权费、点阅费等价格障碍(price barriers),也没有绝大部分著作权及授权等限制的许可障碍(permission barriers)”。[①]

与此类似的观点还有:“开放近用文献不只是透过网络免费使用,也免除大部分著作权及授权的限制。因此开放近用文献没有价格及授权的障碍。”[②]

关于开放存取资源的定义,有不同的观点,这些观点的不同源于对开放存取程度的不同理解。有的认为,是以可付得起的价格获得的资源,如 2004 年 1 月 7 日加州大学学术评议委员会主席 Lawrence Pitts 和加州大学 11 个校区的图书馆馆长写给全校教师的公开信指出:加州大学系统的图书馆正在积极努力,支持新型的学术资料出版模式(指开放存取模式,笔者注)以使优质的同行评审著作以可付得起的价格获得[③]。

笔者持最彻底的开放存取态度,赞同广义的开放存取资源的观点,认为开放存取资源是指任何用户均可免费在线获取全文的所有数字化学术信息资源。本书所指的数字信息资源的开放存取主要针对数字化学术信息资源。其理由如下:

---

① 开放近用信息导论[EB/OL].[2016-04-13]. http://blue.lins.fju.edu.tw/mao/oai/overview.htm.

② 李嘉蓉,黄怡萍.信息传播:图书馆信息学研究小组报告(2007)[EB/OL].[2016-04-13]. http://www.slideshare.net/kwakwalee/2007-20071103/.

③ Letter to UC Faculty on Scholarly Publications-Academic Senate [EB/OL].[2016-06-09]. http://senate.university of california.edu/committees/ucolasc/aclibrarians1003.pdf.

“可付得起”是一个相对的概念。前文所述的关于开放存取的国际权威的 UNESCO 和 BBB 定义均主张对所有用户免费;《英国惠康信托基金会支持开放存取出版的立场声明》和上文提及的 IFLA“开放存取出版物的定义”(Definition of Open Access Publication)也都持此观点;开放存取运动的积极推动者 Peter Suber 在前文援引的“开放存取述评”(Open Access Overview)和“开放存取简介”(A Very Brief Introduction to Open Access)①中都认为,开放存取文献是数字的、在线的免费文献,免除绝大部分著作权或授权的限制;著名的开放存取项目——科学公共图书馆(Public Library of Science,PLoS)承诺:你可以任何自己希望的方式对我们所有的出版物进行免费在线阅读、下载、复制、传播和有权限的使用;著名的开放存取期刊名录——DOAJ 收录的期刊除了满足学术期刊的标准外,持坚决的态度,认为所有的内容均可自由使用,免费登录是可以接受的,没有限制时间、出版当时即供自由使用②;著名的电子印本项目(ePrints)网站认为“开放存取是对网络上任何人提供即时的、免费的、永久的在线存取研究论文的全文”③;澳大利亚的中央昆士兰大学(Central Queensland University,CQU)图书馆④等多所图书馆采用 BOAI 的定义。

该定义有 5 个主要因素:任何用户可免费存取,除了上网,使用者不需支付任何费用,即在使用端免费(available freely at the point of use)⑤;

---

① Peter Suber. A Very Brief Introduction to Open Access(2004)[EB/OL].[2016-04-13].http://www.earlham.edu/~peters/fos/brief.htm.

② How Do We Define Open Access,Research Journal,Quality Control?[EB/OL].[2016-04-13].http://www.doaj.org/doaj?func=loadTempl&templ=faq#definition.

③ What is Open Access?[EB/OL].[2016-04-13]. http://www.eprints.org/openaccess/.

④ Open Access(OA)& Creative Commons(CC)[EB/OL].[2016-09-24].https://www.cqu.edu.au/copyright/copyright-@-cquniversity/open-access-and-creative-commons.

⑤ Keith G. Jeffery. Open Access:An Introduction[EB/OL].[2016-04-15].http://users.ecs.soton.ac.uk/harnad/Temp/ercim.pdf.

在线存取;这些资源存在于公共的互联网上(Public Internet);可开放存取的是学术研究成果或出版物;可免费获得全文。

(3)开放存取资源的范围

根据上述开放存取资源的定义与要素,开放存取资源的范围很广。笔者认为,主要包括三大类:期刊论文等已出版的科研成果、科学数据和开放教育资源。

联合国教科文组织(UNESCO)明确指出,其知识社会部(Knowledge Societies Division,KSD)工作的许多项目之一是促进对科学信息与研究成果的开放存取,UNESCO 与开放存取的其他相关领域有:免费与开源软件(Free and Open Source Software,FOSS)、数字文化遗产的保存、开放教育资源(Open Educational Resources,OER)、全民信息计划项目(Information for All Programme,IFAP)以及信息社会世界峰会(The World Summit on Information Society,WSIS)①。可见,UNESCO 促进开放存取的有:研究出版物、科学数据和开放教育资源。

欧洲研究委员会(European Research Council,ERC)的科学委员会(The Scientific Council)强制要求开放存取的是 ERC 资助的研究人员的所有的主要研究数据(primary research data)和研究论文(research articles),可见,其外延也包括科学数据。

2011 年 4 月 15 日发布的《IFLA 开放存取声明:澄清 IFLA 的立场和战略》认为,开放存取的目标是对以研究论文、专著、数据和相关资料形式出现的科学知识提供免费存取与再利用。对研究成果、教育资源和研究数据的开放存取现在是一个全球性的运动,许多组织正在努力实现这一目标,IFLA 将连接到这些组织,不重复劳动,而是创造协同效应②。

英国联合信息系统委员会(Joint Information Systems Committee,

---

① Policy Guidelines for the Development and Promotion of Open Access [EB/OL]. [2016-04-15].http://unesdoc.unesco.org/images/0021/002158/215863e.pdf.

② IFLA Statement on Open Access — Clarifying IFLA's Position and Strategy [EB/OL].[2016-04-15]. http://www.ifla, org/en/news/just-released-ifla-statement-on-open-access.

JISC)2010年发布的报告认为:开放存取指对同行评审研究文献的即时、免费使用,根据定义,它适用于期刊文章和同行评审的会议论文,但在实践中,它延伸到图书的章节、专著和研究数据①。

澳大利亚学者 Leanne Harvey 认为,开放存取资源的范围有:研究出版物(Research Publications)、研究数据(Research Data)和教育内容(Educational Content,含课件)②。

除了OA期刊、个人主页(博客)、机构库与学科库外,开放存取资源应该包含任何网络用户都可使用的各种形式的免费学术资源,包括书目(如Worldcat记录的开放)、图书(含正式出版的工具书、普通图书、教材、会议论文集等,其中,音频图书备受欢迎)、期刊论文(包括正式发表的论文的后印本、非正式出版的论文的预印本)、学位论文、会议论文、工作论文、技术报告、各种原始数据和元数据、教学参考资料(含课件)、照片、图表、地图以及数据库、政府出版物、网站、法律法规、法庭案例、临床医学医药使用数据等。美国国会图书馆“可公共利用的资源”网页③按字顺列出经过国会图书馆选择的世界各地的几百种开放存取资源,其数量多、范围十分广泛。

开放存取信息资源有许多体裁,除了最普遍的收录期刊论文和会议报告的文本数据库外,还包括开放存取的数字专著、词典、百科全书、名录数据库、数值数据库、视频数据库、图像数据库和音频数据库,其中,文本数据库又包括书目数据库、索引数据库、索引与文摘数据库、全文数据库④。

---

① How to Build a Case for University Policies and Practices in Support of Open Access [EB/OL]. [2016-04-15]. http://www.jisc.ac.uk/publications/programmerelated/2010/howtoopenaccess.aspx.

② Leanne Harvey. Open Access Collections: The Future of the Accessibility Framework and Research Assessment [EB/OL].[2016-04-15]. http://www.apsr.edu.au/open_access_collections/leanne_harvey.pdf.

③ Publicly Available Resources [EB/OL].[2016-10-15].http://www.loc.gov/rr/ElectronicResources/subjects.php?subjectID=77.

④ Peter Jacso. Open Access Scholarly Databases — A Bird's Eye View of the Landscape [EB/OL].[2016-04-15].http://archive.ifla.org/IV/ifla72/papers/157-Jacso-en.pdf.

可见,随着开放存取的不断推进,开放存取资源的范围已经且仍将逐步扩大,扩展到其他信息资源,包括:学位论文(如网络化的学位论文数字图书馆,Networked Digital Library of Theses and Dissertations,NDLTD),研究报告(如 NCSTRL),教学参考资料,课件如麻省理工学院开放课件(MIT Open Courseware),科学数据,图书(如古登堡项目),视频等,如根据《纽约时报》2010 年 3 月 16 日的报道,C-Span 电视网将其收集的 23 年美国政府会议和事件的视频资料在互联网上免费公开,还有著名的视频分享网站 Youtube 等。

1.1.4 开放存取期刊

著名的《开放存取期刊名录》认为,开放存取期刊是采取不向读者或其所在机构收取存取费用的资金模式的期刊。而且进一步指出,根据 BOAI 的定义,读者有权对这些期刊论文的全文进行阅读、下载、复制、传递、打印、检索和链接的权利①。

1.1.5 开放教育资源

根据联合国教科文组织的定义,开放教育资源(Open Educational Resources,OERs)是指公共领域的或者给出开放许可的任何类型的教育资料。开放教育资源的性质决定了任何人都可以合法、自由地复制、使用、改编和再分享,其类型包括教科书、课程、教学大纲、讲义、作业、测试、音频、视频和动画等。②

1.1.6 开放数据

英国开放知识基金会将开放数据定义为"任何人基于任何目的都可以使用、修改和分享的数据和内容"③。2012 年英国发布的开

---

① Definitions:Open Access Journal [EB/OL].[2016-04-15].http://www.doaj.org/doaj?func=loadTempl&templ=about.

② What are Open Educational Resources (OERs)?[EB/OL]. [2016-06-13]. http://www.unesco.org/new/en/communication-and-information/access-to-knowledge/open-educational-resources/what-are-open-educational-resources-oers/.

③ What is Open Data According to the Open Definition?[EB/OL]. [2016-06-13]. http://index.okfn.org/faq/.

放数据战略性文件《开放数据白皮书：释放潜能》(Open Data White Paper: Unleashing the Potential)将满足以下标准的数据称为开放数据：可以以不超过复制成本的代价来获取(最好通过网络)，且没有身份和目的的限制。以一种数字化的、机器可读的格式，且能够与其他数据实现互操作；在其许可条件下不受使用和重新分配的限制。①

1.1.7　开放存取出版

开放存取出版(Open Access Publishing)，国内还有的学者译为“开放式出版”②③，是一种区别于传统出版模式的新型出版模式。国内许多学者将开放存取与开放存取出版看做同一事物，即开放存取出版就是开放存取。例如李武、刘兹恒认为开放存取是一种学术信息共享的自由理念和出版机制，在这种出版模式(即开放存取出版，笔者注)下，学术成果可以无障碍地传播，任何研究人员可以在任何地点和任何时间不受经济状况的影响，平等免费地获取和使用学术成果。④

1.2　开放存取的发展历程

有学者认为，图书馆问世的时候，已有开放近用的概念，只是当时的科技无法实现此理想。劳伦斯·雷席格(Lawrence Lessig)主张自由文化是人类的天性，开放近用运动的本质就是自由文化，只是在社会发展的过程里，被商业利益所掩盖⑤。

---

① Open Data White Paper: Unleashing the Potential [EB/OL]. [2016-06-13]. https://www.gov.uk/government/uploads/system/uploads/attachment_data/file/78946/CM8353_acc.pdf.

② 杨贵山.开放式出版：科技出版的未来[N].中国图书商报，2004-10-22:03.

③ Mark Walport.开放式出版：知识的无纸化革命[N].金融时报，2004-07-12.

④ 李武，刘兹恒. 一种全新的学术出版模式：开放存取出版模式探析[J].中国图书馆学报，2016-06-14.

⑤ 毛庆祯.开放近用运动的真谛[EB/OL].[2016-04-15].http://www.lins.fju.edu.tw/mao/works/definition.html.

在科学期刊出版的早期，就孕育着开放存取的思想。1665年，科技期刊《伦敦皇家哲学会刊》（*Philosophical Transaction of the Royal Society of London*）问世以来，科研人员发表论文就一直不需要支付任何费用，而是将期刊论文交换为另外一种无形的利益，比如标志着他们比其他科研人员更早地研究同一问题的发表时间证明、学术声望、引文率以及提升他们的职业影响力①。

在“开放存取”术语被提出来之前的10年，美国的国家信息服务公司（The National Information Services Corporation，NISC）就向最不发达国家提供艾滋病检索（AID Search）等数据库的开放存取或大幅度减少认可费用②。

有学者认为，开放存取运动自20世纪90年代初伴随着互联网时代的产生而出现，并像野草一样扩展，涵盖了开放存取期刊③。

最早的开放存取运动先驱是康奈尔大学的物理学家保罗·金斯帕格（Paul Ginsparg）。他于1991年创建了互联网上第一个预印本服务器arXiv④，旨在快速传递高能物理领域的研究成果，2001年该服务器转给康奈尔大学维护。目前已发展成为物理学、数学、计算机科学、定量生物学、定量金融学和统计学的重要论坛。截至2015年4月，共收录1040583篇预印本文献，且所有文献全文均可免费获取。1994年6月，认知科学教授斯蒂万·哈纳德（Steven Harnad）在弗吉尼亚理工学院（Virginia Polytechnic Institute）按照那里的电子期刊订户名单给每一个读者发送了一封“颠覆性倡议”（Subversive Proposal），该倡议倡导全部学术文献都通过网络免费共享。此后他为这个理想鼓与呼，饱尝挫折且不馁，被全世界的OA运动支持者们冠

① 初景利.开放获取的发展与推动因素[J].图书馆论坛,2006(6):238.

② Peter Jacso. Open Access Scholarly Databases — A Bird's Eye View of the Landscape [EB/OL].[2016-04-16].http://archive.ifla.org/IV/ifla72/papers/157-Jacso-en.pdf.

③ Open Access Takes on the Government [EB/OL].[2016-04-16]. http://eprints.rclis.org/bitstream/10760/13736/1/Open_Access_Takes_on_the_Government_Final.pdf.

④ ArXiv.org [EB/OL].[2016-04-16]. http://arxiv.org.

以“OA 总设计师”的称号。1999 年，诺贝尔奖获得者、时任美国国家健康研究院（National Institute of Health，NIH）主任的哈罗德·瓦穆斯（Harold Varmus）提议并建成一个全新的生物医学研究文献服务器（E-Biomed Proposal）①。

认为上述事件是开放存取起源的学者还有我国台湾地区的陈亚宁②。

从正式意义的角度，“开放存取”和“开放存取运动”只可追溯到 20 世纪 90 年代初。“开放存取运动”最初的倡导者是上文提及的科学家 Paul Ginsparg，Steven Harnard 和 Harold Varmus。他们一致倡导对知识的平等获取③。

乔冬梅将开放存取的发展过程分为萌芽阶段、初步发展阶段、稳步发展阶段④。

国内还有学者认为，国外开放存取研究如火如荼，国内研究也正蓬蓬勃勃，现在就对开放存取的发展历程进行分段还为时过早。就目前情况试将其分为三个阶段：萌芽阶段（20 世纪 60 年代至 1997 年）、发展阶段（1997—2004 年）、逐步成熟阶段（2004 年至今）⑤。

由此可见，目前关于开放存取发展阶段的划分有多种观点。中国台湾地区研究开放存取的学者认为：开放近用资源的实际行动，始于 20 世纪 60 年代数字化文献的计划。1966 年，美国教育部建立的教育资源信息中心可算是起点⑥。

鉴于此，下文以时间为序，将 1966 年以来开放存取发展历程中

---

① 刘静.简析开放存取（Open Access）及其发展[J].四川图书馆学报，2007(1)：78-80.

② 陈亚宁.Open Access 对馆藏发展与服务的冲击[J].图书与资讯学刊，No. 51.（May 2006）：61-73.

③ 初景利.开放获取的发展与推动因素[J].图书馆论坛，2006(6)：238.

④ 乔冬梅.国外学术交流开放存取发展综述[J].图书情报工作，2004(11)：74-78.

⑤ 刘海霞，方平，胡德华.开放存取研究进展述评[J].图书与情报，2006(4)：10-15.

⑥ 毛庆祯.开放近用学术文献馆藏[EB/OL].[2016-04-16].http://blue.lins.fju.edu.tw/~mao/works/tku.pdf.

的重要人物、事件、文件与会议进行简要梳理。

1966年,美国教育部所属的教育研究发展局(Office of Educational Research and Improvement)与国家教育图书馆(National Library of Education)共同建立教育资源信息中心(Educational Resources Information Center,ERIC),堪称近代具有开放近用精神的数据库。虽然,当时的科技不允许全盘免费,但是该数据库只收取成本费用,不赚取利润的做法,以缩影片的方式,将美国的教育研究成果,与美国及全世界的学者和学生共享,减轻弱势学子的经济压力,有效缩小教育落差①。

1969年8月30日,美国国防部启用ARPANET,宣告互联网时代来临,数字化的文献得以在网络无限传输②。1983年,采用TCP/IP协议的ARPANET启用,为开放存取的实现提供了便利。虽然还不知道该怎么做,但美国总统里根1985年9月21日的189号《国家安全政策纲领》(*National Security Decision Directive*)指出:行政当局将尽一切努力,将基础研究成果无限制地供人民使用(NSDD189)。

1987年秋,美国雪城大学发行第一份经过同行评审的免费在线期刊——《成人教育和人力资源开发新视野》(*New Horizons in Adult Education and Human Resource Development*),成为第一份符合开放存取概念的学术期刊。1989年,美国休斯敦大学图书馆员Charles W. Bailey创办了期刊《公共存取计算机系统述评》(*The Public Access Computer Systems Review*)。这些早期的电子期刊是OA期刊的先驱,但在经费运行和质量控制方面都没有系统的保障③。

1989年,身兼哲学家、法学家、计算机科学家的皮特·萨伯(Peter Suber)发表第一篇相关论文,开放近用有了模糊的概念。

---

① 毛庆祯.开放近用运动的真谛[EB/OL].[2016-04-16].http://www.lins.fju.edu.tw/mao/works/definition.html.

② 毛庆祯.开放近用学术文献馆藏[EB/OL].[2016-04-16].http://blue.lins.fju.edu.tw/~mao/works/tku.pdf.

③ 网络时代学术出版的创新——谈开放存取的发展与影响[EB/OL].[2016-04-16].http://www.lcvc.cn/office/Article/ArticleShow.asp?ArticleID=9651.

1991 年 5 月 17 日，伯纳李（Tim Berners-Lee）公布全球信息网标准，让因特网成为更有效的近用工具，强化开放近用的可行性[①]。

1991 年，著名的收录数学、计算机科学、物理学等学科资源的学科知识库 arXiv 建立，这是开放存取发展的里程碑。

1995 年，美国研究图书馆协会（ARL）出版《处在十字路口的电子期刊：颠覆电子出版的建议》（*Scholarly Journals at the Crossroads：A Subversive Proposal for Electronic Publishing*）[②]，分析了电子期刊和编辑部的费用、期刊出版系统与模式，提出了有关对策与策略。

1998 年，最有影响的开放存取项目是该年 6 月美国研究图书馆协会创建的学术出版与学术资源联盟（The Scholarly Publishing and Academic Resources Coalition，SPARC），它由 10 个大学图书馆联合出资建成，旨在使科学、技术与医学（Science，Technology & Medicine，STM）学术期刊价格更合理，并与同类商业盈利期刊进行竞争，其创建的期刊被认为是开放式期刊的典范。同年，Steven Harnard 开创“美国科学家开放存取论坛”（American Scientist Open Access Forum），全世界（不只是美国）科学家们在此讨论对信息资源开放存取的看法，发布开放存取有关的最新动态。

1999 年，开放社会研究所资助的 eIFLDirect 项目，将超过 5000 种的人文社科及 STM 全文期刊向俄罗斯、非洲和拉丁美洲地区的 39 个国家 2000 多家图书馆和研究机构提供在线存取，绝大部分单位可免费获取。

2000 年 3 月 2—4 日，在美国亚利桑那州的小城滕比（Tempe）召开了由美国大学协会、研究图书馆协会和堪萨斯大学继续教育中心联合举办的一次会议。会后发布了《新型学术出版系统原则》（*Principles for Emerging Systems of Scholarly Publishing*，简称“滕比原则”，Tempe Principles），提出建立一种用得起的新的学术交流系统。在

---

① 毛庆祯.开放近用学术文献馆藏［EB/OL］.［2016-04-16］.http://blue.lins.fju.edu.tw/~mao/works/tku.pdf.

② Association of Research Libraries. Scholarly Journals at the Crossroads：A Subversive Proposal for Electronic Publishing［EB/OL］.［2016-04-16］. http://www.arl.org/sc/subversive/.

开放存取期刊的出版和保存方面起重要作用的三个组织均于该年成立，即著名的生物医学开放存取期刊出版机构——生物医学中心(BioMed Central，BMC)、开放存取期刊领域的非营利性组织——科学公共图书馆(PLoS)以及做了重大修改后形成的旨在免费提供生命科学期刊的资源库——公共医学中心(PubMed Central，PMC)。

2001 年 3 月 28 日电子报 Free Online Scholarship (FOS) Newsletter 创办，后更名为 SPARC Open Access Newsletter，推广开放近用的理念①。同年，学术出版与学术资源联盟(SPARC)发起《学术出版与学术资源联盟独立宣言》(SPARC *Declaring Independence*)，鼓励科学家远离商业出版商。另外，SPARC 通过 Leading Edge 和 Scientific Communities 两大项目来探索开放存取出版的具体模式，创建服务于科研的学术交流社区和交流平台。

2001 年 4 月，《哈瓦那关于平等获取健康信息的宣言》(*Declaration of Havana Towards Equitable Access to Health Information*)发布。同年，美国科学公共图书馆(PLoS)发布支持开放存取的公开信(Open Letter)。

2001 年，开放档案倡议元数据收割协议(Open Archives Initiative Protocol for Metadata Harvesting，OAI-PMH)第一版发布，它制订了建立开放存取资源库的指南和协议，并提供对可以用于建立开放存取知识库的工具的链接，实现检索系统(服务提供者)从各种资源库和知识库中检索开放存取文献的元数据，并对这些数据加以集成以便一次提问就能检索到所有的分散于许多学科知识库、机构电子印本库、机构知识库和开放存取期刊中的结果。

2001 年 12 月，开放社会研究所 (OSI) 基金会在布达佩斯举办的信息自由传播会议上提出，将各个领域发表的科学文章发布到网上，并主张在机构或学科类的知识库和期刊中，充分发挥自我存档作用。12 月 1—2 日，签署了《布达佩斯开放存取倡议》(BOAI)。

此后，OA 运动开展得如火如荼，并相继出现了一系列的宣言、

---

① 毛庆祯.开放近用运动的真谛[EB/OL].[2016-04-16].http://www.lins.fju.edu.tw/mao/works/definition.html.

计划、相关研究机构、会议及研究论文。

2002 年,生物医学中心(Biomed Central,BMC)和法国国家研究、科学中心的科学信息和技术研究所(Institute for Scientific and Technical Information,INIST)宣布合作建立开放使用档案。

2002 年 10 月,在瑞典隆德大学召开了第一届关于学术交流的北欧会议,提出由图书馆全面组织免费电子期刊的思路,2003 年 5 月隆德大学图书馆负责创建《开放存取期刊名录》(DOAJ),该名录旨在覆盖所有学科、所有语种的高质量的 OA 同行评审刊。

2003 年,最具影响的除了前文介绍的 2003 年发布的《巴斯达开放存取出版声明》和《柏林宣言》,以及 IFLA 和 ARL 发布的有关声明外,还有:美国大学与研究图书馆协会(Association of College and Research Libraries,ACRL)发布的《学术交流改革的原则与策略》(*Principles and Strategies for the Reform of Scholarly Communication*)。

2003 年 12 月,在日内瓦召开了联合国资助的信息社会世界峰会(WSIS),通过了《联合国 WSIS 原则宣言》(UN WSIS Declaration of Principles)。同年,美国众议员马丁·塞勃向国会提交了一项议案,要求受联邦政府资助产生的研究成果向公众开放使用。

2004 年,英国下议院科学和技术委员会在其研究报告中认为,当前的科学出版体制是不能满足需要的,呼吁英国政府支持开放使用行动。2004 年 11 月,惠康基金会宣布所有该机构资助的研究项目将采取 OA 出版模式。

2004 年,美国 10 个图书馆协会和公共利益促进组织、主要非营利性的医学与科学出版社的联盟宣布支持《免费访问科学文献的华盛顿原则:非营利性出版商声明》。一些大学宣布应用开放使用出版模式来发表研究成果。

2004 年,包括开放知识库在内的开放使用模式在各个方向取得了显著的进展,越来越多的公共或私人机构都开始支持某种方式的开放使用出版模式,许多大学开始建立开放知识库,越来越多的研究人员希望其资助机构接受开放使用出版模式;同时,一些商业巨头也开始向开放使用出版模式靠拢,通过对开放使用模式期刊的搜索强化其结果的学术性；ProQuest/Bepress 和 BMC 开始为大学提供开设和维护开放知识库的服务。

更重要的是，2004 年，开放使用模式的影响并不局限在学术界和出版界。英国议会下议院科技委员会（House of Commons Science and Technology Committee）通过了《科学出版物：对所有人免费》（*Scientific Publications：Free For ALL*），美国国家健康研究院（NIH）通过了《促进 NIH 研究信息的存取》（*Enhanced Public Access to NIH Research Information*）。世界经济合作与发展组织（Organisation for Economic Cooperation and Development，OECD）在其《公益基金组织研究数据报告》（OECD's *Declaration on Access to Research Data from Public Funding*）中声称，医生与病人要求采用开放使用模式发布临床药物实验报告，而且药剂公司也已经表示同意。IFLA 版权与法律事务委员会（Committee on Copyright and other Legal Matters，CLM）与世界知识产权组织（World Intellectual Properly Organization，WIPO）的国际设计联盟（International Design Alliance，IDA）通过了《世界知识产权组织与图书馆相关的国际发展日程》（*Library-related Principles for the International Development Agenda of the World Intellectual Property Organization*）

2005 年是开放存取领域十分关键的一年。SPARC 将其总结为 15 个方面，包括大学支持开放存取、作者积极参与开放存取、资助机构的开放存取政策过渡、开放存取期刊发展加速、开放存取图书大规模问世、出版社开始逐步接受开放存取、科学数据的开放存取、Wiki 涉足开放存取、开放存取的使用面扩大等①。

2005 年，开放存取领域有影响的成果为：美国的 NIH 通过了《公共存取政策》（NIH's *Public Access Policy*），英国惠康基金会发布了《开放存取命令》（*Wellcome Trust's Open-access Mandate*），美国的科学公共图书馆（PLoS）发布了《科学共享协议》（*Science Commons*），雅虎（Yahoo）等组建了开放内容联盟（Open Content Alliance，OCA），机器

① 2005 年全球开放获取事业回顾［EB/OL］.［2016-04-16］. http：//oa.paper.edu.cn/xw_08.jsp.

学习与控制论国际会议(International Conference on Machine Learning and Cybernetics, ICML)通过了《关于开放存取的萨尔瓦多宣言》(*Salvador Declaration on Open Access*)。加拿大图书馆协会(CLA)于 2005 年 6 月 17 日在卡尔加里举行的 60 周年年会签署开放存取决议,正式宣布支持开放存取。

2005 年,出版商在开放存取领域做出了改变。全球最大的科技出版集团 Elsevier 提出,允许其作者将自己的文章存放在机构知识库中,这些知识库必须是由文章中所报道的承担了该项工作的机构维护的。继 Elsevier 之后的世界上第二大学术出版商 Springer 提出了"open choice"的开放存取出版策略。2005 年 1 月 10 日,自然出版集团鼓励其出版的原创研究论文的作者在论文发表后的 6 个月后,向相关的资助机构的档案库提交作者被接受的同行评议的手稿。鼓励作者在论文发表的 6 个月后,将手稿存放在所在机构知识库(以及个人网站)中。这一政策的目的是拓展科学传播的范围,满足作者以及科研资助机构对研究成果的需要。2005 年 2 月和 5 月,Blackwell 和 Oxford 分别提出了 Online Open 和 Oxford Open 等类似的开放存取出版策略。

上述宣言、文件的重点都集中在鼓励数据、信息与知识的共享,强调学术资源的交流和传播,但同时也要注意自我存档(Self-archiving)与合理使用的知识产权问题。

2006 年以来的开放存取领域的重要进展详见本书第 2 章"国内外开放存取的实践进展"。

1.3　开放存取的实现模式

1.3.1　《布达佩斯开放存取倡议》建议的两个策略

关于开放存取的实现途径,被广泛认同的是《布达佩斯开放存取倡议》(BOAI)建议的两个策略①,即绿色之路与金色之路。

---

①　Budapest Open Access Initiative [EB/OL]. [2016-04-17]. http://www.soros.org/openaccess/read.shtml.

(1)绿色之路:自行典藏

"绿色之路(Green Route):自行典藏(Self-archiving)"通常被称为BOAI-1。学者需要工具及协助,才能把他们的论文置于开放存取电子知识库;这些知识库符合开放档案倡议(Open Archives Initiative,OAI)的标准,搜索引擎等工具才可以将分散的知识库视为一个整体。作者自己将论文资料的预印本或后印本存储在某个开放存取站点,供读者免费取用。可细分为三种方式:

①机构库。

机构库(Institutional Repositories,IR)又称机构知识库、机构仓储、机构典藏库,是收集、存放由某个或多个学术机构(例如大学、研究所、图书馆、博物馆等)专家、教授、学生创造的,可供机构内外用户共享的学术文献的数据库①。

2002年,学术出版与学术资源联盟(SPARC)高级顾问Raym Crow撰写的《机构库的缘由:SPARC意见书》首次提出了机构库的概念,该文将机构库定义为:获取和保存一个或多个大学的智力产出的数字化集合②。同年,美国研究图书馆协会(ARL)、学术出版与学术资源联盟(SPARC)和网络信息联盟(Coalition for Networked Information, CNI)召开了SPARC机构库研讨会(SPARC IR Workshop),专门开展机构库的理论与实践研究,内容涉及机构库的相关技术、内容管理、质量控制及成本管理等。2003年,网络信息联盟的执行理事Clifford A. Lynch在《机构库:数字时代学术交流的基础设施》一文中,将机构库定义为一个大学向其成员提供的、用以管理和传播该大学及其成员所创造的数字资源的一系列服务③。加拿大研究图书馆协会(CARL)则提出,所谓机构库就是指搜集、存储学术机构成员的知识资源,并提供

---

① 黄凯文,刘芳.网络科学信息资源"公开获取运动"的模式与方法[J].大学图书馆学报,2005(2):38-41.

② The Case for Institutional Repositories: A SPARC Position Paper [EB/OL].[2016-04-17].http://www.arl.org/sparc/bm~doc/ir_final_release_102.pdf.

③ Institutional Repositories: Essential Infrastructure for Scholarship in the Digital Age [EB/OL].[2016-04-17].http://www.arl.org/resources/pubs/br/br226/br226ir~print.shtml.

检索的数字知识库,同时认为机构库可以作为一个全球知识库的子库,为世界范围内的网络用户服务①。我国吴建中教授持与 CARL 类似的观点,认为机构库是指收集并保存单个或数个大学共同体知识资源的知识库,在学术交流体系改革的诸要素中扮演着关键的角色②。

尽管不同机构、学者对机构库下的定义不完全相同,但概括起来机构库应该具有以下几个要素:第一,构建的主体是机构,这与基于学科和专题的数据库存在本质的区别;第二,内容大部分是学术性的知识资源,如预印本、学位论文、工作报告、多媒体数据、会议论文、教学资料、实验结果等;第三,机构库中的知识资源是动态增加并长期保存的;第四,开放性,机构库既要保证与其他机构库之间的互操作,还需保证将其中绝大部分内容向世界范围内的所有用户开放③。

自行典藏中的机构库一般由学校或研究机构建立,但这些机构库一般有权限限制,其开放范围和程度有限(一般只对本单位研究者开放存档,其他人只能阅读)。

② 学科库。

学科(主题)库(Subject Repositories),也被称为"学科知识库"、"学科开放存取仓储"或"学科仓储",在国外通常被称为"subject repositories" "disciplinary archives" "subject (discipline) based repositories" "subject specific repositories" "discipline-oriented repositories"和"domain specific data archives"等。笔者认为,由于学科库中存储的还有作者的论文预印本、软件、工作论文等,有的还达不到知识层次,用"学科知识库"范围太窄,用"学科开放存取仓储"又不够简洁;而且,另一种重要的自存档形式的开放存取实现途径——institutional repositories,目前在国内多译为"机构库"而非"机构仓储"。

---

① Institutional Repositories: Innovation in Scholarly Publishing. [2016-04-17].http://www.carl-abrc.ca/projects/institutional_repositories/about-e.html.

② 吴建中.图书馆 VS 机构库——图书馆战略发展的再思考[J].中国图书馆学报,2004(5):5-8.

③ 董文鸳.机构库影响下的图书馆[J].情报资料工作,2006(5):74-77.

因此笔者更倾向于用"学科库"①。

学科库是专门收集某一特定学科研究资源的各种类型的电子文档。其最普遍的类型是电子印本文库(e-print archive)。e-print 是一种以电子方式复制的文献,一般是学术研究文献。它通常包括两种形式:未经审核的预印本和已经审核过的后印本②。

③个人主页。

自行典藏中的个人存档以前是在 FTP 或 Gopher 站点张贴论文,但是 20 世纪 90 年代中期以后,万维网上的个人主页(Homepage)作为存放论文的空间变得更加普遍,作者的个人主页(Author Web Sites)可以说是最常见的方式③。但个人主页与作者个人是紧密相关的,作者的任何变动,如工作调动、退休、死亡等都会导致个人存档的中断、变动,个人网站的维护与稳定性也没有保障。而且,由于个人存档广泛分散在互联网上,较难被搜索引擎发现,获取完整的信息也比从机构库和学科库中获取难得多,所以影响不大。

因此,自行典藏的形式实际上主要是学科库与机构库。也正因如此,有的学者认为自行典藏的形式只有学科库与机构库,如 Keith G. Jeffery 认为开放存取实现的途径有"金色之路"和"绿色之路",而绿色之路只包括学科库和机构库④。在国内,李武⑤和方晨⑥把开放存取的形式归结为开放存取期刊和开放存取知识库两种,并在此基

① 黄如花,冯晴.论学科库的建设[J].图书馆论坛,2007(6):31-136.

② Towards an Integrated Knowledge Ecosystem: A Canadian Research Strategy [EB/OL].[2016-04-19].http://citeseerx.ist.psu.edu/viewdoc/summary?doi=10.1.1.112.7748.

③ 徐丽芳.开放存取及其研究进展[M]//肖希明,黄如花,司莉.图书馆学研究进展[M].武汉:武汉大学出版社,2007:743.

④ Keith G. Jeffery. Open Access: An Introduction [EB/OL].[2016-04-19].http://www.ercim.org/publication/Ercim_News/enw64/jeffery.html.

⑤ 李武.开放存取出版的两种主要实现途径[J].大学图书馆学报,2005(4):58-63.

⑥ 方晨.开放获取:解困"学术期刊危机"[J].中国教育网络,2005(9):48-50.

础上进一步将开放存取知识库细分为学科开放存取知识仓储和机构开放存取存储。

(2)金色之路:开放存取期刊

“金色之路(Golden Route):开放存取期刊(Open Access Journals,OAJ)”通常被称为BOAI-2。学者需要工具才能创办开放存取期刊,或转换收费存取期刊为开放存取期刊。期刊论文本身希望尽快被传播出去,创办的开放存取期刊不再以著作权限制存取的范围,而以著作权保护期刊的永久开放存取。

目前,国内外OAJ主要有三种模式:创办开放存取期刊;传统期刊转化为OAJ;期刊部分论文开放存取。第一种自创刊之日起就是免费的;第二种是将现有的非OA期刊转换成OAJ;第三种是采取作者自愿的方式,如果作者愿意以开放存取的方式发表,用户可以在期刊网站上下载利用其论文的电子版。

美国科技信息研究所(Institute of Scientific Information,ISI)统计显示,其收录的OA期刊数量不断增加;同时,OA期刊的被引用率和影响因子也在不断提高,并且往往超过同类的传统期刊①。伊朗学者从学科角度分析了OA期刊的影响因子②。著名的《开放存取期刊名录》(DOAJ)收录的开放存取期刊数量在不断增加,截至2015年5月25日,已达10578种,其中,6376种期刊可提供论文级的检索③。被称为全球最大的英语开放存取期刊门户的Open J-Gate④提

① Marie E. McVeigh.Open Access Journals in the ISI Citation Databases: Analysis of Impact Factors and Citation Patterns. A citation study from Thomson Scientific(2004) [EB/OL].[2016-04-19]. http://scientific.thomsonreuters.com/m/pdfs/openaccesscitations2.pdf.

② Hajar Sotudeh, Abbas Horri. The Citation Performance of Open Access Journals: A Disciplinary Investigation of Citation Distribution Models[J]. Journal of the American Society for Information Science and Technology,2007, Vol. 58,NO.13: 2145-2156.

③ Directory of Open Access Journals [EB/OL].[2016-04-19]. https://doaj.org/.

④ Open J-Gate [EB/OL]. [2016-05-25]. http://openj-gate.org/category/open-access/.

供基于开放存取期刊的免费检索和全文链接,其主要目的是保障读者免费和不受限制地获取学术及研究领域的期刊和相关文献,目前提供3000多种期刊索引,其中1500多种为同行评议学术期刊①。

关于开放存取的实现途径,持与BOAI类似观点的还有:芬兰学者Bo-Christer Björk②和吴建中③等,但Bo-Christer Björk对OA期刊(Open Access Journals)还使用了"同行评审期刊"(Peer-reviewed Journals)。

当然,自存档与OA期刊有时有交叉,因为有些在学科库、机构库、个人网页存档的成果会经过同行评审或被期刊录用④。

此外,有学者以旨在促进发展中国家研究成果存取与发现的Bioline International项目的经验为例,提出了整合金色之路与绿色之路的思路⑤。

1.3.2 新的OA实现方式不断涌现

(1)集体订阅模式

集体订阅模式通过重新聚集、调整图书馆的订阅经费,支付传统期刊出版的同行评议、编辑等项目所需的费用,实现传统期刊的OA转型。粒子物理学开放存取出版资助联盟(Sponsoring Consortium for Open Access Publishing in Particle Physics,SCOAP3)计划是高能物理领域(HEP)的一个OA出版项目,该计划联合全球的资助方和图书馆组成国际支付联盟,首先通过招标的方式与期刊出版商协商

① 李武,杨屹东.开放存取期刊出版的发展现状及其影响分析[J].图书情报工作,2006(2):25-30.

② Björk,B-C. Open Access to Scientific Publications-An Analysis of the Barriers to Change?[EB/OL].[2016-04-19]. http://InformationR.net/ir/9-2/paper170.html.

③ 吴建中.开放存取环境下的信息共享空间[J].国家图书馆学刊,2005(3):7-10.

④ Open Access Overview [EB/OL].[2016-04-19]. http://www.library.cornell.edu/scholarlycomm/openaccess/.

⑤ Chan L.,de Souza S.,Sweezie J. Integrating the "Gold" and the "Green" Road to Open Access: Experience from Bioline International[C]. Proceedings ELPUB2005 Conference on Electronic Publishing,2005.

单篇文章的同行评议、开放存取和其他编辑服务所需的费用，而后使用联盟成员现有的 HEP 期刊订阅资金，集中支付上述服务费用，实现文章内容的开放存取，保障作者公开重用和共享已出版文章的权利，成功地帮助 HEP 领域的期刊实现了 OA 转型，给学术机构的期刊订阅提供了新的导向①。

(2)传统模式和 OA 选择并存的复合模式

复合模式是指同一种期刊中包含 OA 和非 OA 论文的期刊出版模式，OA 论文通常需要支付出版费用。

2007 年，WorldSciNet 对其出版的 133 种期刊采取了复合 OA 出版模式，采取这一模式的出版机构和期刊还有：Imperial 大学出版社的 8 种期刊；Karger 医学和科学出版社的全部 19 种期刊；美国地球物理联盟的 19 种期刊的大部分；学术和专业协会出版商联盟(Association of Learned and Professional Society Publishers，ALPSP)的学术期刊；Taylor & Francis 的 31 种期刊；Emerald 将其工程类期刊实施了免费复合出版计划。牛津出版社的复合 OA 期刊《试验植物学》对订购机构的作者取消了 OA 出版费用；Springer 与丹麦图书馆联盟、哥廷根大学签署有关协议，将目前的订购费免除本机构作者的 OA 出版费用。Elsevier 已与 40 个左右的科研资助机构合作，支持 1600 余种开放存取期刊②。这些尝试表明，复合出版模式仍在发展，仍存在开创新方法降低订购机构的 OA 出版费用或取消该费用的可能③。

鉴于 OA 的发展势不可挡，许多大型出版商也开始采取更加务实的态度，通过为作者提供开放存取选择，谨慎地试验 OA 出版。牛津大学出版社(Oxford University Press，简称 OUP)、Wiley Blackwell 和 Springer 等众多出版商都提供了文章级别的开放存取选择，作者

① Douglas Kimberly.Exploring the SCOAP3 Model for High Energy Physics：A New Innovation in Open Access[J].College & Research Libraries News，2009，70(6)：348-350+376.

② Open Access [EB/OL].[2016-06-03]. http：//www.elsevier.com/about/open-science/open-access.

③ 开放获取 2007 年进展[EB/OL].[2016-04-19].http：//oa.paper.edu.cn/xw_09.jsp.

一般需要支付1500~3000美元不等的额外费用,为了提高作者选择开放存取的积极性,一些出版商还开始尝试与科研机构和研究资助方签订协议,吸引他们支付费用帮助所资助的研究项目或本机构科研人员成果的开放存取,如英国知名的医学研究资助机构——惠康基金会就与一些出版社签订了类似协议。在2005年英国联合信息系统委员会(JISC)举办的学术出版会议上,部分与会者提出了在OA转型期捆绑订阅许可和文章OA费用的建议,提议出版商从为作者提供开放选择调整为与科研机构达成改变订阅许可的长期协议,这些机构继续支付同样的总许可费用,但是其中的一部分将被视做支付本机构科研人员文章的OA选择费用①。在这种情况下,出版社不需冒损失收益的风险,而订阅方也不会感觉到许可费用或文章处理费用的增加。

(3)机构库与个人文档相结合的方式

机构库不仅是作者文献的存储设施,更应是作者学术能力的展示平台,是学者创建、管理、共享其学术文献的渠道。科研人员参与OA的目的在于广泛地传播自己的研究,展示和组织自己的研究成果,建立自己的个人文档和在线专业标识。加州伯克利大学电子出版社开发了数字共享平台(Digital Commons),选择一些具有代表性的作品整合在OA仓储中,当用户点击这些作品的链接时,实际链向的是学者的个人网站,从而将OA仓储和学者的个人文档完美融合,满足学者更好地展示自我、建立网络虚拟标识的需求②。

(4)OA知识库与同行评议期刊相结合的方式

相对OA期刊而言,OA知识库的质量控制措施略显薄弱,所以将OA知识库与同行评议期刊平台相结合,能为OA知识库的发展注入新的活力。Swan S.认为现有的OA知识库囿于存储功能,缺乏

---

① Bjork Bo-Christer, Hedlund Turid. Two Scenarios for How Scholarly Publishers Could Change Their Business Model to Open Access [J]. The Journal of Electronic Publishing, 2009, 12(1).

② Bankier Jean-Gabriel, Perciali Irene. The Institutional Repository Rediscovered: What can a University Do for Open Access Publishing? [J]. Serials Review, 2008, 34(1): 21-26.

同行评议等质量控制措施,应该走“绿色之路”和“金色之路”相结合的道路,将 OA 知识库作为同行评议期刊的出版平台①。同行评议功能将是 OA 知识库发展的关键要素,能解决学者对在线学术出版质量的担忧和疑惑,实现多方目标的和谐,有利于学者证实和评估新的研究,为知识库中的文章添加学术质量证明。

(5)大学出版社与科研人员合作的方式

OA 出版能够加速机构科研成果的传播,展示机构和学者个人的学术成就,但 OA 出版面临着严重的版权阻碍,许多商业出版商都要求作者转让文章的所有权和传播权,作者仅保留道德上的权利,而大学自己兴办出版社能较好地解决这一问题。大学出版社一方面可以扮演学术出版商的角色;另一方面可以扮演机构库建设者的角色,帮助科学家和高校开放地传播研究成果,为教员提供出版选择和知识产权问题的咨询。德国哥廷根大学出版社(GUP)不仅是学校电子出版部门在线论文出版的重要组成部分,同时还是保存学者作品的机构库和提供 OA 出版咨询的专业机构。GUP 的出版物存储在机构库中,并且融入图书馆的目录②。在版权问题上,因为是大学出版社,不同于商业出版商使用的买断原则,GUP 只要求必要的权利,而将尽可能多的权利保留在作者和编辑人员手中,从而较好地解决了 OA 出版中的潜在版权冲突。

1.4　数字信息资源开放存取的意义

1.4.1　提高国家科研投资的效益

美国经济发展委员会(Committee for Economic Development)2012 年的一份研究报告显示,美国国家健康研究院(NIH,2007)年

---

① Swan S., Carr L. Institutions, Their Repositories, and the Web[J]. Library Literature & Information, 2008(34):31-35.

② Bargheer Margo, Schmidt Birgit. Gottingen University Press: Publishing Services in an Open Access Environment [J]. Information Services & Use, 2008, 28(2):133-139.

开始执行的开放存取政策使更多的基础研究商业化,激发了更多的后续研究,减少了重复研究,从而使国家投资带来更高的回报。作为世界上最大的生物医学研究的资助者,NIH2011 财年的预算是 310 亿美元。据估计,在 2010 年,NIH 的研究经费产生 9 万余篇同行评审的期刊文章,它们涉及广泛的科学活动。NIH 的强制性开放存取政策使其成果在公共医学中心(PMC)中的比例自 2008 年 7 月到 2010 年 12 月已上升到 73%①。

一项经济分析显示,由纳税人资助的科学研究成果的开放存取将在 30 年内为美国创造高达 10 亿美金的利润——5 倍于存储这些论文所需的成本。澳大利亚墨尔本维多利亚大学的经济学家约翰·霍顿(John Houghton)领导的团队对 NIH 的开放存取政策进行了研究,该政策要求受资助人将其经过同行评议的论文在一定的延时期后公布于免费数据库中。美国国会的一项提案将这一政策推广到另外 11 个研究中心,并将规定中"12 个月的延时期"缩短为"6 个月"。支持者们认为,纳税人有权利免费获取其资助的科学研究成果,而出版商们则担心这一政策的推广将使其面临破产的威胁。部分研究结果显示,在 NIH 政策影响下,开放存取的论文比只能靠订阅获取的论文拥有更高的下载量和引用率,约翰·霍顿的模型研究正是建立在这一结论的基础上。通过模型计算发现,科技论文的可获取率每提高 1%,开放存取政策带来的利润即会在原来科研投入产出比 20%的基础上增加 2.46 亿美元。约翰·霍顿说,"这一利润从根本上远远超过了存储论文的成本"。他的研究团队计算出未来 30 年该政策将带来 10.7 亿美元的利润,这一数字是其成本的 8 倍,或者说,是现行政策所带来利润的 5 倍。学术出版与学术资源联盟(SPARC)对约翰·霍顿的研究提供了资助,并表示支持公众开放存取政策②。

约翰·霍顿的团队对一些欧洲国家的开放存取政策和金色 OA 期刊(对读者完全免费,由作者承担出版费用)所具有的潜在利益做

① Committee for Economic Development. The Future of Taxpayer-Funded Research: Who will Control Access to the Results? [EB/OL]. [2016-04-19]. http://www.emaxwell.net/linked/DCCReport_Final_Feb2012.pdf.

② 科技论文的免费获取可为美国带来 10 亿利润[EB/OL]. [2016-04-19]. http://oa.paper.edu.cn/xw_13.jsp.

了更为细致的研究。以英国为例，约翰·霍顿发现开放存取政策每年将为英国节省4.8亿欧元①。

SURF基金会提交给荷兰教育文化和科学部的一份研究报告显示，受SURF基金资助，如果每一篇科技和学术论文都能够开放存取，每年将可以为荷兰节省1.33亿欧元②。英国联合信息系统委员会(JISC)2012年3月12日发布的报告分析了OA对公共领域学术研究的获益性(包括OA的直接和间接经济影响)，认为公共领域每年获取期刊的支出费用约1.35亿英镑，从OA资源中可节约2860万英镑(2600万英镑的获取费用，260万英镑的时间成本)。OA期刊文献数量每增长5%，可节省公共领域170万英镑的费用。当OA期刊文献数量增长到25%时，可节省公共领域2900万英镑的额外费用③。

2011年11月，约翰·霍顿研究了公共部门数据开放存取的成本与收益问题，其提出的公式④为：

$$\frac{\text{收益}}{\text{开支}}=\frac{\text{机构节省的费用}+\text{用户节省的费用}+\text{公共部门信息生产每年的开支增加的收益}}{\text{机构开支}+\text{用户开支}}$$

该公式表明，公共部门数据的开放存取可使机构省钱、用户省钱、提高公共部门信息产品每年投资的收益。

JISC为方便英国大学的使用，基于约翰·霍顿和他的同事设计的网上模型做了一些改编，开发了一个开放存取利益的建模进程，认

① Free Access to U.S. Research Papers Could Yield $1 Billion in Benefits [EB/OL]. [2016-04-19]. http://news.sciencemag.org/scienceinsider/2010/08/free-access-to-us-research-papers.html.

② Costs and Benefits of Research Communication: The Dutch Situation [EB/OL]. [2016-04-20]. http://www.surffoundation.nl/en/publicaties/Pages/Costsand-BenefitsofOpenAccessPublicationlTheDutchSituation.aspx.

③ 邱春艳.开放存取对图书馆信息资源建设的影响[J].图书馆建设，2013(10):27-30.

④ Costs and Benefits of Data Provision [EB/OL]. [2016-04-20]. http://ands.org.au/resource/cost-benefit.html.

为开放存取可为大学的研究机构和图书馆节省开支①。

此外，还有学者研究了开放存取给英国、荷兰与丹麦带来的经济利益②。

1.4.2 推动科学研究发展

如前所述，数字信息资源开放存取的初衷就是促进学术信息的快速交流，因而在现代学术交流体系中扮演着关键的角色，在没有学术壁垒的环境下，学术信息资源将得到无障碍的流通。而在科学研究过程中，数据和资料的来源往往需要花费较多的时间与精力。OA资源为科研人员获取学术信息增添了一条新的科研资源来源。由于文献可开放存取，通过利用 Google Scholar 或其他的网络搜索引擎，科研人员可以花更少的时间检索科研资源和得到其全文，更快地了解同行的成果从而减少重复劳动，其科学研究的信息资源保障条件更好，科研进程可加快。

英国大学和科学事务大臣 David Willetts 认为，公共资金资助的科研项目成果应该提供读者免费利用。他认为这种开放将会开启一个科学研究和交流合作的新时代，并将带领英国走在开放研究的前沿③。

有学者研究了开放存取对人文科学与社会科学专著出版的影响④。开放存取有助于降低获取科研文献门槛，有利于发展中国家缩

① How to Build a Case for University Policies and Practices in Support of Open Access [EB/OL].[2016-04-20].http://www.jisc.ac.uk/publications/programmerelated/2010/howtoopenaccess.aspx.

② Knowledge Exchange Open Access (2009) - What are the Economic Benefits? A Comparison of the United Kingdom, Netherlands and Denmark [EB/OL].[2016-04-20]. http://www.slideshare.net/KnowledgeExchange/houghton-brussels-22-june-2009.

③ David Willetts. Open, Free Access to Academic Research? This will be a Seismic Shift [EB/OL].[2016-04-20].http://www.guardian.co.uk/commentisfree/2012/may/01/open-free-access-academic-research.

④ Hugh Look, Frances Pinter. Open Access and Humanities and Social Science Monograph Publishing[J].New Review of Academic Librarianship, 2010, 16: S1,90-97.

小和发达国家在科学研究上的差距，从而整体上促进科学研究进步。

1.4.3　促进全球高等教育的合作与质量提升

2006 年 7 月，美国 25 所大学的教务长给高等教育委员会的一封公开信提到："广泛传播学术研究成果对于实现高等教育推动知识进步，促进知识传播的长期使命至关重要，目前情势紧迫，时不我待。"①

近年来随着开放教育资源的不断丰富，尤其是大规模开放在线课程（Massive Open Online Courses，MOOC，国内通常音译为"慕课"）的兴起与逐渐为人接受，高等教育的理念、教学方法、教学内容与教学资料都将发生重要的变革，促进高等教育质量的提升；同时，由于参与 MOOC 学习的学员数量大，需要教师之间的合作，这无疑有利于促进高等教育的国内乃至国际合作。

1.4.4　扩大科研人员及其所在机构的影响

开放存取对科研人员很重要。科研人员日益意识到科研成果公开获取的重要性，早在 2004 年，25 位诺贝尔奖得主致美国国会的公开信中提到："科学是人类进步的方式，作为科研工作者和纳税人，我们反对妨碍、延迟、阻碍由政府资金资助的科学知识获取的种种障碍，这其中也包括我们自己的工作成果。"②2001 年，Steve Lawrence 在《自然》杂志发表文章，提出其研究成果"免费在线获取的论文增

---

① 25 U.S. University Provosts, in an Open Letter to the Higher Education Community (2006-07-24). "The broad dissemination of the results of scholarly inquiry and discourse is essential for higher education to fulfill its long-standing commitment to the advancement and conveyance of knowledge. Indeed it is mission critical."

② Open Letter to the US Congress (August 26, 2004). "Science is the measure of the human race's progress. As scientists and taxpayers too, we therefore object to barriers that hinder, delay or block the spread of scientific knowledge supported by federal tax dollars—including our own works."

加论文的影响力①”。

开放存取可增加研究者的论文被引次数，提高其个人及所在学术研究机构、科研基金的影响力和美誉度。

1.4.5 促进资源发现，提高文献的利用率

开放存取资源容易被 Google Scholar 或其他的检索工具发现。

2007 年，当 Springer 宣布 29000 多种图书已被 Google Book Search 建立索引时，它认为此举提高了图书的显示度，推进了库存图书的销售。首家加入 Google 出版计划的中国图书出版商城邦出版控制集团（Cite Publishing Holding Group）解释说，加入 Google 计划就是预见了 Google 的索引将会增加图书的销售量。Tim O'Reilly 发表了一份详细的研究案例，阐述了他本人出版的一本图书的 OA 版本是如何影响印刷版的销售的。Eric Von Hippel 阐述了他的两本著作的 OA 版本促进了印刷版的销量。一些小说出版商推荐了 2007 年最受男性欢迎的小说，并考虑推出相应的 OA 版本②。

Stevan Harnad 于 2004 年对同一期刊的 OA 文章与非 OA 文章的引用率进行对比，发现通过 ArXiv 进行 OA 的文章的引用率是相同期刊出版但未进行 OA 的文章引用率的 4 倍③。学者 Philip Davis 的研究发现，当出版社在网站上开放了刊载的文章后，读者群提高了 250%。

1.4.6 扩大期刊的影响

期刊《食品与营养研究》（*Food and Nutrition Research*）为订购期刊时，其订户约 800 家，来自 15 个国家；成为 OA 期刊后，读者来自

---

① Lawrence Steve. Free Online Availability Substantially Increases a Paper's Impact[J]. Nature, 2001, Vol. 411, No. 6837:521.

② 开放获取 2007 年进展[EB/OL].[2016-04-20].http://oa.paper.edu.cn/xw_09.jsp.

③ Harnad S., Brody T. Comparing the Impact of Open Access (OA) vs. Non-OA Articles in the Same Journals[J]. D. Lib Magazine, 2004, 10.

170 余个国家,读者在其网站阅读论文、下载、论文的被引数与提交数均有所上升①。

PLoSBiology 的一项研究表明,发表在 PANS 上的即时 OA 论文其引用率比未开放存取的论文高 1~2 倍②。《中国有色金属学报》编辑部为了适应期刊发展的需要,于 2006 年开始 OA 实践。从 2006 年起,编辑部与荷兰爱思唯尔公司(Elsevier)合作出版《中国有色金属学报》(英文版)网络版,一方面借助该公司的国际品牌提升期刊自身的声誉和知名度,另一方面达到网络开放的目的。在 2006—2008 年(试用期内)实施开放存取,月均下载率达 7000 次以上,2008 年 11 月下载率达到 16000 余次,居国内参与国际合作期刊之首。与此同时,编辑部效仿国际期刊的出版制度,在与作者签订版权转让协议的基础上,于 2007 年年底对《中国有色金属学报》(英文版)开始把评审录用的论文直接与期刊的网站进行链接,从而实施开放存取,月均下载率达 8000 次以上,篇均年下载率达到 75 次/(篇·年),尽管该下载率数据还不是太高,但开放仅一年即远远超过了该刊在中国学术期刊网上约 10 次/(篇·年)的下载率指标。可见,开放存取极大地提高了该刊的阅读率和下载率,促进了信息的快速传播③。

① Cited in Open Access Update, Caroline Sutton, Publisher, Co-Action Publishing, President, Open Access Scholarly Publishers Association (OASPA)[C]. ISMTE Meeting, August 9, 2011, Washington, D.C., and Private Communication on February 2,2012.

② Gunther Eysenbach. Citation Advantage of Open Access Articles[J]. LoS Biol,2006,4(5):157.

③ 杨兵,彭超群,李向群等.开放存取出版模式与中国学术期刊国际化[EB/OL].[2016-06-24]. http://www.socolar.com/man/NewsUpload/200969194251187234.pdf.

第2章 国内外开放存取的实践进展

为促进学术信息的交流与传播,20世纪90年代以来国际科技界、学术界、出版界、信息传播界发起了开放存取运动,至今已取得不菲成就。重要的国际性开放存取组织——学术出版与学术资源联盟(Scholarly Publishing and Academic Resources Coalition,SPARC)欧洲分部的David C.Prosser曾毫不夸张地指出,任何企图描述OA政策新发展的论文将在完成之前就已过时,全球政府、研究资助机构和个体组织每天都在发表新的声明①。

从总体而言,开放存取的实践领域取得了多方面的进步乃至突破。可以说,信息资源开放存取已成为近年来图书情报界、出版界、整个学术界乃至政府机构关注的热点之一。其重要标志是"开放存取日"到"开放存取周"再到"开放存取年"的提出。2008年10月14日,学术出版与学术资源联盟(SPARC)、自由文化学生联盟(Students for Free Culture)和科学公共图书馆(PLoS)宣布当日为首个世界"开放存取日"(Open Access Day),并建立了专门的网站②。继2008年的"开放存取日"成功之后,其组织者邀请一些有助于在2009年向全球推广传播开放存取活动的核心参与者,包括图书馆电子

① David C. Prosser. Current (European) Developments in Scholarly Communication[J].Liber Quaterly,2008,18(3/4):399-412.

② First Open Access Day to be Held October 14,2008 [EB/OL].[2016-05-10].http://openaccessday.org/about/.

信息网(Electronic Information for Libraries, eIFL.net)、开放存取学术信息资料库(The Open Access Scholarly Information Sourcebook, OASIS)和开放存取目录(Open Access Directory, OAD),共同发起第一个国际"开放存取周"(2009 年 10 月 19—23 日)活动,这个目前一年一次的活动,从过去的一天扩展到一周,旨在增加国际高等教育领域和公众对开放存取研究成果的认知和理解,包括了解和支持不同研究基金机构的存取政策①。世界开放存取领头国之一的荷兰的高等教育部门宣布 2009 年为"开放存取年"(Open Access Year),旨在促进对科学(学术)和基于实践研究成果的开放访问。在这一年努力制定和实施开放存取政策,开发和完善知识基础设施,建立清晰的法律体制,提高全民的知晓度②。本章拟从六个方面总结国内外本领域的实践进展。

2.1　国际性组织资助或启动了多个开放存取项目

2.1.1　联合国

作为最重要的国际组织,联合国(United Nations, UN)的行动为世界瞩目。早在 1999 年 7 月 1 日,联合国教科文组织(UNESCO)的国际科学协会理事会(International Council of Scientific Unions, ICSU)组织召开的世界科学会议上通过了《科学与利用科学知识宣言》③。该宣言明确表示,要注重科研和教育信息资源在公共领域的开放存取,并要求发达国家与发展中国家之间要遵循信息开放存取、信息平等以及互惠互利的原则。2003 年 12 月,联合国要求其成员国政府支持为科技期刊电子版发表的研究成果提供免费

① About OA Week [EB/OL]. [2016-05-05]. http://www.openaccessweek.org/about-the-week/.

② SURF: 2009 is Open Access Year [EB/OL]. [2016-05-10]. http://www.surffoundation.nl/en/actueel/Pages/SURF-2009-is-Open-Access-year.aspx.

③ Declaration on Science and the Use of Scientific Knowledge [EB/OL]. [2016-05-10]. http://www.unesco.org/science/wcs/eng/declaration_e.htm.

存取的项目①。ICSU 于 1992 年建立了促进发展中国家和转型国家获取可靠的健康信息的"科学出版物可获得国际网络"(International Network for the Availability of Scientific Publications,INASP)。

UNESCO 明确表示,对科学信息与研究成果的开放存取是 UNESCO 的知识社会部(Knowledge Societies Division,KSD)工作的许多项目之一,旨在促进对知识与信息的存取。UNESCO 与开放存取的其他相关领域有:免费与开源软件(FOSS)、数字文化遗产的保存、开放教育资源(OER)、全民信息计划(IFAP)以及信息社会世界峰会(WSIS)②。

2005 年 9 月 22 日,UNESCO 在 2006—2007 年的预算书里要求会员国采取措施:支持 IFLA 的开放存取主张,在大学传播开放存取原则,推动发展中国家典藏库的开放存取以传播科学的关键技术③。UNESCO 于 2007 年 8 月 2 日发布了最终的《关于知识获得与分享未来的克罗伯格宣言》④,再次强调开放存取是公平获取和共享知识的关键所在,表示将全力支持开放标准、开放数据结构、信息架构等构建全球个人学习网络空间所需要素的发展。

UN 近年来在 OA 领域影响最广泛的是组织信息社会世界峰会(WSIS)及其相关活动,并指定国际电信联盟(ITU)或 UNESCO 为协调者。根据联合国大会第 56/183 号决议,WSIS 分两个阶段召开,即 2003 年 12 月 10—12 日的日内瓦阶段会议和 2005 年 11 月 16—18 日的突尼斯阶段会议。

WSIS 是一次各国领导人最高级别的会议,是一个真正广泛接纳

---

① UN Meeting Urged to Back Open Access Science [EB/OL].[2016-05-12]. http://www.scidev.net/en/news/un-meeting-urged-to-back-open-access-science.html.

② Policy Guidelines for the Development and Promotion of Open Access [EB/OL]. [2016-06-01].http://unesdoc.unesco.org/images/0021/002158/215863e.pdf.

③ UNESCO Adopted Amendments to the Draft Programme and Budget for 2006-2007 that Explicitly Endorsed OA [EB/OL]. [2016-06-01].http://unesdoc.unesco.org/images/0014/001408/140864e.pdf.

④ Kronberg Declaration on the Future of Knowledge Acquisition and Sharing [EB/OL]. [2016-06-01]. http://portal.unesco.org/ci/en/files/25109/11860402019Kronberg_Declaration.pdf/Kronberg%2BDeclaration.pdf.

利益相关方参与的进程,其中包括政府、政府间和非政府组织、私营部门和民间团体,目标是“建设一个以人为本、具有包容性和面向发展的信息社会。在这样一个社会中,人人可以创造、获取、使用和分享信息和知识,使个人、社区和各国人民均能充分发挥各自的潜力,促进实现可持续发展并提高生活质量”。①

以下介绍 UNESCO 的 WSIS 及其他重要的促进 OA 的成果。

(1)2003 WSIS 日内瓦阶段会议

出席日内瓦阶段会议的有来自 175 个国家的高层代表,其中包括近 50 位国家和政府首脑以及副总统,另有 11000 多人参加了 WSIS 以及与其相关的活动。各国领导人通过题为“建设信息社会:新千年的全球性挑战”的 WSIS《原则宣言》,并指出:我们要努力使所有人均能有平等的机会普遍获取科学知识,创作和传播科技信息,包括对科学出版的开放存取的创始计划②。会议通过的《行动计划》指出:制定有利于开发和推广公用域信息的政策指导方针,使之成为在国际上促进公众获取信息的重要手段③。

(2)2005 WSIS 突尼斯阶段会议

本阶段会议通过的《突尼斯承诺》指出:我们认识到,信息的获取和知识的分享与创建可有力地促进经济、社会和文化的发展,从而帮助所有国家实现达成国际共识的发展目的和目标,包括《千年发展目标》④。

在上述 2 个会议后,2007 年 5 月在日内瓦召开了 WSIS 后续会议(WSIS Follow-up Meetings)。

(3)2009 WSIS 论坛

2009 年 5 月 18—22 日,由 ITU、UNESCO、联合国贸易及发展会

---

① 信息社会世界首脑会议[EB/OL].[2016-06-01].http://www.un.org/chinese/events/wsis/#.

② 建设信息社会:新千年的全球性挑战[EB/OL].[2016-06-01].http://www.itu.int/dms_pub/itu-s/md/03/wsis/doc/S03-WSIS-DOC-0004!! PDF-C.pdf.

③ 行动计划[EB/OL].[2016-06-01].http://www.itu.int/dms_pub/itu-s/md/03/wsis/doc/S03-WSIS-DOC-0005!! PDF-C.pdf.

④ 信息社会世界峰会执行秘书处.信息社会世界高峰会议突尼斯阶段会议报告.[EB/OL].[2016-06-01].http://www.un.org/chinese/events/wsis/9rev1.pdf.

议(UNCTAD)和联合国开发计划署(UNDP)等共同组织的“2009 WSIS论坛”(2009 WSIS Forum)第一天就召开了“存取知识的高级专门研讨”(High-Level Panel on Accessing Knowledge)和专门强调对科技数据与知识开放存取的“WSIS存取行动线与数字科研行动线”[WSIS Action Line C3 (Access) and C7 (e-Science)]①。论坛期间,IFLA和瑞士国际关系馆员(Swiss Librarians for International Relations,SLIR)、国际图书馆员和信息专家协会(Association of International Librarians and Information Specialists,AILIS)共同组织了分会场“图书馆:驱动知识的存取”(Libraries Driving Access to Knowledge),提出了“开放存取与图书馆”的项目②。

(4)2011 WSIS论坛

专门建立了开放存取社区平台以讨论开放存取有关问题、学术与科学信息的免费存取与传播,该社区已拥有1008个成员,开始讨论影响开放存取发展的关键问题③。

(5)建立全球开放存取门户

2011年11月1日在巴黎UNESCO总部组织大会召开期间的专门会议上启动了全球开放存取门户(Global Open Access Portal, GOAP),该门户致力于及时反映全球开放存取领域的高水平进展,鼓励全球对开放存取有兴趣的机构与个人担任短期咨询员。该门户展示148余个UNESCO成员国的2000多个项目、计划的链接。该门户的特征有:从国家层面审视开放存取发展、UNESCO成员国中参与开放存取的重要组织、开放存取政策和强制性要求的概况、每个国家开放存取主要障碍的严格评估、UNESCO成员国实施开放存取的可能性、世界不同地区重要的开放存取出版物。

---

① WSIS Forum 2009 Brochure [EB/OL]. [2016-06-01]. http://www.itu.int/wsis/implementation/2009/forum/geneva/docs/WSIS_Forum_2009_Brochure.pdf.

② Libraries Driving Access to Knowledge [EB/OL]. [2016-06-01]. http://www.itu.int/wsis/implementation/2009/forum/geneva/tw_IFLA.html.

③ WSIS Platform of Communities [EB/OL]. [2016-06-01]. http://www.wsis-community.org/pg/groups/58145/open-access/.5.

（6）建立开放存取期刊一站式检索平台——开放科学目录

应 UNESCO 政府间海洋图像委员会（Intergovernmental Oceanographic Commission of UNESCO，IOC）国际海洋图像数据和信息交换项目（International Oceangraphic Data and Information Exchange，IODE）的要求，国际知名数据库商 EBSCO 和比利时哈瑟尔特大学图书馆（Hasselt University Library）联合建立了 OAJ 一站式检索平台——开放科学目录（Open Science Directory，OSD），旨在为全球范围内的 OAJ 资源提供高效的搜索工具，该平台集成了开放存取期刊目录（DOAJ）、生物医学中心（BMC）、斯坦福大学图书馆 HighWire 出版社、公共医学中心（PMC）、世界卫生组织（World Health Organization，WHO）卫生资源网络获取计划（The Health Inter Network Access to Research Initiative，HINARI）、联合国粮农组织（Food and Agriculture Organization of the UN，FAO）的全球农业信息在线获取项目（Access to Global Online Research in Agriculture，AGORA）等计划收集或出版的 OAJ 资源。OSD 平台已收录各类型 OAJ 大约 13000 种①。以后拟增加到 20000 种。

（7）出版《发展与促进开放存取的政策指南》

2012 年 4 月 6 日，UNESCO 出版了《发展与促进开放存取的政策指南》②，其主要内容有：科学信息与研究的开放存取的发展、开放存取的实现途径、开放存取的重要性、开放存取的益处、开放存取的商业模式、知识产权与许可、促进开放存取的对策与开放存取的政策框架等。

（8）提交《UNESCO 促进科技信息和研究开放存取战略》的修改草案

在 2011 年 10 月召开的 UNESCO 主任会议（Director Conference）上，UNESCO 总干事提交了《UNESCO 促进科技信息和研究开放存取

---

① Open Science Directory Search Tool For Open Access Journals and Journals in Special Programs for Developing Countries [EB/OL]. [2016-06-01]. http://atoz.ebsco.com/Titles/8623?lang=en&lang.menu=en&lang.subject=en.

② Policy Guidelines for the Development and Promotion of Open Access [EB/OL]. [2016-06-01] http://unesdoc.unesco.org/images/0021/002158/215863e.pdf.

战略》的修改草案，该草案建议 UNESCO 成立国际性的非政府组织——科技信息和研究开放存取网络（Network for Open Access to Scientific Information and Research，NOASIR），以加强各类 OA 组织间的合作，为各学科的研究机构创办 OAJ 提供指导，鼓励科学家参与 OAJ 出版，号召出版商提供更多的 OAJ 和论文，促进科技、技术工程和数学（Science，Technology/Engineering and Mathematics，STEM）以及人文与社会科学（Humanities and Social Sciences，HSS）期刊的开放存取。同时，NOASIR 也鼓励研究机构、科研资助机构设立特殊基金，资助 OAJ 的出版费用①。2012 年 6 月 4 日正式发布《开放存取科学信息：政策指南》（*Open Access to Scientific Information：Policy Guidelines*）。②

（9）出版《科学报告 2010》和《世界社会科学报告 2010》

《科学报告 2010》（UNESCO *Science Report* 2010）是 UNESCO 继 1993 年、1996 年、1998 年和 2005 年发表了 4 份《教科文组织科学报告》后发布的新报告，以丰富的数量及质量指数对世界科技的发展趋势进行了分析，重点介绍了中国、印度、伊朗、日本和韩国等国的情况，对全球科学和技术研究的状况进行了全面的阐述。由于印度和韩国经济实力的增强，亚洲正迅速成为推动科学与工程研究进步的一股重大力量。尽管中国国内研发总开支占国民生产总值的比率大幅增长，科学出版物数量也非常可观，但其影响力还远远低于美、欧、日三强。中国发表文章的引用率（平均每篇文章的引用率）约为 4.61，仅与印度的水平（4.59）大体相当。中国的另一项指标——专

---

① Revised Draft Strategy on UNESCO's Contribution to the Promotion of Open Access to Scientific Information and Research [EB/OL]. [2016-06-01]. http://www.unesco.org/new/fileadmin/MULTIMEDIA/HQ/CI/CI/images/GOAP/OAF2011/213342e.pdf.

② Open Access to Scientific Information: Policy Guidelines [EB/OL]. [2016-06-02]. http://www.unesco.org/new/en/media-services/single-view/news/open_access_to_scientific_information_policy_guidelines_for_open_access_released/#.V170v9J97IU.

利数量也远远落后于发达国家①。

《世界社会科学报告 2010》(World Social Science Report 2010)则专门讨论了开放存取之路和拉丁美洲社会科学期刊的开放存取闪存②。

此外,联合国粮农组织(FAO)与出版商联合开展的全球农业信息在线获取项目(AGORA),为 107 个发展中国家的科研机构提供了 1900 种与食品、农业和环境科学有关的科技期刊③。FAO 机构文献库(FAO Corporate Document Repository)收录了 FAO 的多种文献,包括与食品与农业有关的图书、会议文献、期刊论文,有的可回溯至 20 世纪 70 年代。

2014 年 12 月,UNESCO 开始面向科研人员和图书馆员提供 OA 领域课程,2015 年 3 月开始提供该课程的在线授课④。

2.1.2　国际图联

国际图联(IFLA)作为代表图书馆和信息服务机构以及用户利益的最重要的国际组织,通过多种形式积极促进信息资源的开放存取。

(1)设置与开放存取有关的机构

①信息自由获取与自由表达委员会。

早在 1998 年,IFLA 就成立了信息自由获取与自由表达委员会

---

① UNESCO. UNESCO Science Report 2010 [EB/OL]. [2016-06-02]. http://www.unesco.org/new/en/natural-sciences/sciencetechnology/prospective-studies/unesco-sciencereport/unesco-science-report-2010/.

② International Social Science Council 2010. World Social Science Report 2010 [EB/OL]. [2016-06-02]. http://unesdoc.unesco.org/images/0018/001883/188333e.pdf.

③ About the AGORA Program [EB/OL]. [2016-06-02]. http://www.aginternetwork.org/en/.

④ UNESCO Launches Open Access Curricula for Researchers and Librarians [EB/OL]. [2016-06-03]. http://www.unesco.org/new/en/communication-and-information/resources/news-and-in-focus-articles/all-news/news/unesco_launches_open_access_curricula_for_researchers_and_librarians/#.VW61O9Kl9Kk.

(IFLA Committee on Free Access to Information and Freedom of Expression, IFLA/FAIFE)以保护和促进《联合国国际人权宣言》第19条规定的基本人权。IFLA/FAIFE 及其办公室直接或间接地推动所有领域信息资源的自由获取与自由表达,监督世界图书馆界智力自由的现状,支持 IFLA 的政策及其与其他国际人权组织的合作,对违反信息资源的自由获取与自由表达的行为做出回应。

②文献传递与资源共享部。

为突出信息资源共享,IFLA 将原来的"文献传递与馆际互借部"(Document Delivery and Interlending Section)更名为"文献传递与资源共享部"(Document Delivery and Resource Sharing Section)。希望帮助图书馆和图书馆协会通过采用各种形式的资源共享与文献传递技术促进各种形式的信息在全国范围和全球范围的可存取。

③开放存取特别行动组。

2011年10月11日,根据 IFLA 理事会在波多黎各世界图书馆与信息大会(WLIC)上批准的一系列关键行动方案成立了 IFLA 开放存取特别行动组(Open Access Taskforce)。该行动组主要负责以下问题:在联合国的框架体系(联合国、联合国教科文组织、世界卫生组织、粮农组织)内,推广和倡导接纳 IFLA 的开放存取政策;提高 IFLA 会员的能力,通过促进开放存取的案例研究和最佳实践的发展,在国家层面倡导使用开放存取政策;联合开放存取的多个工作机构,例如 SPARC(美国、欧洲、日本)、开放存取知识库联盟(COAR)、开放存取学术出版者协会(Open Access Scholarly Publishers Association, OASPA)、EIFL、Bioline International,以及 DOAJ 等。北京大学图书馆馆长朱强为该行动组成员之一①。该特别行动组配合 IFLA 战略规划和开放存取声明的实施,为采纳和完善 IFLA 声明中的 OA 政策提供建议,开发 OA 标准,提供发展 OA 的案例和最佳实践,与 SPARC 等其他 OA 机构展开协作。

---

① IFLA Open Access Taskforce Established [EB/OL]. [2016-06-02]. http://www.ifla.org/en/news/ifla-open-access-taskforce-established.

(2)发布与开放存取有关的系列文件

IFLA 发布的与开放存取有关的文件包括其发布的系列宣言、立场与声明等,如:《关于图书馆与智力自由宣言》(Statement on Libraries and Intellectual Freedom)、《IFLA 因特网宣言》(The IFLA Internet Manifesto)、《图书馆和信息服务机构及智力自由的格拉斯哥宣言》(The Glasgow Declaration on Libraries, Information Services and Intellectual Freedom)、《IFLA 关于因特网管制的立场》(IFLA Position on Internet Governance)、《关于图书馆与可持续发展的声明》(Statement on Libraries and Sustainable Development)、《信息社会行动,关于图书馆的亚历山大宣言》(Alexandria Manifesto on Libraries, the Information Society in Action)和《IFLA/UNESCO 因特网宣言指导方针》(IFLA/UNESCO Internet Manifesto Guideline)都有与"开放存取"相关的提法。以下是与开放存取直接相关的文件。

①《IFLA 关于学术文献与研究文献开放存取的声明》。

该声明于 2003 年 12 月 5 日由 IFLA 管理委员会在荷兰海牙通过。声明的主要观点有:经过同行评审的学术文献是研究与学术进步中的重要因素,由包括预印本、技术报告与研究数据记录在内的一系列研究文献所支撑。全球各地的图书馆与信息服务网提供过去、现在及未来的学术文献,确保这些文献的保存,协助用户发现及使用它们,并提供教育课程以帮助用户建立终身的素养①。为避免互联网接入条件、带宽以及软件与硬件等因素而引起的更严重的"数字鸿沟",该声明还提出了促进学术信息存取的日程以促进全球的平等与发展。

②《IFLA 支持开放存取运动的公告》。

2004 年 2 月 24 日,IFLA 以新闻稿方式发布了题为《IFLA 支持开放存取运动的公告》。该公告指出,IFLA 长期承诺对信息资源的开放存取,尤其关注发展中国家的学术文献存取。IFLA 承认,取得对全球学术文献的可存取需要大量的承诺与策略,IFLA 坚决支持开

① Statement on Open Access to Scholarly Literature and Research Documentation [EB/OL]. [2016-06-02].http://www.ifla.org/V/cdoc/open-access04.html.

放存取运动，欢迎许多开放存取出版物的投入使用①。

③《IFLA 关于世界知识产权组织日内瓦宣言的立场》。

IFLA 表示，希望《世界知识产权组织日内瓦宣言》能引起 WIPO 关注对教育界、图书馆和其他信息提供者有重要关系的问题，希望 WIPO 讨论知识产权法的不平衡、信息垄断、技术保护措施、数字鸿沟扩大、自由贸易协议等问题②。

④《IFLA 开放存取声明：澄清 IFLA 的立场和战略》。

该声明于 2011 年 4 月 15 日发布，阐述 IFLA 的立场和策略，指出，国际图联致力于信息自由获取的原则，坚持一种信念：对信息的普遍、公平的获得对个人、社区和机构的社会、教育、文化、民主和经济福祉至关重要，开放存取是 IFLA 信息日程中的重要问题③。

(3)广泛参与开放存取有关的实践活动

① 提出行动倡议。

2000 年 8 月，IFLA/FAIFE 和 IFLA 版权与其他法律事务委员会(IFLA Committee on Copyright and other Legal Matters，CLM))共同发起了题为“信息存取：公平与普遍存取的挑战”(Access to Information：Challenges to Equitable and Universal Access)的项目。2005 年 6 月 22 日，CLM 签署的《IFLA 与知识存取条约》(IFLA and the Access to Knowledge Treaty)明确指出，通过技术帮助促进信息资源共享，包括建设数据库、建立网页和成立 WIPO 合作办公室。

2002 年 9 月，时任 IFLA 当选主席的 Alex Byrne 从图书馆与信息服务机构的角度对 WSIS 的原则宣言做出回应，表示要促进全球信息共享。

② 关注世界范围内信息存取面临的挑战。

IFLA/FAIFE 发布关于世界图书馆发展的系列报告，包括每两年

---

① IFLA Supports Open Access Movement [EB/OL]. [2016-06-02]. http://www.ifla.org/V/press/oa240204.html.

② The IFLA Position on the Geneva Declaration on the Future of WIPO [EB/OL]. [2016-06-02]. http://www.ifla.org/III/clm/CLM-GenevaDeclaration2004.html.

③ IFLA Statement on Open Access [EB/OL]. [2016-06-02]. http://www.ifla.org/en/news/just-released-ifla-statement-on-open-access.

出版一次的 IFLA/ FAIFE World Report 和与之出版年份交替进行出版的 IFLA/FAIFE Theme Report，每年的报告在 IFLA 年会上发布。其中，2001 年发布的第一个《IFLA/FAIFE 关于图书馆与智力自由的世界报告》反映了 IFLA/FAIFE 前四年活动的成就，总结了 46 个国家与图书馆有关的智力自由的现状。2002 年发布的《IFLA/FAIFE 总结报告：图书馆，冲突与互联网》概述了全球互联网信息资源存取的障碍以及当智力自由受到侵犯时图书馆的应对之策。《IFLA/FAIFE 世界报告 2003：信息社会中的智力自由、图书馆与互联网》在对代表世界所有地区的 88 个国家进行调查的基础上，分析了图书馆在促进信息存取中面临的数字鸿沟、信息过滤与阻隔、用户隐私、财务障碍，智力自由与伦理等问题，分析了各地区间的差别，讨论了信息社会面临的信息富有与信息贫穷的挑战。第四个报告是 2004 年 8 月 24 日在布宜诺斯艾利斯发布的题为《为终身学习的图书馆：对信息的无障碍获取是终身学习与提高的基础》的主题报告。此外，2005 年、2007 年发布了世界报告，2006 年发布了主题报告。这些报告都受到了图书馆界的好评，它们分析了全球图书馆界信息存取自由的现状，尤其关注发展中国家和弱势群体的信息存取自由。

(4) 积极推动开放存取有关的研究

① 采纳与开放存取有关的研究成果。

如前所述，IFLA 采纳了《英国惠康信托基金会支持开放存取出版的立场声明》中关于开放存取的定义，认为符合下列两个条件者为开放存取出版物：其一，著者及著作所有权人授权所有的使用者，免费、永久、全球的存取权利，只要标注著者及著作所有权人的姓名，就同意使用者复制、使用、传播、表演、展示其作品，为了研究目的而以任何数字媒体改编和传播改编后的作品，制作少量复本供个人使用。其二，作品出版后，应立即存储于至少一个由学术机构、学会组织、政府机关等单位支撑的在线典藏，作品的全文，包括附件及前述的授权声明，以标准的电子格式，以便无限制地开放存取、不受限制地传播、互操作和长期开放存档。IFLA 认为，开放存取的对象是个别作品，不以期刊或出版社为对象。

② 积极组织、参与有关学术会议。

除了前文所述的 FAIFE 直接或间接促进信息资源开放存取的各项行动外，IFLA 还从 1993 年起，通过召开两年一届的“馆际互借与文献传递国际会议”（IFLA Interlending and Document Supply International Conference）以促进信息资源在全球范围的开放存取。2003 年、2005 年、2007 年召开的第八、九、十、十一届会议的主题分别是：“消除障碍：在数字世界接近用户”“使图书馆藏书在本地和全世界可存取”“为未来的资源共享”和“文献传递和馆际互借中的策略联盟与合作”。

在 2006 年的 72 届国际图联大会期间，IFLA 亚洲与大洋洲组以“推动开放存取的实施”为主题举办分会场，其目的是为亚洲与大洋洲图书馆界同行提供就开放存取和开放资源（资料、软件和信息）等问题交流经验的机会。2008 年第 74 届 IFLA 大会的主题为“无界图书馆：航向全球视野”，讨论了促进全球科学信息存取的全球科学门户——WorldWideScience.org。

IFLA 是联合国科学技术发展委员会（UN Commission for Science and Technology for Development，CSTD）的成员。2009 年，IFLA 积极参与 WSIS 论坛，是 WSIS 两个子主题的协调者，即“与图书馆和档案馆相关的行动线 C3：对信息的存取”“与遗产有关的行动线 C8：文化多样性与特征、语言多样性与当地内容”。

2010 年，IFLA 卫星会议提出建立世界范围的开放存取知识库联盟（COAR）①。

2011 年，IFLA 主席会议设立专题讨论开放存取与图书馆作用的转变，会上，IFLA2009—2011 年主席 Ellen Tise 于 2010 年做了题为“开放存取：新的方向和图书馆员的信息作用”的报告。②

① A Truly International Effort to Build a Worldwide Repository Network [EB/OL]. [2016-06-02].: // www. kb. se/dokument/Aktuellt/utbildning/ifla% 20OA%202010/Lossau_COAR-IFLA-Satellite-Conference-100809-final.pdf.

② Open Access and the Changing Role of Libraries [EB/OL]. [2016-06-02]. http: // www. kb. se/aktuellt/utbildningar/2010/Open-Access-and-the-Changing-Role-of-Libraries/.

在2011年信息社会世界峰会(WSIS)上,IFLA、UNESCO和图书馆电子信息组织(Electronic Information for Libraries,eIFL)举办了以OA为主题的对话会议,回顾OA的成就,讨论这些成就是否能够复制到其他国家,以及如何将OA融入国家和地区的研究政策或教育政策中①。2011年5月19日,他们联合举办了"开放存取:自2010年信息社会世界峰会以来的发展"的会议,突出开放存取针对不同利益相关者(政策制定者和研究机构、研究人员、出版商和图书馆)的政策和策略②。

(5)已经、且准备进一步开展多方合作

2010年11月,IFLA与Emerald出版集团建立"特殊伙伴"(Special Partnership)关系,规定凡是出自IFLA会议或者项目的论文,在被Emerald图书情报学类期刊录用出版9个月后,可以在互联网上提供开放存取③。

2011年4月15日发布的《IFLA开放存取声明:澄清IFLA的立场和战略》指出:IFLA将致力于与全球性组织和论坛,如联合国、联合国教科文组织、世界卫生组织、世界知识产权组织和信息社会世界峰会等联系与合作,促进和推动公共资助研究成果、教育资源和文化遗产的开放存取。IFLA将与促进开放存取的组织、项目、创始计划和服务项目建立伙伴关系和提供支持,如学术出版与学术资源联盟(SPARC美国、欧洲、日本)、开放存取知识库联盟(COAR)、开放存取学术出版者协会(OASPA)、Bioline国际与开放存取期刊目录(DOAJ)等。该声明还呼吁成员单位和所属机构通过多种方式支持OA发展,建议图书馆帮助学术出版商出版OAJ和OA书籍,协助教

① World Summit on the Information Society (WSIS) Forum 2011 [EB/OL].[2015-06-02]. http://www.ifla.org/en/node/5630.

② Open Access: Progress since WSIS 2010 [EB/OL].[2016-06-02].http://www.eifl.net/events/open-access-progress-wsis-2010.

③ Emerald Announces First Open Access Articles Through Special Partnership with IFLA [EB/OL].[2016-06-02]. http://www.emeraldinsight.com/about/news/story.htm?id=2845.

学人员生产开放式的教学资源①。

(6)多次在战略规划中提到开放存取

开放存取是《IFLA 2010—2015 年战略规划》(Strategic Plan 2010-2015)的核心支柱,在其整个组织的做法是将开放存取整合进 IFLA 现行的提议的活动。该规划提出的 6 大任务之一是:鼓励图书馆和信息服务机构与合作伙伴、用户协同工作,最大限度地挖掘数字技术的潜力,以传递服务,促进用户对文化信息资源的无缝开放存取。同时把开放存取作为其 2010—2011 年优先考虑的目标之一②。该规划将"为图书馆用户增加可获取的数字资源"作为准备开展的 5 项关键活动之一,表示将与 UNESCO、WHO 和 FAO 保持同步,采纳和完善 OA 政策,开展 OA 最佳案例和实践研究,以充实 OA 建议③。在其 2014 年修订版中,更是提出在国家层面通过典型案例和最佳实践的方式来促进开放存取的采纳。④

《IFLA 2016—2021 战略规划草案第七完整版》(IFLA Strategic Plan 2016-2021 Draft Full Version 7)在 2015—2016 主要创始计划中提到"将在开放存取日程中定义 IFLA 的政策主张""为 IFLA 社区宣传工具,将建立 IFLA 的宣传策略和工具以便支持开放存取"。⑤

2.1.3 世界经济合作与发展组织

世界经济合作与发展组织(Organization for Economics Cooperation

---

① IFLA Statement on Open Access — Clarifying IFLA's Position and Strategy [EB/OL]. [2016-06-02] http://www.ifla.org/en/news/just-released-ifla-statement-on-open-access.

② IFLA Strategic Plan 2010—2015 [EB/OL]. [2016-06-02]. http://www.ifla.org/files/hq/gb/strategic-plan/2010-2015.pdf.

③ IFLA Key Initiatives 2011—2012 [EB/OL].[2016-06-02]. http://www.ifla.org/files/hq/gb/strategic-plan/key-initiatives-2011.pdf.

④ IFLA Strategic Plan 2010—2015 (2014 Revision) [EB/OL].[2016-06-03].http://www.ifla.org/files/assets/hq/gb/strategic-plan/2010-2015.pdf.

⑤ IFLA Strategic Plan 2016—2021 Draft Full Version 7 [EB/OL].[2016-06-09]. http://www.ifla.org/files/assets/hq/officers/key-documents/draft-strategic-plan-and-key-initiatives-full-version.pdf.

and Development，OECD）于 2004 年 1 月通过《公共资金资助的研究数据的开放存取宣言》（Declaration on Access to Research Data from Public Funding）以建立对公共资助的研究所产生的数字化数据的获取机制。澳、美、加、德、日、中国等 34 个国家签署了该宣言。该宣言从开放程度、透明度、法律一致性、正式责任、专业化、知识产权保护、互操作性、质量和安全问题、效率、义务和技术等方面建立了开放存取数据资源的原则和目标。要求 OECD 采取进一步措施提出公共资金资助研究数据的获取原则和指南，同时要求采取信息的安全性、知识产权和隐私保护等措施。

2005 年 9 月，OECD 发布的《数字宽带内容：科技出版》讨论了开放存取出版、开放存取存档与仓储、开放存取与数据库等问题，要求政府提高对公共资助成果的存取①。

2006 年 12 月 14 日，为实践该宣言提供具体行为准则，OECD 发布了《公共资金资助的研究数据开放存取原则和指导方针》（Principles and Guidelines For Access to Research Data From Public Funding）。

OECD 在线图书馆是整合 OECD 信息资源的网上服务，为使用者 24 小时提供 OECD1998 年以来出版的图书、报告、期刊及收录 1960 年至今的统计资料的 25 个统计数据库。②

2015 年 4 月 22 日，首届 OECD 政府数据开放专家组会议召开，OECD 秘书处希望各国分享其综合运用强制与自愿措施开放政府数据的案例与实践。美、英、澳、加、日等发达国家均将政府数据开放共享作为其国家大数据战略的重要内容。

2.1.4　世界知识产权组织

在世界知识产权组织（World Intellectual Property Organization，WIPO）的支持下，IFLA 国际图联版权与其他法律事务委员会（CLM）

① Digital Broadband Content：Scientific Publishing [EB/OL].[2016-06-02].http://www.oecd.org/dataoecd/42/12/35393145.pdf.

② OECDiLibrary [EB/OL].[2016-06-02]. http://www.oecd-ilibrary.org/.

于2005年1月发布了《世界知识产权组织国际发展议程中有关图书馆的原则》(Library-Related Principles for the International Development Agenda of the World Intellectual Property Organization)供WIPO年会参考,规定"政府拥有著作权的所有作品都必须在公共范围内传播","由政府基金资助研究和出版的所有作品必须在一个合理的时间范围内提供免费公共获取"。WIPO于2007年9月29日颁布了知识产权与发展议程,议程中提到"要在WIPO标准化进程中进一步保持原有的公共领域并对之进行深度挖掘""要在WIPO要求下将进一步使发展中国家和不发达国家获取知识及技术的途径更加便利""发达国家要主动采取行动促进技术向发展中国家的转移"等45个改革促进开放存取运动的相关举措来强化机构使命和提升获取知识途径的开放性。

WIPO开展了获取研究成果、支持发展和创新的项目(The Access to Research for Development and Innovation, ARDI),联合美国科学促进协会(American Association for the Advancement of Science)、美国物理研究所(American Institute of Physics, AIP)、Elsevier等12家主要出版商,为发展中国家的非盈利性研究机构提供科技期刊①。

2.1.5 国际科学技术信息委员会

国际科学技术信息委员会(The International Council for Scientific and Technical Information, ICSTI)由国际科学联盟理事会(ICSU)设立,其任务是打破科技信息利用的学科与地域界限,为科技信息的创建、传播和使用机构提供一个独特的交流论坛。2008年,IFLA和美国国家农业图书馆成为ICSTI的成员。2008年6月11—14日,由ICSTI主办、韩国科技情报所承办的ICSTI 2008年会在韩国首尔举行,其主题是"科学技术信息的新边界"(New Frontiers for Scientific and Technical Information)。2009年3月2日ICSTI冬季会议期间,德国国家科技图书馆(The German National Library of Science and

① About ARDI [EB/OL]. [2016-06-02]. http://www.wipo.int/ardi/en/about.html.

Technology,TIB)组织召开了“图书馆和信息机构原始数据专门研讨会”(Workshop on Primary Data for Libraries and Information Institutions),TIB、不列颠图书馆、法国科技信息研究所等欧洲一些领先的研究型图书馆和科技信息研究机构致力于改善互联网上获取科学数据易用性而建立的联盟签署了“理解备忘录”(Memorandum of understanding),促使相关组织注册科学数据集合分配唯一标识符,以使科学数据集成为独立的、可引用的、唯一的科学对象。2009 年 7 月 9—10 日在加拿大国家图书馆与档案馆举行的 ICSTI 2008 年会的主题是“为科学而管理数据”①。

2016 年,ICSTI 技术活动协调委员会筹划题为“讨论科技软件开发、共享和使用趋势”的研讨会,Elsevier 的与会者讨论新的开放存取软件期刊 SoftwareX。ICSTI 于 2015 年与美国国家信息标准组织(National Information Standard Organization, NISO)共同举办研讨会“从开放存取和数据共享到开放科学实践的历程”(A Pathway from Open Access and Data Sharing to Open Science in Practice)。

2.1.6　国际科学技术数据委员会

国际科学技术数据委员会(The Committee on Data for Science and Technology,CODATA)成立于 1966 年,是 ICSU 建立的一个跨学科的科学委员会,其宗旨是提高科技数据的质量,推动对科技数据的编辑、评价和传播。CODATA 国际学术会议始于 1968 年,每两年召开一次,被称为全球科技数据领域的“联合国会议”。2006 年 10 月在北京召开的第 20 届 CODATA 会议围绕“信息社会的科学数据与知识”的主题展开。2008 年 10 月在乌克兰首都基辅召开的第 21 届 CODATA 会议的主题是“为社会的科学信息——从现在到未来”②。

---

① Managing Data for Science [EB/OL].[2016-06-02].http://www.iucr.org/resources/data/meeting-reports/icsti-2009.

② Scientific Information for Society — from Today to the Future [EB/OL].[2016-06-02].http://www.codata.org/08conf/index.html.

为解决发展中国家科技数据保藏和共享存在的问题和遇到的困难,CODATA 于 2002 年成立了发展中国家科技数据保护与共享任务组(The CODATA Task Group on Preservation of and Access to Scientific and Technical Data in Developing Countries)。此后,该任务组每年召开国际学术会议。如 2004 年 6 月在北京召开了“科学数据保护与共享战略国际研讨会”;2005 年 9 月在南非召开了“南非科学信息共享策略国际研讨会——健康和环境信息可持续发展”;2011 年 10 月 30 日由 CODATA 主办、CODATA 中国国家委员会和中国科学院对地观测与数字地球科学中心承办的“数据密集型科学与发现暨 CODATA 成立 45 周年纪念会议”在中科院对地观测与数字地球科学中心召开。2014 年 11 月,CODATA 与世界数据系统(WDS)在印度新德里联合主办了主题为“全球可持续性的数据共享与集成”(Data Sharing and Integration for Global Sustainability)的 2014 年国际科学数据大会,本次会议对全球数据挑战以及开放数据、共享信息和数据整合与集成对科学、社会、经济和政策作用进行了探讨。作为国际科学技术数据委员会重要成员的 CODATA 中国委员会也分别于 2014 年 2 月和 2015 年 8 月举办中国“科学数据大会”,科学数据开放都是其重要议题之一。

2.1.7 世界卫生组织

世界卫生组织(WHO)一直致力于实现信息的平等获取,希望医学、心理学等方面的最新知识成果能够造福更多的人。WHO 开展了健康研究获取网络计划(HINARI),联合 140 多个出版商为发展中国家提供了 8100 多种医学和健康领域的期刊①。

2004 年 1 月,WHO 与 25 个学术期刊主编发表共同宣言《促进中低收入国家的精神健康研究:学术期刊的角色》(Galvanising Mental Health Research in Low-and Middle-Income Countries: Role of

① K Parker. WHO and Equitable Access [EB/OL]. [2016-06-05]. http://www.unesco.org/new/fileadmin/MULTIM EDIA/HQ/CI/CI/images/GOAP/OAF2011/6.3_Kimberly.pdf.

Scientific Journals)，其建议之一就是学术期刊应以开放存取的方式提供内容。2007年11月10日，WHO公共卫生、创新和知识产权政府间工作小组(IGWG)提出一个OA指令，鼓励而并非要求实行开放存取。

WHO尤其关心发展中国家的开放存取。于2005年9月21—22日在巴西萨尔瓦多组织召开了“为发展中国家的开放存取国际研讨会”(International Seminar Open Access for Developing Countries)，23日发表了《开放存取萨尔瓦多宣言：发展中国家的观点》。该宣言指出：“开放存取意味着没有限制地获取和利用科技信息。”“在一个日益全球化的世界中，科学是没有国界的，对信息获取的任何排斥都是不可接受的。”“我们督促政府在制订科技政策中将开放存取列为重要的议事日程，包括：要求公众资金资助的研究要通过开放存取提供利用；考虑将出版费作为研究经费的一部分；加强本地开放存取期刊、知识库和其他相关活动的开展；推动发展中国家科技信息与全球知识体系的融汇。”“开放存取促进平等，对发展中国家而言，开放存取提升了利用全世界科学信息的能力，也更有利于为世界科学做出更大的贡献。从历史上看，发展中国家科技信息的传播一直受到多种阻碍，包括经济模式、基础设施、政策和文化。”①

WHO启动了若干促进发展中国家信息资源开放存取的项目，其中，最具影响的当推Research4Life项目②。该项目由WHO、国际粮农组织(FAO)、联合国环境规划署(UNEP)、康奈尔大学、耶鲁大学以及国际科技与医学出版商协会(The International Association of Scientific Technical and Medical Publishers)联合发起，是卫生科学研究在线获取计划(HINARI)、全球农业科学研究在线获取(AGORA)和环境科学研究在线获取(OARE)的总称，旨在为发展中国家在线免费或低价提供最新科学研究消息，包括7500种同行评审科学期刊、

① 开放存取萨尔瓦多宣言：发展中国家的观点[EB/OL].[2016-06-05].http://libweb.zju.edu.cn/JavaLab/guestbook/papers/Abroad/12.pdf.

② Research4Life[EB/OL].[2016-06-02].http://www.research4life.org/.

图书和数据库,由 130 个出版者向发展中国家以廉价或免费的方式提供,于 2015 年实现联合国的 6 大千禧年发展目标(共 8 个),缩小发达国家和发展中国家之间的科学知识鸿沟。自 2002 年以来,已为来自 108 个国家的 4000 个机构的研究人员免费或低价提供了 6000 多份由世界顶级科学出版社所出版的期刊。包括 Elsevier、Wiley、Springer 以及众多大学和协会出版社在内的 155 个出版商加入到这些计划当中。

WHO 出版物可从 WHO 图书馆与信息知识网数据库(Library and Information Networks for Knowledge Database,WHOLIS)①检索,该库可用于检索 WHO 1948 年以来的出版物、1985 年以来生产的期刊论文与技术文献,还可检索世界范围的健康、医学资料以及 WHO 总部、地区与国家办公室和其他政府办公室的信息资源,包含 7 万余条书目记录和 3 万多个全文文献的链接。

WHO 的其他数据库还有:WHO 统计信息系统(WHO Statistical Information System,WHOSIS)、地区数据库(WHO Regional Databases,包括美洲、欧洲、非洲、中东、拉美和加勒比海、东南亚、西太平洋地区)等。

2.1.8 国际出版商协会

国际出版商协会(The International Publishers Association,IPA)成立于 1896 年,是代表图书和期刊出版所有领域的行业联盟。

(1)与 IFLA 成立联合协调小组

该联合协调小组(Joint Steering Group)于 2008 年 1 月 16 日召开了首次会议讨论年度工作计划,OA 为主要议题,会上 IFLA 和 IPA 承认 OA 是双方共同的责任,要确保关于 OA 的讨论不能极端化②。

---

① Library and Information Networks for Knowledge Database [EB/OL]. [2016-06-02].http://dosei.who.int/uhtbin/cgisirsi/Thu+Jul++2+06:29:23+MEST+2009/0/49.

② About the IFLA/IPA Steering Group [EB/OL]. [2016-06-02].http://www.ifla.org/en/about-the-iflaipa-steering-group.

(2)与 IFLA 共同召开会议

2005 年 10 月 21 日,与 IFLA 共同召开会议,讨论 Google 对图书馆和出版社的影响①。

在 IPA 影响下,国际领先出版商 Brill 于 2015 年 6 月 17 日与 IFLA 共同召开会议,宣布 2015 年开放存取奖(IFLA/Brill Open Access Award)将花落“开放存取图书名录”(Directory of Open Access Books,DOAB)。

(3)与 IFLA 签署联合声明

2009 年 5 月 20 日,IPA 与 IFLA、国际科技与医学出版商协会共同签署了《强化对 OA 的讨论:IFLA 与 IPA 的联合声明》。声明达成了 8 条共识:①IFLA 和 IPA 重视出版社和图书馆所做的对学术交流的贡献,相信互相尊重对于提升关于开放存取公开著述的质量至关重要;②IFLA 和 IPA 意识到将学术作者关心的问题——他们的科学自由,他们将研究人员、教师、作者、评审专家以及用户的需求作为该讨论的核心是极为重要的;③IFLA 和 IPA 承认:对学术交流成果尽可能广泛的存取是双方的一个共同的重要目标,所有研究人员不受地域和隶属机构限制可潜在存取所有研究成果是图书馆和出版社共同的渴望;④所与关于开放存取的假设应对学术研究和学术讨论开放,我们鼓励所有的利益相关者创新、试验并探索技术带来的新机遇;⑤IFLA 和 IPA 意识到存取必须是可持续的,即经济上的长期生存能力和长期存档是该讨论的重要因素;⑥IFLA 和 IPA 承认,若能意识到不同学科和不同出版物类型(研究期刊、同行评审期刊、专著、教材等)学术交流的潜在多样性将使该讨论最为有效,IFLA 和 IPA 希望该讨论避免对所有学术交流成果得出普遍结论,希望进行更为贴切的考察,重点讨论对不同学科和不同出版物类型提出不同的框架;⑦同样的,学术出版者及其作用也各不相同,学术出版包括不同的商业与非商业的隶属关系和利益,它们在研究社区之内或之外;⑧IFLA 和 IPA 相信,眼下出版社、图书馆、政府和资助机构支持

---

① Google and beyond: Who will digitise our books?[EB/OL].[2016-06-02]. http://archive.ifla.org/V/ifla-ipa/symposium-oct2005.htm.

关于学术交流成果开放存取的创新、实验或试验性项目,试验性项目应该开展有力的研究与分析,使评价有可测量的目标、反映学术作者关心的主要问题,并以此作为丰富的、面向事实的讨论的基础。作为开放存取可行性调查的一部分,这些研究宜探索开放存取的影响、透明度与经济模型,数据应该在利益相关者之间开放共享或发布以允许开放研究。这些研究结果应该更好地洞察与开放存取有关的过程①。

IPA 的努力对出版界产生了重要影响。2009 年 6 月 9 日,美国出版商协会(Association of American Publishers,AAP)的专业与学术出版分会(The Professional and Scholarly Publishing Division,PSP)表示支持该声明②。

2009 年 6 月 3 日,10 所美国和加拿大的大学出版社的主管联合署名发表了关于自由获取学术期刊文章的立场声明。该声明具有重要意义。这是首次来自绝大多数是付费访问(TA)的出版者团体支持开放存取(OA)的声明,也是首次来自大部分图书出版者团体的声明③。

除上述国际组织外,世界银行也积极参与开放存取。2012 年 4 月 10 日,世界银行宣布将对其研究成果和知识产品实行新的开放存取政策,2012 年 7 月 1 日起生效。新政策延续了世界银行近年来为加强信息公开、使其研究成果尽可能得到广泛传播利用所做的努力。作为实行此项政策的第一阶段,世界银行启动了一个新的公开知识文库,并采用了一套“创作共享”的授权许可,推出研究成果和知识

① Enhancing the Debate on Open Access: A Joint Statement by the International Federation of Library Associations and Institutions and the International Publishers Association [EB/OL].[2016-06-03]. http://www.ifla.org/publications/enhancing-the-debate-on-open-access.

② U.S. Publishers Endorse International Joint Statement on Open Access Debate [EB/OL]. [2016-06-03]. http://www.pspcentral.org/PublishersEndorseIFLAIPAStatement.cfm.

③ 10 University-Press Directors Back Free Access to Scholarly Articles [EB/OL]. [2016-06-05]. http://chronicle.com/news/article/6582/10-university-press-directors-back-free-access-to-scholarly-articles.

的开放存取政策，启动公开知识文库①。

2.2　多国政府或地区组织制定开放存取政策、法规和计划

开放存取能促进公众对科研成果和政府信息的获取，最大限度地实现政府科研投资的效益，便于公众考量政府的执政能力和运行效益。出于维护社会公平、促进社会发展，增加政府执政透明度的目的，同时受社会各界舆论压力的左右和影响，越来越多的政府机构开始关注或支持 OA。

2.2.1　美国

美国制定了很多开放存取的政策和法案。2003 年 6 月，美国国会通过《公共获取科学法案》的立法提案，支持对公共资金资助的科学研究成果的开放存取。美国政府促进开放存取的贡献集中体现于开放政府计划、3 个法案和联邦机构的参与。

(1) 开放政府计划

有学者指出，开放存取已逐渐渗透到美国政府，而此前至少有 8 个其他的国家努力开放政府资助的研究成果②。

2009 年 1 月 21 日，奥巴马总统上任伊始便发表了《开放政府和透明度备忘录》，规划开展“开放政府计划”，委任管理与预算办公室(Office of Management and Budget，OMB) 主管 Peter Orszag 起草联邦机构的“开放政府指令”，旨在促进联邦科研投资效益的最大化和联

---

① 世界银行推出研究成果和知识的开放获取政策，启动公开知识文库[EB/OL].[2016-06-03].http://web.worldbank.org/WBSITE/EXTERNAL/EXTCHINESEHOME/EXTNEWSCHINESE/0，contentMDK：23165216 ~ pagePK：64257043 ~ piPK：437376 ~ theSitePK：3196538，00.html.

② Ellyssa Kroski. Open Access Takes on the Government [EB/OL].[2016-06-03].http://eprints.rclis.org/bitstream/10760/13736/1/Open_Access_Takes_on_the_Government_Final.pdf.

邦政府信息的开放存取①。根据上述委任,Peter Orszag 于同年 12 月 8 日拟定了《针对行政部门和机构领导人的备忘录》,指导行政部门和机构执行总统备忘录中阐明的透明、参与和合作原则,要求行政部门和机构领导人发布政府信息、提高政府信息的质量、建立并制度化开放政府文化、建立开放政府的政策框架②。随后,总统行政办公室下属的科学与技术政策办公室就"提高联邦科学和技术机构所资助研究成果出版物的公开获取"③问题,公开向公众征询意见。

2010 年,白宫成立了"开放政府工作组"(Open Government Working Group),通过该工作组,各机构的开放政府专家可以分享开放政府最佳实践,推动政府透明、参与和合作。该工作组每月召开一次会议,并且每季度都会向民间社会同仁开放其会议,目前已有包括农业部、商务部、能源部等在内的 40 多个政府机构在该工作组中派有高级官员作为代表。

2013 年 12 月,美国发布了《开放政府伙伴关系:美国第二个开放政府国家行动计划》(Open Government Partnership Second Open Government National Action Plan for the United States of America),提出提高政府的公众参与度,政府档案管理现代化等 23 项承诺。④

2014 年 2 月,白宫发布《关于 2014 机构开放政府计划的备忘录》(Memorandum Regarding 2014 Agency Open Government Plans)以帮助各机构制定他们各自的 2014 开放政府计划,该备忘录要求各机构制定和发布各自的两年一期开放政府计划,以使其行动进展具体

① Michael Fitzpatrick.Transparency: Access to Information[EB/OL].[2016-06-08].http://blog.ostp.gov/2009/06/10/transparency-access-to-information/.

② Peter Orszag. Memorandum for the Heads of Executive Departments and Agencies [EB/OL]. [2016-06-08]. http://www.whitehouse.gov/open/documents/open-government-directive.

③ Public Access Policies for Science and Technology Funding Agencies Across the Federal Government [EB/OL]. [2016-06-08]. http://edocket.access.gpo.gov/2009/E9-30725.htm.

④ Open Government Partnership Second Open Government National Action Plan for the United States of America [EB/OL]. [2016-06-08].https://www.whitehouse.gov/sites/default/files/docs/us_national_action_plan_6p.pdf.

化,并将透明、参与、合作等原则整合到他们的工作中去。① 2016 年 5 月,美国发布其第四次开放政府计划,加速了美国政府数据开放脚步。

在上述一系列政策和措施的影响下,2010 年 4 月 7 日,包括美国农业部、能源部、教育部、商务部等在内的所有联邦部门集中公布了自己的"开放政府规划"和详细的增强政府操作与数据透明性的路线图②,美国联邦政府专门建立了 Data.gov 网站,方便公众对联邦数据集的获取,增进公众对联邦机构及其运作的了解,增强联邦政府的透明度和问责制实施力度③。

民主和技术中心(Center for Democracy and Technology,CDT)是支持开放美国国会研究服务部(Congressional Research Service,CRS)出版物的主要机构之一,该中心建立了开放的 CRS 网站④以方便公民直接获取 CRS 报告。

旨在促进研究成果公共存取的 CHORUS 建立专门网页⑤追踪美国资助机构的公共存取计划及其要求。

(2)《美国治疗中心法案》

2005 年 12 月,Joe Lieberman 向美国参议院提出美国治疗中心法案(俗称 CURES Act):在美国国家健康研究院(NIH)创建一个新的机构——美国治疗中心,其主要任务是把基础研究的成果转化成临床的治疗方法。此外,该法案包含了开放存取的规定。该法案规定,获得 NIH 资助的研究成果,必须在出版 6 个月内开放存取,含接受卫生署资助的研究成果。

① Memorandum Regarding 2014 Agency Open Government Plans [EB/OL]. [2016-06-08]. https://www.whitehouse.gov/sites/default/files/microsites/ostp/open_gov_plan_guidance_memo_final.pdf.

② Around the Government [EB/OL]. [2016-06-08]. http://www.whitehouse.gov/open/around.

③ Open Government Directive Agency Datasets [EB/OL]. [2016-06-08]. http://www.data.gov/open.

④ Open CRS [EB/OL]. [2015-06-08].http://opencrs.com.

⑤ US Agencies-Public Access Plans Details.[EB/OL]. [2016-06-13].http://www.chorusaccess.org/resources/us-agency-public-access-plans-details/.

(3)《联邦研究公共存取法案》

为了让纳税人分享受联邦资金资助的研究成果，2006 年 5 月 2 日，来自美国得克萨斯的共和党参议员约翰·康尼（John Cornyn）与来自康涅狄格州的民主党参议员约瑟夫·利伯曼（Joseph Lieberman）向国会递交了他们的联合提案——《2006 联邦研究公共存取法案》（Federal Research Public Access Act of 2006，FRPAA，S. 2695）。提案要求每年研究预算超过 10 亿美元的联邦机构实行开放存取政策，即在公开发表后 6 个月内，公众可以通过互联网免费得到受联邦资金资助的研究成果。提案涉及美国宇航局（NASA）、国家健康研究院、国家自然科学基金会（NSF）、国防部及国土安全部等 11 家联邦机构，它们通常将联邦研究预算资金用于支持大学、医疗机构及其他组织的研究工作。提案要求被联邦资金资助的研究者，在研究论文由同行评议期刊发表后，提交一份论文的电子版；提供资金资助的联邦机构，要保证这些论文被保存在稳定的数据存储系统中给公众免费使用①。

这一提案将开放存取向前推进了一大步。FRPAA 提案和 CURES 提案的相同之处在于，两者都强制性要求科研成果的开放存取，而且时滞期不得超过 6 个月。与 CURES 提案的不同之处在于，FRPAA 提案并非只适用于医学研究领域，而是适用于所有由政府资助的、具有一定规模的机构；也未要求必须将作品递交到机构知识库，而是要求每个机构都按照提案中的相关指导方针制定自己的政策。有些机构可能会建立自己的机构知识库，而有些机构则要求将作品递交到作者所在单位的机构知识库；另外 CURES 提案的主要内容是将基础医学研究转为临床医疗技术，只用了很少的篇幅强调了开放存取，而 FRPAA 提案的内容则都是关于开放存取的。

FRPAA 提出后，美国各大学的教务机构也意识到开放存取对科学研究潜在的益处，纷纷签署美国联邦 FRPAA 自存储法案。

2010 年 7 月 29 日，美国众议院“信息政策、民调和国家档案分委会”召开了“联邦资助研究开放存取”听证会，回顾了在科学、技术

① Federal Research Public Access Act [EB/OL].[2016-06-08].http://www.arl.org/sparc/advocacy/frpaa/index.html.

和医药领域联邦政府每年资助的 60 亿美元科研项目成果的开放存取现状，评估已有的开放存取政策，审议 FRPAA。

2012 年 2 月 9 日，FRPAA 被提交至美国的参议院和众议院。这个提案将建立在 NIH 的成功之上，它是美国首个对公共资助的研究成果实行强制获取的指令。它要求联邦机构在同行评议期刊发表后 6 个月内，提供对美国 600 亿美元资助研究项目相关文章的在线获取。

2013 年 2 月，美国政府宣布了新的 OA 政策，要求所有来自纳税人资助的项目的出版物在一年后免费开放供阅读。

(4)《竞争法案》

2010 年 5 月 28 日，美国众议院通过竞争法案（COMPETES），其中第 123 部分规定成立“开放存取委员会”，统筹联邦科研机构的研究和传播，该法案涉及受联邦机构资助的所有研究成果，包括研究数据和经同行评议过的学术出版物。

(5) 联邦机构的参与

2004 年，美国国家海洋和大气管理局（The National Oceanic and Atmospheric Administration，NOAA）声明对公共资助的大气、水及气候方面的研究数据实行开放存取。

早在 20 世纪 60 年代，美国教育部的教育研究及改进办公室（Office of Educational Research and Improvement）会同国家教育图书馆（National Library of Education），共同建设教育资源信息中心（Educational Resources Information Center，ERIC），这也是教育资源开放存取的先驱。

2007 年 1 月 26 日，美国能源部（Department of Energy，DOE）与不列颠图书馆（British Library）合作，制定建立世界科学开放存取资源门户网站的计划①。同年 6 月 22 日，该门户网站（WorldWideScience.org）正式运行，同时它还是 OA 资源的综合搜索引擎，其资源范围涉及 15 个国家之多②。

---

① British Library and US Department of Energy to Collaborate on Global Science Gateway [EB/OL]. [2016-06-08]. http://science.energy.gov/news/in-the-news/2007/01-22-07/.

② WorldWideScience.org [EB/OL].[2016-06-08].http://worldwidescience.org/.

2007 年,美国政府审计办公室要求 4 家主要联邦资助机构——能源部(DOE)、航空航天局(NASA)、国家海洋及大气管理局(NOAA)和国家自科基金委(NSF)强化现有的数据共享政策;21 家美国联邦政府部门组成了数字数据跨机构工作小组(IWGDD),计划将研究数据存储到 OA 知识库网络中,并正在计划实施强制性开放存取。美国国家档案局加入了 OA 门户网站。NSF 网络基础设施办公室启动数据互操作项目(INTEROP);Google 创建了一项公共计划提升美国联邦、州、当地政府机构的开放存取数据库的采集能力;一群政府开放档案管理员,起草了政府开放数据原则。美国首次在三大最著名的非开放存取的政府资源上向开放存取迈出了一步:法庭电子记录的公共获取(PACER)、联邦法庭信息数据库;研究和商业数据的联机数据库——国家技术信息服务(NTIS);国会进行的各项研究服务的相关报告——CRS 报告。前两项内容有选择地提供开放存取,第三项内容必须遵守参议院的强制性开放存取法案①。

美国国家科学院(National Academy of Science,NAS)要求对国家科学院出版社(The National Academies Press,NAP)、国家科学院院刊(Proceedings of the National Academy of Sciences,PNAS)内容实现开放存取,并在国家研究委员会开展咨询活动,以推动科学知识的开放存取②。

2011 年年底白宫科技政策办公室的"开放存取数字数据和科学出版物的信息请求",就是一个有助于形成国家层次政策的重要的机会。

2.2.2 欧盟

欧洲数字议程(Digital Agenda of Europe)的 2.5.2 部分指出,公

① 开放存取 2007 年进展[EB/OL].[2016-06-07].http://oa.paper.edu.cn/xw_09.jsp.

② Peter Suber.Open Access News [EB/OL].[2016-06-07].http://www.earlham.edu/~peters/fos/2006/02/nsf-endorses-oa-to-data.html.

共资助的研究成果应该通过科学数据与论文的开放存取出版物广泛传播。欧洲 2020 旗舰创始计划创新联盟(Europe 2020 Flagship Initiative Innovation Union)也做出了类似规定:欧盟将促进对公共资助结果的开放存取,致力于使欧盟研究框架项目资助的出版物开放存取成为一般原则①。

2004 年 6 月 15 日,欧盟委员会(European Commission,EC)发表了对欧洲学术出版系统的质疑②,主要议题包括急剧上涨的学术期刊价格和开放存取的研究成果。

2006 年 10 月 2 日,欧洲议会(European Parliament)发表报告表示支持开放存取 EU 公共资金资助的科研项目成果③。

2007 年 11 月 23 日,欧盟理事会(Council of the European Union)发表了相关声明,强调了公共资金资助的科研项目成果应该公开④。

2012 年 7 月 17 日,欧盟称,将落实具体政策以推动 Horizon 2020 研究项目资助下的所有研究成果都由开放存取发行⑤。

具体而言,欧盟在开放存取领域的贡献主要集中于以下 6 个项目。

(1)欧盟第七框架计划

2007 年 4 月 10 日,EC 采纳了欧盟第七框架计划(The Seventh Framework Programme,简称 FP7)中的资金资助协定,要求受资助者必须向 EC 提交研究成果的期刊论文电子版,同时允许 EC 将其发布

---

① Open Access Policies and Mandates [EB/OL].[2016-06-07].http://www.openaire.eu/en/open-access/mandates-a-policies.

② An Effective Scientific Publishing System for European Research [EB/OL].[2016-06-07].http://ec.europa.eu/research/press/2004/pr1506en.cfm.

③ The Commission to European Parliament report [EB/OL].[2016-06-07].http://europa.eu.int/eur-lex/lex/LexUriServ/LexUriServ.do?uri=CELEX:52006PC0051:EN:NOT.

④ Council Conclusions on Scientific Information in the Digital Age: Access, Dissemination and Preservation [EB/OL].[2016-06-07].http://www.consilium.europa.eu/ueDocs/cms_Data/docs/pressData/en/intm/97236.pdf.

⑤ "开放存取"尚处初步推广阶段[EB/OL].[2016-06-01]. http://news.cssn.cn/xspj/qkpj/201501/t20150120_1485577.shtml.

到网络①。

FP7包含OA试验项目。欧盟理事会第七框架计划共同决议(FP7 Grant Agreement)中包含了开放存取的强制性命令。2008年8月欧盟第七框架计划启动了开放存取示范项目,要求健康、能源、环境、信息与通信技术、基础研究设施、社会与经济研究、人文科学领域的资助项目论文必须存储到开放知识库中,科技类论文不迟于6个月开放,人文社科类论文不迟于12个月开放。

(2)欧洲研究的数字仓储基础设施愿景

2006年4月3日,EC发布报告号召开放存取公共资金资助的科研项目成果②,并于同年9月11日会同9个欧洲大学发起资助促进科学与学术信息存取的“欧洲研究的数字仓储基础设施愿景”(Digital Repository Infrastructure Vision for European Research,DRIVER)项目,旨在优化电子科研基础设施(e-Infrastructure)存储知识的方式,并促进原始的研究数据和信息增值从而使研究更为高效③。该项目④致力于构建一个泛欧洲的、交互的、可信任的长期知识库网络架构,经过第一阶段的实践,已建成一个由5个国家知识库提供者组成的常设网络,并形成了一套构建本地知识库的指导方针,实现了对欧洲51个机构知识库数据的再利用⑤。

2007年,DRIVER项目继续扩展和推广,起草了促进知识库收割的指南,并与独立的知识库合作,促进加入DRIVER以协同工作。

---

① FP7 Grant Agreement [EB/OL].[2016-06-07].http://www.finance-helpdesk.org/downloads/fp7-ga-annex2_en.pdf.

② Commission Study Addresses Europe's Scientific Publication System [EB/OL].[2016-06-07]. http://europa.eu/rapid/pressReleasesAction.do?reference=IP/06/414&format=HTML&aged=0&language=EN&guiLanguage=en.

③ EU Supports Open Access to Scientific and Scholarly Information [EB/OL]. [2016-06-07]. http://www.surf.nl/en/actueel/Pages/EU-supports-open-access-to-scientific-and-scholarly-information.aspx.

④ DRIVER [EB/OL].[2016-06-07].http://www.driver-repository.eu/index.php?option=com_frontpage&Itemid=1.

⑤ 国研参考[EB/OL].[2016-06-07].http://www.nlc.gov.cn/newtsgj/gtqk/tyck/2008nzml/.

DRIVER 检索平台可免费检索许多学科的期刊论文、学位论文、图书或章节、演讲稿和报告等仓储文献，来源于 38 个国家的 295 个仓储[①]。该项目的第二阶段拟扩大、丰富和增强第一阶段的成果，如通过开源软件包 D-Net 建立一个稳固的、可升级的仓储基础设施。

2007 年 2 月，EC 计划开始大规模试验开放存取，由欧盟资助的研究成果在出版一段时间后可被任何人免费公开获取，受资助者需将其研究成果放在开放存取仓储中，为避免出版商的抗议，欧盟委员会仍然同意设置一定时期的开放存取滞后期。针对这种情况，SURF 发起了一份号召 EC 将滞后期控制在 6 个月之内的倡议书，并于当年春季呈交给欧洲议会，研究人员可以在这份网上倡议书上签名表示对此的支持[②]。

(3) 欧洲科研开放存取基础设施

在 DRIVER 基础上，欧盟又资助了"欧洲科研开放存取基础设施"(Open Access Infrastructure for Research in Europe, OpenAIRE)项目[③]。OpenAIRE 使欧盟开放存取试点项目(The EU Open Access Pilot project)快速进入了服务阶段，使研究人员能够将他们由欧盟第七框架计划(FP7)及欧洲研究领域(European Research Area, ERA)资助的研究出版物存储到开放存取知识库中。目前的出版物知识库网络将进一步扩大以吸引特定科研领域的数据提供者。

(4) 欧洲与拉美-加勒比海国家合作网络

2009 年 2 月，欧盟启动了为期 3 年的旨在促进公共健康领域科学信息生产与传播的国际合作项目"欧洲与拉美-加勒比海国家合作网络"(Network of Collaboration Between Europe and Latin American-Caribbean Countries, NECOBELAC)，其主要目标包括：提高科学写作，推广开放存取出版模式，促进欧洲和拉丁美洲加勒比海(LAC)国

---

① DRIVER Search Portal [EB/OL].[2016-06-07]. http://www.driver-repository.eu/.

② Petition for Guaranteed Public Access to Publicly-funded Research Results [EB/OL]. [2016-06-07]. http://www.ec-petition.eu.

③ OpenAIRE [EB/OL].[2016-06-08]. http://www.openaire.eu/.

家之间的科学技术合作。

(5)欧洲第二代科研开放存取基础设施

2011 年 12 月初,欧洲第二代科研开放存取基础设施(OpenAIREplus)在比萨启动。该项目由欧盟第七框架计划(FP7)资助,将与 OpenAIRE 合作,通过提供出版物与数字及资助方案间的相互链接,对使欧洲研究领域所有开放存取科研产品的获取便利化这一使命进行扩展。其首要目标是为同行评议的科学出版物和相关数据集之间的相互链接创建一个强大的、参与式的服务。由于学术交流涉及诸多学科,该项目的水平扩展旨在促进数据基础设施的合作、为科学家、非科学家以及增值服务的提供者提供信息。该项目通过建立一个电子基础设施来收集、丰富和存储开放存取科学数据集的元数据。并部署创新性基础技术架构,以支持相关科学数据的内部链接的管理①。

(6)地平线 2020

欧盟委员会和欧洲议会在下一个研究框架协议——地平线 2020(Horizon2020)中提及要扩大开放存取及数据。《欧洲议会、经济委员会、社会委员会及区域委员会之间的交流——Horizon2020-研究创新框架协议》提出:"采取进一步措施实施开放存取,确保研究成果被需要它的人获得""包括提倡开放存取在内的措施,还将关注政策制定者、企业、创新人员及其他研究人员对研究成果的交流""鼓励免费、开放、非限制地获取交互性数据及信息"②。地平线 2020 使欧洲朝向"开放科学"迈进了一大步,所有受地平线 2020 资助的项目,其发表的所有同行评审期刊都必须对外免费开放获取。2016 年 2 月,欧盟发布《地平线 2020 中数据管理指南》(Guidelines

① OpenAIREplus - Linking Peer-reviewed Literature to Data [EB/OL]. [2016-06-07].http://www.eIFL.net/news/openaireplus-%E2%80%93-linking-peer-reviewed-literatu.

② Open Access in Horizon2020-Furthers Open Access and Open Data [EB/OL]. [2016-06-07]. http://ec.europa.eu/research/science-society/document_library/pdf_06/open-access-in-horizon-2020_en.pdf.

on Data Management in Horizon 2020),要求地平线 2020 的所有参与项目必须制定一个数据管理计划来确定哪些数据将开放存取。

欧盟与 UNESCO 德国于 2008 年合作编写了《开放存取:机遇与挑战,手册》(Open Access: Opportunities and Challenges. A handbook)①。2016 年 2 月,欧盟发布《开放科学议程草案》(Draft European Open Science Agenda),提出了政策行动和政策目标等具体事项,其中政策行动包括促进开放科学、消除开放科学的障碍,以及促进研究成果的开放获取等。②

2016 年 5 月 27 日,欧洲竞争委员会(Competitiveness Council)要求,自 2020 年起所有科学论文必须免费为所有人利用,且决定如果有可能,所有研究数据作为开放数据出版,且这些数据能被第三方利用。

2.2.3 英国

受美国"开放政府"计划的启示,英国政府规划建立本国的政府数据开放存取网站,并在内阁办公室博客上就如何运行英国版的"公开政府网站",发帖征询公众,准备确定政府层面的全盘数据获取途径③。

英国政府促进开放存取的工作主要由以下 6 个机构承担。

(1)众议院科技委员会

2003 年 12 月 10 日,英国下议院科技委员会(House of Commons Science and Technology Committee,HCSTC)举行听证会,对学术期刊

---

① European Commission, German Commission for UNESCO. Open Access: Opportunities and Challenges[R]. Luxembourg: Office for Official Publications of the European Communities, 2008.

② Draft European Open Science Agenda [EB/OL]. [2016-06-17]. http://ec.europa.eu/research/openscience/pdf/draft_european_open_science_agenda.pdf#view=fit&pagemode=none.

③ UK plan for OA to Government Data Saturday [EB/OL]. [2016-06-08]. http://www.earlham.edu/~peters/fos/2009/06/uk-plan-for-oa-to-government-data.html.

售价及开放存取等议题进行调查，将听证结果作为政府支持开放存取期刊的重要依据①。

2004年，HCSTC在一篇《科学出版：向公众免费？》的报告中，呼吁国家支持开放存取，要求政府机构规定经费获得者将其文章的全文存缴在开放存取知识库中。报告还倡议建立一项资金，帮助作者支付开放存取期刊收取的加工处理费用。报告还呼吁政府提供资金建立开放存取联机知识库，要求其研究得到经费支持的作者将文章存缴到这些知识库中，任何上网的人都可以看到这些研究成果。报告还建议其研究得到政府支持的作者应保留所发表的成果的版权。目前，在英国已经有多数科技期刊要求作者将版权转让给出版者②。

2004年7月20日，经过漫长的听证会，HCSTC做出详细的报告，建议获得公共资助的机构将其研究成果寄存到作者所属单位的机构库中，同时建议进一步研究对开放存取期刊的赞助模式③。

（2）英国研究理事会

作为英国公共科研项目的主要拨款机构，英国研究理事会（Research Councils UK，RCUK）在英国制定OA政策方面起着主导作用。RCUK执行小组于2005年6月28日发表了《对研究成果开放存取的立场声明》（RCUK Position Statement on Access to Research Outputs）草案，要求接受RCUK资助的所有研究人员必须将其发表的期刊论文或会议论文的电子版存入相关的E-print知识库，存入时间应该与发表时间同步或稍晚。其内容主要包括以下4项原则：第一，由公共资助研究产生的概念和知识必须尽可能广泛、快速和有效地向公众开放，供公众利用、咨询和阅览；第二，发表的研究成果必须通过有效的同行评审机制来严格保证其质量；第三，研究成果的出版

---

① New Inquiry Scientific Publications [EB/OL].[2016-06-08].http://www.parliament.uk/parliamentary_committees/science_and_technology_committee/scitech111203a.cfm.

② 赵蕴华，姚长清，郑佳.国际上主要国家开放存取政策及对我国的启示[J].数字图书馆论坛，2009(11)：28-31.

③ Science and Technology — TenthReport [EB/OL].[2016-06-08].http://www.publications.parliament.uk/pa/cm200304/cmselect/cmsctech/399/39902.htm.

和访问模式及机制在利用公共资金方面必须有效和能实现成本效益;第四,必须将现在和将来的研究成果保存下来并供下一代人能够访问。

2006 年 6 月 28 日,RCUK 执行小组在经过一年的广泛咨询和讨论后在上述 4 项原则的基础上修订了其立场,主要做了 2 个方面的补充:一是由作者支付出版费;二是作者自己存档其论文的电子版。关于作者支付版面费用方面,该小组重申其长期的立场,即作者有权选择发表他们研究论文的出版物,并且作者所在的研究机构有权决定作者是否用其研究经费支付版面费或其他发表费。在全面成本核算的体制下,此项支出可作为一个研究机构的间接成本的一部分。关于自行存档研究论文电子版方面,RCUK 同意其资助的研究人员应当将其研究成果存入各理事分会的某一适当数据库。这一要求将从各理事分会制定的指导原则规定的时间开始生效。各理事分会的指导原则将在其各自的网站上公布,并要求受资助的研究人员:个人存储或采用其他方式保证将其在期刊或会议录上发表研究论文的副本存入由各研究委员会指定的一个适当数据库;在可能的情况下,个人存储或采用其他方式保证将与其研究论文有关的书目元数据,包括与发表其论文的编辑部的网站链接一并存入该数据库。

2006 年 6 月 RCUK 公布了其立场之后,其所属的 7 个学科理事会先后发表声明,都要求接受其研究拨款的研究人员将他们的研究论文存入开放存取的数据库①。此后,英国科学院对此进行了回应②。

2011 年 4 月,英国研究理事会发布《英国研究理事会数据政策共同原则》,并于 2015 年 7 月进行了修改。该原则为研究理事会制定数据政策提供了一个总体框架,其中多项原则涉及数据开放存取,

---

① 杜海洲.国际有关开放存取政策及其对我国的启示[EB/OL].[2016-06-08]. http://210.14.113.38:7001/n435777/n435799/n1105056/n12644369/12648927.html.

② British Academy Response to the RCUK Position Statement on Access to Research Outputs [EB/OL]. [2016-06-08]. http://www.britac.ac.uk/policy/rcuk-2005/rcuk-html.cfm.

例如第一项原则提出公共资金资助的研究数据属于公共物品，产生于公共利益，应当使其以及时、负责的方式、尽可能少的限制开放存取。

2012 年，英国研究理事会（Research Councils UK）表示，将追求一个新的、全面的开放存取政策；2013 年英国发布《英国研究理事会开放存取政策和配套指引》（RCUK Policy on Open Access and Guidance），要求自 2013 年 4 月 1 日起，所有学生和研究人员产生的同行评审的期刊文章和会议论文都必须开放存取，只要这些研究成果全部或部分直接源于英国研究理事会的资助。

（3）联合信息系统委员会

英国联合信息系统委员会（JISC）已采取多种措施促进学术信息的开放存取。2001 年，JISC 启动了机构资源存取计划（Focus on Access to Institutional Resources Programme，FAIR），该计划的实施涉及 OA 运动的技术、法律、文化等各个方面①。

JISC 签署了《柏林宣言》，资助和积极参加各类 OA 研讨会，并于 2002 年 8 月 1 日开始支持“EPrints UK”“EBank UK”“SHERPA”“RoMEO”“TARDIS”等项目②。

2004—2006 年，JISC 的开放存取基金创始计划（open access funding initiative）向出版商提供 384500 英镑的资助以开发出版社出版其期刊的开放存取出版模式，该计划十分成功，已有牛津大学出版社、公共科学图书馆（PLoS）等 6 家出版社受益③。

2007 年，JISC 和英国图书馆网络化办公室（UK Office for Library Networking，UKOLN）启动了“提供仓储存档的简单地网络服务项目”（Simple Web-service Offering Repository Deposit，SWORD）提供知识库

---

① Focus on Access to Institutional Resources (FAIR) programme [EB/OL].[2016-06-08].http://www.jisc.ac.uk/programme_fair.html.

② Timeline of the Open Access Movement [EB/OL].[2016-06-08].http://www.earlham.edu/~peters/fos/timeline.htm.

③ Press Release: JISC's Open Access Programme Provides Boost to Publishers and Authors. [EB/OL].[2016-06-07]. http://www.jisc.ac.uk/news/stories/2006/04/oa_report.aspx.

自动存储;2007 年 JISC 和格拉斯哥大学启动了基于 LOCKSS 的 OA 期刊保存系统 OpenLOCKSS。为促进高等教育发展,JISC 发布报告,提出了电子印本和开放存取期刊的管理与存取模式①。

2007 年 4 月,JISC 在其最新资助指南中明确指出,“支持和鼓励受公共资助的研究成果能够开放存取以确保国家科研成果能得到更广泛的应用”“坚信知识仓储是促进公共资助研究成果开放存取的一种有效方式并将加大该领域的投资力度”“希望受 JISC 资助项目的所有形式成果都必须在出版后 6 个月内连同其书目数据存入机构库或学科库中”“何种版本的论文可放入仓储中取决于出版商与作者的协定,但应以 RoMEO'Green'标准为底线”“要求提交的论文原始版本格式必须是 WORD、PPT 等可用 XML 语言导出的格式,最好是 PDF 格式”②。

2010 年,JISC 分析了开放存取出版这种新的学术交流模式对大学的成本与收益③。

2011 年 6 月 JISC 发布《许可开放数据:实践指南》(Licensing Open Data: A Practical Guide),它为许可开放数据背景下可能产生的各种法律问题提供了一个实践概况,同时也提供了各种类型的可用许可。

2015 年 JISC 通过英国开放存取协调小组(Universities-UK Open Access Coordinating Group)参与出台了 2015 年的《监督过渡到开放存取》(Monitoring the transition to Open Access)报告。

2016 年 7 月 6 日,JISC 将与网络信息联盟(Coalition for Networked

---

① Swan A., Needham P., Probets S., Muir A., Oppenheim C., O'Brien A., Hardy R. and Rowlan, F. 2005. Delivery, Management and Access Model for E-prints and Open Access Journals within Further and HigherEducation [EB/OL]. [2016-06-07]. http://eprints.ecs.soton.ac.uk/11001/.

② Annex to JISC Grant Letters for Development Projects [EB/OL]. [2016-06-09]. http://www.jisc.ac.uk/fundingoPportunities/bidguide/proj_tocgrants.aspx.

③ Swan A. (2010) Modelling Scholarly Communication Options: Costs and Benefits for Universities [EB/OL]. [2016-06-07]. http://ie-repository.jisc.ac.uk/442/2/Modelling_scholarly_communication_report_final1.pdf.

Information,CNI)合作举办“JISC 与 CNI 会议 2016”(JISC and CNI conference 2016),开放存取的可持续性成为该会议的主要议题之一。

(4)英国开放存取执行工作组

英国成立了英国开放存取执行工作组(UK Open Access Implementation Group,OAIG)旨在协调开放存取领域的行动,该工作组提出了分两个阶段执行的开放存取工作计划 2010—2011,包括通过仓储和出版进行开放存取①。OAIG 的成员包括:英国联合信息系统委员会(JISC)、惠康基金会、爱丁堡大学、英国研究图书馆协会(Research Libraries UK)、英国研究理事会(RCUK)等。

如本书前言已提,2012 年 5 月 1 日,OAIG 发布的 2 个报告——《学术研究成果开放存取对公共部门的好处》和《学术研究成果开放存取对志愿者和慈善机构的好处》得出了重要结论。

2012 年 6 月 19 日,OAIG 发布了报告《可获得、可持续与精益求精:如何扩大对研究出版物的存取》(*Accessibility, Sustainability, Excellence: How to Expand Access to Research Publications*)。

(5)开放数据用户小组

开放数据用户小组(Open Data User Group,ODUG)是由英国内阁办公室资助成立的,主要代表和维护开放数据用户的利益,第一批成员于 2012 年 6 月被任命,其成员代表不同部门利益团体的利益,包括不同规模的企业、地方政府、普通市民等。开放数据用户小组只存在了三年时间(2012—2015 年),尽管时间很短,但其对于英国政府数据开放起到了非常大的推动作用。它通过收集数据用户的意见来影响英国政府等公共部门的数据发布。

开放数据用户小组主要职能包括:①利用英国政府数据网站 data.gov.uk 的需求驱动的数据请求机制来推动英国政府及更多的公共部门开放数据。②与英国内阁办公室透明团队(Cabinet Office Transparency Team)开展更紧密的合作,为国家信息基础设施

① UK Open Access Implementation Group[EB/OL].[2016-06-07]. http://open-access.org.uk/strategy-workplan.

(National Information Infrastructure, NII)的进一步发展提供建议。③对开放数据基金(Release of Data Fund, RoDF)资助的项目进行跟踪和报道,推荐新的或有剩余的基金。④与地方政府合作推进数据开放。[①] ⑤充当政府与开放数据机构的桥梁,并收集投标资金。⑥为英国内阁办公室提供有关开放数据政策的建议,为公共部门透明委员会和数据战略委员会提供建议,例如向数据战略委员会(Data Strategy Board)建议哪些公共数据应该优先被发布;⑦进行开放数据的商业案例收集与研究;根据用户数据请求来确定哪些数据最为重要,进而进行优先发布等。[②]

(6)开放数据研究所

2012 年英国政府宣布成立世界上第一个科学数据开放存取的研究机构——开放数据研究所(Open Data Institute, ODI),并承诺 5 年内投资 100 万英镑支持 ODI,开放数据研究的成立在很大程度上体现了英国政府对开放数据研究和利用的高度重视。它通过与英国主要的企业和企业家、大学和研究人员、政府和民间社会的合作来释放政府开放数据的价值。

ODI 主要职能包括:①提供政府数据开放利用的焦点,鼓励和支持公共部门的政府数据开放,为政府开放数据的商业性开发利用提供资源,提升各公共部门和机构内部工作效率。②向一些初创企业、微型企业和中小企业等提供专家、技术和商业服务,帮助他们更高效地获取、开发和利用政府开放数据。③培训开放数据技术专家和企业家,提供开放数据利用的最佳实践案例。④为政府提供专家意见,使政府能够意识到开放数据的价值,确保相关的政策和公共技术能够提供持续流动的政府数据。同时承担开放政府数据影响方面的评估研究。⑤与万维网联盟、结构化信息标准促进组织等标准化机构合作,保证数据开放标准的可用性和目的适用性,并推广标准使用的

① The Aim of the Group [EB/OL]. [2016-05-09]. https://www.gov.uk/government/groups/open-data-user-group.

② Open Data User Group (ODUG)—The case for Open Data [EB/OL]. [2016-05-09]. https://www.mrs.org.uk/pdf/ODUG%20The%20Case%20for%20Open%20Data.pdf.

最佳实践。⑥开发和推广新兴的数据连接网络技术作为未来政府数据发布的途径,进行政府数据开放、数据挖掘等相关方法、技术和工具的研究。⑦寻求国际合作,包括国家、地区和机构层面的政府及非政府机构的合作,支持世界各地的政府数据开放。①

此外,2007 年 1 月 8 日,英国卫生部(Department of Health)宣布遵循 OA 要求②。2007 年,在长时间的抵制后,英国 Ordnance 调查数据也开始进行试验性的开放存取。

英国利用公共资助启动了为全英国研究人员创建的 Depot 机构知识库。英国的知识库管理者包括 SHERPA 的知识库研究委员会(UKCoRR)、JISC 的知识库支撑项目以及南安普敦的 EPrints 联盟。

2.2.4 法国

法国国家科研署(France's National Agency for Research,法文为 Agence Nationale de la Recherche,ANR)于 2007 年 11 月 14 日宣布要求其资助的科研成果必须以 OA 形式发表③。

法国科研机构的开放存取政策主要以法国科研中心为代表。法国科研中心(National Center for Scientific Research,CNRS)是最早签署《柏林宣言》的机构之一,并联合法国其他科研机构和大学一起推动该宣言的实施。其主要模式是联合其他机构,颁布机构知识库的建设方案,以其所属的信息服务机构为依托,推动开放存取实践④。

① Making the UK More Competitive [EB/OL].[2016-05-09]. http://e642e8368e3bf8d5526e-464b4b70b4554c1a79566214d402739e.r6.cf3.rackcdn.com/odi-description-and-offer-ask-final.pdf.

② Statement on DH / NIHR-funded Research and UK PubMed Central [EB/OL].[2016-06-07]. http://www.nihr.ac.uk/files/pdfs/OpenAccessPolicyStatement.pdf.

③ OA Policy at the French ANR [EB/OL].[2016-06-09]. http://www.earlham.edu/~peters/fos/2007_11_18_fosblogarchive.html.

④ Institution's/Department's OA Self-Archiving Policy [EB/OL].[2016-06-07]. http://www.eprints.org/openaccess/policysignup/fullinfo.php?inst=CNRS%20%28Centre%20National%20de%20la%20recherche%20scientifique%29.

2005 年 3 月，CNRS 正式公布了机构开放存取政策，并积极开展机构知识库的建立工作①。

CNRS 与国家核物理与粒子物理研究院（IN2P3）、高能物理杂志（JHEP）签署了一项协议，该协议申明其研究人员所著论文将免费向整个国际社会提供使用。通过签署该协议，该机构（IN2P3）承诺继续在开放存取的同行评议科学期刊上发表论文。

隶属于 CNRS 的法国国家科技信息研究所（Institute for Scientific and Technical Information，INIST）是法国最著名的科技信息集成中心，是开放存取运动的倡导者和先行者。早在 2003 年 1 月，在法国研究部的支持下，INIST 就与法国健康与医学研究所 INSERM、国际科技信息中心 ICSTI 一起组织题为“开放存取科学信息：现状和前景”（Open Access to Scientific Information：State of the Art and Perspectives）的国际研讨会。2004 年 10 月，在德国柏林组织的“自然与人文科学知识的开放存取”会议上，INIST 代表法国国家科学研究中心，成为首批签署《柏林宣言》的机构之一。在此影响下，法国其他几个主要科研机构（INRA、INRIA 等）也紧随其后。自 2003 年初以来，INIST 通过一个开放存取和开放仓储主题网站加强了其对开放存取运动的宣传，旨在培养法国科学界开放存取的意识。2009 年 3 月 2 日，在巴黎举行的国际科技信息委员会（ICSTI）上，INIST 又连同德国国家科技图书馆（TIB）、不列颠图书馆、苏黎世理工学院图书馆、丹麦信息技术中心和荷兰代尔夫特工业大学图书馆等签署了一份有关促进欧洲科技信息开放存取的理解备忘录。此次合作的目的在于建立一个非营利性的代表处，以促使相关组织对科学数据集进行注册和分配唯一标识符，以使科学数据集能够成为独立的、可引用的、唯一的科学对象。NIST 还为灰色报告建立专门的国家储存库 LARA，其目的是允许通过互联网直接公开地获取文献。

---

① Gruttemeier Herbert. The Way to Open Access：French Strategies to Move Forward[J].Library and Information Service，2006(1)：27-33.

INIST服务的重要内容之一是为法国科学界建立面向主题的门户网站。这些门户往往致力于某一科学领域,允许获取INIST积累的授权电子资源,以及越来越多的开放存取等大量在线资源,如:人文和社会科学领域的BiblioSHS、化学领域的TitaneSciences、生命科学领域的BiblioVie、通信和信息技术领域的BiblioSTIC以及面向国家科学研究中心的所有单位的BiblioSciences①。

2011年7月11日,法国高等教育与研究部同Springer签署了第一份全国性许可协议,允许法国学生和研究人员通过SpringerLink在线平台获取科学、医学和技术信息。签署此次协议获得了法国高等教育书目机构(Agence bibliographique de l'enseignement supérieur, ABES)、Couperin联合会、法国国家研究理事会CNRS和其他主要的法国STM利益相关者的协助。该协议将覆盖超过1000种电子期刊从创刊到1996年以来的内容(约35000卷,2230万页),以及超过8500种2004年以前出版的电子图书(约294万页)②。

2013年4月,26个法国机构共同签署了支持开放档案、分享HAL (Hyper Articles en Ligne)平台的伙伴关系协议,该协议是法国国家开放存取政策的一部分。③

2015年,法国笛卡尔大学举办名为"H2020召唤中的开放存取数据管理"(Open access and data management in H2020 calls)的培训计划,其目标是为欧盟研究人员建立可持续发展机制,以促进开放科学。④

---

① 张志刚. 法国国家科技信息研究所发展现状和思考[J].数字图书馆论坛,2009(12):39-40.

② Springer and the French Ministry of Higher Education and Research Sign License Agreement [EB/OL].[2016-06-08]. http://www.springer.com/about+springer/media/pressreleases?SGWID=0-11002-6-1254821-0.

③ Convention de partenariat en faveur des archives ouvertes et de la plateforme mutualisée HAL [EB/OL].[2016-06-08].http://www.enseignementsup-recherche.gouv.fr/cid71277/partenariat-en-faveur-des-archives-ouvertes-plateforme-mutualisee-hal.html.

④ Past and Future OA Related Activities [EB/OL].[2016-06-08]. http://www.unesco.org/new/en/communication-and-information/portals-and-platforms/goap/access-by-region/europe-and-north-america/france/.

2.2.5　德国

2006 年 1 月 30 日,德国研究基金会(German Research Foundation,原文为 Deutsche Forschungsgemeinschaft,DFG)宣布了一项政策要求其资助者必须将研究成果开放存取①。

2006 年 5 月,德国议会开始讨论之前提交的 OA 议案,其内容主要是允许作者在期刊论文发表 6 个月后拥有该论文的自我存档权利②。

2007 年 6 月 26 日起,德国政府利用公共资金资助学术论文,并要求作者将其存放在 German Wikipedia 中③。

2007 年,在 DFG 的资助下,德国创建了 OA Network,向国内的开放存取知识库网络传播和推广最佳实践。该平台利用 OAI-PMH 协议收割分布式机构库中的资源,既可以提供个性化的终端用户服务,又可作为将数据传递给 DRIVER 等其他服务提供商的集成者④。

2007 年,新修订的德国版权法允许 1995 年以前出版论文的研究人员如果在 2008 年年底以前答复出版商版权转让协议,那么允许他们收回或保留拥有的作品的相关版权(用他们手中的版权授权允许开放存取)。同年,德国开始使用公共资金资助德国维基百科中的科研论文,一些德国科研人员创建了 OA 数据库——DBpedia,它可以从维基百科中收割结构化信息,并通过网络提供利用,允许用户向维基百科进行复杂的提问,将维基百科与其他的数据集链接⑤。

德国推动开放存取最有影响的是《科学与人文知识开放存取的

① DFG Passes Open Access Guidelines [EB/OL].[2016-06-08]. http://www.library.illinois.edu/blog/scholcomm/archives/2006/03/dfg_passes_open.html.

② The Bill [EB/OL].[2016-06-08]. http://www.gerd-hansen.net/Hansen_GRUR_Int_2005_378ff.pdf.

③ German Wikipedia [EB/OL].[2016-06-08]. http://en.wikipedia.org/wiki/German.

④ Uwe Müller, et al. OA Network: An Integrative Open Access Infrastructure for Germany. D-Lib Magazine, 2009, 15(9/10)[J/OL]. http://www.dlib.org/dlib/september09/mueller/09mueller.html.

⑤ DBpedia[DB/OL].[2016-06-08].http://dbpedia.org/About.

柏林宣言》(简称《柏林宣言》)和科技信息开放存取柏林系列会议(简称“柏林会议”)。该会议自2003年召开首次会议并签署著名的《柏林宣言》,已经成为国际科技界推动科技信息开放存取的最重要和最持续的论坛。至2013年柏林会议已举办了11届,会议地点分别为德国、英国、瑞士、意大利、法国和中国等国家。

以德国马普学会(Max Planck Society)等为代表的许多科研机构、行业协会、社会组织都在积极推动科技信息开放存取运动。马普学会提出了督促成员进行开放存储的政策,并正在拟定强制性开放存储政策。

2014年8月德国经济部、内政部等联合发布《数字议程2014—2017》①,保障知识的获取成为其内容之一。德国将出台全面的“开放存取战略”,以改善公共研究出版物和数据的获取情况,提高获取效率。为充分利用科技、研究和教育的潜力,德国将在保障知识产权的条件下提高版权保护内容的使用效率。②

2.2.6 瑞典

瑞典早期的OA活动始于2002年10月召开的第一届北欧学术交流大会(Nordic Conference on Scholarly Communication,NCSC)。参加会议的有来自丹麦、芬兰、挪威和瑞典的图书馆负责人,开放存取期刊文献是本次大会讨论的主题之一。此后,瑞典的几个政府机构相继制定了OA政策。2003年,瑞典教育与研究部(The Ministry of Education and Research)要求其所属高等教育机构将它们审批的研究成果每四年上报一次。这一政策与后来各大学开展的大范围学术评价为建立大学出版物数据库产生了重要影响。教育与研究部赋予国家图书馆(NL)协调部为高等教育和研究提供信息的职责。设在国家图书馆的国家协调部(NCD)承担着向大学图书馆的开发项目

---

① Digitale Agenda 2014-2017 [EB/OL].[2016-06-08].http://www.bmwi.de/DE/Presse/pressemitteilungen,did=650274.html.

② 数字创新驱动发展 打造未来数字强国:德国《数字议程(2014—2017)》解读[EB/OL].[2016-06-08]. http://www.stcsm.gov.cn/gk/kyfz/fzyj/338465.htm.

拨款和协调以及协调国家电子资源许可协议的职责。NCD 已资助了有关科技出版的几个项目，例如 2003—2005 年瑞典大学、学院电子出版（SVEP）大型项目，并获得多项成果，像国家元数据标准和标准化主题目录等。国家图书馆、瑞典高等教育协会、瑞典研究委员会、瑞典皇家科学院和瑞典知识基金会合作设立的 2006—2009 年的项目——瑞典开放存取（Open Access.se）资助了由瑞典高等教育机构的研究人员、教师和学生出版的论著，以促进公民最大限度地访问和获取这些出版物。在瑞典高等教育协会（The Association of Swedish Higher Education，SUHF）的支持下，隆德大学等积极参与开放存取。①

2009 年 9 月 14—16 日在瑞典的伦德市召开了由开放存取学术出版者协会（Open Access Scholarly Publishers Association，OASPA）与开放存取期刊名录（DOAJ）共同主办的首届开放存取学术出版会议②。

DOAJ 由瑞典隆德大学图书馆于 2003 年建立。该数据库因多年来在学术传播方面的杰出贡献获得了 2009 年度欧洲学术出版与学术资源联盟（SPARC）学术传播杰出贡献奖。

2.2.7　欧洲其他国家

欧洲的其他国家，如西班牙、荷兰纷纷投入公共资金为其国内的大学创建开放存取知识库。爱尔兰承诺投入公共资金为其国内全部大学建设开放存取知识库。

西班牙国家研究委员会（Spanish National Research Council，CSIC）在 2007 年 1 月将其出版的 32 种学术期刊中的 12 种转化为 OA 期刊，并计划将其全部转化③。西班牙文化部于 2007 年 5 月 25

① 杜海洲.国际有关开放存取政策及其对我国的启示［EB/OL］.［2016-06-08］. http：// 210. 14. 113. 38：7001/n435777/n435799/n1105056/n12644369/12648927.html.

② COASP 2009［EB/OL］.［2016-06-08］.http：//river-valley.tv/conferences/publishing/oaspa-2009/.

③ CSIC［EB/OL］.［2016-06-08］.http：//revistas.csic.es/index.php/index/about.

日开始在全国范围内大规模地资助 OA 仓储的建立①。

2002 年 10 月 31 日,荷兰政府建立数字学术知识库(Digital Academic Repositories,DARE)②,该项目由荷兰所有大学、荷兰国家图书馆、荷兰自然科学和艺术科学皇家科学院、荷兰科技研究所等多家单位参与,并由荷兰国家政府提供资金支持,是合作建设的典范。2007 年 2 月 24 日,著名 OA 运动支持者 Ronald Plasterk 出任荷兰教育、科学和文化部(Ministry of Education,Culture and Science)大臣,以进一步促进 OA 运动的发展。荷兰高等教育网络服务与信息交流技术合作组织(SURF)资助了高等学校机构知识库(Digital Academic Repositories,DARE)项目,提供数字化资源的自存档和开放存取服务③。

丹麦的开放存取也取得了很大成就。2011 年,丹麦电子研究图书馆图书馆与媒体局同丹麦科学技术创新局联合发布的《丹麦开放存取实施建议报告》。报告认为,正确实施开放存取对于科学研究的持续发展起到决定性作用。种种证据表明,将研究结果以开放存取形式发表的研究人员比没有开放发表研究成果的研究人员获得的被引率更高。同样,知识的传播是决定性的。开放存取的实施可以使研究的影响最大化。丹麦的公司、研究机构及社会各界将大大得益于研究成果的开放存取。开放存取将改进研究成果的传播,有益于研究人员、研究机构和商业发展。这将促进新的和改进的研究机会的产生,提高丹麦研究人员、研究工作和研究机构在全国乃至全世界的显示度,使中小型公司更好地获得知识,从此获得潜在的发展和创新。国家开放存取战略的目的是为在短期和长期内消除免费获取丹麦研究成果的障碍。这是将公众资助的科学研究成果扩展和传播给丹麦的以及国外的研究者的最好方式。国家开放存取政策是对丹麦政策的全球化战略的有意义的贡献,有助于实现知识主导型社会

---

① Spain is Funding OA Repositories [EB/OL].[2016-06-08]. http://www.earlham.edu/~peters/fos/2007/05/spain-is-funding-oa-repositories.html.

② DAREnet [EB/OL].[2016-06-10].http://www.darenet.nl/en/page/language.view/home.

③ DAREnet Archive Electronique [EB/OL].[2016-06-12].http://www.darenet.nl/en/page/language.view/home.

和创业型社会[①]。该报告提出了 16 条建议,如:科学技术创新部建立开放存取政策、建立开放存取政策的研究委员会和基金会,大学和其他研究机构实施并且推进开放存取政策,开放存取委员会监督科技部开放存取政策的实施。

此外,2007 年,挪威实施了公共地理数据强制开放存取的政策。希腊有的学术机构图书馆已经用 DSpace and CDS Invenio 软件建立了机构库。

2.2.8　澳大利亚

2001 年,澳大利亚建立了国立大学科研成果库(ANU E-Prints)。2002 年澳大利亚研究信息基础设施委员会(Australian Research Information Infrastructure Committee,ARIIC)公布 Eprint 知识库原型框架。2004 年举办全国学术信息交流论坛。

澳大利亚教育部在开放存取工作中起重要作用。2004 年,教育部实施澳大利亚可持续的仓储合作项目(Australian Partnership for Sustainable Repositories,APSR)和面向世界的澳大利亚研究仓储在线(Australian Research Repositories Online to the World,ARROW)计划。

澳大利亚政府(Australian government)于 2006 年 10 月发布研究质量框架报告,建议公共资金资助的科研成果要公开化,一年后,政府提议建立"澳大利亚国家数据服务计划"(Australian National Data Service,简称 ANDS)来促进公共资助科研成果的开放、保存和再利用[②]。

2006 年 11 月 2 日,澳大利亚政府生产力委员会(Australian Government Productivity Commission,PC)发表报告建议公共资金资助的研究成果公开化,并在 2007 年 3 月 27 日发布的报告中提议采用

① 丹麦开放存取实施建议报告(摘要)[EB/OL].[2016-06-08].http://www.open-access.net.cn/5f00653e83b753d6653f7b56/4e399ea65f00653e83b753d65b9e65bd5efa8bae62a5544a-64588981.

② ANDS.Towards the Australian Data Commons [EB/OL].[2016-06-08].http://www.pfc.org.au/twiki/pub/Main/Data/TowardstheAustralianDataCommons.pdf.

“作者付费”的方式出版 OA 期刊①。

澳大利亚研究理事会(Australian Research Council,ARC)的职责是为政府提供研究资助和政策建议促进澳大利亚最高水平的科学研究和研究培训。自从 ARC 的前身澳大利亚研究资助委员会 1965 年成立以来就和国家卫生与医学研究理事会一起成为澳大利亚资助基础研究的两大机构。2008 年,ARC 在其最新的项目资助规定(适用于 2008 年启动的项目)中增加了“成果的传播”的章节,明确要求研究人员在决定研究成果发表途径时要考虑期刊或出版商的学术地位和声誉、评价研究成果的同行评议过程、其他相关人员对他们工作成果的获取、他们的研究成果对使用者可能产生的影响以及对知识更进一步的传播和产出的影响等多种因素。鼓励研究人员将他们从研究项目中产生的数据和任何形式的发表成果存储到研究人员可获取的学科知识库或机构库中。如果研究人员在 6 个月的期限里不打算将他们从研究项目中取得的数据存储到知识库中,则应在项目的结题报告中说明原因,所有已经或打算向知识库提交的研究成果应在结题报告中标明②。2013 年 1 月 1 日,澳大利亚研究理事会开放存取政策正式生效,该政策规定任何由澳大利亚研究理事会资助的研究项目出版物都必须在其出版之日起 12 个月内对公众开放③,2015 年 1 月又对该政策进行了版本更新。

澳大利亚还建立了开放存取政策数据库 OAKList,收集澳大利亚的开放存取政策,本国及海外研究人员皆可免费使用。

2.2.9　中国

(1)签署或发布开放存取政策、文件

我国的开放存取运动始于 2003 年 12 月 29 日中国科学院院长

① Australian Government Productivity Commission [EB/OL].[2016-06-08]. http://www.pc.gov.au.

② Discovery Projects Funding Rules for Funding Commencing in 2008 [EB/OL].[2016-06-09].http://www.arc.gov.au/pdf/DP08_FundingRules.pdf.

③ ARC Open Access Policy [EB/OL].[2016-05-28]. http://www.arc.gov.au/applicants/open_access.htm.

路甬祥院士代表中国科学家签署《关于自然科学与人文科学资源的开放存取的柏林宣言》,表明中国科学界和科研资助机构支持开放存取的原则立场。

2005 年 7 月,武汉大学举办的“中国大学图书馆馆长论坛”上发布的《图书馆合作与信息资源共享武汉宣言》,在信息资源共享的行动方向上明确指出:“开放存取是网络环境下学术信息交流的新模式,是信息资源共享的新形式。我们鼓励并积极参与学术信息的开放存取。”①

2014 年 5 月 15 日,中国科学院和国家自然科学基金委员会发布了《中国科学院关于公共资助科研项目发表的论文实行开放获取的政策声明》和《国家自然科学基金委员会关于受资助项目科研论文实行开放获取的政策声明》,要求受资助或承担资助项目产生的已发表的科研论文通过机构知识库开放存储,并不晚于发表后 12 个月内公开发布,以进一步促进我国科研机构对开放获取的重视和推进此项工作在我国科研界的深入开展。② 2016 年 6 月中国科学院科技论文预发布平台(http://www.chinaxiv.org)正式上线,面向全国科研人员,建设可靠、规范的自然科学领域的中国科研论文开放仓储库,接收中英文科学论文的预印本存缴和已发表科学论文的开放存档。

2016 年 6 月 14 日国务院新闻办公室正式发布《国家自然科学基金“十三五”发展规划》,提出发展理念,坚持开放发展,加强国际(地区)合作与交流,以更积极的姿态主动融入全球科学体系。坚持共享发展,强化战略合作,推进成果开放共享和科学传播。③

---

① 中国大学图书馆馆长论坛. 图书馆合作与信息资源共享武汉宣言[J]. 大学图书馆学报,2005(6):2-4.

② 全球研究理事会 2014 年北京会议新闻通气会召开[EB/OL].[2016-05-28] http://www.cas.cn/xw/yxdt/201405/t20140516_4121375.shtml.

③ 《国家自然科学基金“十三五”发展规划》情况介绍[EB/OL].[2016-06-14]. http://www.china.com.cn/zhibo/zhuanti/ch-xinwen/2016-06/14/content_38663152.htm.

(2)主办多个开放存取领域的国际会议

2005 年 6 月 22—24 日,由中国科学院和国际科学院组织(IAP)联合主办的“科学信息开放存取战略与政策国际研讨会”在北京中国科学院文献情报中心召开。

2006 年 10 月 23 日,第 20 届国际科技数据委员会(CODATA)国际学术会议在北京开幕,来自全球 31 个国家和地区的 600 多名科学家参加这一科技数据领域“联合国会议”。中国科学技术部部长徐冠华院士应邀于开幕前做题为“实施科学数据共享,推动科技创新发展”的大会主旨报告。他提出中国实现科学数据共享的计划,其总体目标是到 2020 年建成结构合理,覆盖基础性、公益性主要领域的网络化科学数据管理与共享服务体系。到 2020 年,国家还计划将完成科学数据共享政策法规、标准规范体系的建设,建立健全共享机制,并形成一支能适应社会信息化、专业配置合理的技术服务型管理队伍,实现 80%以上公益性、基础性数据资源面向全社会共享,使科学数据资源的积累与共享达到基本满足科技创新和国家发展的需求①。

2010 年,由中国科学院、德国马普学会共同举办,中国科学院国家科学图书馆承办的“第八届开放存取柏林国际会议”在北京召开,其主题为“开放存取:实施进展、最佳实践与未来挑战”。旨在促进亚太地区开放存取研究实践与其他地区的交流合作,推动中国乃至亚太地区相关机构制定 OA 政策,开展科技信息开放存取的实践性探索。

2014 年 5 月 26—28 日,中国科学院、中国国家自然科学基金委员会和加拿大自然科学与工程研究理事会共同主办的全球研究理事会(Global Research Council,GRC)在北京举行,来自 40 余个国家,代表 70 多家科学机构的 110 余人参加了本次会议。科技论文的开放存取成为本次会议的两个主题之一,会议对相关国家实施 GRC 开放存取行动计划的情况进行了讨论和评估,并提出了后续行动建议。②

---

① China Unveils Plans to Boost Scientific Data Sharing [EB/OL].[2016-06-09]. http://www.scidev.net/content/news/eng/.china-unveils-plans-to-boost-scientific-data-sharing.cfm.

② GRC Annual Global Meeting 2014 Summary [EB/OL].[2016-05-28]. http://www.globalresearchcouncil.org/grc-annual-global-meeting-2014-summary.

(3)建立开放存取项目平台

①中国科技论文在线。

我国著名的开放存取项目——中国科技论文在线由教育部批准、教育部科技发展中心主办,其发展得到了教育部相关部门的支持。为继续推动科技论文快速共享,更好地规范、发展“中国科技论文在线”这一科研环境建设平台。

②Open Access 在线资源集成平台。

教育部科技发展中心推出了 Open Access 在线资源集成平台[①]。集合了国内外各学科领域 OA 期刊的海量论文资源和 OA 仓储信息,并提供学科、语种等多种浏览方式;不仅实时更新各 OA 期刊最新发表论文,而且定期收录最新的 OA 期刊,方便用户查看不同领域的最新 OA 资源。本平台提供多种检索功能,可按照论文题目、期刊题目、作者姓名、作者单位、出版社等多种字段进行高级检索,或进行全文检索,方便科研工作者从海量资源中快速而准确地定位所需论文。此外,本平台还对国内外开放存取运动的兴起与发展进行详细介绍,并及时更新开放存取运动的最新动态,为不同用户了解 OA 提供了良好的信息资源。

③中国科技期刊开放获取平台。

中国科技期刊开放获取平台(China Open Access Journals, COAJ)是一个由中国科学院主管,中国科技出版传媒股份有限公司主办,北京中科期刊出版有限公司承办的 OA 平台,前身为中国科学院科技期刊开放获取平台。该平台作为新闻出版改革发展项目库入库项目,其目标是建设成为一站式的中国科技期刊 OA 集成平台和门户,集中展示、导航中国开放获取科技期刊,强化科技期刊的学术交流功能,提升中国科技期刊的学术影响力,引领中国科技信息的开放获取。[②]

---

① OPEN ACCESS 在线资源集成平台[EB/OL].[2016-06-19].http://oa.paper.edu.cn/ptjj.jsp.

② 中国科技期刊开放获取平台[EB/OL].[2016-05-28].http://www.oaj.cas.cn/introduction/index.jhtml.

国家科技图书文献中心(National Science and Technology Library, NSTL)建立了“开放存取期刊集成检索试用系统”。

④开放存取资源一站式服务平台。

中国教育图书进出口公司建设的开放存取资源一站式服务平台——Socolar 可以检索到来自世界各地、各种语种的重要 OA 资源,并提供 OA 资源的全文链接,同时还具有 OA 知识的宣传、交流以及 OA 期刊的发表、仓储服务等功能。①

⑤国家自然科学基金基础研究知识库。

2015 年 5 月 20 日,国家自然科学基金委员会正式发布“国家自然科学基金基础研究知识库”(Open Repository of National Natural Science Foundation of China, NSFC-OR),该知识库致力于收集和保存国家自然科学基金资助项目成果的研究论文的元数据与全文,并向社会公众免费提供开放获取,传播基础研究领域的前沿科技知识与科技成果,以促进科技进步。②

⑥中国科学院科技论文预发布平台。

2016 年 6 月,中国科学院科技论文预发布平台正式上线,该平台是由中国科学院科学传播局组织实施,中国科学院发展规划局提供具体指导,中国科学院文献情报中心联合相关研究所和相关科技期刊倾力打造的国内第一个按国际通行模式规范运营的预发布平台。③ 中国科学院科技论文预发布平台面向全国科研人员,建设可靠、规范的自然科学领域的中国科研论文开放仓储库,接收中英文科学论文的预印本存缴和已发表科学论文的开放存档。④

(4)创办开放存取期刊

教育部科技发展中心创办了以出版自然科学和工程研究领域科

① Socolar 平台介绍[EB/OL].[2016-05-04]. http://www.socolar.com/js.aspx?#P1.

② 国家自然科学基金基础研究知识库[EB/OL].[2016-05-04]. http://or.nsfc.gov.cn/.

③ 中科院科技论文预发布平台　推动科研成果开放获取[EB/OL].[2016-06-17]. http://news.china.com.cn/cndg/2016-06/16/content_38677828.htm.

④ 中科院科技论文预发布平台[EB/OL].[2016-06-17]. http://chinaxiv.org/user/help.htm.

研成果为主的完全型OAJ——《中国科技论文》和《中国科技论文精品在线》。

教育部人文社科信息网创办了哲学、历史等人文社会科学领域的 OAJ,并发布了“关于‘学术论文开放存取出版’的倡议”,号召人文社科领域的科研人员参与 OAJ 和 OAR 出版,支持有意向的学者申请开办高质量的 OAJ①。

(5)资助开放存取有关的项目

国家重要科研管理部门资助了多项与开放存取有关的项目。如 2002 年教育部优秀青年教师资助计划资助的“信息资源公共获取问题研究”。2003 年国家自科基金资助的“推进信息资源公共获取的政府策略”。2005 年国家社科基金资助的“开放存取与图书馆的未来发展”。2006 国家社科基金青年项目“开放存取期刊质量及其文献保障率与图书馆因应之策”。2007 年国家社科基金项目“机构知识库建设与应用研究”;2007 国家社科基金青年项目“国家信息资源公共获取策略研究”和“信息资源的公共获取机制:模式、条件与对策”。2007 年教育部新世纪优秀人才支持计划“面向 e-Science 的数字信息资源开放存取及其技术实现研究”。2009 年国家社科项目“政府信息资源公共获取研究”和青年项目“开放存取学术资源分布与集成研究”。2010 年国家社科青年项目“信息资源公共获取中的质量保障政策研究”和教育部人文社会科学研究规划基金项目“社科论文开放存取出版模式研究”。2011 年教育部人文社会科学研究青年基金项目“开放存取运动中我国科研人员的参与行为研究”。2012 年教育部人文社会科学研究青年基金项目“我国学术信息资源开放存取政策研究”。2014 年国家自科基金“公共资助项目科研论文实行开放获取的法律对策研究”和“国家自然科学基金项目资助成果绿色获取的相关问题研究”。2015 年国家自科基金项目“开放获取发展趋势与科学基金政策研究”。2016 年社科基金项目“网络时代开放教育资源引

① 关于“学术论文开放存取出版”的倡议[EB/OL].[2016-06-19]. http://www.sinoss.net/2011/0415/32086.html.

进与利用中的知识产权问题研究”“基于开放获取学术期刊的资源深度整合与揭示研究”“科学数据开放政策分析与评估研究”以及“图书开放获取模式与政策体系研究”等。

为了了解我国科研人员对OAJ出版方式的接受程度,解决OAJ发展过程中存在的缺乏合适的评价指标和质量控制机制等问题,教育部科技发展中心在2007—2013年间连续7年启动“网络时代的科技论文快速共享专项研究课题”①②③④⑤⑥⑦。

2.2.10 印度

印度是开展开放存取运动较早的发展中国家之一。2006年1月召开的第93届印度科学大会OA特别会议上,发布了《国家开放存取最佳政策建议》,包括科技部(DST)、科学与工业研究局(DSIR)等12个机构在内的印度政府期望来自公共基金资助的研究成果能够最大程度地提供免费获取。为了实现这一目标,政府采取如下措施:第一,要求全部或者部分由政府资助的发表在经同行评审期刊上

① 2007年教育部科技发展中心关于申请网络时代的科技论文快速共享专项研究课题的通知[EB/OL].[2016-06-09]. http://www.cutech.edu.cn/cn/zxgz/webinfo/2007/08/1184827038697148.htm.

② 2008年教育部科技发展中心关于申请网络时代的科技论文快速共享专项研究课题的通知[EB/OL].[2016-06-09]. http://www.cutech.edu.cn/cn/zxgz/2008/11/1221210647125465.htm.

③ 2009年教育部科技发展中心关于申请网络时代的科技论文快速共享专项研究课题的通知[EB/OL].[2016-06-09]. http://www.cutech.edu.cn/cn/zhxx/2009/06/1248332055730603.htm.

④ 2010年教育部科技发展中心关于申请网络时代的科技论文快速共享专项研究课题的通知[EB/OL].[2016-06-09]. http://www.cutech.edu.cn/cn/zxgz/2010/04/1263956061194773.htm.

⑤ 2011年教育部科技发展中心关于申请网络时代的科技论文快速共享专项研究课题的通知[EB/OL].[2016-06-09]. http://www.cutech.edu.cn/cn/tupianxinwen/webinfo/2011/04/1302054454949750.htm.

⑥ 网络时代的科技论文快速共享研究(2012)资助项目[EB/OL].[2016-05-29].http://www.cutech.edu.cn/cn/zxgz/2012/10/1331846435464534.htm.

⑦ 网络时代的科技论文快速共享研究(2013)资助项目[EB/OL].[2016-05-29]. http://www.cutech.edu.cn/cn/zxgz/2013/12/1382603101160867.htm.

的论文的电子版存储到某一机构的 OA 知识库中；第二，鼓励政府资助的研究人员在现有的某一种适当的 OA 期刊上发表研究论文，如果需要的话，政府将提供出版费；第三，鼓励政府资助的研究者尽可能保留发表论文的版权。

2006 年 1 月 7 日，第 93 届印度科学大会上发布了《国家理想开放存取最佳政策建议》(*Optimal National Open Access Policy*)，要求公共资助的科研成果必须能够开放存取①。

2006 年 11 月，印度科学协会在班加罗尔召开了"电子出版和开放存取研讨会"，会议发布了"发展中国家的国家开放存取政策"。该政策的具体内容为：第一，要求全部或部分获得政府资助的研究论文，在被同行评审期刊接受出版以后，立即将论文的电子版存储在机构的数字知识库中；第二，鼓励政府资助的研究人员在将论文存入知识库之后立即提供开放存取；第三，鼓励政府资助的研究人员在现有的、适合的 OA 期刊上发表论文。从印度制订的这两项 OA 政策不难看出，后者是在前者的基础上制定的，除了两者部分相同条款外，前者强调的是"尽可能保留发表论文的版权"，而后者强调的则是"存入知识库之后立即提供开放存取"，其内容更符合 OA 的宗旨②。

2007 年 9 月，印度国家知识学会(National Knowledge Commission, NKC)发布《开放存取及开放教育资源工作报告》，指出公共资助的科研成果公开的必要性，并表示将资助建立 OA 数字项目和支持 OA 期刊③。其目的是促进高等教育和研究机构的研究成果在全球范围的广泛传播和免费获取④。

---

① Indian Science Congress: Optimal National Open Access Policy [EB/OL].[2016-06-09].https://mx2.arl.org/Lists/SPARC-OAForum/Message/2713.html.

② 杜海洲.国际有关开放存取政策及其对我国的启示[J].现代情报，2010(8):113-118.

③ Report of the Working Group on Open Access and Open Educational Resources [EB/OL].[2016-06-09].http://knowledgecommission.gov.in/downloads/documents/wg_open_course.pdf.

④ 杜海洲.国际有关开放存取政策及其对我国的启示[J].现代情报，2010(8):113-118.

印度新德里召开文本和多媒体内容开放存取全国研讨会(National Seminar on Open Access on Textual and Multimedia Content),该研讨会由几个跨校机构主办,包括印度的大学资助委员会、信息和图书馆网络中心以及教育交流中心①。

印度科学院建立了一个收录其科研人员的研究型出版物的机构知识库②,目前已有超过10000篇文章存缴到其中,并且数量仍在不断增长。

2011年出版的《印度学术文献的开放存取:现状报告》③反映了印度最新的开放存取进展。

2014年印度两个主要科研资助机构——生物技术部(The Department of Biotechnology,DBT)和科技部(The Department of Science and Technology,DST)发布新的开放存取政策以推动他们资助的科学研究成果向公众免费开放。

2.3　主要科研资助机构强制要求其资助成果的开放存取

为了实现投资效益的最大化,使研究成果能方便地被社会公众获取使用,国际上越来越多的重要科研资助机构制定了所资助成果的强制性OA政策,规定经同行评议的研究成果必须存入OA仓储或发表于OA期刊,并将此作为获得资助的基本条件。

---

① Pawan Kumar Gupta,Jagdish Arora. National Seminar on Open Access on Textual and Multimedia Content: Bridging the Digital Divide: Brief Report. Library Hi Tech News. Bradford: 2009,26(3/4):5.

② Publications of IAS Fellows [EB/OL].[2016-06-09].http://repository.ias.ac.in/.

③ Arunachalam S.,Muthu M. and Prakash P. 2011. Open Access to scholarly literature in India: a status report. Bangalore: Centre for Internet & Society [EB/OL]. [2016-06-09].http://www.cis-india.org/openness/blog/open-access-to-scholarlyliterature.

2.3.1　最早出台强制性开放存取政策的惠康基金会

惠康基金会是英国最大的慈善机构,也是世界第二大医疗慈善机构,每年出资 5 亿美元用于科研资助。该基金会 2003 年 10 月发表声明,支持开放存取出版①,其开放存取政策自 2005 年 10 月 1 日起正式生效,2006 年 10 月成为第一家要求强制实施开放存取的资助机构。该基金会的开放存取政策是:所有受资助或部分受资助的论文必须尽快通过 PMC 和 UKPMC 知识库自由获取,在任何情况下,将论文存储到这两个知识库的时限都不得超过论文出版后的 6 个月。

为了确保科研人员遵守惠康基金会的规定,他们采取了两条途径。一是在开放存取期刊或复合式期刊上发表研究论文(推荐);二是在其他期刊上发表论文,但将文章终稿的手稿(必须包括同行评议过程中所有修改之处)在论文发表后 6 个月内自存储到 PMC 和 UKPMC 中。如果期刊出版商不同意作者执行上述两条途径,作者可以对期刊的版权协议(惠康提供版权协议样板)进行修改,征求出版商的意见;或转投其他出版商的期刊上发表论文。对于代其支付开放存取出版费用的论文,惠康基金会规定了强制性要求和其他要求。强制性要求包括:代表作者将论文的最终版本存入 PMC,一出版即可自由获取;允许这些论文被自由获取和再次使用,已规定的不得使用的情况除外(如用于商业目的);允许这些论文在 PMC 的各个国际知识库中做镜像,如 UKPMC;以 XML 形式存储这些论文,包括文章中使用的高处理图像;签署 PMC 选择性存储协议。其他非强制性要求有:将出版商的 PDF 论文版本存入 PMC;论文出版后可以在出版商的网站上自由获取该篇论文②。

---

① Strategy Policy and Funding [EB/OL].[2016-06-10].http://www.wellcome.ac.uk/News/News-archive/Browse-by-subject/Wellcome-Trust/Strategy-policy-and-funding/index.htm.

② 李麟.推动 21 世纪的学术信息交流:机构知识库在开放获取运动中的作用——2007 年 OSI/eIFL 开放获取会议综述[EB/OL].[2016-06-10]http://joinus.las.ac.cn/research/doc/oa/13.pdf.

2.3.2 开放存取政策不断取得进展的美国国家健康研究院

美国国家健康研究院(NIH)分别于2003与2005年签署了支持开放存取的宣言书——《NIH数据共享政策》(NIH *Data Sharing Policy*)和《数据共享计划》(*Data Sharing Plan*)。2004年7月14日,美国众议院建议NIH将其资助的研究成果以开放存取的方式寄存于公共医学中心(PMC)①。同年8月,美国25位诺贝尔奖得主致美国国会公开信,表示支持美国卫生院的开放存取计划②。同年9月3日,NIH公布了其开放存取计划《强化NIH科研信息的公共获取》③。由于该政策只是请求和强烈鼓励,并不具有强制性,其实施的效果不尽如人意。

2005年2月3日,NIH发表其《公共获取政策》(NIH *Public Access Policy*)④,该政策于2005年5月2日生效。同时,NIH于2005年5月实施"关于加强开放存取NIH资助的研究成果形成的档案资料的最终政策",要求研究人员在论文公开发表6个月后,将其提交给NIH的PubMed Central,免费供公众使用。

2007年3月19日,NIH负责人Elia Zerhouni向参议院提出NIH公共获取政策应当加强,要从"请求"(request)转为"必需"(requirement)。NIH还于2007年10月1日发起单核苷酸多态性健康联合资源计划(SNP Health Association Resource,SHARe),旨在建立一个世界上最大的基因和临床数据系统,供科研人员永久免费使用⑤。

经过不断修改、完善,2007年12月26日,美国前任总统布什签

---

① HouseReport108-6366 [EB/OL].[2016-06-10].http://thomas.loc.gov/cgi-bin/cpquery/?&db_id=cp108&r_n=hr636.108&sel=TOC_338641&.

② An Open Letter to the U.S. Congress Signed by 25 Nobel Prize Winners [EB/OL].[2016-06-10].http://www.fas.org/sgp/news/2004/08/nobel082604.pdf.

③ Enhanced Public Access to NIH Research Information [EB/OL].[2016-06-10].http://grants.nih.gov/grants/guide/notice-files/NOT-OD-04-064.html.

④ NIH Public Access Policy [EB/OL].[2016-06-10].http://publicaccess.nih.gov/policy.htm.

⑤ SHARe [EB/OL].[2016-06-10].http://www.ncbi.nlm.nih.gov/projects/gap/cgi-bin/study.cgi?id=phs000007.

署了《2007综合拨款法案(H.R.2764)》,其中规定NIH要强制要求其资助的研究人员,必须在研究成果论文发表后的12个月之内,将其经过同行评议的原稿电子版存放在美国医学图书馆在线知识库"PubMed Central"中,通过网络提供开放存取,便于公众的获取利用。

2008年12月26日,布什签署了《2008年综合拨款法案》(*Consolidated Appropriations Act of* 2008)。该法案中包括一项规定,要求NIH将获得研究基金者的经同行评审的研究论文在出版后的12个月之内提供开放存取。这是美国政府首次将政府提供基金的研究论文供公众在网上开放存取以法律的形式所做的规定。从此,NIH要求的强制性OA政策正式具有法律效力。

2009年3月11日美国总统奥巴马签署了《2009年综合拨款法案》(*The* 2009 *Consolidated Appropriations Act*),延续和强化了NIH的强制性OA政策,要求受NIH资助而产出的经同行评审过的论文,在期刊发表后的12个月内需将最终版本上交美国国家医学图书馆的在线知识库——公共医学中心(PMC),提供免费在线检索与利用①。

2014年8月,为确保基因研究数据的共享,美国国家健康研究院发布了《基因数据共享政策》(*Genomic Data Sharing* (GDS) *Policy*),该政策于2015年1月25日正式生效,并适用于所有的美国国家健康研究院资助的研究(例如基金研究、合同研究和校内研究)所产生的大规模的人类或非人类的基因组数据,以及使用这些数据进行的后续研究,不管其资金水平如何。

2015年,美国国家健康研究院修改《NIH授权政策声明》(NIH *Grants Policy Statement*),要求NIH资助活动产生的成果和成就都应当向公众开放。②

在NIH影响下,美国还有6个资助机构出台了开放存取指令,

---

①　Division G., Title II, Section 218 of Public Law 110-161 [EB/OL]. [2016-06-10]. http://publicaccess.nih.gov/.

②　NIH Grants Policy Statement [EB/OL]. [2016-06-10]. http://grants.nih.gov/grants/policy/nihgps/HTML5/section_8/8.2_availability_of_research_results_publications_intellectual_property_rights_and_sharing_research_resources.htm.

它们是:戈登和贝蒂摩尔基金会(Gordon and Betty Moore Foundation,GBMF)、霍华德休斯医学研究所(Howard Hughes Medical Institute,HHMI)、教育科学研究所(Institute of Educational Sciences,IES)、麦克阿瑟基金会(Macarthur Foundation)、费兰麦克德米德综合征基金会(Phelan-McDermid Syndrome Fundation)。

2.3.3　美国的国家自科基金和人文科学基金

美国国家自然科学基金委(NSF)表示"期待并鼓励研究成果的发表,共享数据和各种在工作中形成的材料。研究人员拥有其作品的知识产权,并允许他们拥有版权或申请专利。"①。

2015 年 3 月,美国国家自然科学基金委宣布从 2016 年 1 月开始,由 NSF 资助支持的期刊论文在发布一年之后,将免费供公众阅读。出版商可以在其网站保留文章的全文,但过了 12 个月的限制期后,就必须允许公众免费阅读研究论文的全文。与此同时,NSF 还宣布计划将所有的研究成果实现开放获取,加速基础研究成果的传播。

美国国家人文科学基金会(National Endowment for the Humanities,NEH)也表示会优先考虑将资金给予那些允诺将其成果在线公开的项目②。2017 年 5 月,由 NEH 和安得烈梅隆基金会赞助的"人文开放图书项目"(Humanities Open Book Program)将正式启动,该项目旨在将优秀的印刷版人文书籍提供给广泛的读者。通过利用低成本的"电子书"技术,该计划将使得公众可以阅读到那些早已脱印的优秀人文书籍。

2.3.4　加拿大参与开放存取的机构

加拿大参与开放存取的机构包括:加拿大健康研究院(Canadian

① Peter Suber.NSF Endorses OA to Data [EB/OL].[2016-06-10].http://www.earlham.edu/~peters/fos/2006/02/nsf-endorses-oa-to-data.html.

② Scholarly Edition Grants [EB/OL].[2016-06-10].http://www.neh.gov/grants/guidelines/editions.html.

Institute of Health Research, CIHR)、加拿大人文与社会科学研究理事会(Social Science and Humanities Research Council of Canada, SSHRC)、加拿大人文与社会科学基金会(Canadian Federation for the Humanities and Social Sciences, CFHSS)、加拿大研究图书馆协会(Canadian Association of Research Libraries, CARL)、加拿大国家研究理事会(National Research Council, NRC)、加拿大国家科学与工程研究理事会(Natural Sciences and Engineering Research Council of Canada, NSERC)、加拿大癌症学会(CCS)、安大略省癌症研究所(OICR)、加拿大国家研究委员会(NRC)、加拿大基因科学委员会(Genome Canada)、加拿大卫生服务研究基金会(CHSRF)等。

2015 年,加拿大政府宣布实施一项新的"三机构出版物统一开放存取"(Tri-Agency Open Access Policy)政策,该政策适用于从 2015 年 5 月 1 日起获得联邦资助的研究项目。该项新政将要求加拿大三大联邦科研资助机构——加拿大科学和工程研究理事会、加拿大健康研究院和加拿大人文与社会科学研究理事会需要将同行评议期刊上发表的联邦资助项目的研究成果于一年内在网上公布,以供公众免费开放获取。①

2.3.5　推行强制性开放存取政策的其他国外资助机构

2007 年年初,一些欧洲国家的相关机构就采纳了强制性开放存取政策,这些机构包括:英国人文艺术研究理事会、英国卫生部、英国心脏基金会、英国癌症研究中心、JISC、苏格兰卫生部首席科学家办公室、法国研究署、Flanders 研究基金会、瑞士国家科学基金会等。Flanders 基金会的海洋研究所采纳了类似于强制命令的政策,亚美尼亚也在制订全国的开放存取体系,并有可能强制性要求实施"Green OA",并同时支持金色与绿色形式的开放存取。在私人资助机构中,Howard Hughes 医学研究所实施了强制性开放存取。英国医

① Tri-Agency Open Access Policy [EB/OL].[2016-06-10]. http://www.nserc-crsng.gc.ca/NSERC-CRSNG/policies-politiques/OpenAccess-LibreAcces_eng.asp.

学研究理事会和英国心脏基金会均已采纳强制性开放存取政策，并加入私人制药公司来资助生物标记方面的研究，合作各方均同意在强制性开放存取前提下为相关研究提供资助。

瑞典研究理事会(The Swedish Research Council)于2009年10月7日公布了其OA政策，该政策要求从2010年开始，瑞典研究理事会资助的研究人员必须保证将他们的研究论文在出版后6个月内供公众利用。该OA政策只适用于经同行评审的期刊和会议论文，而不适用于专著或书籍章节。研究人员可将其发表的论文存入大型OA数据库，也可直接在互联网上的OA期刊发表其论文。

“维护研究保存和获取的复合环境”计划(Securing a Hybrid Environment for Research Preservation and Access，SHERP)网站可检索国际科研资助机构的出版物开放存取情况、开放存取的政策以及数据存档政策①，如该网站显示，国外已制定了强制性OA政策的研究资助组织或机构有：英国的惠康基金会、科学与技术设施委员会(STFC)、自然环境研究委员会(NERC)、医学研究委员会(MRC)、联合信息系统委员会(JISC)、艺术和人文研究委员会(AHRC)；美国的国家健康研究院(NIH)、教育科学研究院(IES)、霍华休斯医学研究所(HHMI)；法国国家科研署(ANR)，德国弗劳恩霍夫应用研究促进协会等。

另据BMC提供的资料②，提出了开放存取政策的资助机构还有：澳大利亚研究委员会、丹麦国家研究委员会、欧洲研究委员会、法国国家健康与医学研究院和德国马普学会。

法国的Jean Nicod研究所在其Eprint Archives政策中规定，研究所的所有成员都必须将自己的预印本和已经出版的成果文献保存在作者的自存档数据库之中③。

---

① Research Funders' Open Access Policies [EB/OL].[2016-06-11].http://www.sherpa.ac.uk/juliet/.

② How to Support Open Access [EB/OL].[2016-06-11] http://www.biomedcentral.com/info/authors/funderpolicies.

③ Archive Electronique [EB/OL].[2016-06-11].http://jeannicod.ccsd.cnrs.fr/.

2.3.6　资助机构开放存取政策过渡年

2005 年被称为“资助机构开放存取政策过渡年”，即资助机构开放存取政策由计划过渡到实践。作为全世界最大的综合类科研资助机构，美国国家健康研究院的政策自 2005 年 5 月 2 日起正式生效。RCUK 的政策到 2006 年后才可能生效，但已经公布草案，征求公众意见，并在 2005 年进行了修订。2004 年，OECD 建议对公共资助的研究数据实行公开获取，2005 年这一建议扩展到对研究文献的公开获取。

2005 年也是公共资助的研究成果明确地强制性开放存取的草案条约出台的第一年。医学研究与发展条约（Medical Research and Development Treaty）在 2005 年 2 月被提交到世界卫生组织，知识（A2K）获取条件草案（Draft of the Access to Knowledge Treaty）在 5 月的世界知识产权组织（WIPO）发展计划中被公布。而 2005 年以前，类似的草案只有 2004 年出台的 OECD 关于研究数据开放存取的部级协议，以及 2003 年公布的 WSIS 第一阶段会议的文档。如果继续长时间地关注开放存取的相关国际协议，会发现协议将数量越来越多，内容越来越专业，范围越来越广泛。①

2.3.7　实施数据共享政策的机构

2007 年，许多机构都实施了数据共享政策，如：英国医学研究理事会、法国科研中心的科研道德委员会、瑞士自动视频通信实验室以及国际电信联盟等。NIH 针对神经科学研究，推出一项新的数据共享计划，同时 NIH 还设立了许多其他类似的开放存取数据库，包括基因型与表型数据库（dbGaP）、SNP 卫生协会资源（SHARe），这一资源被称为“最广泛地收集基因与临床数据，全世界的研究人员都可以自由获取的资源”②。

---

① 2005 年全球开放获取事业回顾［EB/OL］.［2016-06-12］. http://oa.paper.edu.cn/xw_08.jsp.

② 开放获取 2007 年进展［EB/OL］.［2016-06-12］. http://oa.paper.edu.cn/xw_09.jsp.

英国联合信息系统委员会(JISC)支持组建了数据管理中心(Digital Curation Center,DCC),该组织积极从事科学数据的存储、管理和共享等领域的实践。欧盟委员会、美国 NSF 和美国国家标准与技术研究院(National Institute of Standards and Technology,NIST)、澳大利亚创新部等共同组建了科学数据联盟(Research Data Alliance,RDA),为科学数据的开放共享搭建社会和技术桥梁,为科研人员和创新人员跨越技术和学科领域、跨越国界实现开放共享科学数据创造条件。近年来,DCC 和 RDA 已经在科学数据共享和管理等研究与实践领域崭露头角,在科学数据的相关实践中起到重要的领导和促进合作的作用。除了旨在推动宏观数据共享的组织外,近些年还涌现出特定领域数据共享或者针对数据共享具体实现的组织,如美国的非营利组织开放数据基金(Open Data Foundation,ODF),旨在推动全球统计数据管理所需元数据标准以及开源解决方案的制定。①

2013 年,美国航空航天局(The National Aeronautics and Space Administration,NASA)出台了数据共享政策,承诺完全开放其地球科学数据②。

2.3.8 我国科研资助机构提出的开放存取政策

我国有的科研资助机构也提出了开放存取的要求。《关于申请 2007 年度高等学校博士学科点专项科研基金自然科学类课题的通知》(教技发中心函[2007]16 号)规定:为使博士点基金资助课题的研究成果能尽快发表和交流,获资助课题负责人结题时,必须在“中国科技论文在线”上发表论文 2—3 篇(在“中国科技论文在线”上发表后,允许同时在其他刊物上发表),并认定与其他刊物发表等同。该要求已明显体现于该项目 2008 年的申报指南的第十一条③。教

① 邱春艳,黄如花. 近 3 年国际科学数据共享领域新进展[J]. 图书情报工作,2016(3):6-14.

② NASA Data Sharing Policy.[EB/OL].[2016-06-21].http://Science.nasa.gov/earth-science/earth-science-data/data-information policy/.

③ 教育部科技发展中心.关于申请 2008 年度博士点基金自然科学类课题的通知[EB/OL].[2016-06-07]. http://www.cutech.edu.cn/cn/zxgz/2008/02/1199674655442467.htm.

育部重点研究基地的重大项目将在人文社科网上发布论文全文的数量作为结题报告书中的一个必填项目,可见对其的重视。

2014 年 5 月,国家自然科学基金委员会发布关于受资助项目科研论文实行开放获取的政策声明,规定国家自然科学基金全部或部分资助的科研项目投稿并在学术期刊上发表研究论文的作者应在论文发表时,将同行评议后录用的最终审定稿,存储到国家自然科学基金委员会的知识库,不晚于发表后 12 个月开放获取。如果出版社允许提前开放获取,应予提前;如果论文是开放出版的,或出版社允许存储最终出版 PDF 版的,应存储论文出版 PDF 版,并立即开放获取。①

2.4 大学或科研机构制定 OA 政策或设立 OA 出版基金

为了支持开放存取的顺利实施,国际上众多大学和科研机构为了适应研究资助方的强制性 OA 要求,加速提高自己的学术影响力,纷纷制定新的 OA 政策,设立 OA 期刊出版基金,积极签署支持 OA 发展的国际声明和宣言,密切学术性机构和 OA 之间的关联。《美国高等教育纪事报》称这是解开大学研究成果的新的推动力②。

其中,有的大学制定了强制性的开放存取政策,如美国的哈佛大学、澳大利亚昆士兰科技大学和瑞士苏黎世大学;有的学校则承担开放存取出版的费用,如英国的帝国理工学院、诺丁汉大学;美国的加州大学伯克利分校、威斯康星大学麦迪逊分校和北卡罗来纳大学;荷兰阿姆斯特丹大学等。有的机构开展宣传与培训活动、管理开放论

① 国家自然科学基金委员会关于受资助项目科研论文实行开放获取的政策声明[EB/OL].[2016-06-07]. http://www.nsfc.gov.cn/publish/portal0/tab38/info44471.htm.

② Howard Jennifer. A New Push to Unlock University-Based Research. Chronicle of Higher Education, 55 [EB/OL].[2016-06-12] http://www.mendeley.com/research/a-new-push-to-unlock-universitybased-research/.

文支付机制、管理开放存取知识库,为机构成员提供咨询和辅导等。例如,德国马普学会在马普数字图书馆框架内建立开放存取办公室,哈佛大学和加州大学都设有学术信息交流办公室,负责开放存取的组织、推动和咨询服务。许多机构还以机构名义与出版社签署集团协议,安排集中支付论文处理费,集中进行作者权利补充协议谈判,建立机构成员论文自动载入机构知识库机制等,增强机构成员实施开放存取的便捷性。

2005 年是各大学支持开放存取活动的一年。采取开放存取政策或措施的美国大学有凯斯西储大学、哥伦比亚大学、康奈尔大学、印第安纳大学-普度大学、兰德大学、俄勒冈州大学、比勒费尔大学、加州大学伯克利分校、加州大学圣克鲁兹分校、堪萨斯大学、北卡罗来纳大学以及威斯康辛大学。2005 年以前,昆士兰科技大学、Minho 大学以及南安普敦大学 ECS 系都在独自强制性地实行其机构内研究成果的开放存取,但在 2005 年他们与 CERN 和苏黎世大学联合起来,合作实行开放存取。Eprints 机构自存储政策登记系统中现在有 17 个机构实行强有力的自存储政策,大多数机构是 2005 年柏林第三次开放存取会议后加入的。英国罗素集团(Russell Group)的 19 个主要的研究型大学 6 月签署了开放存取宣言,3 个月后,所有的英国研究机构也通过英国大学联合体(Universities UK)签署了开放存取宣言①。

2006 年,德国洪堡大学的学术委员会正式发布了该校的开放存取政策。

2007 年 1 月,美国加州大学提出了《加州大学开放存取政策草案》,是为了响应 2006 年 5 月该校学术委员会提出的采纳《加州大学员工学术著作版权政策》而准备的配套政策。

2007 年,美国机构合作委员会(CIC)撰写了自己的作者版权协议补遗(作者版权协议补遗是由律师撰写的合同条款,用于对出版的标准合同进行补充说明,允许作者保留他们需要授权开放存取的

① 2005 年全球开放获取事业回顾[EB/OL].[2016-06-08].http://oa.paper.edu.cn/xw_08.jsp.

相关权利),并要求12家成员机构采纳。最终有3家成员机构采纳了该版权协议补遗,即伊利诺伊大学、威斯康星大学、明尼苏达大学。SPARC和Science Commons巩固了他们的作者版权协议补遗,并创建了联机工具帮助作者选择和使用该补遗。SPARC和CARL还创建了SPARC作者版权协议补遗的加拿大版权。华盛顿大学更新了其作者版权协议补遗,澄清当作者向期刊编辑部投稿、期刊拟出版该论文时,出版商被视为已接受补遗中的条款①。

2008年2月12日,哈佛大学文理学院通过了绿色开放存取自存储命令。

2009年3月,麻省理工学院(MIT)的教员们一致通过了新的OA政策,同意利用DSpace系统保存自己的学术文章,并在网络上提供开放存取,授予公众非排外许可,可以在无盈利目的的情况下使用和共享这些学术文章②。2009年7月,继哈佛大学艺术与科学学院、法学院、肯尼迪学院之后,哈佛教育研究所也表决通过了OA政策,该所的所有教员将向哈佛学术交流办公室提交自己的学术论文,存储在OA数字仓储中,并允许在线公开获取③。

为了增强OA政策的可行性,美国加州大学、北卡罗来纳州立大学、威斯康星州立大学,加拿大卡尔加里大学④,澳大利亚格里菲斯大学,荷兰阿姆斯特丹大学、提堡大学,芬兰赫尔辛基大学,瑞典隆德大学,英国诺丁汉大学⑤等众多国际知名高校还纷纷设立了OA出

① 开放获取2007年进展[EB/OL].[2016-06-07].http://oa.paper.edu.cn/xw_09.jsp.

② MIT Faculty Open Access to Their Scholarly Articles [EB/OL]. [2016-06-08].http://web.mit.edu/newsoffice/2009/open-access-0320.html.

③ Harvard Graduate School of Education Votes Open Access Policy [EB/OL]. [2016-06-08]. http://www.gse.harvard.edu/blog/news_features_releases/2009/06/harvard-graduate-school-of-education-votes-open-access-policy.html.

④ Jennifer Crow. Running Head: Open Access and Scholarly Communication [EB/OL]. [2016-06-08]. http://eprints.rclis.org/bitstream/10760/12510/1/Libr287_Crow_Open_Access_paper.pdf.

⑤ Cockerill, Matthew. Establishing a Central Open Sccess Fund[J]. OCLC Systems & Services: International Digital Library Perspectives, 2009(25): 43-46.

版基金,资助本机构人员在OA期刊上发表文章,减轻作者付费模式给科研人员带来的经济负担①。

哈佛大学、斯坦福大学等高校的某些学院教师成果可开放存取。在现行的学术出版体系下,MIT图书馆期刊订购费用是1986年的3倍。MIT是第一个由教师推动、在全校实行开放存取的美国大学,教师的成果可通过该校与惠普公司合作开发的Dspace系统向全球用户提供免费存取,允许用户用作商业之外的任何用途,这些成果可通过Google等搜索引擎检索。该校图书馆馆长Ann Wolpert说,此举显示了MIT教师在促进免费、开放的学术交流中的引领作用。该校成立了教师委员会,和图书馆一起负责该平台的运行和成果的添加②。

波士顿大学全校的教职员工签署协议,统一将其成果放在在线仓储中提供免费存取③。

2009年,英国伦敦大学学院(UCL,现称伦敦环球大学)加入了实行开放存取政策的大学阵营,这意味着UCL将在线提供其教员已出版的文章内容。6月3日,UCL在其官方网站上刊登了相关声明。这使其成为继美国哈佛大学和斯坦福大学(部分院系实行开放存取政策)以及麻省理工学院(全校范围实行开放存取政策)之后,又一家实行开放存取政策的顶级大学。与其他大多数机构一样,UCL将遵守期刊版权政策,即在期刊本身开放全文之前(目前大多数期刊在12个月之内会做到),UCL不会提供文章内容。不过支持者说,即使文章已经可在线获取,这些机构的文章档案还是很重要,因为它们为一个学院的研究提供了一站式服务,并使公众更容易

① Universities with OA Journal Funds [EB/OL]. [2016-06-08].http://www.earlham.edu/~peters/fos/2009/06/universities-with-oa-journal-funds.html.

② MIT Faculty Open Access to Their Scholarly Articles [EB/OL].[2016-06-08].http://web.mit.edu/newsoffice/2009/open-access-0320.html.

③ Boston University Endorses Institution-Wide, Open-Access Research Archive [EB/OL]. [2016-06-09]. http://www.bu.edu/phpbin/news/releases/display.php?id=1770.

找到相关文章①。

2010 年 2 月 25 日,美国罗林斯学院人文与科学院全体一致通过了开放存取政策,旨在尽可能广泛地传播其研究成果和知识。该政策规定了开放存取著作成果的界定、种类、范围和适用于该校哪些著作权人等。为便于政策的实施,还规定了由 Olin 图书馆提供开放仓储服务,保证该校教职员工的成果和著作能及时提供符合标准要求的开放存取②。

2011 年 3 月 19 日,北得克萨斯大学教员理事会通过了开放存取政策。

2012 年 5 月,作为 NIH 资助的最大公立机构的加州大学旧金山分校(UCSF)发布政策,要求该校教师将其每篇论文立即通过一个开放存取仓储提供免费使用,以便可通过 Google Scholar 等搜索引擎检索到。论文可放在该校机构库,也可放在其他的开放存取仓储,如 NIH 主办的 PubMed Central,或者作为开放存取出版物出版。据统计,美国加州大学 10 个校区每年花近 4000 万美元购买期刊的使用权③。

隆德大学是瑞典第一所制定 OA 政策的大学。隆德大学认为,实施 OA 政策有助于提高该大学研究成果的访问率,提高其研究人员的访问率和扩大影响力,同时也逐步增加了该大学知识库中存储的经同行评价的科技期刊、会议论文集等论文的数量。隆德大学致力于学术期刊向新型出版模式的转变,在新的出版模式下,论文可以直接免费向读者提供,或者通过并行出版免费向读者提供。

根据 OpenDOAR 2016 年 6 月 16 日的统计,我国已建立机构库

---

① Major U.K. University Goes Open Access [EB/OL].[2016-06-09] http://blogs.sciencemag.org/scienceinsider/2009/06/major-uk-univer.html.

② 王应宽.美国罗林斯学院的"开放存取政策"[EB/OL].[2016-06-12]. http://bbs.sciencenet.cn/home.php?mod=space&uid=39523&do=blog&id=298017.

③ Researcher Receives Funding to Improve Physicians' Counseling Skills [EB/OL].[2016-06-13].http://health.universityofcalifornia.edu/tag/health-policy/.

的机构以中国科学院系统居多,高校相对较少(尤其是中国大陆),如中国大陆的中国科学院国家科学图书馆、中国科学院的化学研究所、计算技术研究所、近代物理研究所、心理研究所、广州能源研究所、广州地球化学研究所、成都生物研究所、大连化学物理研究所、沈阳自动化研究所、山西煤炭化学研究所等;中国西部环境与生态科学数据中心,厦门大学图书馆、福建师范大学图书馆学系、天津工业生物技术研究所。香港地区的香港城市大学、香港科技大学和香港理工大学、香港教育学院;澳门大学;台湾地区则有农业实验所和真理大学、亚洲大学等 55 所大学,说明台湾地区较重视机构库建设,且主要集中在大学。不过,该网站有不少遗漏。

国际上各大学、科研院所等学术性组织在积极制定本机构 OA 政策的同时,还对本国 OA 政策的制定予以极大关注。在 2006 年版《联邦研究公共获取法案》(FRPAA)公布不到一年的时间里,美国就有 132 所大学校长以各种方式宣称支持美国参议院的这一法案①。2010 年 4 月 23 日,哈佛大学、康奈尔大学等 27 所主要的高校和研究机构的负责人联名向高等教育群体致公开信,号召支持于 4 月 15 日被提交给众议院的新年度的 FRPAA ②,将促进知识传播作为自己的重要使命,表达了美国大型研究机构对 OA 公共资助研究的支持。2009 年 11 月,41 位诺贝尔奖得主联名向美国国会递交公开信,强烈支持 FRPAA,认为该法案有利于科学家、医生、卫生保健工作人员、图书馆、学生、学术机构、公司、病人和消费者获取联邦资助的研究成果,便于全球范围内的科学家更快更好地解决我们今天所面临的复杂科技挑战,通过知识的共享激发新的突破、激励创新③。

---

① SPARC. Higher ed Leaders Support Public Access [EB/OL]. [2016-06-13]. http://www.arl.org/sparc/advocacy/frpaa/institutions_2006.shtml.

② Major Research Institution Leaders Support Legislation to Ensure Public Access to Publicly Funded Research [EB/OL]. [2016-06-13]. http://www.taxpayeraccess.org/issues/access/access_supporters/10-0503.shtml.

③ An Open Letter to the U.S. Congress Signed by 41 Nobel Prize Winners [EB/OL]. [2016-06-08]. http://www.taxpayeraccess.org/supporters/scientists/nobelists_2009.shtml.

2010 年 3 月，杜克大学学术委员会决定采用开放存取政策，基于该政策，杜克大学教师所创作的学术论文可通过该校的机构库 DukeSpace 为公众免费获取。

2011 年 9 月，普林斯顿大学发布该校的开放存取政策，其目的是使该校教师发表在期刊和会议集上的学术文章，可以提供给更广泛的公众。①

2014 年 5 月 15 日，中国科学院、中国国家自然科学基金委正式发布公共资金资助的科研论文开放存取的政策声明，要求受资助或承担资助项目产生的已发表的科研论文通过机构知识库开放存储、并不晚于发表后 12 个月内公开发布。

加州大学圣地亚哥分校电信与信息技术研究所的数据共享项目“健康数据探索”于 2015 年 2 月向 5 个项目提供 20 万美元的资助，以支持通过个人健康数据的共享和利用来促进科学研究。2015 年 11 月，宾夕法尼亚州立大学等 4 所高校用 NSF 提供的 125 万美元建立了作为 NSF 四大大数据创新中心之一的“东北大数据创新中心”，共享科学数据、相关工具和思路，以应对美国东北部乃至全世界所面临的大数据挑战。②

2.5　图书情报机构继续大力支持或参与 OA 运动

如前所述，作为代表图书馆和信息服务机构以及用户利益的最重要的国际组织，国际图书馆协会与机构联合会（IFLA）对开放存取做出了很大贡献。

许多国家的图书馆协会也一直在为 OA 的发展做出不懈努力，推动本国 OA 实践的发展。

美国图书馆协会（ALA）、大学与研究图书馆协会（ACRL）等专业组织近年来一直密切关注与 OA 相关的政策的制定和实施，认为

---

① Open Access Policy [EB/OL].[2016-06-13]. http://www.princeton.edu/dof/policies/publ/fac/open-access-policy/.

② 邱春艳，黄如花. 近 3 年国际科学数据共享领域新进展[J]. 图书情报工作，2016(3):6-14.

确保联邦资助研究成果的公共获取是合理、可行、普惠的目标,通过发表联合声明、联络议员等方式,积极支持与开放存取相关的立法,建议行政部门考虑将公共存取政策拓展到其他联邦机构。2009 年,ALA 呼吁众议院司法委员会拒绝 801 号决议——“研究工作的合理版权法案”,该决议将颠覆 NIH 的开放存取政策,并且阻止其他联邦机构通过类似的政策①。ACRL 也于同年为“联邦研究公开获取法案”致信 Lieberman 和 Cornyn 参议员,指明该法案能提升和扩展 NIH 的公共获取政策,联合其他 9 个图书馆和公共利益组织给奥巴马过渡小组献言,内容涉及“对公共支持研究公开出版成果的公共获取,将有利于经济、科技和健康”②。2010 年 1 月 12 日,ALA 与 ACRL 又联手向白宫科学技术政策办公室递交评论,要求增强对联邦机构资助研究成果的公共获取力度③。

2011 年,ALA 召开了以开放存取为题的研讨会(2011 Open Access Workshop)。同年,ACRL 宣布其学术期刊《大学与研究图书馆》(*College & Research Libraries*)自 2011 年 5 月起实行开放存取。这一政策解除了“现刊 6 个月内禁止在线获取”的规定,公众可通过 http://crl.acrl.org 网站免费获取 1997 年至今的所有期刊。

2011 年 6 月 25 日举行的 SPARC-ALA 论坛重点讨论加大对《科学与人文知识开放存取柏林宣言》的支持,探索如何通过教育和拓展项目将像《柏林宣言》这样的全球性行动融入到机构中④。

ALA 和 SPARC 启动了基于校园的开放存取出版基金(Campus-based Open-access Publishing Funds)实验项目,旨在促进各种形式与规模的机构间开放存取以便帮助作者在 OAJ 中发布论文,其先锋者

① Tack Action! [EB/OL].[2016-06-13].http://capwiz.com/ala/issues/alert/?alertid=13673706,.

② Washington Watch [EB/OL].[2016-06-13].http://www.acrl.org/ala/mgrps/divs/acrl/issues//washingtonwatch.cfm.

③ ACRL and ALA Call for Increased Public Access to Federally Funded Research [EB/OL].[2016-06-13].http://www.ala.org/news/news/pressreleases2010/january2010/publicaccess_wo.

④ SPARC-ACRL Forum at ALA: Focusing on the Berlin Open Access Declaration.[EB/OL].[2016-06-13].http://www.arl.org/sparc/media/11-0503.shtml.

包括北美一些大学的个人，他们来自美国加州大学伯克利分校、威斯康星大学麦迪孙分校、康奈尔大学等①。

美国研究图书馆协会（ARL）发布了题为《机构库：数字时代重要的学术基础设施》②的报告，并编辑出版了《开放存取书目》③。2012 年 1 月，ARL 与 ALA、ACRL、SPARC、美国法律图书馆协会（American Association of Law Libraries）以及美国学术健康科学图书馆协会（Association of Academic Health Sciences Libraries）等 9 个组织向美国众议院联合上书，表示对“研究著作法案”（Research Works Act，HR 3699）的强烈反对。该签署声明指出，联邦机构理应确保公共资金资助的科研成果公共获取，公共资金来源于纳税人，公众网络获取公共科研成果是合理的，“研究著作权法案”禁止公共获取是不公平的，且没有必要。

加拿大图书馆协会（CLA）是“布达佩斯开放存取倡议”的最早签署机构之一，2006 年 CLA 成立了 OA 工作小组④，并于 2008 年制定通过了“加拿大图书馆 OA 立场声明”，建议加拿大所有类型的图书馆强力支持和鼓励 OA、支持相关的政策，以合适的方式增强人们对 OA 的认识，为 OA 出版提供经济、技术支持和版权协助⑤。该协会将考虑把所有新专著开放存取。

2007 年，开放内容联盟（Open Content Alliance，OCA）不但将参

---

① Campus-based Open-access Publishing Funds [EB/OL].[2016-06-13]. http://www.arl.org/sparc/openaccess/funds/index.shtml.

② Lynch Clifford A. Institutional Repositories: Essential Infrastructure for Scholarship in the Digital Age [EB/OL].[2016-06-13]. http://www.arl.org/resources/pubs/br/br226/br226ir.shtml.

③ Charles W. Bailey. Open Access Bibliography [EB/M].[2016-06-13]. http://digital-scholarship.org/oab/oab.pdf.

④ Waller Andrew, Morrison Heather. From the cla Task Force on Open Access[J]. Feliciter, 2008, 54(2):50.

⑤ Morrison Heather, Waller Andrew. Open Access and Evolving Scholarly Communication: an Overview of Library Advocacy and Commitment, Institutional Repositories, and Publishing in Canada[J]. College & Research Libraries News, 2008, 69(8):486-490.

与的图书馆扩展到 80 家,而且吸引了一些从公众立场出发的图书馆,它们宣布宁愿自己支付数据化的费用,将数字化的内容交由 OCA 开放,也不参与由 Google 负担数字化成本但限制电子图书使用的 Google 图书馆项目,这些图书馆包括 MIT 图书馆在内的波士顿图书馆联盟的 19 家机构成员。纽约大学图书馆的学生也是出于同样的理由,要求学校加入 OCA 而不是 Google 计划。OCA 启动了其开放图书馆的试验版本,描绘了对扫描的开放存取图书进行类似于 Wiki 的广泛分类、联机编目的计划,以及数字化并借阅孤儿作品的项目,这是 OCA 首次将触角伸到公共领域图书以外的地方。

澳大利亚建立了方便出版社、图书馆员和作者关于开放存取的三方对话的平台(Open Access-A Trialogue)①。

作为全球最大的图书馆,美国国会图书馆于 2010 年启动了开放存取期刊合作项目(Cooperative Open Access Journal Project),拟对开放存取期刊名录(DOAJ)中的期刊进行编目。

加州大学伯克利分校图书馆建立了开放学术出版平台 eScholarship,其提供一系列的开放存取资源、学术出版服务和研究工具,支持开放存取原始数字出版期刊、图书、论文、会议论文集等,科研人员、科研单位和出版商可以在该平台上发表成果,检索、浏览内容,评论和保存数字化成果等操作。例如,通过 eScholarship 平台,科研人员可以免费发布或者出版原始学术作品,包括著作、期刊、工作底稿、会议论文等。eScholarship 这一动态科研平台可以将出版物免费提供给全世界的学者,为各个部门、科研单位、出版项目和学者发表与出版科研成果奠定了一定的基础。科研人员还可以将科研成果发布到该平台下的数据仓库中,并进行简单的分类标识和编辑,用户可以对 eScholarship 平台上的出版物进行检索和浏览,甚至发表评论。eScholarship 平台集成了传统的学术科研成果发布、出版和交流的过程,并汇集了用户对出版成果的评论。加州大学伯克利分校图书馆的这一服务促进了学术成果共享和教师科研成果的传播,提高了科

① Open Access-A Trialogue Between Authors, Publishers and Librarians [EB/OL].[2016-06-13].http://openaccess.caval.edu.au/?p=20.

研成果的影响力。①

中国科学院国家科学图书馆和国家自科基金委资助建立了开放存取信息门户②，旨在通过跟踪、报道和揭示关于开放存取的发展动态、研究资料、实施实践、支撑信息和相关的分析，为开放存取的研究和实践提供一个可靠的信息保障平台，帮助开放存取的研究者、政策制定者和组织实施者推动和实施开放存取。国家科学图书馆还建立了机构知识库。

香港大学自 2001 年起要求本科生将学位论文的电子版全文存储至图书馆的数据库中，到 2006 年，图书馆完成了全部原有学位论文的扫描工作，联机开放存取的学位论文约为 13000 篇。2005—2006 年学位论文下载量达 108200 次。另有研究表明，通过网络自由获取的论文的被引率是订购型期刊的 2.5 倍③。

美国俄勒冈州立大学图书馆员工同意将其出版的成果在该图书馆建立的机构库 ScholarsArchive@ OSU 中提供开放存取，该机构库是美国第 4 大数字仓储，包括博硕士学位论文、各种技术报告、工作论文、出版的论文、会议论文以及课件等。

英国诺丁汉大学已建立了一个 OA 出版基金(Central Fund)以支付 OA 出版物的论文处理费用(Article Processing Charges，APC)。

2.6　出版社推出针对开放存取的政策

各个出版社关于论文开放存储的政策涉及多个方面。

2.6.1　是否允许开放存储

绿色政策，出版社允许作者存储未经同行评议的投稿手稿和经

---

① 黄如花，李楠. 加州大学伯克利分校图书馆科研支撑服务研究[J].图书馆建设，2016(5)：47.

② 开放获取信息门户[EB/OL].[2016-06-13.] http：// www.open-access.net.cn/.

③ 李麟.推动 21 世纪的学术信息交流：机构知识库[EB/OL].[2016-06-14].http：//joinus.las.ac.cn/research/.doc/oa/13.pdf.

过同行评议修改的最终录用稿;蓝色政策,出版社允许作者只可存储录用稿;黄色政策,出版社允许作者只可存储投稿手稿(部分出版社允许在限制开放时间下可存储录用稿);白色政策,出版社没有明确允许作者存储论文的任何版本。

2.6.2 存储地点

一般出版社规定只能存储到作者个人网站、所在机构的知识库和资助机构规定的专门知识库中。

2.6.3 开放存取时间

多数出版社规定了论文存储后的禁止开放期,同一出版社的不同期刊的禁用期也往往不同,大多为 12 个月。

2014 年,全球出版商将出版的论文立即开放存取的比例为 17%,比 2011 年的 12%略高。①

2.6.4 其他限制条件

出版社均要求作者和接受存储的知识库在知识库上提供完整的出版来源信息并提供指向期刊网站的 URL。

Elsevier 采取了自由式的许可协议,允许一系列再利用的权利,以及代表资助机构对存储在 PMC 或 UKPMC 的论文提供免费在线获取。当资助机构向出版商支付论文的开放存取费用时,出版商应该消除包含订购价格在内的各种使用许可障碍,一些出版商和资助机构都同意这一点。

根据对 684 家出版社的统计,28%的出版社执行绿色政策,24%的出版社执行蓝色政策,10%出版社执行黄色政策,即 63%出版社明确允许作者将被录用论文的录用稿进行开放存储。Elsevier、Springer、John Wiley、World Scientific 等主要出版社和美国化学学会、美国物理学会、国际电气电子工程师协会、剑桥大学出版社、英

---

① Dutch Lead European Push to Flip Journals to Open Access. [EB/OL].[2016-06-23].http://www.nature.whu/news/dutch-lead-european-push-to-flip.

国皇家物理学会等学协会执行绿色政策，皇家化学学会、国际光学协会、欧洲地球科学联盟等学协会执行蓝色政策，Wiley-Blackwell、Lippincott、Talor & Francis、自然出版集团（Nature Publishing Group，NPG）、牛津大学出版社等执行黄色政策。可见，主要出版社和出版期刊较多的学协会均允许一定形式的开放存储，而且92家出版社允许存储出版PDF版本，例如美国物理学会①。

Elsevier公司推出了期刊论文的复合模式（Elsevier's Sponsored-Article Hybrid Journal Model）。2006年11月，来自印度、中国、巴西、南非、埃塞俄比亚等国的代表参加了在印度班加罗尔举行的学术出版物电子出版和开放存取的研讨会，起草了《发展中国家开放存取的国家政策》（*National OA Policy for Developing Countries*）。

2011年1月，自然出版集团宣布发布新的在线、开放存取、同行评议出版物——《科学报告》（*Scientific Reports*）。该报告覆盖生物、化学、地球科学和物理等自然科学领域，自2011年1月6日起接受投稿，2011年6月出版第一期。《科学报告》刊登的所有文章都能开放存取，它将收取文章处理费（APC），2011年每篇录用稿件的APC费为1350美元/890英镑/1046欧元。作者可以在两个非商业性的创作共享（Creative Commons，CC）许可中进行选择。NPG每年将从每篇录用论文的APC中拿出约20美元，捐献给知识共享组织。论文作者将有机会当选为知识共享网络的成员。《科学报告》是Nature在多样化商业模式上做出的尝试。Nature中的高流通率、高成本期刊适用于订阅模式，通过读者订阅费用来补偿成本。而低成本同时流通率也较低的期刊，则适用于开放存取出版模式。到目前为止，NPG 80%的学术性期刊已经提供选择性开放存取，所有原创性论文都能自由存档。NPG支持存档论文录用版，存档滞后期为论文发表后6个月②。

---

① 张晓林，刘细文，李麟. 科技信息开放获取趋势与进展.［EB/OL］.［2016-06-19］.http://ir.las.ac.cn/handle/12502/3237.

② Announcing Scientific Reports, A New Open Access Publication［EB/OL］.［2016-06-19］.http://www.nature.com/press_releases/scientificreports.html.

2.7 开放存取领域的合作逐渐受到重视

在开放存取领域的合作取得显著成效的SPARC已在欧洲、日本设立了分部。近些年,该领域的合作还有以下几个成果值得一提。

2.7.1 组建了欧洲开放存取出版网络联盟

6家欧洲大学和博物馆出版社成立了欧洲开放存取出版网络(Open Access Publishing in European Networks,OAPEN)联盟,以按需印刷(POD)版本出版OA专著。公共领域的图书预印本服务也开始出售Internet Archive和Google中的公共领域的电子图书的POD版本。我们看到了一系列新的OA图书,既包括有定价的印刷版也包括无定价的印刷版,这些图书来自于密歇根大学出版社(数字文化图书)、加州大学出版社(FlashPoints)、MIT出版社(数字媒体与学习)、加拿大人文社科基金会、美国自然历史博物馆、开放知识基金会以及哈佛大学Berkman中心与计算机协助法律指导中心。Librede Bruxelles大学决定将其所有已出版的图书开放存取,而Ilmenau理工大学与此相反,将其所有新出版的图书开放存取。匹兹堡大学出版社决定将已出版的图书开放存取(back title),而新书的开放存取最迟不超过2年。

2.7.2 成立开放存取学术出版协会

在2008年10月14日世界第一个"开放存取日",世界各地举行了各种有关开放存取的活动。由英国惠康基金会发起、在伦敦成立了"开放存取学术出版者协会"(Open Access Scholarly Publishers Association,OASPA),并从即日起开始招收会员。OASPA旨在支持和代表全球科学、技术和各学科领域的开放存取期刊出版者的利益,通过信息交流、制定行业标准、开发商业模式和出版模型,倡导"金色之路"——出版开放存取期刊,促进教育发展,激励创新。OASPA的创始会员来自开放存取的先驱,包括英国的生物医学中心(BMC),美国的科学公共图书馆(PLoS),辛迪维出版公司(Hindawi

Publishing Corporation),共同出版社(Co-Action Publishing),哥白尼(Copernicus),医学教育在线 Medical Education Online (David Solomon),SAGE 以及 SPARC 欧洲等。OASPA 的会员将对学术出版者与专业出版机构开放,包括大学出版社、营利性出版机构和非营利性出版机构。会员应真正对开放存取期刊的出版感兴趣,签署柏林宣言或布达佩斯宣言,必须出版过至少一种全文开放存取期刊。也欢迎其他支持 OA 期刊出版或对发展开放存取有兴趣的个人和机构。会员资格及申请表可通过 OASPA 网站获取①。

2.7.3　成立开放存取知识库联盟

开放存取知识库联盟(Confederation of Open Access Repositories, COAR)是一个非营利组织,成立于 2009 年 10 月,旨在通过全球开放存取数字知识库提升研究成果的可见度和应用度,其成员遍布欧洲、拉丁美洲、亚洲和北美的 24 个国家的 80 多个机构②。

2012 年,COAR 执行委员会主席 Norbert Lossau 教授发表了题为"最大限度地提高研究成果的可见度:COAR 呼吁采取行动"的致 Elsevier 公开信,信中指出:COAR 强烈反对 Elsevier 在其论文张贴政策中所做的规定。这些政策禁止作者所在机构或资助机构的开放存取强制政策规定将论文存储到开放存取知识库中,除非机构或资助机构与 Elsevier 再另行签署一个非常苛刻的协议。尽管 Elsevier 公开承诺"广泛获取",但其政策实际上却是极大地限制学术文献的获取。Elsevier 的这些政策与 COAR 各方成员、合作伙伴和广大学术界最大化获取和使用研究文献的目标直接冲突。因此,如果会危害开放存取政策和妨碍已有的或正在进行的论文存储的活动,COAR 不鼓励成员和其他方面与 Elsevier 或其他出版商签署协议。COAR 督促 Elsevier 重新考虑其妨碍开放存取进程的做法,重新修改政策,允许在最小的时滞期内存储研究论文。鼓励出版商与图书馆

---

① OASPA [EB/OL].[2016-06-19].http://www.oaspa.org.

② COAR [EB/OL].[2016-06-19]. http://www.coar-repositories.org/.

和各知识库组织密切合作,共同建立有效的、可持续的论文存储方法,满足研究人员及其所在机构以及全社会的需要。此外,COAR还非常欢迎有意向的组织(如:许可机构、图书馆联盟等)加入COAR,共同建设和采纳论文开放存储的政策与流程的最佳实践①。

2016年5月9日,COAR与联合国教科文组织签署《COAR-UNESCO开放存取联合声明》(*Joint* COAR-UNESCO *Statement on Open Access*)。

2.7.4 不同开放存取联盟之间开展合作

2011年4月18日,学术出版和学术资源联盟(SPARC)、SPARC(欧洲)和开放存取机构库联盟(COAR)强烈敦促各相关机构,不要与出版商达成个体协议取代现存开放存取政策或以往的任何许可协议。同时,他们呼吁出版商不要再推出额外的限制条款、规则和政策来阻碍预印本的存储与获取。如果这种做法扩大开来,会造成终端用户导航环境的混乱,也会阻碍个体机构的有效运转。它们还联合JISC与其他组织共同发表声明,抵制造成机构库论文开放存取时滞期延长的上述行为,以及其他任何与此有关的行为,并敦促其他组织机构关注这一问题,以确保学术论文的及时获取②。

2.7.5 国家级研究资助机构之间的合作开始启动

鉴于科学研究国际合作的重要性,2012年5月,全球50个国家级研究资助机构的领导齐聚NSF的总部——弗吉尼亚州的阿灵顿,共同商讨全球研究委员会(Global Research Council,GRC)的进程,包括同行评审、数据共享、开放存取、研究的完整性,研究中的职业发展和道德行为等。

---

① Maximizing the Visibility of Research Outputs: COAR Call for Action [EB/OL].[2016-06-19].http://www.coar-repositories.org/files/COAR-open-letter-06-02-2012.pdf.

② Public Response on Behalf of SPARC,SPARC Europe and COAR Regarding Publishers Self-deposit Policies [EB/OL].[2016-06-19].http://www.arl.org/sparc/media/11-0418.shtml.

2.7.6　政府、企业与学术机构的合作

跨机构纳米仓储(InterNano repository)①是美国国家纳米制造网(National Nanomanufacturing Network)的一部分,通过学术机构、政府机关与企业合作以提高美国纳米技术的实力。

除了上述进展外,许多 IT 企业参与开放存取。如微软公司分别对大不列颠图书馆的 10 万多册图书、耶鲁大学图书馆的 10 万多册图书进行数字化。斯隆基金会资助美国国会图书馆 200 万用于对上千种珍善本书数字化并开放存取。

此外,一些科学家个人建立了一个名为 Eureka Science Journal Watch 的 Wiki,收集关于 OA 和 TA 期刊的相关信息,并策划相关对策推广 OA 期刊。一群西班牙的研究人员创建了开放存取期刊数据库项目——SCImago,按照领域和国家进行组织,支持灵活的查询和期刊名次排序(根据该数据库自定义的评价标准)。

综上所述,国外开放存取实践呈现出国际组织先行、倡导,国家或地方政府及时出台政策,科研机构积极实践、探索、响应的特点。国际组织的影响大,国家制定明确的政策、支持开放存取或推进本国信息的开放存取,并制定规划、计划,促进学术信息资源的开放存取。高等教育或科研机构则从机构或学科角度组织实现数字学术信息资源的开放存取,在实施过程中积极探索开放存取之路。

---

① InterNano Nanomanufacturing Repository[EB/OL].[2016-06-19].http://eprints.internano.org/.

第3章　2006年以来国内外开放存取研究述评

伴随着国际上开放存取(OA)实践的快速发展,OA的理论研究也不断深化,国际上成立了OA领域的专门研究机构——研究交流中心(The Centre for Research Communications),关注OA进展和理论研究的网站、博客等也不断出现。国内外已有开放存取理论研究述评类成果,如徐丽芳的《开放存取及其研究进展》①、王云才的《国内外"开放存取"研究综述》②、王应宽等人的《国内外开放存取期刊研究进展综述与发展动态分析》③、张伟的《近五年国内开放存取研究综述》④、和Frosio等的《开放存取出版:文献述评》⑤等。

为了获悉目前OA研究的热点和趋势,笔者曾利用Web of

---

① 徐丽芳.开放存取及其研究进展[C]//图书馆学研究进展.武汉:武汉大学出版社,2007:720-767.

② 王云才.国内外"开放存取"研究综述[J].图书情报知识,2005(6):40-44.

③ 王应宽,等.国内外开放存取期刊研究进展综述与发展动态分析[J].中国科技期刊研究,2012,23(5):715-724.

④ 张伟.近五年国内开放存取研究综述[J].保定学院学报,2014(5):97-102.

⑤ Frosio G., Derclaye E. Open Access Publishing: A Literature Review [R/OL].[2016-06-21]. http://www.create.ac.uk/publications/open-access-publishing-a-literature-review/.

Science(WOS)数据库的“标题检索”功能搜索 2006 年以来的相关文献,借助于 CiteSpace 软件,对文献记录的题名、摘要、关键词和引文字段进行抽词分析,选取高频关键词,经整理归并之后发现,近年来对 OA 的研究主要集中在 OA 出版、OA 期刊、OA 影响、学术交流、OA 运动、引用影响和引用分析等方面,同时考虑到词频统计方法的局限性,容易遗漏尚不明朗、但能反映事物重要变革趋势的关键内容,笔者对检索到的期刊和会议文献进行详细阅读,综合两方面的结果后发现,人们对 OA 的关注正变得更加理性,开始深入对 OA 出版的经济可持续性、质量保障措施和评估标准等实际问题的思考。本章对上文完成后的关于 OA 的研究成果进行了检索,补充了该领域的新素材。下文拟从 OA 的经济意义和商业模式、OA 的影响力和评估、OA 的实现方式、OA 资源的组织和利用等方面入手,阐述近年来国内外的 OA 理论研究进展。

3.1　关于 OA 经济意义和商业模式的研究

OA 最受人质疑的问题之一就是其经济上的可持续性和是否有可行的商业模式。OA 取消了订阅费用,改由依赖收取文章处理费用、广告费用和争取各种形式的资助,理论上缓解了期刊危机,促进了学术交流。但相对高昂的出版费用和不太稳定的资助来源使得 OA 商业模式的可持续性问题显得扑朔迷离。OA 减轻了学术交流和图书馆资源建设的成本,其社会效益和经济效益将如何体现和衡量? OA 可以有哪些商业模式,各种商业模式的特点和持续性如何? 这些有关 OA 健康发展的问题,引起了学者们的关注。

3.1.1　OA 的经济意义研究

(1)OA 对科学研究的经济意义

OA 加速了科研成果的传播和共享,产生了广泛的经济和社会效益,但这种效益的显现是一个缓慢的作用过程,所以考量 OA 对科研的经济效益必须建立在一定的时间积累之上。英国联合信息系统委员会(JISC)资助的《可替代学术出版的经济含义:成本和收益探索》研究报告以 20 年为周期,比较了订阅出版、作者付费 OA

(“Author Pays” Open Access,APOA)和自存档三种当前主流学术出版模式下的成本和收益,以期帮助相关利益方解决不同出版模式的经济性问题,寻找更好的学术出版模式,更高效地交流和传播研究成果①。该报告的研究结果表明,同一资源的花费和收益在不同的学术出版模式中有所差异,APOA 和自存档模式的收益超过花费。OA 出版将会带来长期的净利润,自存档模式比 APOA 模式的性价比更高。在 OA 转型稳定后,APOA 的收支比为 5∶1,而自存档模式的收益将超过支出的 45 倍。如果 OA 资源的解禁期能提前一年,那么 20 年后英国高等教育支出的回报将增加 3.6%,价值 2.2 亿英镑②。

(2) OA 对期刊市场的经济意义

传统学术出版商不断合并和重组形成了垄断性的出版集团,控制着学术出版市场,其控制力在学术出版商业化进程中不断得到加强和巩固,攫取了高额的利润。在传统学术出版市场中,由于出版商的垄断带来可选择性的缺失,众多的买方和相对集中的卖方之间形成了一种非对等关系,这种出版商控制下的学术交流模式违背了学术出版和学术交流的初衷。OA 的出现为缓解这一矛盾提供了契机,使买方有机会参与控制学术出版,为自己争取利益,同时也给传统出版市场带来竞争活力。

2007 年 7 月,SPARC 和 ACRL 在华盛顿召开的 ALA 会议上举办论坛进行学术交流。生物医学中心(BMC)的代理人 Bryan Vickery 在会议发言中表示在传统期刊模式下,学术机构超额支付高昂的订阅费用,出版商没有压力要降低价格,缺乏真正的学术交流市场。BMC 和公共科学图书馆(PLoS)等低成本网络 OA 出版商的出现,能给出版市场带来新的活力,随着越来越多的出版商转向收取文章处理费用,单篇文章的成本将变得非常重要,保持低成本的出版商

---

① John W. Houghton, Charles Oppenheim. Economic Implications of Alternative Publishing Models: Self-archiving and Repositories[J]. Prometheus Critical Studies in Innovation,2010(19):275-292.

② Brown David. Does Open Access Really Pay?[J]. Library + Information Update,2009(5):24-26.

将会获得竞争优势①。

Michael D.等利用四阶网络技术和交易花费经济模型(Transaction Cost Economic,TCE),对比分析在订阅模式和 OA 模式下图书馆、学者、出版商、学会团体等学术出版利益方的期刊生产和交易成本,结果显示,尽管传统订阅型期刊和开放存取期刊(OAJ)的生产成本几乎相等,但在 OA 模式下,期刊的总交易成本将减到 1/5~1/10。所以,引入 OA 出版模式,能较好地活跃传统期刊出版市场,挑战垄断,建立起合理的竞争机制,遏制期刊价格飞涨,有利于学术交流和传播,回归学术出版的本源②。

(3) OA 对图书馆的经济意义

对图书馆而言,开放存取资源可以缓解图书馆的经费紧张,在短期内以比较经济的方式增加图书馆的馆藏,并使之保持可持续增长的态势、增强文献保障能力。学者的调查发现,仅 Open Science Directory 等 4 个网站收录的开放存取资源就价值人民币 8 亿多元③。但 OA 到底能给图书馆带来多大的收益,这方面的实证研究还很薄弱,仅有的为数不多的研究也仅从理论经济模型上来探讨。

Moleskine Asia 指出,OAJ 为图书馆减轻经费压力具有相对性,将会给注重科研的学术文献高产机构带来增加开支的潜在风险④。《生命科学领域 OA 出版的成本含义》报告随机分层选择了 24 所美国高校和科研机构,研究了大规模采用 OA 出版后将如何影响细

---

① Prosser David, Ayris Paul. ACRL/SPARC Forum Explores Open Access Models: The Future of Scholarly Publishing[J]. College & Research Libraries News, 2007,68(8): 518-521.

② Michael D., Mills Robert J., Esterhay Judah Thornewill. Mills Using a Tetradic Network Technique and a Transaction Cost Economic Analysis to Illustrate an Economic Model for an Open Access Medical Journals[J/OL]. First Monday, 2007, 12(10)[2016-06-18]. http://firstmonday.org/htbin/cgiwrap/bin/ojs/index.php/fm/article/view/1964.

③ 黄如花.促进开放存取资源的开发与利用[J].图书与情报,2008(12):5.

④ Moleskine Asia. The Cost Implications of Open-access Publishing in the Life Sciences [EB/OL]. [2016-06-18]. http://goliath.ecnext.com/coms2/gi_0199-6979306/The-cost-implications-of-open.html.

胞科学领域期刊的花费,估算在PLoS的OA模式(成本主要来源于出版费用)和等收益OA模式(高额的出版费用确保出版商的总收入等于现有订阅模式下的收入)下的期刊价格。该报告认为转向OA出版将大量减少大部分机构的期刊花费,但同时顶尖大学的开支将比现在大10倍,馆藏少于429万卷的图书馆可能从OA模式中省钱。在OA出版模式中,样本中所有机构订阅生物期刊的总体花费将下降,其中小型学院的收益最大,许多机构将不再需要支付任何订阅费用,但系统的总开支会重新分配。哈佛大学和密歇根大学由于其在生命科学研究中的卓越表现,将承担大部分的订阅成本①。

3.1.2 OA的商业模式研究

在传统垄断性的学术出版市场中,出版商的高额利润源于作者付费和资源订阅的双重付费,收入来源相对稳定可靠,但在OA模式下,主要收入源于收取出版费用,受作者及其机构是否愿意支付、资助机构是否愿意赞助OA出版等多种因素的影响,这种收入来源的稳定性不强,OA的可持续发展存在隐患,因此有必要探讨和证实能够支持OA持续发展的可行商业模式。

商业模式是维持企业运转的经济逻辑,对OAJ而言,主要包括期刊的用户、期刊传递给每个用户的独特价值、创建和传播这些价值所需的资源、期刊将其特有价值转换为收入的市场机制和期刊的收入流等要素。根据收入来源的不同,Raym Crow将OA的商业模式分为由内容生产者或相关机构资助的提供方模式和由内容消费者或其代理机构资助的需求方模式两类②。

---

① The Cost Implications of Open-access Publishing in the Life Sciences[R/OL].[2016-06-18]. BioScience, 2007. http://goliath.ecnext.com/coms2/gi_0199-6979306/The-cost-implications-of-open.html.

② Raym Crow. Income Models for Open Access: An Overview of Current practice[R/OL].[2016-06-18].SPARC, 2009. http://www.arl.org/sparc/bm~doc/incomemodels_v1.pdf.

(1)以提供方为主的商业模式

来源于作者或其机构的文章处理费用是OAJ最主要的提供方商业模式,超过一半的期刊征收包括论文提交和编排费用在内的出版费用,占OAJ总收入的30%左右。提供方模式主要包括作者付费、广告收入和各种形式的赞助和补贴等。

①作者付费模式。

传统出版和OA出版的区别在于服务对象的不同。传统出版是为读者提供的服务,而OA是为作者提供的服务,传播和扩散其作品,为其赢得学术影响力①,所以OA环境下作者付费也是顺理成章。由于文章处理费用相对高昂,作者付费在很多情况下只是一种转移性付费。国外学者调查发现OA文章处理费用中的34%来源于研究资助、5%来源于基金会、8%来源于作者所属机构、27%来源于机构图书馆,直接来源于作者个人经费的比例较小,仅占总数的5%②。Elmar Mittler认为,决定OA未来的一个重要因素就是研究资助机构是否将出版花费视为资助范围③。为了扩大科学研究成果传播和影响,一些大型研究资助机构,如NIH、惠康基金会等已将支付出版费用作为研究资助的一部分,直接或间接允许将出版费用包含在资助范围内④。

尽管OA模式中的出版费用主要来自资助,作者付费模式也并非没有危机。在真实的OA世界中,出版商的收入来源将减少,转而依赖作者付费,每篇文章的平均收费将高达1500~3000美元不等。

---

① Esposito Joseph J.Open Access 2.0: Scholarly Publications Move to a New Phase-where OA and Traditional Publishing Coexist[J]. Logos,2009,19(2):89-97.

② The Facts About Open Access: a Study of the Financial and Non-financial Effects of Alternative Business Models for Scholarly Journals[R/OL]. Kaufman-Wills Group,2005[2016-06-18]. http://publishopenaccess.blogspot.com/2009/12/facts-about-open-access-study-of.html.

③ Elmar Mittler.Open Access Between E-commerce and E-science: Observations Towards Development and Standing[J]. Zeitschrift fur Bibliothekswesen und Bibliographie,2007,54(4-5):163-169.

④ Murphy John.Acquisition Raises Profile of Open-access Publishing[J]. Research Information,2009(40):9.

过去，订阅费用由机构直接支付或通过图书馆支付，而现在文章出版费用则需由作者或机构支付，一则许多机构并没有明确表态会支付这一费用，再者选择支付出版费用的机构，其资金支出将十分可观。以诺丁汉大学为例，该校每年发表约 4000 篇文章，假设每篇平均费用在 750~1500 欧元之间，意味着该校每年将要花费数百万英镑来资助 OA 出版。耶鲁大学图书馆因替作者支付开放选择出版费过多而放弃继续作为 BioMed 的会员①。Arne K. Richter 指出如果想实现 OA 的可持续发展，必须充分利用网络、Web2.0 工具、免费软件和志愿者服务，开发自动在线出版和传播系统，将 OA 出版商在论文提交、同行评议、出版和传播 OA 资源过程中的责任和工作量减至最低点，只负责整个过程中的管理和质量控制。惟其如此，才能将期刊费用减少到可承受的、资助人感兴趣的范围②。

② 广告收入。

随着研究信息的快速增长，OAJ 的声誉和对读者的吸引力也成为一种资源，可以通过广告、吸引资助等商业模式转化为资本收益。Jan Erik Frantsvag 对 355 种 OAJ 的调查表明，大约 21%的期刊接受广告，小型出版商很少接受广告，而大型出版商更倾向于开拓这种收入。广告是一些 OAJ 赚取利润的方式，但是应用并不广泛，部分原因是由于纯学术的理想化动机或缺乏相应的知识。大型出版商有更多可以吸引产生广告收入的资源，所以随着出版商规模的增大，越有可能使用广告，载文越多的期刊也越有可能接受广告③。

③ 各种类型的资助收入模式。

在 2007 年由公共知识计划（Public Knowledge Project，PKP）举

---

① Ann Okerson, Kenny Marone R., David Stern. Library Drops BioMed Central's Open Access Membership [EB/OL].[2016-06-18]. http://blogs.plos.org/mfenner/2007/08/05/yale_university_drops_biomed _central_membership/.

② Arne K. Richter. Open Access – A Never Ending Story? [J]. Information Services & Use, 2008, 28(2): 97-103.

③ Jan Erik Frantsvag. The Role of Advertising in Financing Open Access Journals [J/OL]. [2016-06-18]. First Monday, 2010, 15(3-1). http://firstmonday.org/htbin/cgiwrap/bin/ojs/index.php/fm/article/view/2777/2478.

办的第一届国际学术出版会议上，与会者将找到资助途径、建立仓储的品牌效应视为 OA 发展的两大关键因素①。OA 能促进科技事业的进步，提高人类的福祉，最大化地展示和传播科研成果，具有巨大的潜在社会效益和经济效益，所以许多基金会、政府部门和学术机构，出于自身使命和利益考虑，都或多或少地选择资助 OA 出版。如 MIT 出版的《生态的博弈》(*The Ecology of Game*) 获得了 MacArthur 基金会的资助，PLoS 出版的《被忽略的热带疾病学报》(*Journal of Neglected Tropical Diseases*) 部分经费由比尔・梅琳达盖茨基金会资助，美国《酒精研究与健康》(*Alcohol Research & Health*) 杂志由国家酗酒及酒精中毒研究所资助出版。

(2) 以需求方为主的商业模式

OA 的收入也可以来自用户或需求方，这种收入往往不是直接来源于 OA 内容本身，而是源自以 OA 资源为基础提供的增值服务，所以与 OA 免费开放的宗旨并不冲突。

① 提供不同版本的服务。

为不同的目标市场和用户群体提供不同版本的数字信息服务，是最大化既定内容财产收益的有效方法。OAJ 可以通过提供离线版本、累积性印刷版本来盈利。一些 OAJ 已采取了复合出版模式，在提供 OA 版本的同时，也提供印刷版等其他版本以获取利润。如《有机化学档案》(*Archive for Organic Chemistry*) 通过商业性网站提供按需印刷服务，牛津大学出版社出版的《基于证据的补充和替代医学》(*Evidence-based Complementary and Alternative Medicine*) 提供原创性内容的开放存取，同时对评论、社论和其他非原创文章则采用订阅模式。

②出售内容聚合许可。

控制着大量资源的 OA 出版商可以通过将内容授权给第三方信息聚合和传播机构进行二次开发，以获取额外收益。尽管 OAJ 内容

① Christina Struik, Hilde Coldenbrander, Stephen Warren, etc. Transitioning to Open Access[J/OL]. [2016-06-18]. First Monday, 2007, 12(10-1). http://firstmonday.org/article/view/1996/1871.

一般都签署创建共享协议,规定不得用于商业用途,但出版商可以通过特殊的协议将这些内容用于商业传播。这些第三方机构能提供 OA 资源的整合利用,方便用户查找所需信息。许多签署了《科学共同体合作开放存取法律期刊原则》的期刊,同时也将其内容授权给 LexisNexis 和 WestLaw 数据库。

③通过提供增值服务收费。

OAJ 出版商可以在线提供定题服务、网站定制服务等增值服务,增加期刊的可用性和吸引力,在没有限制地提供研究内容开放存取的同时,通过这些增值服务盈利。

所有支持 OA 发展的需求方商业模式都面临着“搭公车”问题的困扰,如果许多图书馆联合支持 OA 出版,但其中一些不予分担成本,而享用那些作出贡献的图书馆的成果,当足够多的图书馆只想获利而不愿意共同承担成本时,合作模式就会失败。因此,需求方组织内部需制定完善的合作政策,建立合理的利益平衡和补偿机制,以保证参与者不同程度的贡献能产生获益上的区别,避免“搭公车”现象的发生。

3.2 关于 OA 影响的研究

OA 是一种新的学术交流和出版模式,某种意义上可视为对传统出版的颠覆性变革,必然会给学术交流中各利益方带来不同程度的影响,容易引起各利益方对自身利益的担忧,作为一种新的交流方式,OA 是一个简单的理念,但实现起来却又很复杂。出版商认为 OA 将使他们经济受损,或至少在某些情况下会降低其运行效率。图书馆担心如果学术机构支持研究人员选择 OA 出版,将减少图书馆的馆藏预算,一些科学家则担心 OA 出版经费将来自其科研资助,或 OA 经费的增加会带来资助额的下降。因此,有必要分析、明确和证实 OA 的影响力,以便各利益方通盘考虑 OA 的利弊,为其决定是否参与 OA 提供参考和决策支持。

3.2.1　OA 对学术交流影响的研究

有学者认为，OA 改变了传统学术交流过程中信息的单向、静态、线性传播状态①，增强了用户对科学信息的控制和选择能力，促进了科学信息的分享、传播利用和知识创新，体现出科学信息交流和利用的本质，有利于保障学术成果的客观性。Sir Karl Popper 认为客观性不是单个科学家群体高度自控的产物，而是由公众控制和批评的结果。OA 出版将论文内容公开，有利于接受各方的批评和审阅，保持对论文评价的客观性②。Munchr 认为 OA 带来学术交流模式的转变，使学术交流系统转向以科学为中心，从而撼动了学术出版的基础，对图书馆馆藏、学科资源的保存和质量控制影响深远③。

有学者对开放存取学术交流系统与传统学术交流系统在系统意义、系统运行模式、论文时效性、论文严谨性、论文影响力、论文版权和用户认知度等方面存在的异同进行分析，探讨了开放存取对科研人员、出版商、图书馆、高校与科技机构、国家科技发展以及其他方面的影响。④

Nicholas Joint 指出，现代研究信息系统（CRIS）中的资助评估机制对研究成果客观评价的需求，在保存传统商业期刊的同时，也极大地促进了 OA 的发展。欧洲大陆研究资金的分配主要基于两个基础：一是申请方提交的资助申请，二是通过科学计量评价系统或质量评估实践，根据各部门和研究机构的科研水平分配资金。不断增长的研究评价的重要性起到了保存商业期刊的作用，巩固了在有声望

① 黄如花，冯晴.论开放存取出版对科学信息交流和利用的影响[J].出版科学，2008(3)：75-78.

② Frohlich Gerhard.Theory of Science Demands Open Access[J]. Information：Wissenschaft & Praxis，2009，60(5)：253-258.

③ Munch Vera. Open Access：Shaking the Basics of Academic Publishing[J]. Online，2011，35(4)：18-21.

④ 李金林，张秋菊，冉伦.开放存取对学术交流系统的影响分析[J].图书馆论坛，2013(3)：13-18.

出版物上发表作品的需求。同时,这种评价环境还要求研究成果尽量可视,更多地接受同行评议,以证实和提高研究质量,OA可被视为一种完美的手段①。所以OA出版和商业期刊在某种程度上是互相兼容,甚至是互补的。

3.2.2 OA对发展中国家影响的研究

由于智力资源的流失和科研资金的相对匮乏,发展中国家在传统的学术研究和学术交流中处于弱势地位,高额的订阅费用阻碍了这些国家的科研人员接近前沿研究成果的机会。促进信息公平,使科研成果惠及最广泛的人群一直是OA运动的基本理念。OA运动提升了学术研究成果的全球传播,对发展中国家的学术出版状况产生了积极影响。

(1)OA提高了发展中国家的学术可见度和影响力

著名的图书情报学学科仓储E-LIS的统计显示,截至2007年12月,其收录的文章中有29%的文章来自发展中国家的作者,而10年前这一数据还很低②。

印度的《研究生医学期刊》自通过国际生物在线传播后,年点击率超过100万次,总提交论文数从2000年的190篇增长到2006年的800多篇,2001年只有10%的作者来自印度以外的国家,而到2003年这一比率达到了38%,实现了传播和作者组成的国际化。

阿根廷、巴西、智利等8国联合成立的科技在线图书馆(Scientific Electronic Library Online,SciELO),搜集整理了来自这些国家的450多种期刊和13万篇文章,在网络上提供开放存取,有力地提高了这些国家的学术可见度和影响力。SciELO在巴西和智利的网站,在

① Nicholas Joint.Current Research Information Systems,Open Access Repositories and Libraries: Antaeus[J]. Library Review,2008,57(8):570-575.

② Santillan-Aldana Julio.The Open Access Movement and the Library World Seen from the Experience of the E-lis Project[J]. OCLC Systems & Services: International Digital Library Perspectives,2009,25(2): 135-147.

2007 年第一季度平均每月分别被访问 880 万次和 210 万次①。一些期刊还被 SCI 索引,扩大了本地研究成果的传播,提高了发展中国家的科学影响力。

Dennis 对尼日利亚医学出版的研究也显示出 OA 的积极效应。在 OA 推广之前,尼日利亚的医学期刊几近灭绝,名义上有 28 种医学期刊,但在该国却很少有机构订阅,在由高级科学出版国际网运作的非洲期刊在线(AJOL)和由 WHO 与非洲健康信息和图书馆联盟(AHILA)合作建立的非洲医学索引(AIM)项目的推动下,该国许多期刊因此拥有了网站,增加了网络利用,来自尼日利亚之外的作者和同行评议者的数量不断增长②。

(2)发展中国家利用 OA 资源的困境

在不平等的世界中,OA 计划寻求为全球提供公平获取知识和信息的机会,使发展中国家的研究者能够获得更丰富的资源,但这些国家对 OA 资源的利用并非一帆风顺,许多发展中国家在利用 OA 资源、参与 OA 出版的过程中仍面临着众多现实问题。

①语言障碍。

Assimina 等指出 OA 仅是英语国家研究者的特权,其他国家研究者在公布其研究方面有着不可名状的劣势③。Christiane 详细调查了在线电子学位论文(ETDS)的语种,发现即使在技术上开放存取 ETDS 全文已不困难,但并不意味着所有人都能免费使用这些资源,因为语言障碍依然存在④。

---

① Kuchma Iryna. Open Access, Equity, and Strong Economy in Developing and Transition Countries: Policy Perspective[J]. Serials Review, 2008, 34(1): 13-20.

② Dennis Alasia Datonye. The Impact of the Open Access Movement on Medical Based Scholarly Publishing in Nigeria[J/OL]. [2016-06-18]. First Monday, 2007, 12(10).

③ Assimina Vlachaki, Urquhart Christine. Use of Open Access Journals in Biomedicine in Greece[J]. Library Management, 2010, 31(1-2): 19-26.

④ Stock Christiane. Open Access to Full Text and ETDs in Europe: Improving Accessibility Through the Choice of Language?[J]. The Grey Journal, 2008, 4(2): 73-82.

②研究资助障碍。

发展中国家的科研项目的资助主要来源于政府预算，由于经费有限，限制了科学研究的发展和科研成果的产量。此外，OAJ 需要作者支付文章处理费用，这也对发展中国家的学者参与 OA 出版造成阻碍。

③数字鸿沟障碍。

根据 Adomi 等 2003 年对发展中国家的调查，由于高昂的接入费用和较差的通信基础设施，网络接入问题在发展中国家普遍存在，高等教育机构的学生在学校和家中接触网络的机会很有限。发达国家和发展中国家间的信息鸿沟对后者的 OA 计划有着消极影响，限制了对已有 OA 资源的获取利用和这些国家 OA 实践的开展①。

Dennis 等不无担忧地指出有必要审视 OA 在尼日利亚和其他发展中国家的发展是否能够持续，因为新技术在从发达国家向发展中国家转移时，缺乏必要的基础设施来维持和利用这些技术，也没有很好地评估这些技术是否满足发展中国家的特定需求。尼日利亚期刊数字化能力不足，所需的基础设施和资助尚未能满足②。

④ 对 OA 资源的认知障碍。

发展中国家发展 OA 计划面临的另一关键障碍就是科研人员对 OA 的误解和忽视。Papin-Ramcharan 等于 2006 年对拉丁美洲特立尼达岛 West Indies 大学的工程教员的调查发现，在参与调查的 79 名教员中，18 人关注 OAJ，6 人知道数字存档或仓储，仅有 2 人有在 OAJ 上出版的经验，没有人自存档自己的文章③。另有研究表明，除了技术因素之外，国家间的文化差异在 OA 发展的过程中也扮演着

---

① Gideon Emcee Christian. Open Access Initiative and the Developing World[J]. African Journal of Library, Archives & Information Science, 2008, 18(1): 1-10.

② Dennis Alasia Datonye. The Impact of the Open Access Movement on Medical Based Scholarly Publishing in Nigeria[J/OL]. First Monday, 2007, 12(10).

③ Papin-Ramcharan, Jennifer I., Richard A., etc. Open Access Publishing: A Developing Country View[J/OL]. First Monday, 2006, 11(6).

重要角色①。

所以从理论上讲，发展中国家的研究者是 OA 运动的主要受益者，理应比发达国家的作者对 OA 有更积极的感知和参与热情。但由于客观条件的限制和主观"刻板印象"等认知偏差的制约，这种积极效应并不明显。Frandsen 利用计量方法分析发展中国家研究人员对 OA 的利用显示，OAJ 的作者组成与传统的订阅获取期刊相比，并无显著差别，而且发展中国家的作者引用 OAJ 的频次并不比发达国家的作者高②。Norris Michael 等通过对生物、应用数学、社会学和经济学等学科 OA 文章的第一作者所属机构分析也发现，北美是最大的来源地，北美学者提供的 OA 文章在所有被调查学科中占 54.19%，欧洲占 23.68%③。

3.2.3　OA 对图书馆影响的研究

(1) 图书馆参与 OA 的理性分析

长期以来，对图书馆参与 OA 动因分析的研究多停留在客观表象层面，从图书馆在信息交流中的作用和学术期刊危机的紧迫性等显性角度入手，直观地寻找图书馆参与 OA 运动的理由，而缺乏宏观层面上的深入解析。随着 OA 运动的发展和深化，学者们开始以更加宽广的视野、多维的角度来深入思考图书馆和 OA 之间的关联。Ajit Pyati 用批判理论审视 OA 的出现和发展，从政治经济学、社会学、文化论、哲学、人类学和历史等多学科角度审视学术交流危机，将其放在技术资本扩张和信息商品化的大环境中考察，有意识地将 OA 与图书馆面临的诸多信息获取障碍相关联，为图书馆在社会民

① Xia Jingfeng. Diffusionism and Open Access [J].Journal of Documentation, 2012, 68: 72-99.

② Frandsen Tove Faber. Attracted to Open Access Journals: A Bibliometric Author Analysis in the Field of Biology[J]. Journal of Documentation, 2009, 65(1): 58-82.

③ Norris Michael, Charles Oppenheim, Fytto Rowland. Finding Open Access Articles Using Google, Google Scholar, OAISter and OpenDOAR[J]. Online Information Review, 2008, 32(6): 709-715.

主化过程中开辟了新的空间。同时,还促使图书馆不断审视自己在推进信息民主中的作用①。

(2)OA 对图书馆员的影响

Ghosh 认为,OA 运动扩大了图书馆传统的维护和保存人类记忆的职责,今天的图书馆正被塑造为知识生产和交流过程中的主动合作者与参与者。OA 情境中图书馆职能的变化赋予了图书馆员新的使命,对其专业技能和理念提出了更高的要求,现今的图书馆员被期待为研究者、规划者、管理者、评估员、团队成员、解决问题的人、电子资源专家,综合而言,是一个多才多艺的领导者②。

关于 OA 环境中图书馆员的职责,目前学者们提出了以下观点:

①通过多种途径向所在机构的科研人员宣传 OA。

Kristi 等人的调查表明,科研人员对 OA 的态度受所属机构是否参与 OA 实践、开展相关教育的影响③。佛罗里达州立大学的图书馆员通过与研究人员的邮件交流和面对面交谈,宣传 OA 能保障其研究成果的长期保存、具有增加研究成果获取潜力的优势,该校的一些教员已开始愿意将自己的文献标引元数据后存储在机构仓储中。这些教员还向同事介绍 OA 的优势,越来越多的教员参与机构仓储建设,存储资源的范围不断扩展④。

②证实 OA 的引用优势,充当科研人员的 OA 出版顾问。

Cochrane 等在澳大利亚昆士兰大学开展的教员参与机构仓储建设态度的个案研究表明,人们对机构知识库的建设怀有疑虑,主

---

① Ajit Pyati.A Critical Theory of Open Access Libraries and Electronic Publishing[J/OL].First Monday,2007,12(10-1).

② Ghosh Maitrayee. Information Professionals in the Open Access Era: The Competencies,Challenges and New Roles[J]. Information Development,2009,25(1):33-42.

③ Kristi L. Palmer, Emily Dill, Charlene Christie. Where There's a Will There's a Way? Survey of Academic Librarian Attitudes About Open Access[J]. College & Research Libraries,2009(7):315-335.

④ Smith Plato L. Where IR You? Using "Open Access" to Extend the Reach and Richness of Faculty Research within a University[J]. OCLC Systems & Services: International Digital Library Perspectives,2008,24(3):174-184.

要集中在对引用优势的怀疑和知识产权问题的担忧[①]。所以图书馆员应通过收集OA资源的引用数据，及时向科研人员证实OA的引用优势，了解与OA资源相关的法律问题，帮助教员和研究者解决学术出版过程中对版权问题的疑惑，明晰作者的权利，提供标准的出版商版权转让协议，担任员工的出版顾问，消除他们对版权的担心和疑虑。为了促进研究人员积极参与OA出版，麻省理工学院图书馆专门设立了学术出版顾问，帮助员工解决OA出版过程中的版权疑虑。

③制定OA资源长期保存的政策和标准。

黄如花等认为，为了促进OA运动的持续发展，充分发挥OA资源的学术价值，图书馆员应该制定机构OA资源的长期保存政策，明确长期保存的目标，设置数字资源版本与内容的搜集和选择标准、确定保存责任与权利、评估保存技术与费用以及评价选择元数据方案，关注资源保存的时限、资源的长期可获得性和可读性、数据更改、原始数据和被撤销数据的保存等问题，确保OA资源长期保存活动的有效开展[②]。

④参与OA资源的组织管理。

2007年Anna对123个ARL成员馆进行的OA资源利用调查表明，大部分成员馆已开始关注OA资源的组织和建设，86%的成员馆从联机计算机图书馆中心（Online Computer Library Center，OCLC）下载OA资源的编目记录、69%的成员馆开展原始编目工作、56%的成员馆从其他的第三方机构获得OA资源的编目数据，有的成员馆每月花费在OA资源编目上的时间长达100至120小时，部分成员馆整合了开放存取期刊名录（DOAJ）的所有期刊[③]。

Cryer等人指出OA运动将从根本上改变图书馆，图书馆员应该

---

① Cochrane T., Callan P. Making a Difference: Implementing the Eprints Mandate at QUT[J].International Digital Library Perspective,2007,23(3):262-268.

② 黄如花，胡文琴.开放存取资源长期保存政策的调查与分析[J].图书与情报,2009(5):70-74.

③ Anna K Hood. Open access resources[R/OL]. [2016-06-18].ARL,2007. http://www.arl.org/bm~doc/spec300web.pdf.

在OA的发展中扮演更加积极的作用,熟知政府的资助计划、OA出版模式、机构OA出版基金和政策,这些将有助于期刊预算的合理使用,有助于科研人员获取研究资助①。

(3)OA对图书馆信息资源建设的影响

黄如花等认为,OA运动拓宽了图书馆的馆藏范围,图书馆有必要调整自身的资源建设政策,将开放存取资源的收集和整理作为馆藏资源建设的有机组成部分,并积极开展相关实践②。Saadat等也认为图书馆员应该利用OA资源丰富图书馆的馆藏,减少支出③。

OA的发展使得图书馆的馆藏概念泛化。同时得益于数据动态链接技术和Web2.0等技术的发展,业界开展了一系列融合馆藏资源和OA资源的探索和创新,根据原理和实现方式的不同可分为:

①在图书馆网站建立OA资源列表。

这是最简单的OA资源整合形式,国内外许多高校图书馆和公共图书馆都已在其网站添加了OA资源的网站链接,并附简要的内容介绍,引导用户使用。加拿大西蒙弗雷泽大学(Simon Fraser University,SFU)图书馆积极促进本校人员对OAJ的发现和利用,选择符合标准的OAJ加入期刊列表和图书馆目录,并将维护OAJ列表的更新作为电子资源管理的一部分。我国大部分"211工程"高校的图书馆主页上都对开放存取资源予以组织和揭示,其中45.8%的高校指明"开放存取"或"免费资源",38.9%的高校将OA资源归入电子或网络数据库中,其余15.7%的高校将OA资源归入推荐学术站点、学科资源门户等其他资源类别④。

---

① Cryer Emma, Collins, Maria. Incorporating Open Access into Libraries[J]. Serials Review, 2011, 37(2): 103-107.

② 黄如花.利用开放存取资源提升馆藏质量[J].中国图书馆学报,2008(5):26-32.

③ Saadat Rasul, Faslname Ye Ketab. Open Access Journals: Concepts and Application[J]. Library and Information Studies, 2011, 22(1): 126-145.

④ 都蓝,黄如花."211"高校图书馆对OA资源利用的调查与分析[J].图书情报知识,2009(5):58-62.

②通过情境敏感链接,动态整合社会性资源。

利用SFX和Openurl协议,实现联机公共目录查询系统(Online Public Access Catalogue,OPAC)的情景敏感功能,将书目数据与数据库资源和网络资源无缝集成。日本实践女子大学选择OPAC作为一个有效获取数字资源的途径,该校OPAC能搜索的数字信息范围不仅包括付费期刊和电子书,还包括OA图书和期刊等免费内容①。

③实现馆内外资源的无缝检索。

按照经优化后的元数据描述标准,通过手工创建、元数据收割或自动抽取等方式,建立网络资源的元数据中央仓储,实现馆内外资源的无缝检索。美国Auraria图书馆将免费图书网站Mbooks的简短MARC记录融入自己的OPAC,利用其丰富的内容优势,弥补图书馆物理馆藏的不足②。

清华大学学术信息资源门户对该校读者可以利用的电子资源进行整体性揭示,包括购买的资源、自建资源、网上免费资源等,实现针对分布的异构电子资源的整合检索和目标信息的无缝连接。

(4)OA对图书馆信息服务的影响

①提供OA出版服务。

第一,提供机构仓储服务。加拿大SFU大学图书馆于2005年建立了机构知识库,以标准的文件格式、遵循OAI-PMH等协议加工整理资源,促进资源的网络利用,提高本校科研成果的可视度和影响。从2009年开始,该馆还安排专门的馆员管理机构知识库,为愿意将资源保存在知识库中的作者提供帮助③。美国佛罗里达

① Ito Tamio. The Electronic Resources Search Using Open Access Contents: The Opac and Multi-search Provided by Jissen Women's University Library[J]. Journal of Information Processing and Management, 2008, 51(3): 174-183.

② Beau Jeffrey. Free Books: Loading Brief Marc Records for Open-access Books in an Academic Library Catalog[J]. Cataloging & Classification Quarterly, 2009, 47(5): 452-463.

③ Removing Barriers: Open Access Strategy at the SFU Library [EB/OL]. [2016-06-18]. www.lib.sfu.ca/file-newest/8537/OA%20Support%20Final.pdf.

州立大学的数字图书馆员、编目员与该校人类学研究者成功合作建立了保存历史图片的OA仓储,其中数字图书馆员和编目员负责为资源提供元数据描述,以便仓储资源与OPAC和其他OA资源的整合①。

第二,提供OAJ出版服务。图书馆参与OA出版服务的方式不局限于自建机构知识库,还可以提供OAJ出版服务。图书馆提供的OAJ出版服务一般实行的是与期刊出版方合作的模式,由图书馆负责提供和维护OAJ出版所需的软硬件设施及存储空间,培训相关人员,制定元数据方案等业务标准,而期刊出版方则负责提供OAJ内容的选择、组织、编辑和同行评议等服务。图书情报学知名OAJ《第一个星期一》(*First Monday*)刊载多篇论文介绍了国外图书馆提供OAJ出版服务的实践,包括伊利诺伊大学图书馆的Journals@ UIC服务②,丹麦哥本哈根商学院图书馆的Ejournals@ cbs服务③和澳大利亚国家图书馆的开放网络出版空间服务④。

②提供虚拟研究环境服务。

荷兰乌德勒支大学(Utrecht University)图书馆意识到只扮演OA出版商的角色参与电子期刊的出版是不够的,学术领域要求图书馆提供更多的服务,OA出版只占整个工作流程中的一小部分。在积累了长达7年之久的数字出版、管理大学的数字仓储的经验基础上,该馆最近将精力转向为科学研究领域建立虚拟知识中心和虚拟工作平台,集成OJS系统,支持研究者从萌生想法到最终出版项目成果的

① Smith Plato L.Where IR You? Using "Open Access" to Extend the Reach and Richness of Faculty Research Within a University[J]. OCLC Systems & Services: International Digital Library Perspectives,2008,24(3):174-184.

② Mary M. Case,Nancy R. John. Opening Up Scholarly Information at the University of Illinois at Chicago[J/OL]. First Monday,2007,12(10-1).

③ Mikael K. Elbak,Lars Nondal. The Library as a Mediator for Epublishing a Case on How a Library can Become a Significant Factor in Facilitating Digital Scholarly Communication and Open Access Publishing for Less Web Savvy Journals[J/OL]. First Monday,2007,12(10).

④ Slobodanka Graham. Open Access to Open Publish National Library of Australia[J/OL]. First Monday,2007,12(10).

整个研究计划过程，使研究过程中的不同阶段都能找到相适应的数字环境①。

3.2.4　OA 对出版商影响的研究

OA 为学术出版市场注入了新的活力，影响到出版商的既得利益。许多出版商视 OA 为对自身利益的侵犯，企图借助于科研成果的"公平权利法案"颠覆 OA 出版②。2007 年，传统出版商与 OA 支持者之间在华盛顿展开了一场重要的政治论战，美国出版商协会（The Association of American Publishers，AAP）建立了"科学和医学研究的伙伴"③（Partnership for Research Integrity in Science&Medicine，PRISM）倡议组，认为 OA 没有同行评议、政府强制实行 OA 无异于独裁。ALA 抨击 PRISM 的意图昭然若揭，只是想保存已有的出版传统和出版商的利益。

但随着 OA 理念传播的加深和影响的扩大，逐渐获得政府、科研机构和高校的广泛支持，出版商也表现出更加务实的态度，开始尝试支持 OA。10 所美国和加拿大的大学出版社的主管联合署名发表了《关于自由获取学术期刊文章的立场声明》④，表示支持尽可能广泛地传播学术研究成果；支持科学、技术和医学（STM）领域的期刊论文在出版后 12 个月内提供开放存取；支持完全由政府资助的学术研究成果是公共资源的原则，并同意通过立法加强此原则。

---

① Astrid van Wesenbeeck，Martin van Luijt.Partners in Science ojs，a Collaborative Researchers Workbench and an Open Repository[J/OL]. First Monday，2007，12(10).

② Tokizane Soichi. Open Access — Development of Institutional Repositories[J]. Journal of Information Science and Technology Association，2009，59(5)：231-237.

③ Lewis，David W. Library Budgets，Open Access，and the Future Scholarly Communication：Transformations in Academic Publishing[J]. College & Research Libraries News，2008，69(5)：271-273.

④ Peter Suber.10 University Presses Endorse OA.[EB/OL]. [2016-06-18]. http://www.earlham.edu/~peters/fos/2009/06/10-university-presses-endorse-oa.html.

面对 OA 挑战以及学者们的呼吁,一些出版商积极采用 OA 模式,如 Hindawi,而施普林格、牛津大学等大型出版社则采取了更加谨慎的态度,提供期刊论文的 OA 选择,开展自己的 OA 试验。

施普林格(Springer)最先提供公开获取选择模式,为作者提供公开其期刊文章的机会,作者需支付出版费用,版权不必转让给 Springer。2009 年,Springer 集团合并了第一个全商业化的 OA 出版商生物医学中心(BioMed Central),就文章数量而言,已成为首屈一指的 OA 出版商①。此外,Springer 还与加州大学签订了具有转折意义的 OA 协议,从 2009 年开始,加州大学下属机构的科研人员被 Springer 录用的文章,可以免费使用 Springer 的开放存取选择,无需支付额外费用,所需成本将被计入期刊订阅费用②。SpringerOpen 提供完全型开放存取期刊集合,覆盖所有科研领域,还为作者提供发表开放存取图书的机会,并在社交网络推特(Twitter)建立了网页以扩大宣传。

2006 年,泰勒和弗朗西斯集团(Taylor & Francis Group)开始了自己的 iOpenAccess 计划,作者一次性支付 3100 美元后,可以将其作品免费提供获取。该计划中没有规定文章存储在仓储中的禁期,但作者仍被要求转让版权。

爱思维尔(Elsevier)于 2006 年向作者推出了 OA 选择(Open access options)③,承诺向研究人员提供金色开放存取和绿色开放存取,并建立专门网页介绍这两种选择的存取权、费用与使用方法④。

---

① Murphy John. Acquisition Raises Profile of Open-access Publishing[J]. Research Information,2009(40):9.

② Ferguson,Anthony (Tony) W. Back Talk — Open Access,The Turning Point,and Methadone[J]. Against the Grain,2009,21(1):93-94.

③ Oppenheim,Charles. Electronic Scholarly Publishing and Open Access[J]. Journal of Information Science,2008,34(4):577-590.

④ What are my open access options?[EB/OL]. [2016-06-20].http://www.elsevier.com/about/open-science/open-access.

自然出版集团(Nature Publishing Group,NPG)公开允许为了学术目的使用其所存储的作者手稿,研究者可以利用 PubMed 或其他学术仓储存储的 NPG 期刊开展数据和文本挖掘,以促使进一步的发现。用户可以以学术研究的目的浏览、打印、复制、下载、挖掘 NPG 的资源,但不能用于商业用途①。

3.3　关于 OA 评估的研究

OA 作为一种新的学术交流模式,在其影响力未被证实和为人们所接受之前,必定会引起人们的质疑。Agyei 指出,OA 模式使人们对 OA 论文的质量产生质疑,这是 OA 运动面临的主要挑战之一②。人们普遍质疑 OA 资源的质量,这种质疑往往源于以下原因:一是收入来源的匮乏加上为了追求快速出版,OA 资源往往缺乏严格的同行评议等质量保障措施;二是 OAJ 属于新生事物,尚未获得较高的地位和信誉③;三是 OAJ 的收入来自收取文章处理费用,其多少取决于所收录的文章数量,所以编辑者有时不得不收录质量较低的文章以保证收益。同时,OA 的出现给传统学术交流中各利益方所带来的影响也尚未明晰,现行人才评价标准并未承认 OA 成果,作者对 OA 的支持并不能带来相称的学术和职称回报,因此需要开展 OA 评估研究,建立 OA 资源的质量评价标准和人才评价指标,向作者和用户明确 OA 对学术交流及其职业生涯所带来的影响,证实 OA 资源的质量和引用优势,帮助各方及时了解和评估在 OA 中可能的获益或损失,以作出合理的决策。

---

① Nature Publishing Group Allows Data-and Text-mining on Self-archived Manuscripts,A Press Release from NPG [EB/OL]. [2016-06-18]. http://www.nature.com/press_releases/archiving.html.

② Agyei E. A. O., Pullen C. Open Access Initiative and Its Effect on the Quality of Scholarly Communication Ghana Library Journal[J].2011(21):1-2.

③ Oppenheim Charles.Electronic Scholarly Publishing and Open Access[J]. Journal of Information Science,2008,34(4):577-590.

3.3.1 OAJ 的质量和学术影响力的评估研究

为了回应人们对 OAJ 质量的质疑，证实 OAJ 的引用优势，探析 OAJ 的质量是否有保障，是否在学术上与传统订阅型期刊有着一样的权威性和影响力，国内外许多学者开展了以下三个方面的研究。

(1) 以传统期刊评价思想为基础的评估

作为一种学术出版方式，OAJ 与传统期刊在出版流程、学术交流过程中的功能，作用及学术贡献上有着极大的关联和相似性，所以影响因子、被知名数据库收录的状况等传统期刊的评价方法在一定程度上也同样适用于对 OAJ 的评价。

①以影响因子、质量控制措施和被收录情况为基础的评价。

对 OAJ 的质量保障措施、影响因子和被知名数据库收录情况的调查能较客观地反映 OAJ 的质量控制状况和学术界对 OA 资源质量的评价和认可，进而能够印证 OA 资源的学术影响力。在具体的研究过程中，上述几个指标往往联合使用。

傅蓉和潘琳调查分析了两大开放存取期刊出版商 BMC 和 PLoS 的质量控制机制，认为其严谨的评审机制可以保证开放存取期刊的质量①②。

阎雅娜等调查分析了"网络版乌利希期刊指南"中 OAJ 被 SCI、Medline、CA、BIOSIS、Mathematical Reviews 等重要数据库收录的情况，发现部分期刊被世界著名的摘要和索引数据库收录，其质量在不断提高③。

王学勤、马景娣、刘海霞和刘畅等从引文角度研究工程学、数学、医学、生物学、商业、心理学等多个学科中 OAJ 的学术影响力，发现

① 傅蓉.开放存取期刊及其影响分析[J].图书馆论坛，2007，27(4)：122-125.

② 潘琳.开放存取期刊的来源、分布与质量分析研究[J].山东图书馆季刊，2006(2)：104-108.

③ 阎雅娜，聂兰渤.利用网络版乌利希期刊指南分析 OA 期刊[J].现代情报，2007，10(10)：170-172.

近年来 OAJ 的被引用率和影响因子在不断提高，有些已经超过传统期刊，多数学科的高端期刊中至少有一种是 OAJ①②③④。

Xia Jingfeng 计算了图书情报领域 OAJ 的 H 指数（Hindex），以评价 OA 运动对学术交流的促进作用，发现 OAJ 的质量并不差，一些 OAJ 已经取得与传统印刷型期刊相同的影响力⑤。

②以文献引文特征和形式特征为基础的 OA 资源评估。

在传统的资源评价过程中，出版社的知名度、引文的权威性是衡量资源价值的重要参考，同样在 OA 资源的评估中，资源的隶属机构、来源领域和引文质量等特征也关乎资源的质量。基于文献引文特征和形式特征的 OA 资源评估主要通过搜集统计 OA 资源的顶级域名、所属机构、作者模式、地区分布、引文的类型及来源等特征信息，来分析 OA 的发展情况、所属机构和引文的权威性及学术性，从而辅助证实 OA 资源的质量和学术影响力。或许是出于自身的职业敏感、专业优势及对 OA 的关注和重视，图书情报领域的学者尤其热衷于 OA 文献特征的计量研究。

Mukherjee⑥⑦⑧ 选择了图情领域在 2000—2004 年间不间断出版的 17 种 OAJ，通过分析作者模式、所属机构、国别、主题、语言、顶

① 王学勤，韩仰东.开放访问期刊学术影响力的分析与评价［J］.现代情报，2006，8（8）：33-36.

② 马景娣.社会科学开放访问期刊及其学术影响力研究［J］.情报资料工作，2005（2）：47-49.

③ 刘海霞，方平，胡德华.开放存取期刊的质量评价研究［J］.图书馆杂志，2006（25）：23-27.

④ 刘畅.开放存取期刊的影响力分析［J］.图书档工作，2008，52（12）：9-12.

⑤ Xia Jingfeng. Positioning Open Access Journals in a LIS Journal Ranking［J］.College & Research Libraries，2012，73（2）：134-145.

⑥ Mukherjee Bhaskar.Scholarly Research in Lis Open Access Electronic Journals：A Bibliometric Study［J］. Scientometrics，2009，80（1）：167-194.

⑦ Mukherjee Bhaskar.Open Access Scholarly Publishing in Library and Information Science［J］.Annals of Library and Information Studies，2008，55（3）：212-223.

⑧ Mukherjee Bhaskar. The Hyperlinking Pattern of Open-access Journals in Library and Information Science：A Cited Citing Reference Study［J］. Library & Information Science Research，2009，31（2）：113-125.

级域名、时间,引文语种、格式和来源等内容,考察图情领域电子期刊的发展现状和趋势,为 OA 资源质量的评估提供参考。分析显示:2000—2004 年间,图情领域共发表了 1636 篇 OA 文章,年平均增长 23.75 篇;团体研究还未普遍,男性作者居多,来自发达国家学术机构的作者对 OA 更感兴趣;英语是美国学术出版的主流语言,大部分 OAJ 起源于学术组织领域;图情领域 90.1%的 OA 论文有引文,不同文章间的引文在语种、顶级域名和文件格式上差别不大,但引用来源区别较大,引文较少的文章一般引用学术性较低的网页等资源,而引文量大的文章一般引用诸如期刊文章之类的学术性资源。

Kousha Kayvan 从 8 个学科的 545 个 OA 引用源中抽取了文献格式、超链接、网络域名、语言和出版年 5 个特征进行分析,发现 60%的 OA 引用源指向 PDF 格式的研究性文献,30%的引用源指向以 edu 和 ac 为顶级域名的学术领域资源,70%的引文是非超链接资源。OA 文献的引文中,英语资源、PDF 文献和非超链接引用占主导①。

(2)以 OA 资源引用优势分析为基础的评估

OAJ 的价值和引用优势多年来一直是图书馆界和出版界争论的热点话题。借助于传统的文献计量分析发展而来的网络引用统计是评价文章价值的有效方法,此类研究通常通过引文数据库或搜索引擎搜集数据,早期对 OA 文章影响力的研究倾向于使用 WOK(Web of Knowledge),但这种方法在数据范围上有一定的局限性,只提供期刊的引用数据。2004 年以来,人们开始使用 AltaVista 和 Google 等商用搜索引擎搜集不同模式的引用数据,证实不同学科中的 OA 引用优势,研究结果可谓喜忧参半。由于受"学科文化"和研究人员对 OA 文章质量观念的影响,不同学科表现出的引用优势差别较大,硬科学比软科学对 OA 的引用更多。

Devon 等通过对文章级别的分析来探索医学领域 OAJ 的引用优

① Kousha Kayvan. Characteristics of Open Access Scholarly Publishing: A Multidisciplinary Study[J]. Aslib Proceedings: New Information Perspectives, 2009, 61(4):394-406.

势,对比来自同一期刊上的OA和非OA文章的引用率,发现OAJ比非OAJ的被引率高29%,有60%的文章至少被引用一次以上①;Steve分析了计算机科学和相关学科领域的119924篇会议论文的被引情况,结果显示出文章的被引次数与文章是否可在线获取的概率呈明显的相关关系。在计算机科学领域引用率越高、越新的文章就越有可能通过在线获取。离线文章的平均被引次数为2.74,在线文章则达到7.03,增长了157%②。

但更多的调查显示学科间的OA引用优势差异明显。Moed统计分析了ArXiv中激光类期刊的引用影响,发现总体而言并未显示出OA的引用优势③。ArXiv加速引用是因为其加速了文章的传播。Frandsen等分析了生物学、数学和药理学这3个学科中的OAJ和非OAJ引文对OA的认可程度,发现生物学的OAJ显示出OA包含,而非OAJ显示出OA中立;药学领域OAJ和非OAJ都显示出OA排斥;在数学领域,非OAJ显示出OA包含,而OAJ显示出OA中立,即使在OAJ的作者群中,人们对OAJ的认可和期望也不一致④。胡德华对2001—2005年SCIE中收录的9个学科领域596种OAJ的引用指标进行统计分析,发现OAJ的质量总体上处于中等偏上水平,但是存在学科差异。医学、生命科学、数学与统计学三个学科OAJ的平均影响因子和即年指数均显著高于非OAJ,而化学化工与材料科学、地理与环境科学、物理与天文学三个学科OAJ

---

① Devon Greyson, Steven Morgan, Gillian Hanley, et al. Open Access Archiving and Article Citations within Health Services and Policy Research[J]. Journal of the Canadian Health Libraries Association, 2009, 30(2): 51-58.

② Steve Lawrence. Free Online Availability Substantially Increases a Paper's Impact[J/OL]. [2016-06-18]. Nature, 2001(5). http://www.nature.com/nature/journal/v411/n6837/full/411521a0.html.

③ Moed Henk F. The Effect of "Open Access" on Citation Impact: An Analysis of Arxiv's Condensed Matter Section[J]. Journal of the American Society for Information Science and Technology, 2007, 58(13): 2047-2054.

④ Frandsen Tove Faber. The Integration of Open Access Journals in the Scholarly Communication System: Three Science Fields[J]. Information Processing and Management, 2009, 45(1): 131-141.

的平均影响因子和即年指数则明显低于非 OAJ，工程与技术、农业与食品科学、人文与社会科学三个学科 OAJ 与非 OAJ 的影响因子和即年指数相差不大①。

(3)兼顾传统评价和 OAJ 网络特征的综合评估

OAJ 与传统期刊既有一定的关联，但也各具特色。OA 资源依赖于网络而存在，是一种数字资源系统，用户对资源的评价和感知不仅取决于资源的内容质量，而且还受系统的检索性能、页面组织的易用性、网络速度等因素的影响，因此在评价过程中需结合 OAJ 的网络和系统因素，创新 OAJ 的评价研究方法。目前这方面的研究还比较薄弱，仅有一些学者提出了评价指标框架的设想，并未实际开展评估工作。

方卿等从总被引频次、影响因子和即年指标三个不同视角对开放存取期刊的学术质量评价开展研究，发表了系列论文②③④。

张红芹等注意到 OAJ 与传统期刊的关联和差别，借鉴传统期刊评价指标方法，结合 OAJ 的网络传播特点，指出 OAJ 的评价指标体系应该结合布拉德福定律、被索引数据库收录的情况、引文分析法、论文质量控制措施、网络性能测试和下载影响因子⑤。

陶雯等就同行评议法、引文分析法、网络计量学方法以及综合评价法应用于 OAJ 的质量评价的可行性和局限性进行了探讨，认为应该制定具有传统印刷型期刊和电子期刊双重属性的 OAJ 综合评价法，提出可以结合层次分析法和主成分分析法对 OAJ 质量进行综合评价，建立综合评价指标⑥。Liwen 认为 OAJ 是一种网络数字出版，

---

① 胡德华.开放存取期刊质量的学科差异与动态变化研究[J].图书情报工作，2009(2)：144-147.

② 方卿，王珏.开放存取期刊学术质量评价(一)——基于总被引频次视角的分析[J].出版科学，2011(6)：67-70.

③ 王珏，方卿.开放存取期刊学术质量评价(二)——基于影响因子视角的分析[J].出版科学，2011(6)：70-74.

④ 王珏，方卿.开放存取期刊学术质量评价(三)——基于即年指标视角的分析[J].出版科学，2011(6)：74-78.

⑤ 张红芹，黄水清.OA 期刊质量评价指标体系初探[J].情报杂志，2007(3)：124-126.

⑥ 陶雯，胡德华，曲艳吉.开放存取期刊质量评价方法研究[J].图书情报工作，2006(10)：72-75.

有必要采用新的评价方法，并提出了包含点击量、下载量、链接量和引文指标等的评价指标构想①。

叶继元、陈铭以“中国科技论文在线优秀期刊”为例，分析了该系统评估指标体系的优缺点，从“全评价”体系的理论入手，分析了全评价体系在开放存取期刊质量评价上的应用，并从开放存取期刊的评价主体、评价客体、评价目的、评价标准、评价指标、评价方法和评价制度等方面，构建了以形式评价、内容评价和效用评价为指标内容的开存放取期刊质量评价体系。②

3.3.2　OA 知识库的评估研究

在传统图书馆信息资源评价体系中，对出版商自身软硬件设施水平、人员状况和规章制度的评估，是考量资源质量的重要参考指标。在 OA 评价过程中，也存在类似的情况，需要对 OA 知识库的运行状况、人员配备、隶属机构、相关政策是否完备等进行调查，以确定 OA 知识库的质量和可持续性，总结已有实践中的成功经验，发现运行中尚存在急需解决的问题。

Bhat 从 OpenDOAR 中选取了 9 个计算机科学和 IT 领域的 OA 知识库进行评估，向其管理人员发送邮件确认资源、内容管理政策、保存策略、权利管理、广告、服务、反馈和知识库的统计情况。结果揭示：大部分 OA 知识库由 1～2 个员工兼职维护，最普遍的平台是 Eprint；大部分机构知识库有内容选择和文献提交政策，有允许作者撤销内容的规定；尽管有短期内容备份条款，但知识库仍缺乏长期保存策略；作者负责保证机构知识库中文章的版权问题，图书馆或相关部门负责资源的宣传和利用，许多知识库有用户反馈条款，一些知识库还提供了获取统计功能。在此基础上，作者从政策、长期保存、员

---

① Liwen Vaughan, Debora Shaw. Web Citation Data for Impact Assessment: A Comparison of Four Science Disciplines[J]. Journal of the American Society for Information Science and Technology, 2005, 56(10): 1075-1087.

② 叶继元，陈铭. 开放存取期刊学术质量“全评价”体系研究——以“中国科技论文在线优秀期刊”为例[J]. 图书与情报, 2013(2): 81-87.

工职责和 OA 存储系统的角度提出了建立和管理 OA 知识库的建议①。Aguillo 从网络展现力、网络影响力和使用率设计了 OA 知识库的评价指标,并对全球范围内的 592 个 OA 知识库进行排名②。

3.3.3 OA 效果的大规模评估研究

OA 通过对学术交流的变革影响着整个科学研究和学术生态,也潜在调整着各利益方的利益格局,所以对大范围采用 OA 的效果评估一直是人们关注的焦点。目前最具影响的当推欧洲委员会资助启动的出版和欧洲研究生态(Publishing and the Ecology of European Research,PEER)项目。该项目由出版商、存储方和研究团体共同参与,准备收集近 300 份同行评议期刊的近 5 万篇文章的内容③,研究大规模 OA 存储作者第二阶段(Stage Two)手稿的效果,探讨大规模开放存储研究成果将如何影响期刊的生存,这种大规模的存储是否增加了获取途径,是否影响广泛意义上的欧洲研究生态,分析作者和读者利用 OA 知识库和出版商网站的行为,对比研究出版商协助存储和多种模式的作者自存档的经济性,培养学术研究和学术出版中各利益方之间的信任和相互理解,最终促进对大规模开放存储效果的理解④。

3.3.4 OA 质量的评价方法研究

现有文献中对 OA 的评价多基于引文评价角度,通过对比 OAJ

---

① Bhat Mohammad Hanief.Open Access Repositories in Computer Science and Information Technology: An Evaluation[J]. IFLA Journal,2009,35(3):243-257.

② Aguillo Isidro F., Ortega Jose L., Fernandez Mario, etc. Indicators for a Webometric Ranking of Open Access Repositories[J].Scientometrics,2010,82(3):477-486.

③ Shepherd Peter T.,Wallace Julia M.PEER: A European Project to Monitor the Effects of Widespread Open Access Archiving of Journal Articles[J]. Serials,2009,22(1):19-23.

④ Shepherd,Peter T.International Dateline — Peer: A European Project to Gather Evidence on the Effects of Widespread Open Access Publishing[J]. Against the Grain,2008,20(5):86-88.

与非 OAJ 的影响因子和被引频次等指标，或比较不同国家、不同学科学者对 OA 资源的引用，证实 OA 的质量、学术影响力和对学术交流和信息公平的促进作用。

但 OA 同时也是一种学术信息和出版服务，对服务效果的感知、服务开展的成功与否最终应交由用户来评判。为此，学者们提出了基于信息服务的评价方法和以读者为中心的评价方法，前者如 Joint 认为 OA 知识库也是一种直接的信息服务，所以在考量运行机构 OA 知识库的收益、评价 OA 优势的过程中，图书馆传统的用户评估服务效果的直接统计方法，相对更复杂的引用分析方法而言，同样是一种有效的评估工具①。后者如 Elbeck 等设计的以读者为中心的 OA 资源质量评价方法，利用在线交互技术扩展传统同行评议过程，增加用户的评论意见，融合作者、评论员和读者的反馈，建立电子期刊的动态排名②。Tsakonas 等则借鉴以“用户”为中心的数字图书馆评价方法，从有用性和可使用性的维度来评价 OA 知识库，结果显示系统的易用性将直接影响用户的表现，用户对 OA 知识库的感知和认可程度与其使用频率密切相关③。2014 年，堪萨斯大学（The University of Kansas）图书馆建立了“评价开放存取期刊质量”（Evaluating the Quality of Open Access jourrals）网页。

3.3.5　OA 环境下的科研评价指标体系研究

科研评价是指按照一定的价值导向，对科研人员从事的科学研究工作及在此过程中取得的科研成果与业绩进行的价值评判。国际上现有的科研评价体系中大多还以传统的印刷型文献为主，没有包

① Joint Nicholas.The Antaeus Column：Does the “Open Access” Advantage Exist? A Librarian's Perspective[J].Library Review,2009,58(7):477-481.

② Elbeck Matthew,Mandernach,Jean.Expanding the Value of Scholarly,Open Access E-journals[J]. Library & Information Science Research,2008,30(4): 237-241.

③ Tsakonas Giannis, Papatheodorou, Christos. Exploring Usefulness and Usability in the Evaluation of Open Access Digital Libraries[J]. Information Processing and Management,2008,44(3):1234-1250.

含 OA 资源,在高信誉度期刊上的文章数仍是衡量科学家水准的主要手段,OA 出版只能丰富科学家的发表数量,对优秀科学家而言并不是十分重要。因此为了 OA 的可持续发展,必须建立包含 OA 资源的人员和论文评价系统,证实 OA 资源和非 OA 资源具有同等的学术影响力,保证 OA 资源也能给作者带来职业生涯和学术声誉上的回报。Cho Soo-Ryun 设计了体现 OA 特征的人员和论文评价指标,分为主要因素和次要因素:主要因素是评价文章和作者学术影响力的基本要素,选择将作者或文献的引用和点击两个评价指标结合使用,以评价最新的学术成就,减少因作者研究生涯或作品的出版年限而造成的偏差;次要因素则是控制影响主要因素、减少评价偏差的必备元素。为了检验新开发的评估 OA 文章或作者的指标,作者将该综合指标与先前采用的只考虑引用数的单变量指标进行对比研究,发现新指标在减少评价过程中的时间偏差和增强区分度上存有优势①。

3.4　关于 OA 资源的组织利用研究

信息组织是资源发现和利用的基础,OA 运动蓬勃发展,高质量的 OA 资源不断涌现,但分布式的存在状态难以显现 OA 资源的规模效应,给用户使用带来不便,丰富的 OA 资源对用户而言,实际上并不可见。在这种情势下,对 OA 资源的组织和利用研究显得愈加迫切,有关 OA 资源的集成、获取和信息组织的研究开始进入人们的视野。

3.4.1　OA 资源的整合研究

范亚芳等认为,尽管分布式的开放存取资源迅速增长,但物理上分布存在、类型和检索功能各异的 OA 资源仍给用户的查询带来极

---

① Cho Soo-Ryun. New Evaluation Indexes for Articles and Authors' Academic Achievements Based on Open Access Resources [J]. Scientometrics, 2008, 77(1): 91-112.

大的不便,因此需要开展 OA 资源的整合,根据一定的用户需求,对分布于互联网上的开放存取资源进行收集、筛选、整理、加工、融合、聚类或重组,形成有序高效的信息资源体系①,从而为用户提供多种开放存取资源的统一获取途径,实现开放存取资源的有效传播和利用。

由于互联网上开放存取资源和用户文献利用目的和行为的多样性,OA 资源的整合和聚类方式也多种多样。目前主流的 OA 资源整合方式可分为按学科或专题整合、按资源类型整合和按地区范围整合等类型。

(1)按学科或专题的 OA 资源整合

按学科和专题整合是指根据既定的资源采集政策,或为了满足人们追踪某一社会热点问题的信息需求,搜集整合特定学科或专题的多种类型的 OA 资源,通过建立资源目录,手工或机器自动抽取资源元数据、建立资源索引库等形式呈现给用户使用。加州大学圣地亚哥分校建立了 BioLit 数据库,通过抽取生命科学领域 OA 资源的元数据,整合网络上该学科领域的 OA 资源②。美国微生物学会专门建立人类猪流感网页,集成相关的联邦机构和专业咨询机构的报告及其他指南链接③。国内浙江大学图书馆建立了人文社科类开放存取平台(Social Science Open Access,SSOA),致力于搜集人文社科类的开放访问期刊和 OA 知识库内容,汇聚了近千种人文社科类开放访问期刊以及数十个 OA 知识库,内容涉及法律、管理、教育、经济、历史、人类学、商业、社会科学、图书馆学、心理学等多个学科。

(2)按资源类型的 OA 资源整合

按资源类型整合的方式是指按照资源的类型属性,对各类资源分门别类地加以组织,建立资源列表或中心数据库,OA 资源按类型

① 范亚芳,高中华.开放存取资源整合服务模式研究[J].情报理论与实践,2009(1):66-69.

② Integrating Open Literature and Databases [EB/OL].[2016-06-18].http://biolit.ucsd.edu/doc/index.jsp.

③ ASM Posts Resource Page on Influenza a (H1N1) [EB/OL].[2016-06-18].http://www.asm.org/.

可分为机构知识库、学科知识库、OAJ、个人主页等。目前搜集利用的重点是 OAJ,因为其采用作者付费的出版方式,大多嵌入了同行评议过程,有一定的质量保障,是人们利用的主要资源类型,而且 OAJ 中的资源格式和内容范围较为一致,学术性强,有较完善的元数据标引数据,适合于整合组织。国外一些机构已对 OAJ 进行了整理,如 Hasselt 大学图书馆和 EBSCO 公司合作开发的收录 13000 余种 OAJ 的"开放科学名录"(Open Science Directory)、瑞典隆德大学图书馆开发的收录 3200 余种 OAJ 的开放存取期刊名录(Dierctory of Open Access Journals,DOAJ)等。国内中国教育图书进出口公司也于 2006 年开发了一站式资源检索平台 Socol@ r,收集整理网络上的开放存取期刊,并按照中图法进行分类,提供期刊的浏览和统一检索服务。

(3)按地区范围的 OA 资源整合

大量的 OA 资源以标准各异、分布式的形态存在,使用户对 OA 资源的利用大打折扣。注意到 OA 资源利用过程中的现状和困境,一些国家已经开始采取措施,通过建设统一的 OA 出版平台,成立联合开放存取网络等途径来实现地区范围内 OA 资源的整合。

①提供地区性的统一存储设施。

英国政府建立了全国性的存储设施 Depot①,吸引本国学术机构参与开放存取,共享研究成果,支持 JISC 的 OA 学术交流政策。阿根廷、巴西等 8 国合作建立了科技在线图书馆(Scientific Electronic Library Online,SciELO),为这些国家的期刊提供在线出版平台,搜集整理了这些国家出版的 450 多种期刊,提供在线开放存取利用。

② 建立联合开放存取网络。

建立联合开放存取网络,有利于制定和传播统一的技术和业务标准,便于解决不同系统间的互操作问题,从而便于在资源集成的基础上开展高质量的增值服务,帮助用户综合性地获取全球范围内的 OA 资源。同时,组建 OA 联合网络还有利于合作解决 OA 发展过程中遭遇的版权和技术瓶颈,分享和推广 OA 资源建设中的经验和教训。

---

① Hubbard Bill.Open Access through the Depot[J]. ALISS Quarterly,2007,2(3):23-25.

比如荷兰的高校、科学研究组织和其他研究机构合作建立了科技信息门户——国家学术研究和合作信息系统(National Academic Research and Collaborations Information System,NARCIS),提供对本国高校和科研机构的OA仓储的检索①;德国洪堡大学、哥廷根大学等机构,在德国研究基金会(DFG)支持下,联合启动了OA网络计划,准备虚拟整合所有通过仓储网络和服务标准——DINI数据质量认证标准的OA出版服务②;法国HAL提供了OA存储的统一平台,主要的高等教育学校和研究机构均已签署通用协议,使用HAL存档系统作为保存研究成果的通用平台③;英国联合信息系统委员会(JISC)2007年资助了"数字仓储与档案清单"(Digital Repositories and Archives Inventory,DRAI)项目,旨在整合不同机构开发的服务于英国教学与科研的免费数字资源,为这些资源制作一个完整的XML目录,提供一站式获取通道。

随着OA运动的国际化和OA资源的日益增多,为了整合多个国家的OA资源,规范应用统一的管理模式和技术标准,欧盟IST计划资助为期18个月的DRIVER④计划,以DARE、SHERPA、DINI、CNRS、UGent等欧洲多国的OA中心网为分节点,组织挪威、英国、德国、法国和比利时等5国现有的机构仓储,建立欧洲范围内的虚拟OA网络,测试欧洲研究的知识基础设施,传递科研成果、工作文件和原始数据等资源,实现数据网和知识仓储间的互操作,建立新的全欧洲范围的知识平台,集中向世界展示欧洲研究。

3.4.2 关于OA资源获取方式的研究

网络上大量的OA资源以"信息碎片"的方式分散存在,给用户

---

① About NARCIS [EB/OL].[2016-05-26].http://www.narcis.info/index/tab/darenet/.

② Deutsche Initiative Fur Netzwerk Information [EB/OL].[2016-06-18].http://www.dini.de/projekte/oa-netzwerk/.

③ Digital Repository Infrastruture Vision for European Research-france [EB/OL].[2016-06-18].http://www.driver-support.eu/national/france.html.

④ DRIVER — Digital Repository Infrastructure Vision for European Research [EB/OL].[2016-06-18].http://www.sherpa.ac.uk/projects/driver.html.

使用造成负担,对 OA 资源综合获取方式的研究也逐渐引起人们的重视。现有的 OA 资源获取手段主要有通过集成 OA 资源的联合目录或全文库和通过综合性搜索引擎查找等方式。不同的获取方式各有其特点,联合目录库或全文库中所搜集资源往往集中于固定主题,系统性较强。资源的元数据一般由人工建立或通过元数据收割方式生成,遵循一定的元数据标准和规范,有质量保障,但在搜集资源的广度上不及搜索引擎,而搜索引擎也有检索结果过多、结果的相关性差强人意、需要用户花费大量的时间筛选检索结果等弊端,因此有必要开展不同 OA 资源获取工具效率的比较研究,以具体学科的 OA 文献为获取对象,统计分析各类联合数据库中 OA 资源的覆盖情况,对比分析不同信息获取工具检索 OA 资源的效率,为用户获取利用 OA 资源提供检索工具的选择和获取渠道的引导。

(1)不同 OA 资源获取方式效率的比较研究

Taler 调查了图书情报领域开放存取期刊被文摘和索引工具收录的情况,发现 WorldCat 覆盖了 100%(31 种)的期刊,乌利希期刊指南和 DOAJ 大约收录了 87%的期刊,EBSCO 的 LISTA 数据库包含了 23%的期刊,两大商业数据库 LISA 和 Lib.Lit 仅分别覆盖了 6%和 10%的电子期刊。Google Scholar 对 OA 资源的检索能力优于 DOAJ 和其他商业性数据库,能搜索到 84%的 LIS 开放存取期刊①。

Norris 等以生物学、经济学和社会学的同行评议期刊论文为搜索对象,对比分析了 Google、OAIster 和 OpenDOAR 等信息获取工具发现网络 OA 同行评议期刊的效率。在 967 篇可以在线获取的样本文章中,Google 能发现其中的 76.84% 的文章,OpenDOAR 能发现 11.17%的文章,而 OAIster 能发现 2.38%的文章,显示出搜索引擎在搜索这些学科 OA 资源时效率最高②。Way Doug 发现 Google Scholar

---

① Taler Izabella.LIS Open Access E-journal-Where are You?[J]. Webology, 2008,5(4).

② Norris Michael,Oppenheim Charles,Rowland,etc.Finding Open Access Articles Using Google,Google Scholar,Oaister and Opendoar [J].Online Information Review,2008,32(6):709-715.

是发现图书情报学领域 OAJ 的有效途径①。

Matsubayashi 利用 PubMed 搜集生物医学 2005 年的文章数据，然后用 PubMed、Google、OAIster 查证这些文章的可获取途径，发现大约只有 27%的文章可以在线获取，大部分(72.1%)文章可以从期刊网站上获取，PMC 是生物医学文章的第二大获取源，占 26%，其次是期刊平台或门户网站，占 17.4%。通过自存档获取的比率很小，其中通过作者个人主页获取的只占 4.8%，通过机构仓储获取的占 5.9%②。

(2)不同 OA 资源获取工具检索功能的对比研究

在 OA 资源大量涌现的背景下，OA 资源获取工具的效率不仅取决于其所收录的 OA 资源数量，而且很大程度上受系统检索功能的影响，系统的检索功能越丰富越人性化，可限定条件越多，就越便于用户筛选、过滤信息，提高用户检索时的满足感和自我效能，促进检索效率的提高。冯群等以综合性开放资源搜索引擎 Google Scholar、Scirus 和 OAIster 为研究对象，选取收录的数量、学科范围、资源格式或类型、资料来源、资源的语种、搜索引擎的初高级检索功能、使用偏好、自动纠错功能等指标，详细比较三者的资源来源、检索功能、全文免费获取情况，总结各自的优势和不足，并提出三大开放存取资源搜索引擎需扩大资源的学术性、广泛性和开放性，增强检索功能，使检索界面更加人性化的优化建议③。

3.4.3　OA 资源的组织研究

信息组织是网络资源检索和利用的前提。目前对 OA 信息组织的研究还比较零散，主要侧重于对信息组织工具应用层面的探讨，集中在资源元数据领域，涉及机构仓储元数据质量、元数据分析工具的

① Way Doug. The Open Access Availability of Library and Information Science Literature[J].College & Research Libraries,2010,71(4): 302-309.

② Matsubayashi Mamiko. Status of Open Access in the Biomedical Field in 2005[J].Journal of the Medical Library Association,2009,97(1):4-11.

③ 冯群，朱静，黄如花.开放存取资源搜索引擎的比较与分析[J].图书馆理论与实践,2009(8):18-20.

对比研究、元数据方案和政策的制定及元数据的映射和整合等多个方面,但理论和方法上并没有突破或超越已有的网络信息组织研究范畴和水平。

(1)元数据的质量分析

OA 知识库的元数据质量至关重要,是资源搜索与发现、元数据收割的基础。Jung-ran Park 通过对艺术数字知识库元数据质量的调研,探索知识库元数据质量应该如何被测量和评估并反映在学术出版流程中。他建议采用通用元数据框架来提高知识库的元数据质量①。

(2)元数据分析工具的对比研究

David 等比较了两款同一时期独立开发的元数据分析工具,即 Waikato 大学开发的元数据分析工具(Metadata Analysis Tool, MAT)和新西兰国家图书馆开发的 Kiwi 研究信息服务(Kiwi Research Information Service, KRIS),总结归纳了评价元数据分析工具的标准要求②。

(3)元数据方案的制定和改进研究

Jane 以生物进化研究数据知识库(Dryad)为例,探讨了将生命周期理论用于研究数据的元数据分析可行性,通过对研究数据产生、存储和利用过程的分析,借助于生命周期模型引导知识库元数据框架的制定,以支持数据的共享和重用目标③。

John 等比较了明尼苏达州立大学、约翰霍普金斯大学和伊利诺伊大学香槟分校机构知识库中元数据的创建和管理方法,建议这些

---

① Jung-ran Park. Metadata Quality in Digital Repositories: A Survey of the Current State of the Art[J]. Cataloging Classification, 2009, 3(47): 213-228.

② David M. Nicholas, Gordon W. Paynterb, Chu-Hsiang Chana. Experiences in Deploying Metadata Analysis Tools for Institutional Repositories[J]. Cataloging Classification, 2009, 3(47): 229-248.

③ Jane Greenberg. Theoretical Considerations of Lifecycle Modeling: An Analysis of the Dryad Repository Demonstrating Automatic Metadata Propagation, Inheritance, and Value System Adoption [J]. Cataloging Classification, 2009, 3(47): 380-402.

机构知识库开发者应该支持扩展的元数据方案和权威控制,以更好地解决元数据的描述能力和标准问题①。

(4)元数据政策的制定和应用研究

Jessica 等以科罗拉多州研究图书馆联盟建立的联合数字仓储(ADR)为例,描述了如何为知识库记录制定和应用标准的元数据政策。ADR 中所有的数字对象都被要求采用遵循最低需求的 MODS 和 OAI 都柏林核心元数据标准。为了帮助成员满足这些要求,联盟人员和 ADR 元数据工作组利用 Fedora 存储环境中的工具,开发了一系列可定制的适用于 ADR 资源类型的 XSD 模版②。

(5)元数据的转换和整合研究

Rowan 针对悉尼大学图书馆的知识库中含有许多传统出版类型的资源,以及数据库中许多管理资源集的数据与知识库的都柏林核心元数据方案不一致的问题,分析了本地元数据结构,设想了其与 DC 之间的转换,认为该图书馆应该与研究人员一起合作管理数据③。

(6)元数据的管理研究

OA 资源的元数据管理贯穿于 OA 资源管理的整个生命周期,是对 OA 资源进行科学有效管理的关键,因此为了确保 OA 资源有效的开发、管理与利用,必须加强 OA 资源的元数据管理,明确 OA 资源元数据管理的主体,制定元数据的标准、揭示、使用和版权等管理规则与政策,加强 OA 资源元数据的质量控制,采用支持 OAI-PMH 协议的元数据标准、统一元素集和编码标准、建立各种元数据之间的映射、遵守 Z39.50,SRU 等检索协议,以实现不同资源系统间的互操作④。

---

① John W.Chapman. Repository Metadata: Approaches and Challenges[J]. Cataloging Classification,2009,3(47):309-325.

② Jessica Branco Colati. Describing Digital Objects: A Tale of Compromise [J].Cataloging Classification,2009,3(47):326-369.

③ Rowan Brownlee. Research Data and Repository Metadata: Policy and Technical Issues at the University of Sydney Library[J].Cataloging Classification, 2009,3(47):370-379.

④ 黄如花,刘贵玉.开放存取资源元数据管理的对策[J].情报理论与实践,2009(10):5-8.

3.5 存在问题与研究展望

综上所述,开放存取作为一种新的学术交流理念,对科学信息交流和利用产生了重大影响,促进了科学信息交流与利用,促使学术交流系统向以学术为主导的方向发展。出版商在学术交流中的控制和垄断地位受到挑战,主导力量被不断削弱。但 OA 的发展面临着经济、版权等一系列挑战,面对这些挑战,OA 的实践者和支持者们积极思索和实践,希冀在各种限定和利益关系中为开放存取探寻可行的持续发展之路,结合现实条件演绎出多种实现途径和模式。现有研究在 OA 的经济模式、影响力证实和评估、实现途径的选择和建议、OA 资源的组织和利用等问题上取得了长足进步,但也还存在诸多问题,突出表现在以下几个方面:

3.5.1 缺乏对 OA 经济意义的实证研究

OA 取消或降低了订阅费用,给图书馆提供了大量可资利用的免费资源,理论上将能极大地减少图书馆的资源花费,缓解学术交流危机,扩宽信息来源渠道,丰富图书馆的资源建设内涵。同时,OA 可通过提高科学研究的效率来促进社会信息公平,还具有巨大的社会效益和经济效益的潜力,但目前对上述 OA 资源的理论效益或潜在效益的研究还停留在假设和预估阶段,缺乏对 OA 经济意义的实证研究,已有的研究仅是从理论效益模型上来分析 OA 对图书馆和学术交流的潜在经济意义,缺少实际调研数据的支撑,也未考虑图书馆等机构整理开发 OA 资源所需投入的人力和物力资源,可信度不强。因此,为了证实 OA 的经济价值,吸引更多的机构参与和支持 OA 发展,必须开展 OA 经济意义的实证研究,通过随机抽样方法选择具有代表性的样本进行案例分析,综合考察 OA 环境中图书馆等机构在资源订阅和信息获取上的获益及因整理 OA 资源、支持 OA 发展而产生的其他成本,权衡得失。

3.5.2　缺少通用稳定的 OA 商业模式

现有的 OA 商业模式尽管种类繁多,但总体上并不稳定,各类模式都有一定的适用局限。作者付费模式受制于作者及其机构对 OA 的认知和能否获得 OA 出版资助等因素,总体采用率并不高,而且学科差异显著,生命科学、物理学领域的研究人员选择支持 OA 的比率高于人文社会科学,以牛津大学出版社(OUP)提供的 OA 出版选择实践效果为例,在 2006 年,仅有 7.1%的文章选择支付开放存取费用,其中人文领域占 2.2%,生命科学领域占 11.3%①。广告收入模式在小型 OAJ 中的应用并不普遍,部分原因是由于人员、设施和相关知识的缺乏,部分则由于纯学术化的动机,而且对特殊学科的小型杂志而言,由于学科范围的狭窄和可利用资源的稀缺,未必能引起广告商的兴趣。争取各类型资助则具有更大的不确定性和变动性,资助人往往倾向于选择高信誉度的期刊以保证资助收益,所以许多期刊可能难以找到或缺乏合适的赞助机构,而基金会赞助的获取与基金会的使命和本领域基金会数量息息相关,所以在后续研究中,仍需致力于寻找普适性强的 OA 商业模式和最佳实践,为各类型期刊的 OA 转型提供商业指导和实践案例。

3.5.3　尚未建立合理的 OA 资源评价指标体系

国内外现有的对 OA 资源的评估多是借鉴传统期刊评价方法,从引文角度对比评价 OA 的引用优势和对信息公平的促进作用,评价视角狭窄,虽然有一些学者已经注意到了对 OA 资源的系统功能、页面组织等方面的评估,并提出了相应的指标体系,但未能付诸实践。尽管 OA 资源就内容而言,在学术交流和创新过程中发挥的作用与传统期刊资源有着极大的关联和相似性,但 OA 资源作为一种

---

①　Bjork Bo-Christer, Hedlund Turid. Two Scenarios for How Scholarly Publishers Could Change Their Business Model to Open Access[J/OL]. [2016-06-18]. The Journal of Electronic Publishing, 2009, 12(1). http://quod.lib.umich.edu/cgi/t/text/text-idx?c=jep;view=text;rgn=main;idno=3336451.0012.102.

数字资源系统和新的学术交流方式，不仅具有内容维度，还应具有功能维度、组织维度、服务和利用维度，以及社会效益维度等多维评价视角，所以应该以传统期刊的评价方法为基础，同时兼顾 OA 资源的网络系统特性和社会经济效益，结合用户使用 OA 资源时的感知体验，建立综合性的评价指标体系，更加客观地评价 OA 资源的影响。

从开放存取资源评价涉及的资源类型看，现有研究主要关注开放存取期刊的评价与质量控制，对学科库、机构库、科学数据与开放教育资源质量控制与评价的研究均十分欠缺。

3.5.4 尚未充分证实 OA 资源的引用优势

由于不同学科和不同国家的学者对 OA 质量的肯定和认知不同，同时受制于网络基础设施发展状况，OA 的引用优势在部分学科和发展中国家学者的文献中并不明显，而且关于 OA 引用优势的原因究竟是因为人们对 OA 资源质量的肯定，还是仅因为 OA 加快了学术文献的传播速度也一直存在争议。OA 的引用优势可能与众多因素有关，包括科研人员对 OA 资源的认知态度、OA 资源的时效性和免费传播优势、OA 资源的质量、作者的权威性、网络基础设施的完善程度等在内的诸多因素都有可能影响 OA 资源的被引率。美国康奈尔大学生命科学馆员 Philip 就指出 OA 文章的易复制性及作者期望提高自我声望的动机是其高被引的动因，作者为了满足提升自我形象的需要，往往将有自信的、高质量的论文置于网上公开获取①。所以，一方面，OA 文章是否具有较高引用优势的结论还有待商榷；另一方面，即使在显现 OA 引用优势的学科中，OA 资源的引用优势能否表征其已具有较高的质量和学术影响力也未可知。

3.5.5 缺乏对 OA 存在合理性的宏观深入思考

现有对 OA 合理性的分析大多停留在表象直观层面，仅是从期刊价格危机、学术交流障碍、信息公平等显性角度来证实 OA 存在的

---

① Philip M. Davis. Do Open-access Articles Really have a Greater Research Impact?[J]. College & Research Libraries, 2006(3): 103-105.

合理性和必要性，没有深入挖掘上述现象背后更深层次的社会政治和经济原因，缺乏将OA与社会政治环境、知识经济和信息商品化等宏观因素相关联的综合性研究视角，没能捕捉到学术信息垄断背后的新自由主义、信息商品化和技术决定论等诱因。

关于开放存取资源重用产生的价值与影响的研究还比较薄弱，尤其是在避免重复投入、重复研究、节省馆藏资源费用，产生经济效益的量化研究方面。

3.5.6　OA发展的制度性保障还很欠缺

国际上虽然越来越多的国家政府机构和学术机构积极回应OA运动，签署发表了一系列国际性的协议和宣言，但相关政策的制定还不够，仍有许多国家的政府未能意识到OA对社会公平、科学技术进步和经济发展的促进作用，尚未采取相应措施支持本国OA运动的发展，造成政府职能的缺失。OA理念的接受度虽有较大提升，但仍未广泛普及，同时许多国家的科研评估体系也未将OA资源列入评估范围，对学者而言，积极参与OA运动并不能为其带来职业或现实利益上的回报，客观上也制约了OA的发展。

令人欣慰的是，开放存取政策保障的研究引起了国内外学者们的高度关注。张晓林介绍了英国研究理事会、欧盟委员会、德国科学基金会等国际科研资助机构和教育科研机构支持开放出版的具体政策，认为国际科技界已达成支持公共资金资助学术论文开放出版的共识，提出中国应重点推进公共资助科研论文开放获取，建立经济高效的开放出版支持机制，继续加强支持开放存取，加快推进图书馆文献保障机制转型发展等建议①。杜海洲在对各国和部分国际组织机构指定的开放存取政策进行分析的基础上，提出对我国指定开放存取政策的建议，包括选择和确定指定开放存取政策的机构，指定强制性政策，选择适当的数据库作为国家的科技论文仓储，等等。② 英国

---

① 张晓林.实现开放获取　支撑科技创新——有关国家和机构支持科技期刊开放出版的政策与措施[J].中国科学院院刊，2013(3)：378-385.

② 杜海洲.国际有关开放存取政策及其对我国的启示[J].现代情报，2010(8)：113-118，122.

诺丁汉大学知识产权法教授 Giancarlo 教授对国际上 2014 年以前的开放存取政策进行了述评①。

上述问题还有待今后深入研究、探讨和解决,OA 的发展之路仍任重而道远。

① Giancarlo F. Frosio. Open Access Publishing: a Literature Review. Creative Economy Working Paper, January, 2014: 181-185.

第 4 章　开放存取背景下图书馆的应对之策

开放存取运动的发展带来了丰富的成果，开放存取的数字信息资源数量日益增长、质量也在不断提高。因此，有效地开发可以开放存取的信息资源已成为图书馆发展和社会信息化建设的新契机。对于我国信息化建设来说，数字信息资源的开放存取对促进我国信息资源的开发利用，建设信息资源保障体系，建立节约型社会与创新型国家都具有重要的实践意义。因而对于图书馆来说，OA 运动带来的影响必将是积极的。

可以说，OA 运动对图书馆的理念、技术、资源建设、服务方式及图书馆员素质等多个方面产生了深刻的影响[①]。笔者认为，其影响最直接也最主要的集中体现在图书馆的信息资源建设以及用户服务两个方面。

图书馆在信息资源的开放存取中具有重要作用。它既是开放存取资源的积极推广、管理和使用者，又可成为开放存取资源的建设者。我国内地的信息资源开放存取尚处于起步阶段，OA 期刊较少，如中国高校自然科学学报研究会开通的开放阅读期刊联盟收录的我

① 宫平，杨溢.开放存取环境下我国图书馆发展路径研究[J].图书馆建设，2007(1)：21-24.

国开放存取的大学学报才34种[①]。因此,我国图书馆更应迅速采取行动,促进开放存取运动在我国的发展。

4.1 图书馆有必要积极参与开放存取

4.1.1 图书馆用户服务社会化的需要

在网络环境下,图书馆服务的对象已经远远超出了本馆的范围,而是扩大到全社会,这就对图书馆的馆藏资源提出了更高的要求。任何一个图书馆都不可能、也没有必要购买所有的资源,这就需要图书馆以更开放的眼光,开辟新的信息资源获取渠道。

网上开放存取的信息资源数量庞大,种类繁多,来源广泛。据统计,2006年全世界有100多万篇经同行评审的论文在23000种期刊出版,其中90%的科技和医学(STM)领域的学术期刊可以在线读取[②]。另外,世界很多国家的专利说明书都可以从网上免费下载全文,数以万计的大型数据库、网络版工具书可以免费使用。图书馆若能对这些资源善加利用,就可以大幅增加馆藏资源。

4.1.2 科技文献的价格上涨使图书馆不堪重负

一方面,在传统出版模式下,学术刊物价格飞涨,大学图书馆作为学术期刊的大宗订购者不堪重负。出版商的兼并随着竞争的降低而引起价格攀高,商业出版商每年以两位数的比例肆意提高价格。爱思唯尔(Elsevier)集团刊物价格在1986—2000年期间上涨了226%,而同时期的平均通货膨胀率是62%,其盈利率在32%~35%之间甚至更高,甚至高于微软公司的30%[③]。另据统计,2011年

① 开放阅读期刊联盟[EB/OL].[2016-06-20].http://www.cujs.com/oajs.

② Scientific Publishing in Transition: An Overview of Current Developments [EB/OL].[2016-06-20].http://www.stm-assoc.org/2006_09_01_Scientific_Publishing_in_Transition_White_Paper.pdf.

③ 肖冬梅.版权的争取、让渡、保留及其对公众信息权利的保障——关于学术资源开放存取模式的思考.中国图书馆学报,2006(4):91-94.

Elsevier 的利润为 7. 68 亿英镑，毛利润 20.58 亿英镑，利润率 37.3%，高于苹果公司①。

另一方面，作为消费者的图书馆却处于无可奈何的境地。事实上，许多图书馆已被迫削减其刊物：康奈尔大学 2003 年年底宣布削减 200 多种 Reed Elsevier 出版的刊物；杜克大学削减价值 40 万美元的 Elsevier 刊物。Blackwell 期刊价格指数显示，在 1990—2000 年期间，人文社会科学领域学术期刊的涨幅高达 185.9%，而科技和医学（STM）领域学术期刊的涨幅则分别高达 178.3%和 184.3%。

近年来，面对这种学术交流体系日益失衡的局面，世界上许多一流大学，如康奈尔大学、哈佛大学、北卡罗来纳州立大学、麻省理工学院、加州大学等开始发出共同的声音，对商业巨头的"一揽子"捆绑（Big Deal）销售方式说"不"，他们宣布要回归原来以年度和具体刊物为单位的订购方式②。

2010 年 9 月 1 日，由国家科技图书文献中心、国家图书馆、中国科学院国家科学图书馆、北京大学图书馆等国内 33 家图书馆馆长联合署名发出《致国际出版商的公开信》和《致中国科技文献读者的公开信》。《致国际出版商的公开信》提到：令人非常遗憾的是，最近个别国际期刊出版商，利用自己的垄断性地位，不顾在上一个合同期年度涨价幅度已达百分之十几的事实，提出其全文数据库在下一个合同期（3 年）内每年涨价 14%以上的要求。这个别出版商完全不顾中国还是一个发展中国家、人均 GDP 和人均教育科研投入远远低于国际发达国家人均水平的现实，提出要在 2020 年把中国用户使用其全文数据库的篇均成本提高到欧美发达国家的平均水平。据科学网 2010 年 9 月 6 日的报道，"这个别出版商"其实就是 Elsevier。

在国内高校图书馆使用最广的中国期刊网（中国知网）系列数据库近几年涨价幅度高，很多图书馆不堪重负，已出现停购情况。

---

① 开放获取不是洪水猛兽[EB/OL].[2016-06-20]. http://blog.sciencenet.cn/blog-41174-579952.html.

② 江杭生.开放使用——学术出版界的战争[EB/OL].[2016-06-20].http://oversea.chinalibs.net.

2016年3月31日,北京大学官网贴出中国知网即将停用的通知,引起很多关注和热议。2016年1月,武汉理工大学师生接到了知网停用的通知。武汉理工大学图书馆称,2000年以来CNKI公司对该校的报价,每年价格涨幅都超过10%,特别是2012年涨幅高达24.36%,从2010年到2016年的报价涨幅为132.86%,年平均涨幅为18.98%①。

学术期刊价格的上涨幅度大于图书馆的预算成长幅度,导致一定量的购书经费所能购买的期刊大幅度下降。根据美国研究图书馆协会(ARL)的统计,自1986年以来,学术期刊的收费,以平均8.5%的幅度上涨,图书馆的预算却没有等比例成长。与1986年相比,2004年时,大型学术图书馆的学术期刊订购费用已上涨260%,而购买到的学术期刊数量只增加14%②。同时,作为学术期刊的主要消费者,图书馆则面临着资金缓慢增长甚至是削减的问题。从20世纪80年代起,全世界学术期刊总量已经增倍,图书馆和科研机构却由于上涨的期刊价格和有限的订购经费不得不缩减了6%的期刊订购量。ARL的统计数据还表明,2003年美国研究型图书馆用于购买期刊的费用相对于1986年而言,涨幅高达260%,平均每份期刊在同期的价格涨幅为215%,而面对每年数量不断增加的期刊市场,美国研究型图书馆在2003年订阅的期刊总数只比1986年增加了14%③。

《2010年415所高校图书馆电子资源购置费排行榜》④显示,2010年我国电子资源费用前20名的大学图书馆投入2亿元;投入超过100万元的大学有130家,按照平均500万计算,大约有6.5亿

---

① 北大等多所高校停用知网:图书馆预算难追数据库涨幅[EB/OL].[2016-06-18].http://www.thepaper.com.cn/newsDetail_forward_1453264.

② ARL Statistics[EB/OL].[2016-06-20].http://www.arl.org/bm~doc/arlstat04.pdf.

③ ARL.Monograph & Serial Costs in ARL Libraries1986-2003[2016-06-20].http://www.arl.org/stats/arlstat/.

④ 2010年415所高校图书馆电子资源购置费排行榜[EB/OL].[2016-06-20].http://www.scal.edu.cn/kindeditor/attachment/20110923134431.pdf.

元。如果再统计各种研究机构和地方政府的图书馆，可以说中国的图书馆每年投入的电子资源购买费用达到50亿元以上也绝对不夸张。2011年和2012年的各大学图书馆的电子资源购买费则更多，其中2012年仅清华大学的电子资源采购费用就达到了2000万元以上。

4.1.3 促进本学科的研究

一方面，开放存取是一种新的信息资源生产与获取方式，也是一种重要的信息服务方式，这些与信息有关的图书馆业务的改变不断给图书馆学研究提出新的课题，有助于丰富图书馆学研究的内容。另一方面，随着开放存取运动的不断发展，各个学科可开放获取的资源不断增加，质量也不断提高，为科研人员及时获取本领域最新的信息资源提供了极大的便利。图书情报学领域也是如此，本领域的开放存取仓储主要有以下几个：

图书馆学情报学论文电子印本(E-prints in Library and Information Science，E-LIS)①。ELIS包括预印本(Preprint)和后印本(Postprint)两个部分。截至2015年8月11日，已经收录图书馆学、情报学有关的文档17680篇(含大陆地区作者提交的论文②)。E-LIS由来自世界各国的志愿者组成，目前已经有意大利、西班牙、印度、印度尼西亚、英国、美国等多个国家的志愿者组成编辑队伍。用户可浏览的途径有：按作者或编者(By Author or Editor)、按刊名或书名(By Journal or Book)、按主题(By Subject)、按国家(By Country)、按年份(By Year)和按会议(By Conference)。也可对题名、文摘、关键词和全文进行简单检索与高级检索，并支持RSS订阅最新资源。

信息科学与技术数字图书馆(Digital Library of Information Science and Technology，DLIST)③。这是图书情报学和信息技术领域

---

① E-prints in Library and Information Science [EB/OL].[2015-08-11].http://eprints.rclis.org/.

② E-prints in Library and Information Science [EB/OL].[2015-08-11].http://eprints.rclis.org/.

③ Digital Library of Information Science and Technology [EB/OL].[2016-06-24]. http://arizona.openrepository.com/arizona/handle/10150/105067.

的跨机构的、可开放存取全文的资源库，由美国亚利桑那大学信息资源与图书馆学学院和学习技术中心提供服务。截至 2012 年 6 月 24 日，已经收录图书馆学、情报学有关的文档 1533 篇。

世界顶级信息学院联盟 iSchool 年会 iConference 录用的论文发布在开放存取仓储伊利诺伊学习与学术存取数字环境(Illinois Digital Environment for Access to Learning and Scholarship, IDEALS)中，该年会每年录取比率低于 30%，经过严格的同行评审，反映当前的新研究成果。

4.2 利用重要文件为开发利用开放存取资源寻求依据

如前所述，国际图联 IFLA 是图书馆和信息行业在全球的声音，它积极支持信息资源的开放存取并为此做出了大量的努力，其特别关注的领域有：学术信息的开放存取，发展中国家的信息开放存取，弱势群体信息获取权的保障，数字鸿沟与开放获取，信息审查、信息过滤与排名对互联网信息公共获取带来的阻力，其对信息开放存取的讨论重点已从理论上转移到如何保障与推进信息开放存取的实践。毫无疑问，IFLA 的这些立场与观点对包括中国在内的发展中国家的图书馆十分有利。为此，我们要充分利用 IFLA 提供的有关文件作为我们开发与利用信息资源的指南与依据，重视并积极参与开放存取有关的研究与实践。

前文所述的 IFLA、联合国教科文组织(UNESCO)、国际出版商协会(IPA)等的联合声明均为图书馆利用开放存取资源有利的支撑文件。

4.3 充分发挥各级图书馆协(学)会的作用

《IFLA 因特网宣言》在“宣言的实施”部分指出：IFLA 敦促国家和地区一级的图书馆团体和决策者制定战略、政策和规划，来实施本宣言中所表达的原则。从前文的介绍中可以看到，发达国家图书馆和相关机构或有关机构为开放存取付出了许多努力。可见,开放存取已成为国内外重要图书馆协(学)会十分关注的热点问题之一。有学者倡议,专业的图书馆与信息协会应该行动起来迎接促进开放存取的挑战①。因此,中国图书馆学会和各省(市、自治区)的图书馆协(学)会要发挥其作用。不妨了解和借鉴欧美发达国家图书馆协会对开放存取的活动与贡献。

4.3.1　美国

①美国图书馆协会。

1999年以来,美国图书馆协会(American Library Association,ALA)参考与用户服务分会(Reference and User Services Association,RUSA)机器辅助服务部(MARS)的最佳免费参考网站委员会(Best of Free Reference Web Sites Committee of the Machine-Assisted Reference Section)每年评选出最佳免费参考网站。到2015年,已评选出了数百个免费参考网站②。MARS评选的主要标准有:免费或大部分免费(重要部分和重要量的数据免费存取)、内容的质量与深度、网站信息的有用性与独特性、时效性(经常更新、链接有效)、清楚的表达、适当满足既定受众、提供到其他网站的适当的链接、对细节的注意(如不能有语法错误)、网站的稳定性、便于使用(如易于下载、打印等,易于使用的导航)、提供好的搜索引擎、注重用户服务(如提供正确的、可以联系上的电子邮件地址)和吸引人的版面设计等。制定了免费信息资源的选择标准,且自1999年以来每年评选出最佳免费参考网站。

在2004年3月16日信息自由日这一天,全球48个科学、技术

① Heather Morrison. Professional Library & Information Associations Should Rise to the Challenge of Promoting Open Access and Lead by Example [J/OL]. Library Hi Tech News, 2004, 21(4): 8-10.

② Best Free Reference Web Sites Combined Index, 1999-2015 RUSA Machine-Assisted Reference Section (MARS) [EB/OL]. [2016-06-20]. http://www.ala.org/rusa/sections/mars/marspubs/marsbestindex.

与医学领域(STM)的非营利出版社发表①,公开宣布对开放存取科学文献的主张,鼓励其他出版社跟进。ALA 等 10 个图书馆协会及组织发表声明赞许这些出版社的作为,表示要在开放存取学术文献资源的领域长期合作,开发各种工具,协助出版社建立开放存取的学术文献资源库。

这 10 个图书馆协会及组织是:美国图书馆协会(ALA)、美国大学与研究图书馆协会(ACRL)、美国研究图书馆协会(ARL)、美国医学图书馆协会(Medical Library Association,MLA)、美国法律图书馆协会(American Association of Law Libraries,AALL)、健康科学学术图书馆协会(Association of Academic Health Sciences Libraries)、开放社会研究所(OSI)、公共知识(Public Knowledge)、学术出版与学术资源联盟(SPARC)以及欧洲学术出版与学术资源联盟(SPARC Europe)。

②美国研究图书馆协会。

美国研究图书馆协会(ARL)早在 1992 年 4 月和 12 月就分别赞助召开了第一和第二届"网络环境下的学术出版:非盈利性出版的愿景和机会"座谈会,可谓是 OA 出版的先驱讨论会。2002 年,ARL 提出要"促进支持学习与学术的高质量信息的开放存取"②。同年,网络化信息联盟(Coalition for Networked Information,CNI)执行主任 Clifford A. Lynch 发布了题为《机构库:数字时代重要的学术基础设施》(*Institutional Repositories: Essential Infrastructure for Scholarship in the Digital Age*)的报告③。2004 年 5 月,其学术交流办公室发布的《形成开放存取问题的框架》指出了开放存取的重要性、限制信息存取的障碍、开放存取的概念呼吁开放存取的创始计划、推行开放存取

① Washington D.C. Principles For Free Access to Science: A Statement from Not-for-Profit Publishers [EB/OL]. [2016-06-20].http://www.dcprinciples.org/.

② Peter Suber. Timeline of Open Access Movementm [EB/OL]. [2016-06-20].http://www.earlham.edu/%7Epeters/fos/timeline.htm.

③ Lynch, Clifford A. Institutional Repositories: Essential Infrastructure for Scholarship In The Digital Age[J]. Portal: Libraries and the Academy,2003,3(2):327-336.

的项目实例[①]。2005年ARL编辑出版了《开放存取书目:使用电子印本和开放存取期刊解放学术文献》[②]。2006年7月,ARL发布了对美国机构库建设的实践与计划进行总结的调查报告[③]。

2004年年底,在知识产权保护对图书馆运行构成威胁时,ARL等美国多个图书馆组织发表共同声明,要求世界知识产权组织在2005年年底的发展会议里,将开放存取列入议程。第一个目标就主张"健全且成长中的公共领域是创意、研究及学术的温床",提出两项与开放存取相关的建议:一是政府授权的出版品应该列入公共领域作品,二是因政府资助而出版的作品,应在合理时间内免费公开[④]。

为促进学术资源的开放出版与开放存取,ARL组建了学术出版与学术资源联盟(SPARC)。SPARC建立了开放存取项目网站[⑤]以方便图书馆员、管理人员与其他相关人员及时共享各个大学OA有关项目的信息。SPARC在促进学术文献OA中起了领导作用。北美200多个学术与研究图书馆、欧洲100多个图书馆参与了SPARC。

2015年12月8—9日,ARL在德国柏林组织召开"柏林12开放存取会议"(Berlin 12 Open Access Conference),来自亚洲、欧洲及北美等地区19个国家的96名代表与会,会议旨在将图书馆期刊预算由订阅模式转向文章处理成本(Article Processing Costs,APCS),希

---

① Association of Research Libraries Office of Scholarly Communication. Framing the Issue: Open Access [EB/OL]. [2016-06-20].http://www.arl.org/bm~doc/framing_issue_may04.pdf.

② Charles W. Bailey. Open Access Bibliography: Liberating Scholarly Literature with E-Prints and Open Access Journals [EB/OL]. [2016-06-20].http://www.digital-scholarship.com/oab/oab.htm.

③ Institutional Repositories [EB/OL]. [2016-06-20]. http://www.arl.org/bm~doc/spec292web.pdf.

④ Library Related Principles for the International Development Agenda of the World Intellectual Property Organization [EB/OL]. [2016-06-20]. http://www.arl.org/info/frn/copy/intl/wipoprinciples.html.

⑤ Open Access Programs [EB/OL]. [2016-06-20].https://db.arl.org/oap.

望达成共识。

③ 美国大学与研究图书馆协会。

ALA 的大学与研究图书馆协会(ACRL)理事会于 2003 年 6 月 24 日在 ALA 年会上通过了"改革学术传播的原则及策略"(Principles and Strategies for the Reform of Scholarly Communication),赞成开放存取是解决学术交流危机的策略之一[①]。2004 年 9 月成立学术传播促进会,与图书馆及高等教育机构合作,共同改革学术传播体系,扩大图书馆参与学术传播的范围,提出:以图书馆联盟的方式,强化图书馆议约及购买的能力;图书馆员、教员及行政人员共同努力,建立改革学术传播体系的共识;与其他团体合作,建立全国性的共识,支持可接受的公共政策原则[②]。ACRL 参与了美国国家健康研究院(NIH)的活动,宣布强烈支持美国公众不必支付任何费用即可开放存取联邦政府资助的生物医学研究成果。

2015 年,ACRL 出版长达 288 页的报告《让文字走出来:学术图书馆成为学术出版商》(*Getting the Word Out:Academic Libraries as Scholarly Publishers*),指导学术图书馆如何通过参与学术出版融入开放存取模式。

④ 美国医学图书馆协会。

2003 年 10 月 7 日,美国医学图书馆协会(MLA)发表《开放存取声明》(*Statement on Open Access*),表示支持联邦政府资助的医学科研项目成果的开放存取以及当前的版权法[③]。MLA 已开发其经过同行评审的期刊《美国医学图书馆协会杂志》(*Journal of the Medical Li-*

① ACRL. Principles and Strategies for the Reform of Scholarly Communication [EB/OL]. [2016-06-20]. http://www.ala.org/ala/mgrps/divs/acrl/publications/whitepapers/principlesstrategies.cfm.

② The ACRL Scholarly Communications Initiative: A Progress Report / by Ray English, C&RL News, September 2004, 65(8) [J/OL]. [2016-06-20]. http://www.ala.org/ala/acrl/acrlpubs/crlnews/backissues2004/september04/scholarlycomminitiative.htm.

③ Statement on Open Access [EB/OL]. [2016-06-20]. http://www.mlanet.org/government/info_access/openaccess_statement.html.

brary Association,JMLA),将其 1911 年 7 月出版的第一期《医学图书馆协会通报》(Bulletin of the Medical Library Association)至最新的一期 JMLA 内容放在著名的开放存取项目公共医学中心(PubMed Central,PMC)存档中提供存取。

2015 年 5 月 19 日,MLA 年会的报告“图书馆在开放存取中的角色”(Open Access Roles for the Library)介绍了加州大学旧金山分校图书馆支持开放存取出版、公共访问政策与开放数据存储库的实践。

⑤ 美国专门图书馆协会。

美国专门图书馆协会(Special Libraries Association,SLA)于 2004 年 6 月 5 日发表《对开放存取的声明》,认为开放存取是对科学信息的免费在线获取,并呼吁创作者、出版者和终端用户合作①。

2015 年 6 月 16 日,SLA 举办名为“鼓励你的机构开放:开放教育和开放存取的趋势”(Encouraging Openness at Your Institute:Trends in Open Education and Open Access)的会议,关注图书馆文库的开放教育资源的利用。

此外,美国法律图书馆协会(AALL)等全国性图书馆协会和州图书馆协会或联盟也积极支持开放存取。由俄亥俄州的 84 个大学图书馆与州图书馆组成的俄亥俄图书馆联盟——俄亥俄图书馆与信息网(The Ohio Library and Information Network,OhioLINK)已启动项目支持开放存取出版商公共科学图书馆(PLoS),OhioLINK 对其成员机构的教师与研究人员提供一半的经费,资助他们在 PLoS 的期刊上发表论文。1997 年,美国俄勒冈州图书馆协会(Oregon Library Associations,OLA)决定将其出版的 OLA 季刊(OLA Quarterly)免费上线,而此时,尚没有图书馆协会这样做。同年,美国华盛顿图书馆协会(Washington Library Association,WLA)将其出版的期刊 Alki 放在图书馆网站作为招聘的工具,并在杂志出版的 12 个月后将其全文免费上网。

① Statement Regarding Open Access. [2016-01-06]. http://www.sla.org/content/SLA/advocacy/OpenAccess.cfm.

4.3.2 英国

英国图书情报专业人员同业协会(The Chartered Institute of Library and Information Professionals,CILIP)密切关注国际上关于信息自由获取和知识产权保护等重要领域的国际动向,积极参与WSIS。2005年6月29日发布了关于《智力自由、信息存取与审查的声明》(*Statement on Intellectual Freedom, Access to Information and Censorship*),还签署了《欧洲委员会关于网络化信息自由表达与公共存取指南》(*The Council of Europe Guidelines on Public Access to and Freedom of Expression in Networked Information*)。敦促所有的图书情报工作人员将声明与指南运用于实践,支持对信息不受限制地获取的原则①。

2016年10月26日,CILIP的英国电子信息组拟举办为期一天的培训,其主题为"开放存取,开放数据,开放科学"(Open Access, Open Data, Open Science)。

4.3.3 加拿大

2005年6月,加拿大图书馆协会(CLA)在卡尔加里举行的第60届年会审议通过了有关支持开放存取的决议,正式宣布支持开放获取政策。CLA还于2007年6月29日宣布了将其出版物转变为OA发行方式以及鼓励其会员建立自行典藏②。为促进开放存取,CLA组建了"开放存取任务组"(Task Force on Open Access)。2016年4月,CLA与ARL在温哥华召开合作会议,讨论图书馆期刊预算由订购模式转变为论文处理费用模式的有关问题。

---

① The Council of Europe Guidelines on Public Access to and Freedom of Expression in Networked Information [EB/OL].[2016-06-20]. http://www.cilip.org.uk/professionalguidance/foi/intellfreedom.htm.

② CLA adopts OA for Most of its Own Publications [EB/OL].[2016-06-20]. http://www.earlham.edu/~peters/fos/2007/06/cla-adopts-oa-for-most-of-its-own.html.

4.3.4　澳大利亚

澳大利亚图书馆与信息学会(Australian Library and Information Association,ALIA)于2006年12月11日评选出了澳大利亚开放存取委托托管机构(OA mandates in Australia)来具体实践OA运动,分别是:澳大利亚健康与医疗委员会(National Health and Medical Research Council,NHMRC)、澳大利亚研究理事会(ARC)、昆士兰科技大学、塔斯马尼亚大学计算机学院(University of Tasmania,School of Computing)。其中,前两者是澳大利亚最大的实体研究机构,对澳大利亚的科学发展起到巨大的推动作用[①]。2014年2月24日,ALIA在其网站发布了《开放存取声明》(ALIA *Open Access Statement*)。

4.3.5　意大利

2004年11月5日,在意大利图书馆员和图书馆机构的努力下,有关OA的专题研讨会在莫斯拿大学举行[②]。会上,32位意大利大学校长签署了《莫斯拿宣言》(*Messina Declaration*)表示支持《柏林宣言》,旨在将此作为意大利高校为科学知识传播的广泛性和迅捷性做出贡献的一大里程碑。

4.3.6　图书馆、信息和文献协会欧洲局

图书馆、信息和文献协会欧洲局(European Bureau of Library,Information and Documentation Associations,EBLIDA)于2005年4月开始声援开放存取,发布《为建设有效的欧洲研究的科学出版系统的宣言》(*Statement Towards an Effective Scientific Publishing System for European Research*)。宣言中提到EBLIDA会致力于“提升数字环境

---

① OA mandates in Australia [EB/OL]. [2016-06-20]. http://blisspix.net/2006/12/11/oa-mandates-in-australia/.

② Messina Declaration: Italian Declaration Supporting the Berlin Declaration on Open Access to Knowledge in the Sciences and Humanities [EB/OL]. [2016-06-20]. http://www.aepic.it/conf/viewappendix.php?id=49&ap=1&cf=1.

下用于教育、科研和个人学习的信息资源获取途径的便捷性”“支持科研成果的开放存取理念”“同时支持开放存取的两个实现模式(OA 期刊和自行典藏)”。EBLIDA 坚信开放存取运动对欧洲科研活动来说是一个双赢举措,必将为欧盟创造高效的内外学术交流环境①。

4.3.7 哥伦比亚图书馆协会

2004 年 6 月 19 日,哥伦比亚图书馆协会(British Columbia Library Association,BCLA)采纳了信息政策委员会(Information Policy Committee,IPC)提交的《开放存取决议》(*A Resolution on Open Access*),对开放存取表示支持②。

4.4 利用开放存取资源缓解图书馆的经费紧张

在信息资源日益丰富的条件下,任何一个图书馆都没有能力也不可能收藏所有的信息资源,一方面出版物价格的持续高涨使得图书馆购买能力相对下降,另一方面用户的信息资源需求又不断增加,尤其是随着数字参考服务的发展,图书馆的服务对象已远远超出本馆范围,有的甚至扩大到全球范围。如何利用有限的经费满足用户不断增长的需求是每个图书馆面临的现实问题。不论是向上级部门争取更多经费,还是自建数字资源,抑或是谋求图书馆联盟采购或联合采购,以及通过馆际互借或文献传递利用馆外信息资源,都是图书馆面对挑战的具体措施,但是这些措施都不可避免地受到多种因素的制约。

图书馆尤其是科研院所和高校图书馆信息资源采购的重点之一

① Statement Towards an Effective Scientific Publishing System for European Research [EB/OL]. [2016-06-21]. http://www.sub.uni-goettingen.de/frankfurtgroup/openaccess/eblida.pdf.

② A Resolution on Open Access [EB/OL].[2016-06-21].https://mx2.arl.org/Lists/SPARC-OAForum/Message/811.html.

是电子期刊数据库。但由于近年来学术期刊的订阅费激增以及出版商垄断学术期刊的出版等原因造成了数据库购买和维护价格飞涨，形成投入图书馆的资金增长速度往往赶不上图书馆所需资金的增长速度的尴尬局面。昂贵的使用费用使许多没有条件使用数字资源的用户无法及时接触丰富的科研成果，以致严重阻碍了科研成果的推广应用和科学的发展。这也给旨在为社会公众公平公开地提供信息知识但经费十分有限的图书馆带来很大的压力。

OAJ 出版模式的出现，则为解决这个瓶颈问题提供了可能。OAJ 期刊的出版模式采取“作者付费（机构付费），读者免费”的方式，从一定程度上缓解了“期刊危机”给图书馆带来的压力，能一定程度上减少图书馆信息资源建设的费用，有助于图书馆利用有限的资金，最大限度地满足各类读者的知识需求。随着 OA 运动的不断深入，高质量的 OAJ 将会越来越多，一方面，图书馆如果能充分了解并善于揭示与利用此类资源，则可以节省不少学术期刊及数据库采购经费，提高资金配置的效率。另一方面，当图书馆充分利用 OA 资源并积极投入到 OA 运动到达一定程度时，出版商往往会因为这种新的压力而被迫控制出版价格，从这个层面来看，充分利用 OA 资源对节省图书馆本身的经费使用来说也是有利的。

在这种情况下，开放存取资源的利用可在一定程度上缓和这一供需矛盾。正因如此，IFLA 采访与馆藏建设部关心的主要问题就有“拥有还是存取”和“开放存取运动”等，其《2008—2009 战略规划（Strategic Plan 2008—2009）》和《2012—2015 战略规划（Strategic Plan 2012—2015）》都将开放存取作为关注的重要问题之一。

4.4.1　利用开放存取资源节省采购经费

对图书馆而言，利用开放存取资源最直接的好处便是可节省资源采购经费、缓解经费紧张的困境。例如开放科学名录（Open Science Directory）现收录的 13000 多种 OA 期刊，若以“2004 年自然科学各学科期刊年均订购价”中最低的农业类期刊每种年均订购价

714 美元①(美国国会图书馆的调查结果)的基准计算,仅此一项每年即可为图书馆节省期刊订购费近 928 万美元。有学者曾对 23 种在国内使用较普遍的英文工具书进行调查,发现它们均可在网上找到免费检索的页面,其价值共计 19536 美元②。

若图书馆员在订购某一资源前查找是否可免费获取,可大大节省购书经费。有些收费期刊在免费网站中可以免费看到全文,如 Searcher, U. S. Banker, Administrative Science Quarterly, Popular Psychology Today, American Forests, American Journal of Sports Medicine, ArtForum, Harper's Magazine, Hearing Journal, Macworld, Pediatrics, Saturday Evening Post, Sex Roles: A Journal of Research, The Sporting News 以及 Wines & Vines 等杂志中的全文都可免费从 FindArticles 网站免费阅读③。有学者统计,如果用户只使用免费网站 FindArticles 中 6%的期刊,则每年可节省 2000 美元。

4.4.2 将开放存取资源整合成图书馆虚拟馆藏

图书馆馆藏由实体馆藏和虚拟馆藏构成,将 OA 资源整合成虚拟馆藏中的一部分可实现馆藏数量的迅速增加,包括建立开放存取资源导航,建立专门的开放存取资源检索与服务平台等,详见本书第 11 章。

4.5 将 OA 资源收集与管理作为馆藏发展政策的有机组成部分

4.5.1 扩大包括开放存取资源在内的数字资源的比重

随着网络技术与数字技术的发展,图书馆藏书的结构已经发生

① Lee Van Orsdel, Kathleen Born. Periodicals Price Survey 2004: Closing in on Open Access[J]. Library Journal, 129 (7): 45-50.

② 李静霞,胡永生,黄如花. 图书馆电子信息资源建设[M]. 武汉:武汉出版社,2005:223-224.

③ FindArticles [EB/OL].[2016-06-21].http://www.findarticles.com.

变化，主要表现在：越来越多的信息资源以数字形态存在，数字化的方便、快捷和不受时空限制的特性，使用户对数字资源的依赖性越来越强，数字资源成为学术研究领域最重要的资源类型，美国大学图书馆数字馆藏在图书馆藏书中的比重已大幅提高，ARL 成员图书馆只收藏电子版期刊（E-only）的图书馆的比例从 2002 年的 2% 上升到 2006 年的 37%①。在一定程度上，数字资源的重要性已经超过了传统印本资源，数字资源服务也成为用户评价图书馆工作的重要指标。

美国大学与研究图书馆协会（ACRL）于 2008 年 1 月发表了《2007 年环境扫描》（*Environmental Scan* 2007），这是 ACRL 继 2002 年《学术图书馆面临的主要问题》（*Top Issues Facing Academic Libraries*）和《2003 年环境扫描》（2003 *Environmental Scan*）之后的又一个环境扫描报告。该报告针对未来大学图书馆（员）的变化提出了 10 个设想，并给予排名，其第一条便是“重点将不断转向数字资源”②。

2015 年，ACRL 发布的《环境扫描 2015》（*Environnental Scan* 2015）指出，图书馆要重视数据驱动的采购（Data Driven Acquisition，DDA）、流媒体资源建设、数字权限管理（Digital Rights Management，DRM）和大规模开放在线课程（慕课）资源建设。

OA 资源是建设数字信息资源的最为经济的途径。香港科技大学图书馆的 Samson Soong 认为，“在网络环境下，图书馆以前主要强调‘拥有’的馆藏观念已发生了很大改变，这种观念与实际操作方面的变化仍在进行，远未结束”③。因此，图书馆馆藏观念必须变化，即“拥有”与“存取”都是图书馆馆藏建设的重要模式，在某种程度上

① Chandra Prabha. Shifting from Print to Electronic Journals in ARL University Libraries[J/OL]. Serials Review, 2007, 33(1): 4—13[2016-06-21]. http://www.sciencedirect.com/science/article/pii/S0098791306001717.

② ACRL Research Committee. Environmental Scan 2007 [EB/OL]. [2016-06-21].http://www.acrl.org/ala/acrl/acrlpubs/whitepapers/Environmental_Scan_2.pdf.

③ Samson Soong. Collection Development and Management in a Digital Environment: the Case of HKUST [EB/OL].[2016-06-21].http:// repository.ust.hk/dspace/bitstream/1783.1/2828/2/Hangzhou2007.22.ppt.

讲,对信息资源的开放存取甚至更为重要,对经费紧张的图书馆更是如此。

OA资源作为一种新型的网络学术信息资源,在学术信息交流中发挥着越来越重要的作用。由瑞典隆德大学图书馆创建和维护的开放存取期刊名录DOAJ是最具影响的OA期刊目录,旨在覆盖所有学科、所有语种经过同行评议的高质量的开放存取期刊。笔者曾在2007年8月29日检索过该名录,名录显示共收录了2817种OA期刊,其中869种可进行文章检索,论文总量达到144481篇。而笔者于2012年6月2日再次进行检索时,发现该名录收录期刊已达7827种,不到5年时间,增幅颇大。截至2015年8月12日,其收录的论文已达1938490篇,期刊10476种,其中6341种可进行文章检索。同时笔者通过对世界著名OA库收录站点——开放存取仓储目录(Directory of Open Access Repositories,OpenDOAR)的调查发现,近些年OA仓储的数量也在不断增加,2006年3月22日只有300个仓储,到2015年8月12日已经超过2600个。

不仅数量增长快,开放存取资源的质量也逐渐提升(后文将辟专文讨论开放存取资源的影响力)。开放存取期刊也开始得到传统的文摘索引服务商的认可,并成为它们的收录对象。全球最大的图书馆联合目录——OCLC的WorldCat已将其馆藏书目信息与著名的开放存取资源检索工具OAIster进行整合,便于用户对馆藏资源与开放存取资源的一站式检索。

由此可见,OA资源的影响力也越来越大。针对OA资源具有出版快捷、成本低廉的特点并拥有采用同行评议制度来保证其质量及其数量激增的优势,图书馆应将其纳入到馆藏资源体系中来。图书馆的馆藏发展至今已不单是拥有权和使用权的抉择,而是将不同的馆藏发展模式做适当的搭配来建立馆藏提供服务①。面对OA资源,图书馆需要重新思考资源的安排,采取各种手段和方法统筹协调建立合理的馆藏体系。

因此,开放存取资源的数量增长与质量提升为图书馆利用它们

① 詹丽萍.电子资源与图书馆馆藏发展[M].台北:麦田出版社,2005.

充实馆藏提供了可行性。2005 年有学者指出，生物学、心理学、社会学、健康科学、政治学、经济学、教育、法学、商业、管理 10 个学科 1992—2003 年发表的论文的平均开放存取比例为 9%①。生物医学、物理学、天文学和天体物理学的比例分别为 26%②、50%以上③和接近 100%④。可见，不同学科 OA 资源的比例不同，不同国家 OA 的发展程度也不同。但 OA 资源在总体上呈增长之势。著名的开放存取专家 Peter Suber 的调查显示：2007 年 DOAJ 的开放获取学术期刊比上一年增长 19%；根据 OAIster 的数据，OA 知识库的涨幅为 27%；OA 知识库登记系统（ROAR）中知识库的涨幅为 22%；OpenDOAR 的这一数字为 22%⑤。

有学者于 2007 年 3 月对 123 个 ARL 成员馆进行了 OA 资源利用的调查，虽没有提供这些图书馆 OA 资源占数字资源比例的具体数字，但可从不同的侧面间接说明 OA 资源已占有一定的比重。其调查的 71 个回复图书馆（占受调查馆的 58%）中，86%从 OCLC 下载 OA 资源的编目记录、69% 进行原始编目、56%从其他的第三方获得 OA 资源的编目数据；有的每月花 100~120 小时编目 OA 资源；有的整合了 DOAJ 所有期刊⑥。美国国会图书馆的“可公共利用的资源”（Publicly Available Resources）按字顺列出经过其选择的世界各地的

---

① Chawki Hajjem, Stevan Harnad, Yves Gingras. Ten-Year Cross-Disciplinary Comparison of the Growth of Open Access and How it Increases Research Citation Impact [EB/OL]. [2016-06-21]. http://sites.computer.org/debull/A05dec/hajjem.pdf.

② Matsubayashi, et al. Current Status of Open Access in Biomedical Field-the Comparison of Countries Related to the Impact of National Policies [EB/OL]. [2016-06-21]. http://dlist.sir.arizona.edu/1624/01/asist2006.pdf.

③ S. Harnad, et al. The Access/Impact Problem and the Green and Gold Roads to Open Access[J]. Serials review, 2004, 30(4).

④ Michael J. Kurtz, et al. The NASA Astrophysics Data System: Sociology, Bibliometrics, and Impact[J]. [2016-06-21]. Journal of the American Society for Information Science and Technology.

⑤ Peter Suber. Open Access in 2007 [EB/OL]. [2016-06-21]. http://www.earlham.edu/~peters/fos/newsletter/01-02-08.htm#2007.

⑥ Anna K. Hood. Open Access Resources [EB/OL]. [2016-06-21]. http://www.arl.org/bm~doc/spec300web.pdf.

几百种OA资源,其数量多、范围十分广泛,且每个网站的数据量很大。香港科技大学图书馆主页"藏书"部分的"数据库""电子期刊"下都收录了开放存取资源;而"电子学位论文""机构库"和"因特网资源"也主要是开放存取资源。

图书馆的首要任务就是为满足用户需求而对信息资源的进行收集、组织与提供存取通道,馆藏建设是完成该任务的重要业务之一,而馆藏发展政策的质量又直接影响馆藏建设的水平。在上述背景下,图书馆馆藏发展政策必须调整,即扩大数字信息资源的比重。OA资源在数字信息资源中的比例应不低于10%。

4.5.2 重视开放存取资源的建设

馆藏发展政策要重视开放存取信息资源的收集、评价、揭示、整序、保存与提供使用。如对拟订购的图书或期刊(尤其是价格昂贵的外刊)是否要求负责采购工作的图书馆员先查找其有没有可开放存取的版本,对于可开放存取的书刊,是否需要再订购其印刷版、订购的复本又是多少等,如何将以不同实现途径、分散在不同地点的开放存取资源整合到图书馆的藏书体系中,等等,这些问题都需要在馆藏发展政策中明确。

信息发达国家的许多图书馆的馆藏发展政策已体现了对OA资源的重视。2000年,美国国会图书馆遵循国会的法案,开始从收藏单一的印本资料到馆藏部分资源的数字化、开放存取的艰难变革,其五年战略规划包括对直接推动开放存取运动的阐述①。美国国家医学图书馆的电子资源部分收集了DOAJ和PMC等著名的开放存取项目②。馆藏资源已经比较丰富的香港科技大学图书馆认为,优质的互联网资源有助于补充图书馆的馆藏、支持学校的教学与科研,提出要"拓展对本地以外资源的存取"。澳大利亚新南威尔士大学图

---

① Marta M.Deyrup, Martha F.Loesch. 美国国家和机构开放获取政策研究报告[J]. 初景利,译.图书情报工作动态,2005(3):1-8.

② Professional Resources for Librarians [EB/OL]. [2016-06-21]. http://colldev.mlanet.org/resources/professional_resources.htm.

书馆2008年1月24日制定的藏书发展政策规定,他们将对开放存取信息资源保持一贯的重视。调查表明,许多ARL成员馆也都十分重视开放存取资源,其馆藏建设过程中涉及各种开放存取资源的选择、收集、编目和促进其利用。美国加州大学图书馆在2006年就对开放存取资源的收集、评价、编目、链接与管理等问题做出了规定,由共享资源联合指导委员会(Joint Steering Committee on Shared Resources,JSC)监督开放存取资源的共享编目①。

2010年,美国国会图书馆的合作在线连续出版物(Cooperative Online Serials,CONSER)协调委员会建立了CONSER开放存取计划小组(Open Access Planning Group),提出了对DOAJ中所列期刊进行编目的理由与计划,经过前期规划与测试,2010年7月1日启动了"合作开放存取期刊计划"(Cooperative Open Access Journal Project)②。

美国国会图书馆与推特(Twitter)合作,提供后者内容的保存与存取。

4.5.3　考虑开放存取资源的相关投入

开放存取资源没有订阅费、授权费等费用障碍,但其搜集、整序等工作需要投入相应的人力与物力,因而,馆藏建设费用中要考虑这一部分的开支。有的学者认为,"OA资源固然有使用者端免费的方便,但是对OA资源的搜寻、整理、加值、推广等活动,如果没有商业数据库的代理商协助,必须由图书馆员全权处理,同时为做好OA资源的加值,图书馆可能投资部分信息设备及人力……从经费结构的角度来看,是图书馆将部分书刊经费转移到人力费及设备费,尤其是信息人员及设备上。"③

---

① UNSW Library. Collection Development Policy [EB/OL]. [2016-06-21]. http://info.library.unsw.edu.au/monos/pdf/collectiondevpolicy012008.pdf.

② Cooperative Open Access Journal Project [EB/OL]. [2016-06-21]. http://www.loc.gov/acq/conser/Open-Access-Report.pdf.

③ 刘海霞,孙振球,胡德华等.开放存取期刊的经济学分析[J].情报理论与实践,2007(1):48-51.

如前所述,开放存取资源有论文处理费用等投入。

4.6 利用开放存取资源优化馆藏体系

4.6.1 了解用户需求

从总体而言,用户对可开放存取资源的需求在数量和范围方面都在不断提高,希望获取最新的科研进展、成果与思想,而且要求获取便利。2005 年 3 月,*Searcher* 刊登了题为"开放存取:为知识的普遍与免费存取而战"的论文,表达了人们普遍获取的愿望①。

《2007 年环境扫描》的第九条设想与开放存取资源馆藏建设相关:对作为公共资助项目成果一部分的数据和完成的研究成果的免费与公共获取的需求仍将增加。加州大学伯克利分校图书馆认为学者使用信息资源的特点有:对易于获取和在不同的电子资源类型中进行检索的能力很感兴趣;也在尝试设想研究过程的新方法;希望在一个新环境中能马上链接到外部的资源;希望有其他的资源类型,如音频、图像与视频资料等②。这些用户需求调查信息对图书馆(特别是大学图书馆)重新构建馆藏体系有重要的参考价值。类似的还有很多,如"社会科学领域学者对开放存取仓储的使用、看法与期望的调查"③"对研究成果的开放存取是公共兴趣"④等。

对于单个图书馆而言,要建设科学的馆藏结构必须了解其用户

---

① Carol Ebbinghouse. Open Access: The Battle for Universal, Free Knowledge [J]. Searcher, 2005, 13(3): 8.

② Scholarly Communication: New Models for Publishing [OL]. [2016-06-21]. http://www.lib.berkeley.edu/Collections/publishing_models.html.

③ Academic Staff Use, Perception and Expectations about Open-access Archives: A Survey of Social Science Sector at Brescia University [EB/OL]. [2016-06-21]. http://eprints.rclis.org/archive/00000737/.

④ Engelward, Bevin, Richard Roberts. Open Access to Research Is in the Public Interest [J]. PLoS Biology, 2007, 5(2).

需求,并结合本馆的工作目标,确定要收集的开放存取资源的类型、重点等。加州大学评价开放存取资源的第一条标准就是是否满足该校教学与科研需要。

4.6.2 拓宽数字信息资源建设的范围

数据库建设是数字信息资源建设的核心内容。购买和自建数据库是国内外图书馆最通行的两种数据库建设的途径,而这两种途径均耗资不菲。其实,网上还有大量的免费数据库可以利用,图书馆一方面可以充分整合现成的OA资源形成自己的虚拟馆藏,另一方面也可以将自建数据库作为OA资源对外开放,转化成为其他图书馆的虚拟馆藏。如我国台湾地区的清华大学图书馆就在推出了对OA资源进行介绍与检索的OA Search之外,又建设了机构知识库。

图书馆应在了解用户需求的基础上,重新审视现有的馆藏结构,采取各种手段和方法统筹协调以建立合理的馆藏体系,以多重馆藏发展模式规划数字馆藏,扩大数字馆藏的比重。图书馆要了解满足用户需求还缺少哪些资源,这些资源是否可通过订购印本书刊和商业性数据库之外的渠道获得。除接受赠送与交换外,运用丰富的OA资源进行补充则能使馆藏数量以比较快的速度增加,使图书馆经费得到最优化的利用,在有限的预算之下建立最适当的数字馆藏,从而建立起合理的馆藏体系。

(1)收集开放存取资源

图书馆应根据用户的需求与资源建设的需要,搜集、选择、挖掘各种形式的OA资源,下载到本馆或本地网络之中,这就要求资源建设者了解开放存取资源的种类、实现途径与来源,掌握开放存取资源的收集策略。

开放存取资源的主要收集途径有:利用OpenDOAR、ROAR等开放存取资源注册站点、利用DOAJ等开放存取资源名录、利用OAIster、Citebase和Scirus等可以检索开放存取资源的工具、利用Google等综合性搜索引擎、进入开放存取项目站点以及利用免费资源评价与导航站点,等等。对此,下一章将详细讨论。

(2)选择与评价开放存取资源

要根据图书馆的任务、服务对象、资源建设政策等标准选择符合图书馆需要的、优质的 OA 资源。有学者于 2007 年 3 月对 123 个 ARL 成员馆进行了 OA 资源利用的调查①,虽没有提供这些图书馆 OA 资源占数字资源比例的具体数字,但可从不同的侧面间接说明 OA 资源已占有一定的比重。其调查的 71 个回复图书馆(占受调查馆的 58%)中,86%从 OCLC 下载 OA 资源的编目记录、69%进行原始编目、56%从其他的第三方获得 OA 资源的编目数据;有的每月花 100 ~ 120 小时编目 OA 资源;有的整合了 DOA J 所有期刊。该调查显示,84%的回复图书馆没有制定专门针对 OA 资源的选择与评价标准。

由于开放存取资源属于在线资源,可靠性、权威性等网络信息资源的评价标准也适合于开放存取资源。同时,OA 资源又有免费、可在线获取全文的特性,因而,稳定性(如是否一直免费、网站是否消失等)、学术性、全文的可用性等也成为其选择和评价的重要标准。

如前所述,美国图书馆协会(ALA)评选"最佳免费参考网站"的标准有:免费或大部分免费、内容的质量与深度、网站信息的有用性与独特性、时效性、清楚的表达、适当满足既定受众、提供到其他网站的适当的链接、对细节的注意、网站的稳定性、便于使用、提供好的搜索引擎、注意用户服务和吸引人的版面设计等②。

4.6.3 利用开放存取资源增强馆藏的时效性

传统学术成果发表流程繁琐,出版周期长,影响了一些前沿科学成果的及时发表与交流。OA 期刊的出现使出版周期缩短,使得最新的科学研究成果可以及时发布,预印本甚至可以在作者刚完成即

① Anna K. Hood. Open Access Resources [EB/OL]. [2016-06-21]. http://www. arl.org/bm~ doc/ spec300web. Pdf.

② RUSA Machine-Assisted Reference Section (MARS).Best Free Reference Web Sites,Combined Index,1999—2006 [EB/OL].[2016-06-22].http://www.ala.org/ala/rusa/rusaourassoc/rusasections/mars/marspubs/MARSBESTIndex.htm.

可上传,有助于科研成果在全球范围及时共享,促进学术发展和创新。

学术期刊是高校及科研图书馆信息资源建设的主要对象之一,图书馆可以通过采集 OA 期刊并将其及时提供给用户来大大增强其馆藏的时效性。例如数字图书馆领域著名的 OA 期刊 D-Lib Magazine,从交稿到出版只需要两周。其创建者 Amy Friedlander 认为,他们最大的成就就是一直坚持每月准时出版。被誉为美国数字图书馆十大专家之首的 William Y. Arms 认为,“数字图书馆领域最好的研究成果首先是发表在 D-Lib *Magazine* 而非同行评审期刊上”①。此外,国外出版著作的印本往往要花更长的时间才能与读者见面,而有些著作的开放存取版本获取速度则相对要快一些。

要获取最新的开放存取资源信息,既可以在需要某种图书或期刊时有针对性地查找,也可以利用书目,著名的如经常更新的《学术电子出版书目》(Scholarly Electronic Publishing Bibliography)②等。

还可以通过开放存取领域的邮件列表、讨论组、论坛、博客等途径获得,如著名的“开放存取新闻”(Open Access News)③博客曾每天报道全球最新的 OA 各方面的进展。此外,旨在促进信息资源的组织、共享与发现的 Connotea 网站④以及开放存取追踪项目网站⑤都及时反映了各国开放存取最新的进展,包括新的开放存取信息资源。

---

① William Y. Arms. Quality Control in Scholarly Publishing: what are the Alternatives to Peer Review? [J]. The Journal of Electronic Publishing, Vol.8, No.1:1-40.

② The Scholarly Electronic Publishing Bibliography [EB/OL]. [2016-06-22].http://www.digital-scholarship.org/sepb/sepb.html.

③ Peter Suber, Open Access News [EB/OL].[2016-06-22].http://www.earlham.edu/~peters/fos/fosblog.html.

④ OA News [EB/OL].[2016-06-22]http://www.connotea.org/tag/oa.new.

⑤ OA Tracking Project [EB/OL].[2016-06-22].http://oad.simmons.edu/oadwiki/OA_tracking_project.

4.7 开展促进开放存取资源利用的有关服务

随着OA运动的蓬勃开展,越来越多的学术资源可以在网上开放获取,这无疑为用户获取学术信息资源带来便利。开放存取数字资源的获取和使用将不再受到登录密码、IP地址、使用时间、机构、物理位置、并发用户数量或用户支付能力的限制。用户不需要通过验证身份或设置代理服务器来获取资源。任何用户可以平等地获取这些资源,无准入限制。但对图书馆来说,这无疑是一个挑战,原本基础牢固的用户因为能够在网络上通过开放获取而获得自己所需的信息资源,因而不再一味依赖于图书馆。图书馆唯有在新形势下,改善用户服务质量,提高用户服务水平才能得到用户的信任与支持。

4.7.1 推荐开放存取资源

一是在图书馆网站设置相关专栏。如西南交通大学图书馆主页,在"资源"栏目下设置了"开放获取资源"子栏目①,提供了SPARC、HighWire、DOAJ等资源的链接、学科分类和简介。哈佛大学、华盛顿大学图书馆网站也都有相应的内容链接。向用户宣传、传授使用技巧,若采用交互式、游戏形式的效果会更好,如Intute机构库检索界面的Demonstrator。

4.7.2 开展宣传教育,提高用户对开放存取的认知程度

图书馆应对用户加强开放存取资源的宣传和教育,除利用宣传栏、分发宣传资料等传统方法来推广外,还可以开设"开放资源的分布与利用"等专题讲座对用户进行宣传教育,同时充分利用图书馆网站、微博、社交网站等途径对开放存取资源进行宣传和推广,让用户接受开放使用的理念。

---

① 西南交通大学图书馆OA资源导航[EB/OL].[2016-06-22]. http://lib.swjtu.edu.cn/OAList.aspx?page=1.

图书馆员作为开放存取资源的宣传者和推广者也应加强学习①,不断提高自己接受新事物、新知识的能力,广泛收集、阅读、积累信息资源方面的资料,熟练掌握网络学术资源的分布情况及其变化发展趋势。

建议图书馆将 OA 资源的检索和利用知识纳入到图书馆对用户的信息素养教育中来,号召用户除了利用 OA 资源外,还应积极投身 OA 运动。还可为科研人员开设电子预印本典藏服务,介绍他们的研究成果。还应帮助科研人员将他们的研究论文加入相应学科或相应机构的开放存取典藏。可利用人力、物力、技术和资源优势,建立机构知识库、学科知识库。在可能的条件下,还可尝试出版开放存取期刊,通过出版开放存取期刊,支持开放存取运动②。

通过业界会议论坛等形式推广开放存取的理念。举办会议、论坛是推广和宣传新理念的一个重要并且十分有效的途径。如 2005 年 7 月由武汉大学发起的"中国大学图书馆馆长论坛",参加论坛的 60 多位图书馆馆长签署了《图书馆合作与信息资源共享武汉宣言》(以下简称《宣言》)。《宣言》中就提到了开放存取是网络环境下学术信息交流的新模式,是信息资源共享的新形式,大学图书馆应鼓励并积极参与学术信息的开放存取。③《宣言》的签署引起了媒体、图书馆界以及社会各界的关注,新华社、《人民日报》(海外版)、《文汇报》《大公报》、人民网等数十家媒体进行了报道或转载。④《大学图书馆学报》2005 年第 6 期刊登《宣言》全文后引起很大反响,为满足读者希望深入了解宣言的愿望,该刊又在 2006 年第 2 期设置专栏,刊登相关专家学者以及馆长对《宣言》的诠释和解读,其影响力可窥一斑。

---

① 王云娣.数字信息资源的开发与利用研究[M].武汉:武汉大学出版社,2005:369.

② 马景娣.学术文献开放访问和图书馆的应对策略[J].中国图书馆学报,2005(4):38-41.

③ 编者.中国大学图书馆馆长论坛图书馆合作与信息资源共享武汉宣言[J].大学图书馆学报,2005(6):3.

④ 陈传夫,肖希明.凝练共识 昭示理念 推进合作共享——我们理解的《图书馆合作与信息资源共享武汉宣言》[J].大学图书馆学报,2006(2):3.

4.7.3 开展开放存取资源的推送与导航服务

面对OA给图书馆用户服务方式带来的挑战，图书馆应改善自身服务方式，充分利用专业人员优势和现代技术手段为用户主动推送OA信息资源，还要通过加强自身信息服务能力为用户创造便捷的资源利用环境。图书馆可以采取多种方式开展推送服务，如可在本馆网站上的醒目位置开辟OA资源专栏并将之链接到校级或相关机构网站，或可通过公告、论坛、博客等方式进行宣传；还可对各类型OA资源进行深层揭示，并将之列入OPAC和相关学科数据库。

图书馆的传统用户服务特别强调书目导读的作用，在OA发展的新形势下，书目导读作为图书馆的传统优势被赋予了新的内涵，而图书馆用户服务导航功能需要进一步加强。

面对形式多样、分散的OA资源，用户或是找寻不到或是找到却不知如何选择。图书馆的信息资源导航功能在此时凸显出来，图书馆应该更好充当海量信息世界与用户间的桥梁中介角色，但这对图书馆来说同时又意味着一个挑战。

4.8 力争从出版商或数据库商获得更多优惠条件

要使图书馆的馆藏做到低成本、高收益，除了利用大量的OA资源拓展图书馆的馆藏之外，还可以了解期刊定价有关的信息，如哪些期刊定价比较合理、哪些是开放存取项目支持的期刊，调查拟购买的数据库中有多少资源可开放存取，并从出版商或数据库商手中争取更多的价格优惠或更多的资源使用权限。

近年来，对于世界出版巨头Elsevier的垄断与涨价行为，全球不少图书馆在做出回应。在美国，哈佛大学、康奈尔大学、杜克大学、北卡罗来纳州立大学、北卡罗来纳大学、马里兰大学、明尼苏达大学等大学图书馆纷纷退出捆绑式销售①。此后，4所明尼苏达州的大学图

① News about Elsevier Big Deal Negotiations [EB/OL].[2016-06-22].http://www.econ.ucsb.edu/~tedb/Journals/bigdealdeals.html.

书馆也做出了同样的决定，并且积极支持学术出版与学术资源联盟(SPARC)①。

由于了解 OA 资源，建立了机构库 eScholarship，加州大学图书馆系统重视 OA 资源建设与利用的事实在业界被频繁提及，其利用与生产 OA 资源的经验已使其在与 Elsevier 谈判中比其他图书馆更早获得了更多的优惠条件。据统计，比加州系统全职教师人数还少的我国台湾地区(美国加州系统 2006 年全职教师 54095 人，台湾地区 2006—2007 年所有大专院校的全职教师 50388 人)2007 年支付给 Elsevier 公司期刊总金额高达 2200 万美元，是加州数字图书馆系统(CDL)所支付的 800 万美元的 2.6 倍②。不过，台湾地区后来也争取了比以前更优惠的条件③。此外，美国弗吉尼亚州 7 个大学图书馆组成联盟，与 Elsevier 签订新的订单，获得了更多的 OA 权利，即仅多支付约 5%的价格获得了比原来多 50%的期刊的存取权④。

有感于加州大学等美国大学图书馆和台湾地区大学图书馆的成功经验，以及 Elsevier 公司拒绝接受 CALIS 管理中心提出的关于集团购买 Science Direct 数据库意见，有学者随机调查了 Elsevier 网站的生命科学期刊中刊名以字母 A 开头的 21 种期刊，发现其中居然有 15 种可通过 Open Science Directory 检索到，占 71.4%，该数据可作为与 Elsevier 谈判的有利证据。在此基础上，该学者曾全面调查了 Elsevier 收录的 25 个学科期刊中每种期刊的可开放存取情况，包括该刊的全文是否可从其他途径开放存取、可从哪几个站点开放存取、可开放存取的期刊论文的时间范围等。调查表明，Elsevier 期刊的平

---

① Four Small Minnesota Colleges Say No to the "Big Deal"[J/OL]. [2016-06-22]http://www.libraryjournal.com/article/CA420287.html.

② 关于图书馆暂缓订购 Elsevier 期刊及电子资源说明[N/OL]. [2016-06-22]. http://www.lib.nthu.edu.tw/news961122.htm.

③ Elsevier 电子期刊不涨反降[N/OL]. [2016-06-22]. http://libraryviews.blogsome.com/2007/12/31/628/.

④ Andrew Albanese. VA Libraries Sign New Elsevier Deal: Use of Professional Negotiator Helps Gain Expanded Access [J/OL].[2016-06-22].http://www.libraryjournal.com/article/CA411575.html.

均可开放存取比例为57.53%(见图4-1)。

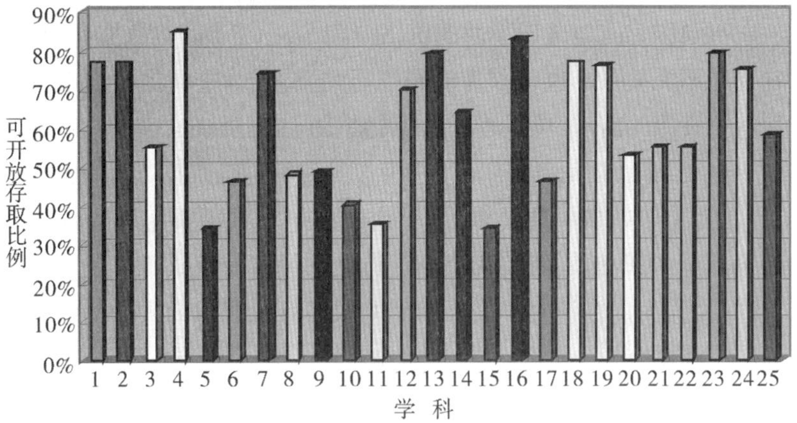

图4-1 Elsevier25个学科期刊的可开放存取比例

该图中,序号1~25对应的学科依次为:农业和生物学,艺术与人文科学,天文学、天体物理、空间科学,商业、管理和会计,化学工程,化学,计算机科学,牙科学,地球与行星科学,能源和电力,工程和技术,环境科学,免疫学,生命科学,材料科学,数学,医学,微生物学和病毒学,神经科学,护理学,医药科学,物理学,心理学,社会科学和行为科学,兽医学和兽医药品。

从该图不难看出,所有学科可开放存取期刊的比例均超过30%,超过80%的有2个学科(商业、管理和会计达85%,数学83%)。介于70%~80%的有8个学科,从高到低依次为:免疫学和心理学均为79%;农业和生物科学,艺术与人文,微生物学和病毒学为77%,神经科学76%,社会和行为科学75%,计算机科学74%。介于60%~70%和介于50%~60%的学科分别有2个、5个,因而,超过50%的学科有17个,占学科总数的68%。而且,开放科学目录收录的期刊拟增至2万余种,届时,Elsevier期刊的可开放存取比例还会有较大幅度增加①。

① 调查数据的详细分析见:黄如花,张静. Elsevier期刊可开放存取情况的调查与分析[J].中国图书馆学报,2009(3):35-42.

图书馆可借鉴上述谈判成功的策略和关注出版商与数据库商的新动态,继续与其他公司议价,减轻资源采购的负担。

不同国家或地区以不同的价格订购 Science Direct 数据库,与谈判技巧不无关系。也正因为谈判技巧的重要,为了满足图书馆员采购电子资源的需求,英国连续出版物集团(UK Serials Group,UKSG)于 2008 年 6 月在伦敦组织了“图书馆员许可与谈判技巧”课程①。

“为了谈判多一些胜算,为了谈判结果不致于损害我们的读者利益乃至国家利益,我们的谈判进行之前深度的调研工作是必不可少的,因为我们在谈判中需要用到的很多有说服力的数据得从深度调研中获得”②。

4.9 积极参与开放存取资源的生产与传播

随着开放存取运动的发展和学术交流体系的变化,作为信息链上的机构之一的图书馆不再只是信息中介和信息消费者,也是信息资源的建设者。通过参与开放存取资源的生产,图书馆不仅可以获得更多的资源,而且在整个学术交流体系中扮演更为重要的角色,并借此扩大在社会的影响。从 Adema J. 等 2010 年撰写的论文《从服务提供者到内容生产者:图书馆在合作开放存取图书出版中的新机遇》可明显看到这种变化③。

图书馆对 OA 资源的挖掘及整合只是丰富了图书馆的数字信息资源,图书馆还应该直接参与到 OA 出版中,成为 OA 资源的生产者才能从根本上提升图书馆的地位。图书馆可以通过各种途径和方法

① UKSG Licensing and Negotiation Skills for Librarians: London [EB/OL].[2016-06-22]. http://www.uksg.org/node/291.

② 该怎么与爱思唯尔公司去谈判[EB/OL]. [2016-06-22]. http://gzggly.bokee.com/6207745.html.

③ Adema, J., Schmidt, B. 2010. From Service Providers to Content Producers: New Opportunities for Libraries in Collaborative Open Access Book Publishing[J]. New Review of Academic Librarianship, 16, Suppl 1.Special Issue: Dissemination Models in Scholarly Communication.

提高用户对 OA 资源的认知度，以进一步推动开放访问运动的发展和扩大其影响从而号召更多的科研人员响应、加入该运动。

各类型图书馆要以开放存取为契机，探讨如何适应数字化条件下开放获取的环境，改变传统的作业方式和服务手段，更好地开拓新的管理与信息服务，以促进我国图书馆事业的可持续发展。如：《IFLA 大学与研究图书馆部 2006—2007 战略规划》(*Strategic Plan 2006—2007, Academic and Research Libraries Section*)提倡扩大对学术与教育资源的开放存取；《IFLA 采访与藏书建设部 2006—2007 战略规划》(IFLA *Acquisition and Collection Development Section: Strategic Plan*: 2006—2007)指出其专门兴趣在于：藏书建设政策、藏书建设方法、藏书评价的技术与实践、资源使用统计、资源定价、拥有与存取关系，开放存取运动等；《IFLA 连续出版物与其他连续性资源部 2006—2007 战略规划》(*Serials and Other Continuing Resources Section: Strategic Plan*: 2006—2007)也指出要支持开放存取。

《国际图联战略规划 2016—2021》(IFCA *Strategic Plan* 2016—2021)提出的 4 个核心战略方向之二"信息与知识"指出：我们要建立一个框架，促进任何形态的信息与知识在任何地方平等存取。其 2015—2016 实践中指出，定义 IFCA 未来关于"开放"的政策定位。

4.9.1 创建机构库、学科库或 OA 期刊

信息资源共建才能共享已成为许多图书馆的共识。欧洲大学协会(European University Association, January) 2008 年指出，大学应该制定其机构的建设政策与策略以促进其质量控制的研究成果为最广泛的用户所用，最大限度地扩大其可见度、可获得性与影响力。

图书馆要充分利用已有的软件帮助所在机构或学科建立自己的机构库或学科库。图书馆尤其是高校和科研图书馆就可以利用自身优势，发展和提供开放存取机制，培训和鼓励科研人员采用开放存取机制在开放获取期刊上发表论文，积极呼吁用户将他们的成果加入相应学科或机构的 OA 仓储，并在本校或本机构内建立 OA 机构库乃至学科库。国外的许多 OA 机构库都是由图书馆创办的。截至 2015 年 8 月 13 日，OpenDOAR 收录的 2479 种机构库中有 400 多个

创办机构中包含图书馆①。我国香港地区也有一些图书馆参与创办机构库,例如香港大学的“Hongkong University Theses Online”、香港科技大学的“HKUST Repository”和香港城市大学的“CityU Institutional Repository”等。为了吸引更多的研究人员采用 OA 形式发表学术成果,阿姆斯特丹大学宣布建立 OA 基金来资助研究人员用于 OA 期刊的发表费用②。图书馆也可以借鉴此种方式来鼓励科研人员,但是由于图书馆经费十分有限,图书馆必须依据自身情况统筹安排经费的使用或采用其他方式进行奖励。

(1)国家图书馆或文献情报中心

国家图书馆在促进信息资源开放存取中应起带头作用。2005 年 8 月,IFLA 发表声明《维护我们的数字遗产:支持信息社会峰会的宣言》指出,任何国家的国家图书馆都有责任与义务收集与保存本国的数字文化遗产,并使之在现在与将来可被存取③。令人欣慰的是,我国已出现良好的势头。中国国家图书馆与 Google 合作,将其部分数字资源提供开放存取。2005 年 7 月 7—8 日,在武汉大学信息管理学院主持召开的中国大学图书馆馆长论坛上,60 多位馆长签署了支持信息资源开放存取的《中国大学图书馆合作与资源共享武汉宣言》。

美国国立医学图书馆(NLM)国家生物技术信息中心开发和设计了生命科学期刊文献的数字化资料库公共医学中心(PMC)。NLM 通过 PMC 在提供对电子信息资源永久性无障碍获取方面发挥领导者的作用。PMC 则致力于在数字时代扮演世界级电子图书馆的角色。期刊出版商可自愿加入 PMC。PMC 鼓励出版商将他们刊物的所有内容都开放,这样 PMC 的资源就能真正成为 NLM 印刷版

---

① OpenDOAR [EB/OL].[2016-08-13]. http://www.opendoar.org/find.php.

② University of Amsterdam Established an OA Publishing Fund [EB/OL].[2016-06-22]. http://israelscholar.org/openaccess/2007/06/university-of-amsterdam-established-oa.html.

③ Maintaining Our Digital Memory: A Declaration of Support for the World Summit on the Information Society [EB/OL].[2016-06-22]. http://www.ifla.org/III/wsis/declaration-CDNL2005.html.

馆藏资源的延伸。PMC 并不拥有所收录文献或其他信息资源的版权,版权仍然归出版商或作者个人所有,收录有关生物医学的免费全文期刊。该项目所在的平台 PubMed 是 NLM 制作的书目数据库,目前收录 1950 年以来生物医学相关的书目数据,并免费提供 PubMed Central 典藏的全文文献及付费全文链接服务。PMC 是以出版商为基础的期刊典藏系统,保存提供存取的文章的数字化备份。

2001 年,澳大利亚国家图书馆建立了 E-Print Repository。加拿大国家图书馆建立了 Theses Canada,对其保存的博士学位论文提供开放存取。

中国国家图书馆利用 Dspace 软件建立了“图书馆情报学开放文库”,允许用户浏览、检索和上传文献,并提供邮件提醒、我的个人空间等个性化服务。①

目前,中国大陆地区图书馆界建立的最有影响的开放存取项目网站是中国预印本服务系统。该系统由中国科学技术信息研究所与国家科技图书文献中心联合建设,旨在提供预印本文献资源服务的实时学术交流系统,是国家科学技术部科技条件基础平台面上项目的研究成果。该系统由国内预印本服务子系统和国外预印本门户(SINDAP)子系统构成。其中,国内预印本服务子系统主要收藏的是国内科技工作者自由提交的预印本文章,可以实现二次文献检索、浏览全文、发表评论等功能。国外预印本门户(SINDAP)子系统是由中国科学技术信息研究所与丹麦技术知识中心合作开发完成的,它实现了全球预印本文献资源的一站式检索。通过 SINDAP 子系统,用户只需输入一次检索式便可对全球知名的 16 个预印本系统进行检索,并可获得相应系统提供的预印本全文。该系统收录的预印本内容主要是国内科研工作者自由提交的科技文章,一般只限于学术性文章。科技新闻和政策性文章等非学术性内容不在收录范围之内。该系统的收录范围按学科分为五大类:自然科学、农业科学,医药科学,工程与技术科学,图书馆、情报与文献学,除图书馆、情报与文献学外,其他每一个大类再细分为二级子类,如自然科学又分为数

① 图书馆情报学开放文库[EB/OL].[2016-06-22].http://202.96.31.39.

学、物理学、化学等。系统实现了用户自由提交、检索、浏览预印本文章全文、发表评论等功能。用户可以经过简单的注册后直接提交自己的文章电子稿,并在随后根据自己的需要和改动情况追加、修改所提交的文章。系统将严格记录作者提交文章和修改文章的时间,可以向作者提供发表文章时间的证明,便于作者在第一时间公布自己的创新成果①。由于中国预印本服务系统只对作者提交的文章进行简单审核,因而具有交流速度快、可靠性高的优点,避免了由于学术意见不同等原因而导致的某些学术观点不能公之于众的遗憾。此外,SINDAP 系统强大的检索功能和丰富的文献资源也会给用户的科研工作带来便利。

(2)大学图书馆

2000 年 3 月,麻省理工学院图书馆与惠普实验室达成共识,决定共同开发数字机构存储,并命名为 DSpace。2002 年 10 月,这个平台开始在 MIT 正式服务。一个月后,MIT 和惠普实验室一起向全世界公开了基于 BSD 开放源代码许可的 DSpace 源码。作为可存储、管理和发布任何已经和未经出版的本地馆藏的数字资产(Digital assets)管理系统,DSpace 软件已被许多机构采用,还组建了 DSpace 联盟。

2002 年 4 月,加州大学数字图书馆声明并发布了加州数字图书馆(CDL: eScholarship)网站,以提供数字化服务,并用于存储和发布学术科研结果和工作论文。2005 年 2 月,加州大学学术交流办公室宣布向公众提供新的 eScholarship 后印本服务②,提供 1982 年至 2006 年的后印本文献资源。除了现有的工作底稿系列和在线期刊以外,还将加州大学教职工拥有版权或得到出版商许可的尚未发表的文章保存到对公众开放的在线知识库,提供对全文的检索和免费获取,并永久保存于中心管理数据库。加州大学数字图书馆项目通

---

① 中国预印本服务系统介绍[EB/OL].[2016-08-13]. http://prep.istic.ac.cn/main.html?action=intro.

② EScholarship [EB/OL].[2016-06-22].http://repositories.cdlib.org/postprints.

过建设机构库 eScholarship,获得了该校出版社 300 多种图书的免费在线利用权。

如本章开篇所述,23000 种期刊出版的论文中有 90%的科技和医学领域的学术期刊可以在线读取。美国匹兹堡大学图书馆通过其 D-Scribe 计划自定位为开放存取出版商,已经出版了大量的电子期刊。该计划利用 D-Scribe 创建新的期刊,并提供资源来帮助那些不断衰退的、以电子形式幸存下来的、小发行量的学术期刊。"并且对于劝服他们向开放存取转变充满希望,因为开销在降低。"除了省钱,开放存取的电子期刊就等于广泛的读者群,将带来更多的引用并提升期刊的价值。

美国著名的实例还有:佛罗里达州立大学图书馆的 D-Scholarship 知识库、俄亥俄州立大学图书馆的 Knowledge Bank、康奈尔大学的 Euclid、密西根大学图书馆建立的 OAIster、约翰霍普金斯大学图书馆建设的机构库 JScholarship 都是十分有影响的开放存取知识库等。

美国休斯敦大学图书馆 1989 年创建免费电子期刊《公共存取计算机系统述评》(*The Public-Access Computer Systems Review*),其内容主要是关于图书馆终端用户计算机系统。

加拿大多伦多大学图书馆 2003 年建立了该校的开放存取仓储①,为该校研究人员的学术作品提供开放存取服务。

瑞典隆德大学图书馆建立并维护的开放存取期刊名录于 2011 年推出新的用户界面,并推出法语等语种的版本。该系统收录的均为学术性与研究性期刊,一般都是经过同行评审,或者有编辑作质量控制的期刊,具有免费、提供全文与质量高的特点,对学术研究有很高的参考价值。刚接触或者以前从未使用过 OA 期刊的用户还可以在这里了解 OA 期刊本身的一些情况介绍及其在全球的发展动态。该目录及其收录期刊的论文均可免费存取,任何人都可以使用。该

① University of Toronto's Research Repository [EB/OL].[2016-06-22].http://tspace.library.utoronto.ca.

目录的目标是包含各种语言、各个主题的期刊。几乎涵盖了目前全球所有的学术性 OA 期刊,目前包括以下一级大类:农业与食品科学、艺术与建筑、生物学与生命科学、商业与经济、化学、地球与环境科学、综合性著作、健康科学、历史学、历史与考古学、语言与文学、法律与政治学、数学与统计学、哲学与宗教、物理与天文学、科学综合、社会科学、技术与工程学。

荷兰工程大学图书馆发起的 3TU.Datacentre 确保对工程领域的研究数据的良好储存与长期存取。

厦门大学图书馆利用 Dspace 软件建立了厦门大学学术典藏库,用于长期存储和展示厦门大学师生具有较高学术价值的学术著作、期刊论文、工作文稿、会议论文、科研数据资料,以及重要学术活动的演示文稿等资源。并希望通过该平台方便校内外及国内外同行之间的学术交流,提高学术声誉,加快学术传播和促进知识共享,推进知识开放存取运动。①

我国香港特别行政区的香港科技大学用 Dspace 建立机构资料库;香港大学图书馆建立了香港大学学位论文在线。我国台湾地区的 12 所师范院校图书馆共同合作建立了教育论文线上资料库;中山大学图书馆自 1999 年 8 月起,着手建立数字化硕博士论文系统,2000 年 5 月完成并正式上线运作,并命名为电子论文收割与拓展系统(Electronic Thesis Harvestable and Extensible System, eThesys)②。台湾地区的"清华大学"图书馆建设了机构库;澳门地区建立了澳门电子资源(Macau Electronic Resources)。

4.9.2 建设专门类型资源库或面向专门对象的数字资源库

斯坦福大学图书馆 1994 年建立的 HighWire Press 提供来自 100 多个学术出版机构的 1700 多种影响大、经过同行评审的期刊

① 厦门大学学术典藏库[EB/OL].[2016-08-13]. http://dspace.xmu.edu.cn/dspace2/other/about.htm.

② 台湾"中山大学"学位论文全文系统[EB/OL].[2016-06-22].http://www.lib.nsysu.edu.tw/eThesys/.

论文全文的免费存取。耶鲁大学图书馆将保存的缩微胶片转换成数字图像版的开放图书项目(Open Book)。美国匹兹堡大学图书馆建立的欧洲档案集成(Archive of European Integration)收录了独立研究的成果(如工作论文、政策论文与会议论文等)和欧盟官方文献。

图书馆可将超出版权限制的文献数字化以提供其OA版。国内外图书馆建设的图书数字化项目还有古登堡项目、中美百万册图书项目等。

1996年,弗吉尼亚理工大学和弗吉尼亚州立大学合作发起的“网络化硕士与博士论文数字图书馆”(Networked Digital Library of Theses and Dissertations,NDLTD)的主要特点就是共建共享,可以免费获取NDLTD会员博硕士论文——目录、摘要甚至全文,而且,由于其成员馆来自全球各地,覆盖的范围比较广,适合作为国外学位论文的补充资源利用。

世界上许多图书馆已经承诺将其数字图书放在一个公共的开放存取存档系统——互联网档案馆(Internet Archive)中,以确保公众对社会出版品进行永久的免费存取。

此外,要注重开放存取资源的长期保存。第11章将对此详述。

4.10 加强开放存取资源建设与管理中的合作

馆藏建设应该坚持资源共享、协调合作的方针,随着数字馆藏在藏书中比重的不断增加,图书馆不仅要加强信息资源协调采购、联机合作编目、馆际互借、文献传递、数字资源合作建设等共建共享工作,还要利用OA运动的契机,在OA资源建设与管理中开展合作,对其收集、组织与提供使用进行分工与协作,将经过加工的OA资源提供给其他图书馆或信息机构,既为本馆用户服务,也为所有需要这些OA资源的用户服务,并将视野扩大至全国甚至全球范围的信息资源共享,真正发挥图书馆作为社会信息资源共享中心的作用。

4.10.1　图书馆之间的合作

加州大学系统内的各个图书馆之间已开始了对 OA 资源编目、链接与管理方面的共享活动。美国国家医学图书馆与国家农业图书馆和国会图书馆合作，开展营养与食品、兽医学等学科范围包括 OA 资源在内的信息资源的联合建设①。

4.10.2　基于图书馆联盟的合作

目前绝大多数图书馆只是对本馆收集的 OA 资源提供不同方式的浏览服务。借助于图书馆联盟，通过协调采集、联合编目、统一整合等方式，可加强 OA 资源建设与利用方面的合作，从而促进信息资源共享。美国数字图书馆联盟(Digital Library Federation，DLF)是利用电子信息技术拓展图书馆藏书与服务的先锋，它与伊利诺伊大学图书馆合作开发了面向其成员馆的"数字馆藏注册(Digital Collections Registry)"，收集来自图书馆、博物馆、协会等机构的各个学科资源。俄亥俄图书馆与信息网(OhioLINK)主页显著位置的 View Publicly Accessible Databases(查看公共可获取的数据库)项目，收集了近 30 个可供任何互联网用户使用的公共可用数据库。

对于图书馆而言，原有的图书馆联盟或大学联合系统是其开展合作建设的良好基础，如加拿大研究图书馆协会(Canadian Association of Research Libraries，CARL)，国际学术传播联盟(International Scholarly Communications Alliance，ISCA)等。在欧洲一些国家，还出现了基于国家级别进行合作建设的 OA 仓储，比如荷兰政府资助的数字学术典藏(DARE)由荷兰所有大学、荷兰国家图书馆、荷兰自然科学和艺术科学皇家科学院、荷兰科技研究所等多家单位参与，项目建设注重标准化和互操作，其目的在于推动参与机构的研究成果在荷兰全国甚至是全球范围进行开放存取。

2002 年 2 月 6 日，8 个研究图书馆组织成立国际学术传播联盟

---

① Joint Collection Development Policy: Human Nutrition and Food [EB/OL]. [2016-06-23]. http://www.nlm.nih.gov/pubs/cd_hum.nut.html.

(ISCA),以全球性的行动,协同学者及出版商,共同建立学术及研究出版物开放存取的渠道。这8个成员为:美国研究图书馆协会(ARL)、加拿大研究图书馆协会(CARL)、英伦研究图书馆联盟(Consortium of Research Libraries in the British Isles,CURL)、澳洲大学图书馆馆长会议(Council of Australian University Librarians,CAUL)、新西兰大学图书馆馆长会议(Council of New Zealand University Librarians,CONZUL)、香港的大学图书馆联合咨询顾问委员会(Joint University Libraries Advisory Committee,JULAC)、欧洲的研究图书馆协会(Ligue des Bibliothèques Européennes de Recherche,LIBER)和日本的国立大学图书馆协会(Association of National University Libraries,JANUL)。该联盟代表全球600多所研究图书馆,主要伙伴是兼具读者及作者身份的学者。

前文所述的SPARC是集大学、研究图书馆和学术机构为一体的信息合作组织,旨在解决学术机构间信息交流不畅的问题,促进广泛的学术信息资源获取与共享。目前SPARC(包括其合作组织SPARC欧洲、SPARC日本)拥有近800家成员单位,主要分布在北美、欧洲、日本、中国和澳大利亚,例如北美的阿拉巴马大学,亚利桑那大学,阿肯色大学,波士顿学院,加州大学的伯克利分校、洛杉矶分校、圣地亚哥分校与戴维斯分校等高校以及犹他州大学图书馆协会的成员图书馆,欧洲的牛津大学和剑桥大学,澳大利亚的澳大利亚国立大学和中国的香港科技大学图书馆等。此外,还有一些机构和组织是SPARC的外围成员,例如:托马斯杰斐逊大学、大学研究图书馆联盟(Consortium of University Research Libraries,CURL)、英国联合信息系统委员会(JISC)等机构。SPARC的服务针对四种类型的用户,即研究人员、出版机构、图书馆与社会团体。SPARC还建立开放信息服务门户以提供知识导航服务和商业、金融与决策方面的信息咨询服务。SPARC提供多种资源的链接,可按主题、类型等进行浏览,也可以进行在线检索。

4.10.3 超越图书馆界的合作

《IFLA关于学术文献与研究文献开放存取的声明》指出,IFLA

确信,对学术文献全面的开放存取是了解世界及缩小数字鸿沟的重要手段之一。因此,呼吁作者、编者、出版商、图书信息机构等单位,以下列的开放存取原则提供学术文献:①尊重并捍卫作者的权利,尤其是奉献完整作品的权利;②采用有效的同行评审程序,以确保学术文献的品质不受出版模式变化的影响;③反对来自官方、商业及服务单位的任何形式审查;④赞同公共领域著作制度,经过合理的时间后,依法将学术文献列为进入公共领域的著作,不能有任何技术或其他的限制;⑤克服信息不公平,确保学者可以公平地出版论文,可以公平地取用论文,尤其是来自发展中国家的学者;⑥支持可持续的开放存取出版模式与机制,如消除学者的契约障碍,使作者将研究文献提供不收费的使用方式;⑦采用法律、契约及科技手段,确保所有学术文献的保存、可使用与真实性。

2016 年 6 月 9 日,IFLA 与欧洲图书馆,信息和文献协会(The European Bureau of Library, Information and Documentation Associations, EBLIDA)和欧洲研究图书馆协会(Ligue des Bibliothèques Européennees de Recherche, LIBER)共同召开会议,讨论"对开放科学—图书馆呼吁所有利益相关者发挥建设性作用"(Be Open to Open Science—Libraries Call on All Stakeholders to Play a Constructive Role)。

为促进学术资源的开放出版与开放存取,ARL 于 1998 年组建了由大学图书馆和相关教学与研究机构共同参与的联合机构——学术出版与学术资源联盟(SPARC),旨在鼓励学术团体独立于商业出版商出版开放获取的或低价的期刊,从而影响科技与医学期刊的价格。SPARC 成立了开放存取工作组(Open Access Working Group),并建立了开放存取项目(Open Access Programs)网站以方便图书馆员、管理人员与其他相关人员及时共享各个大学 OA 有关项目的信息。ARL、ACRL 和 SPARC 共同发起了"创造变革计划"(Create Change Initiative),其核心目标是向全世界的学者、学生和其他可能受益的人提供学术研究成果。美国图书馆协会(ALA)、ARL、ACRL、美国医学图书馆学会(MLA)、美国专门图书馆协会(SLA)、美国法律图书馆协会(AALL)和 SPARC 等机构于 2003 年合作成立了信息存取联盟(Information Access Alliance)以讨论学术出版的市场障碍问题，支持能很好地满足研究人员及其所在机构或资助机构、公众需求的学术出版市场模式。

荷兰的国家存储（Digital Academic Repositories，DARE）项目由荷兰所有大学、荷兰国家图书馆、荷兰自然科学和艺术科学皇家科学院、荷兰科技研究所等多家单位参与，并由荷兰国家政府提供资金支持，是合作建设的典范之一。

英国诺丁汉大学主持、由 20 所大学共同参与建设了开放获取知识库的项目——确保研究成果保存与存取的复合环境（Securing a Hybrid Environment for Research Preservation and Access，SHERPA）。

图书馆员积极参与这方面合作的范例是开放内容联盟（The Open Content Alliance，OCA）。该项目由雅虎、非盈利的互联网档案机构、加州大学和多伦多大学图书馆以及惠普和 Adobe 系统等技术公司于 2005 年发起。OCA 是一个松散的联盟，目标是建立一个可供世界存取的全球内容数字存档（包括进入公共领域的图书、音频和视频内容），其成员有微软，雅虎，Adobe 系统公司、惠普公司，O'Reilly 媒体公司、互联网档案馆、英国国家档案馆（The National Archives of the U.K）、出版商、学术机构（加州大学、哥伦比亚大学、多伦多大学等），它们的开放图书馆项目（Open Library Project）拟对超出版权保护期的经典著作或者作者愿意提供的作品数字化，其数字资源可在该项目网站永久免费对所有人开放。比此前的 Google Print 面向的对象更广泛，而且没有版权问题，可免费获取的图书已超过 100 万种。参与 OCA 的机构有研究图书馆组织（RLG，由 150 多个研究图书馆、档案馆与博物馆组成）、哈佛大学 Botany 图书馆与 Ernst Mayr 图书馆，加州数字图书馆、约翰霍普金斯大学图书馆等。

美国康奈尔大学图书馆与互联网档案馆合作，将其 7 万多种进入公共领域的图书提供免费获取，没有任何限制，且数目还将增加。

欧洲研究理事会和欧盟国家科学基金会主席联会已共同提出，政府机构和公共科研资助机构应实施公共资金研究成果开放存取和公共保存政策，并将此纳入社会监督。

美国物理学会（APS）在把科技资源免费开通至 400 个公共图书馆的基础上，还计划于不远的将来，将其免费开通至普通中学。

加州大学的10个校区是第一个加入欧洲核子研究中心(European Organization for Nuclear Research,CERN)国际高能物理学术期刊开放出版计划(SCOAP3)项目的美国机构,此外匈牙利科学院的物理学分部也已加入该项目。

欧洲大学与博物馆建立了开放存取出版欧洲网(Open Access Publishing in European Networks,OAPEN),合作出版人文与社会科学领域的OA专著。

4.11 积极争取作者支持,促成开放存取

据《美国高等教育纪事报》报道,2008年2月18日,哈佛大学艺术科学与自然科学领域的全体教员同意该校要求他们允许校方将其学术论文全文提供在线免费访问的政策。这是第一所要求教师开放其研究出版物的美国大学①。加州大学伯克利分校图书馆为鼓励和指导教师参加开放存取,发布了许多指导性文件。美国德拉维尔大学图书馆鼓励该校教职员工考虑将其拥有电子权限的数字化研究成果放在机构库中。明尼苏达大学图书馆制作文件鼓励与帮助教师作为作者与出版商协商以获得作品未来的版权。

美国大学与研究图书馆协会(ACRL)的《ACRL 2020战略规划》的活动之一是争取作者参与开放存取②。调查表明,许多作者支持开放存取③。

由于Elsevier等出版巨头的垄断和大幅涨价,国际图书情报界

① Harvard Faculty Adopts Open-Access Requirement [EB/OL].[2016-06-23]. http://chronicle.com/news/article/3943/harvard-faculty-adopts-open-access-requirement.

② Association of College & Research Libraries. 2007. Charting Our Future: ACRL Strategic Plan 2020 [EB/OL].[2016-06-23]. http://www.ala.org/ala/acrl/aboutacrl/whatisacrl/acrlstratplan/stratplan.cfm.

③ Park, Ji-Hong, Jian Qin. Exploring the Willingness of Scholars to Accept Open Access: a Grounded Theory Approach [J]. Journal of Scholarly Publishing, 2007, 38(2): 55-84.

出现了许多抵制其的行为,有的已取得更优惠的订购条件,有助于引起这些出版社的注意。

2012 年 5 月 25 日,英国《卫报》(*Guardian*)撰文指出,与出版社密切合作,争取其支持,而不是攻击。

4.12 图书馆开放自己的资源

2010 年 1 月,世界上最早的科学图书馆之一的瑞士 CERN 图书馆将其馆藏书目记录作为开放数据在网上发布,任何第三方均可免费下载,这些数据遵循公共领域数据许可(Public Domain Data License),该协议允许全世界的同行处于任何目的重用与更新这些数据。遵循此协议发布馆藏书目数据的还有 Ghent 大学图书馆。德国科隆的大学与市图书馆遵循创作共用协议(Creative Commons Licenses,CC)发布近 300 万条书目数据,第一天就被全球范围的用户下载 600 多次。为支持书目数据开放,开放知识基金会(Open Knowledge Foundation)宣布成立开放书目数据工作组(working group on open bibliographic data)。开放数据与内容的注册站点——综合性知识存档网(comprehensive knowledge archive network)专门建立了一个页面方便注册开放的书目数据集(open bibliographic data sets)。万维网联盟正在组建图书馆书目数据与语义网工作组,目标之一是帮助图书馆参与开放关联数据(Linked Open Data)。

为了便于用户随时随地使用免费数据库 PubMed,美国国家健康研究院提供在手持设备上使用该库的选择。

OCLC 已向全球开放自己的联合目录数据库 WorldCat,并提供 WorldCat 与开放存取资源检索工具 OAISter 的集成化检索。

欧洲数字图书馆 Europeana 新的数据交换协议授权 Europeana 开放其数百万文艺作品的元数据,以创作共用协议零权利声明(CC0)的方式进入公有领域。

2012 年 4 月 5 日,虚拟国际规范档(Virtual International Authority File,VIAF)数据集①移交给 OCLC。2012 年 5 月,VIAF 数据集以开

① Data Source [EB/OL].[2016-06-23].http://viaf.org/viaf/data/.

放数据共用-标示名称(Open Data Commons Attribution License,ODC-By)许可提供,不影响其他以创作共用协议(CC)许可发布的数据采用VIAF标识符,因为所用VIAF的URI即被视为致谢(By)。VIAF数据量巨大,其URI无疑会成为关联数据中的重要资源①。2012年4月22日,哈佛大学图书馆发布其1200万条书目记录供下载,采用CC0协议,并得到OCLC认可,其中有不少记录来自WorldCat。

2016年3月,上海图书馆开放家谱数据库,开展"2016开放数据应用开发大赛",与大众合作众包修谱,与维基百科、地理信息系统、社交网络等外部数据关联,与地方志、文学作品等文献资源结合,可视化展示迁徙图等创意和应用。

4.13　向政府提出政策与立法建议

《IFLA互联网宣言》在"宣言的实施"部分指出:IFLA鼓励各国政府发展国家信息基础设施,以使全民有机会使用互联网。IFLA鼓励所有政府支持通过图书馆和信息服务机构实现不受阻碍的互联网信息流通,并反对任何企图对使用互联网进行新闻检查和禁止的行为。《信息社会行动,关于图书馆的亚历山大宣言》指出,IFLA敦促国家、地区与地方政府以及国际组织:①将图书馆与信息服务机构作为其信息社会策略、政策与预算的重要组成部分进行投资。②更新与拓展现有的图书馆网,确保其市民与社区获得更大的利用。③支持对信息不受限制地获取与自由表达。④促进对信息的开放存取,消除存取中的结构与其他障碍。⑤承认信息素养的重要性,积极主张采取措施提升公民的信息素养使其从信息社会受益并推动信息社会的发展。

有的国家已经开始有益的尝试。2005年9月23日,第九届世界健康信息与图书馆大会(The 9th World Congress on Health Information and Libraries)的与会者在巴西萨尔瓦多发表了两个促进知识获

① VIAF Dataset [EB/OL].[2016-06-23]. http://outgoing.typepad.com/outgoing/2012/05/viaf-dataset.html.

取的宣言：一个是要求政府促进公平与开放存取的《承诺公平的萨尔瓦多宣言》(*The Declaration of Salvador-Commitment to Equity*)，一个是敦促政府要求获得公共资助的研究成果实行开放存取的《萨尔瓦多开放存取宣言：发展中国家展望》。

美国大学与研究图书馆协会(ACRL)将《联邦研究公共存取法案》(FRPAA)作为其2012年立法进程(2012 Legislative Agenda)[①]之首，可见其对该法案的重视。

《联邦研究公共存取法案2012》(FRPAA of 2012)主张将美国国立健康研究院的政策扩大到其他11个政府机构，并将文章必须提交存放的时间从12个月缩短到6个月，该法案2012年2月提交到了美国众议院和参议院。3月29日，美国研究图书馆协会(ARL)和6个其他图书馆组织致函众议院调查和监督代表小组主席、众议员Paul Broun(R-GA)，感谢其召开公共存取和学术出版物利益的听证会，重申他们支持FRPAA[②]。

由于ACRL、ARL等机构的不断努力，2012年5月13日，美国Access2Research机构发起、在白宫网站发布了一份请愿书[③]，呼吁研究数据开放共享，督促美国总统奥巴马要求所有美国纳税人资助的研究所产生的科学杂志文章都应该在线开放存取。截至2012年6月26日，已有27536人签名支持，达到了之前的目标——如果到6月19日，签名人数超过25000人，美国政府将给予正式答复。根据这个扩展建议，开放存取政策将囊括所有12个联邦机构，包括能源部、国家自科基金委、国家航空航天局、环保署、农业部。该请愿书并没有规定文章应该储存或者一个特定资料库的时间阶段，赋予了相

① ACRL Legislative Agenda 2012 [EB/OL].[2016-06-23] http://www.ala.org/acrl/issues/washingtonwatch/12agenda.

② Federal Research Public Access Act (FRPAA) of 2012 [EB/OL].[2016-06-23].http://www.arl.org/pp/access/accessfunded/frpaa-2012.shtml.

③ Require free access over the Internet to scientific journal articles arising from taxpayer-funded research [EB/OL]. [2016-06-23]. https://petitions.whitehouse.gov/petition/require-free-access-over-internet-scientific-journal-articles-arising-taxpayer-funded.

关机构灵活性。

此外,图书馆学界和业界还要重视开放存取有关的研究,加强信息资源建设与信息基础设施建设,重视开放存取的宣传与用户信息素质的培养,积极参与国际合作。

第5章 开放存取资源的检索

如前所述，开放存取资源的种类多、来源广、数量大，质量也不断提升，对其有效利用可以节省图书馆采购经费、补充图书馆的馆藏、提升馆藏质量、增强文献保障能力，且国内外很多图书馆已开始重视其建设。开放存取资源的检索就是为了给网上的OA资源馆藏化奠定基础，这促使图书馆利用自身专业优势在充分熟悉网上资源分布状况与检索策略的基础上，明确用户与学科的信息需求，掌握收集开放存取资源的方法，以形成自己特色的虚拟馆藏。美国研究图书馆协会指出，在电子环境下，图书馆的采访方针已由购买印刷本转变为通过协议获得许可或者购买电子期刊的使用权的模式。

从信息资源检索的授权来看，OA资源比印本资源和收费资源更容易被发现。对作者而言，除了将自己的成果放在主页或博客之外，还需放在遵循OAI协议的学科知识库或机构知识库中以增加被发现的概率，因为主流的搜索引擎很少索引个人网站资料。不仅免费的检索工具可用于检索开放存取资源，有些收费的数据库集成商也收录开放存取期刊等开放存取资源，如EBSCO A to Z，Elsevier的Scirus，SwetsWise Online Content和WilsonWeb。著名的开放存取期刊PLoS Biology被许多大的数据库索引，如《剑桥科学文摘》(Cambridge Abstracts)、EBSCO、Index Medicus、Lexis-Nexis、Swets、BIOSIS和Current Contents等。著名的三大引文索引所在的学术资源整合平台——Web of Science也将开放存取资源与其他的资源集成于一个平台，为用户提供一站式检索。世界上最大的馆藏联合目录——OCLC的WorldCat也整合了著名的开放存取资源搜索引擎OAISter（下文将详细介绍）。

本章拟讨论开放存取资源的几种主要检索途径。

5.1　利用开放存取资源注册站点

要了解有哪些开放存取资源可供利用，可以利用OA资源注册站点。它们接受开放存取知识库项目建设者提交的信息，收集的资源类型多样，提供浏览与检索功能。

5.1.1　OpenDOAR

最重要的开放存取资源注册站点当推“开放存取知识库名录”（Directory of Open Access Repositories，OpenDOAR）①。OpenDOAR由开发社会研究所（Open Society Institute，OSI），英国联合信息系统委员会（JISC）、研究图书馆联盟（The Consortium of Research Libraries，CURL）和欧洲的SPARC共同资助，现由英国诺丁汉大学维护。它是开放存取期刊名录（DOAJ）的姊妹项目，主要收录全世界范围内的学术型知识库，其收录原则是：选择性地收集信息，即只收集完全拥护对学术研究者有用的全文资源开放存取的单独的网站，因而任何形式的访问控制、防止直接访问的网站均不予收录，包括需要订购的资源、即使免费提供信息但需要注册才能检索的网站。

截至2015年8月16日，OpenDOAR收录知识库2600余个。收录的知识库类型有：集成式知识库、学科知识库、机构知识库和政府知识库；收录的开放存取信息资源的内容类型有：论文、图书、会议资料、数据集、学习对象、多媒体、专利、参考资料、软件、特殊资料、学位论文以及未出版的资料，可见其收录的资源类型多样。

该站点允许用户对知识库进行浏览与检索（Search or Browse for

① OpenDOAR［EB/OL］.［2015-08-16］.http://www.opendoar.org/.

Repositories)。浏览或检索选项有学科、国家、资源类型、语种、知识库建设的软件以及知识库类型等。对于检索结果,可按知识库名称、国家、收录资源的数量、基于 OAI 的 URL、使用的软件来分类。

允许用户对知识库的内容进行检索(Search Repository Contents)。方便用户检索其收录的知识库中可免费利用的学术研究信息,采用 Google 的自定义搜索功能(Google Custom Search),其采取的质量保证措施可以减少(但并没有消除)虚假或垃圾结果,以便用户获得更直接有用的和相关的信息。大多数检索结果可获得全文。笔者检索了"open access"、"open access journal",发现检索结果相关度较高,检索速度很快。

为了使该站点收录尽可能多的开放存取资源,该站点还鼓励用户推荐资源。

5.1.2 ROAR

"开放存取知识库注册"(Registry of Open Access Repositories, ROAR)①由英国南安普顿大学电子与计算机学院维护。

截至 2015 年 8 月 16 日,ROAR 已收录 4000 多个知识库,其中,机构知识库数量最多。允许用户从知识库的国家、时间、使用的软件、知识库的类型进行浏览(Browse Items),可对收集的知识库按活动情况、名称、记录总数、建立的时间(选择最新的或最后的排在前面)进行排序。

与 OpenDOAR 相比较,其特色有:对知识库的活动情况反映及时;对知识库检索结果的输入格式有多种选择,如按都柏林核心元数据格式、EP3 XML、全文、HTML 引文、RDF+N3 以及 RDF+XML 等。

可检索知识库中的内容(Search Content),也是采用 Google 的自定义搜索功能。

用户也可对知识库进行注册(Register a Repository)。

① Registry of Open Access Repositories [EB/OL]. [2015-08-16]. http://roar.eprints.org/.

5.1.3　OAI-PMH 数据提供者注册

OAI-PMH 数据提供者注册(OAI-PMH Data Provider Registry)①由美国伊利诺伊大学香槟分校工程图书馆开发。截至 2015 年 8 月 16 日,收录各种知识库 3156 个,其中 2982 个采用 OAI2.0 版协议。

该站点值得一提的特色是:其收集的知识库子集若为美国数字图书馆联盟(Digital Library Federation,DLF)的成员,则对其资源手工添加美国教育资源门户(Gateway to Educational Materials,GEM)主题词表(subject vocabulary)或美国国会图书馆主题词表(Library of Congres' Subject Headings,LCSH)中的主题词,因而,可以按主题标目浏览选择知识库(Browse Repositories By Subject Headings)。

该站点的浏览功能有:浏览所有知识库。浏览结果的排序选择有:知识库名称(Repository Name)、基本的网址(baseURL)、反向的域名(Reverse Domain Name)、OAI 协议版本(Protocol Version)以及最后核对的日期(Date Last Checked)。还可按知识库记录数量浏览。

可检索含有某一检索词的知识库,可将检索范围限制在 OAI 协议的任何版本,有 2.0 版、1.1 版和 1.0 版,还可限定为有知识库描述、资源描述或简单记录(笔者检索发现,选择该限定条件后,检索速度很慢,有时显示出错信息),检索结果信息有知识库名称、基本的 URL、支持的 OAI 协议的版本、最后核对日期。

其他的 OA 资源注册的站点还有:

"核心开放存取 e 印本知识库列表"(Core Metalist of Open Access Eprint Archives)②收录了 OAI 知识库、机构库、学科库、OA 期刊、门户等,但自 2003 年以来没有更新。

---

① OAI-PMH Data Provider Registry [EB/OL].[2015-08-16]. http://gita.grainger.uiuc.edu/registry/searchform.asp.

② Core Metalist of Open Access Eprint Archives [EB/OL].[2015-08-16].http://opcit.eprints.org/explorearchives.shtml.

开放知识基金会已发布了其开源的开放知识包注册项目——综合知识存档网(Comprehensive Knowledge Archive Network,CKAN)。

日本知识库名录①专门收录日本的知识库,截至 2015 年 8 月 16 日,有 439 个。

5.2 利用开放存取资源名录

如前所述,开放存取资源来源广泛,为了便于用户通过一个站点尽可能多地获取分散于不同站点的开放存取资源,节省用户利用 OA 资源的时间,这类目录便应运而生。

现有的开放存取资源名录主要是开放存取期刊名录,大部分由图书馆参与开发。可利用这些目录提供的期刊浏览与检索功能了解某一种期刊或某一个学科有哪些期刊可开放存取。

开放存取图书名录刚出现不久,数量较少,影响还不够大。

5.2.1 开放存取图书名录

开放存取图书名录(Directory of Open Access Books,DOAB)②由欧洲开放存取出版网络(Open Access Publishing in European Networks,OAPEN)基金会与 SemperTool 合作建立,2012 年 4 月 12 日开始提供服务,收录以开放存取模式出版的同行评审单行著作及汇编出版物,截至 2015 年 8 月 16 日,收录来自 110 个学术出版社的 3275 种图书。

可按题名、主题(二级)、出版社浏览,例如按出版社浏览,可以看到目前参与该项目的 110 个出版社,除了大学出版社及名称中带有 Open 的出版社外,也有 Springer 等著名的学术出版社。如果想快速找到想要的结果,还可以对显示的结果再按首字母

---

① NII Institutional repository program [EB/OL].[2015-08-16].http://www.nii.ac.jp/irp/list/.

② Directory of Open Access Books [EB/OL].[2015-08-16].http://www.doabooks.org/.

进行筛选。

提供简单检索与高级检索功能，其高级检索的可选字段有：题名、作者、ISBN/ISSN、出版社、关键词、文摘。支持布尔逻辑与、或、非，可对出版年进行限定检索。

5.2.2　开放存取期刊名录

(1) 影响最大的 DOAJ

《开放存取期刊名录》（DOAJ）①由瑞典隆德大学图书馆于 2003 年 5 月创建，旨在收录各种语言、各个学科的期刊，收录免费、提供全文与有质量控制的科学与学术性期刊，对学术研究有很高的参考价值。现有英、法和希腊语版。

DOAJ 目前包括以下一级大类：农业与食品科学、艺术与建筑、生物学与生命科学、商业与经济、化学、地球与环境科学、综合性著作、健康科学、历史学、历史与考古学、语言与文学、法律与政治学、数学与统计学、哲学与宗教、物理与天文学、科学综合、社会科学（此类下包含图书情报学期刊）、技术与工程学。

它最初仅收录 350 种期刊，收录的开放存取期刊数量在不断增加，截至 2015 年 8 月 18 日，收录期刊 10493 种，其中，6360 种期刊可进行论文级别的检索（通过 Find articles 功能实现），可检索 1943383 篇论文。

DOAJ 提供按期刊主题浏览和检索功能。检索功能可以检索期刊和论文。“Search journals”功能可用于查找某一期刊。“Search Articles”功能则允许对期刊中的论文进行检索，可检索字段有：论文题名、作者、刊名、ISSN 号、关键词、摘要等。支持布尔逻辑与、或、非的检索，多个检索词自动匹配为短语进行检索。

DOAJ 因对学术交流的杰出贡献，包括促进开放存取期刊发展、解决开放存取资源的版权问题、建立元数据和长期保存标准，以及开创了可持续的支持开放存取的模式等，获得了 2009 年欧洲 SPARC 杰出成就奖（2009 SPARC Europe Award for Outstanding Achieve-

---

① DOAJ [EB/OL].[2016-08-18].http://www.doaj.org/.

ments)。该奖自2006年设立,旨在奖励促进OA学术交流理解或在现有框架下对OA做出实际贡献的欧洲的个人和团体。2011年,DOAJ被评为对大学生最有用处的20个专业搜索引擎之一。

(2)被誉为三大开放存取期刊名录的Open J-Gate,J-STAGE和SciELO

①Open J-Gate。

Open J-Gate[1]自称为全球最大的开放存取期刊门户,由印度Informatics公司于2006年创办。收录学术、研究与行业期刊,其中,一半以上为同行评审的学术期刊。

它提供基于开放存取期刊的免费检索和全文链接。其"Browse By Journal"功能允许用户按刊名字顺浏览(对同行评审期刊进行了标记),对选中的某一期刊,可浏览该刊最新一期与过刊的目次;在浏览页面的"Find Title"允许用户检索以某个词开头或含有某一个词的期刊,遗憾的是,不能按主题查找期刊。Open J-Gate的"快速检索"(Quick search)与"高级检索"(Advanced Search)功能均提供对期刊内容的检索,还可将检索范围限制在同行评审期刊(Peer-Reviewed Journals)或专业与行业期刊(Professional & Industry Journals)。

②J-STAGE。

日本科学技术信息集成系统(Japan Science and Technology Information Aggregator, Electronic, J-STAGE)[2]由日本科学技术振兴机构(Japan Science and Technology Agency,JST)开发,有英文和日文两个版本,收录了日本各科技学会出版的文献(以英文为主),包括1755种电子期刊,2393054篇论文,127种会议录以及一些研究报告。可按标题(Titles)、出版社(Publishers)和学科领域(Subject Areas)浏览期刊。例如按学科领域浏览,可以看到其收录的学科有基本科学、生命科学、医学与健康科学、工程与技术、多学科科学、人文科学与社会科学。在检索功能方面,提供简单和高级两种检索方

---

① Open J-Gate [EB/OL].[2015-08-18].http://www.openj-gate.com/.

② J-STAGE [EB/OL].[2015-08-16].http://www.jstage.jst.go.jp/browse/.

式,例如简单检索方面,“题名检索”(Search Titles)可检索名称中含有某一个词的刊名、会议论文集、研究报告和组织机构,“论文检索”(Search articles)功能允许对期刊论文、会议论文与研究报告的内容进行检索。

③SciELO。

科技在线图书馆(Scientific Electronic Library Online,SciELO)①作为国际上重要的 OA 运动国际倡议者和实践者,是最早提供科学文献开放存取的机构之一。最初由巴西的 10 种期刊的编辑发起,他们的初衷是想找到一种期刊全文上网的方法,提高他们出版的科技期刊的国际显示度和可获得性,使巴西(作为发展中国家和非英语国家)的科研成果不再成为“消失的科学”。1998 年,SciELO 巴西网站(SciELO Brazil)和智利网站(SciELO Chile)相继建成并向公众开放。此后,拉美国家以及西班牙和葡萄牙、南非等国家也加入了 SciELO②。截至 2015 年 8 月 18 日,SciELO 已收录期刊 1245 种,论文 12877 篇,涉及农业科学、应用社会科学、生物学、工程、地球科学、健康科学、人文科学、语言与艺术等学科。

SciELO 收录的期刊可按刊名字顺(alphabetic list)、期刊主题(subject)和出版社(publisher)等进行浏览,也可以通过输入一个或多个单词进行检索。论文可以通过检索功能来查找,可选择集成检索或谷歌学术搜索两种不同途径,并且允许限定地域或学科领域。

(3)收录期刊最多的 Open Science Directory

到目前为止,规模最大的当推“开放科学名录”(Open Science Directory)③,这是在联合国教科文组织(UNESCO)政府间海洋学委员会(IOC)的“国际海洋学数据与信息交换项目”(IODE)的海洋学

① SciELO [EB/OL].[2015-08-18]. http://www.scielo.org/php/index.php.

② SciELO 科技在线电子图书[EB/OL].[2015-08-18].http://library.jgsu.edu.cn/webs/res_resourcesGet.action?idd=102.

③ Open Science Directory [EB/OL].[2015-08-18].http://www.openscience-directory.net/.

专家的要求下,由 Hasselt 大学图书馆和 EBSCO 公司合作开发的,其定位是“开放存取期刊和为发展中国家而建设的项目中的期刊的检索工具”。该网站可检索 DOAJ,Hinari,Agora 和 OARE 等著名的项目收录的 13000 多种可开放存取的科学期刊,以后将增加到 2 万余种。可按刊名(Journal Titles)、主题浏览期刊(Subjects),收录的学科有农业、教育学、艺术、历史、法律、语言与文学、军事科学、社会科学、技术等,为书目、图书馆学与信息资源单独列类。

国外的开放存取期刊名录还有法文版的 Mir@ bel (Mutualisation d'Informations sur les Revues et leurs Accès dans les Bases En Ligne),它允许用户将检索范围限定在有全文的期刊或有开放存期站点的期刊。

(4)我国开发的开放存取期刊名录

①Socol@ r。

Socol@ r[1] 是中国教育图书进出口公司 2006 年开发的一站式开放存取资源浏览与检索平台,提供开放存取期刊和开放存取知识库的导航、免费文章检索和全文链接服务。但收录的主要是外文资源。分为农业和食品科学、艺术和建筑、生物学和生命科学、商学与经济学、化学、地球与环境科学、综合类目、健康科学、历史与考古、语言和文学、法律和政治学、数学与统计、哲学和宗教、物理学和天文学、一般科学、社会科学、工程与技术、图书情报学。可“按字顺浏览期刊”和“按学科浏览期刊”(依据《中图图书馆分类法》的分类);从刊名、ISSN、关键词、简介等角度对期刊进行检索;“文章检索”支持从文章名称、文章作者、文章关键词、文章摘要等对期刊中的论文进行检索,其中的高级检索选择还可将检索范围限制在“同行评审”范围内。该平台有明确的资源选择标准(开放存取的学术期刊,没有语种限制,对于完全 OA 期刊,一律予以收录等),鼓励用户推荐期刊。用户注册后,还能享受个性化的定制服务和特别服务等增值服务,目前注册的团体用户已达 270 余个。

① Socolar[EB/OL].[2015-08-18].http://www.socolar.com.

②开放存取期刊集成检索系统。

开放存取期刊集成检索系统①由国家科技图书文献中心开发，是集期刊浏览、期刊检索两种功能为一体的开放存取期刊的集成揭示与检索系统。收录期刊 7000 多种，学科涵盖范围涉及农业、林业、工业、商业、医学等多个领域。

提供刊名字顺浏览、学科分类浏览两种浏览方式，且浏览过程中可通过期刊的一般信息与详细信息切换提示，进一步了解某个期刊的全部信息，其中包括刊名、ISSN、主题、学科分类、期刊内容揭示层次等 15 种相关信息。同时用户可对刊名、ISSN、主题、出版者及全部字段进行期刊检索。为了便于系统的维护及更新，从而更好地为用户提供服务，系统特设互动热线栏目，用户可借助新资源推荐功能向系统推荐好的开放存取期刊，也可借助意见与建议功能及时与系统进行交流与反馈。

上述检索工具的建立为我国科学研究工作者与世界科学家进行学术交流提供了一个便捷有效的通道，使他们及时了解世界科学领域的研究成果，把握科学研究的发展趋势，同时促进我国科学开放存取的成长和发展。由于我国目前的开放存取期刊数量有限，这两者收录的绝大多数都是国外的开放存取期刊。

5.3　利用专门检索开放存取资源的工具

许多常规的索引、数据库、搜索引擎没有收集开放存取资源。即便谷歌学术搜索也难以有效搜索机构知识库或学科知识库中的内容。谷歌学术搜索在搜索机构知识库内容时存在困难，原因是大部分机构知识库使用“都柏林核心元数据集”（Dublin Core，DC）对其知识进行组织，而 DC 不能充分表达学术论文的引文和书目信息。谷歌学术搜索的网络管理员指引网站要谨慎使用 DC 元数据，非不得已的情况下尽量不采用，而推荐使用与此相对的其他元数据方案。

① 开放获取期刊集成检索系统[EB/OL].[2015-08-19].http://oainfres.caas.net.cn:8080/NSTL_OAJ/.

它还推荐用于网络爬虫的特殊指导方针，建议将知识库中的元数据写到 HTML 标题中去。有人曾对美国机构知识库和学科知识库做过一些调查，调查显示：一些机构知识库的索引率比较低，原因是它们没有遵循上述推荐的元数据方案和网络爬虫指导方针，索引率低的原因与机构知识库使用的软件无关。研究者做了三个试点项目，将渥太华大学机构知识库 USpace 中一些文章的元数据进行转换，然后检验谷歌学术搜索的检索结果，结果表明这些项目是成功的，索引率达到了 90%。美国图书馆和博物馆服务署（The Institute of Museum and Library Services, IMLS）已经批准了为期 3 年的拨款，用以支持优化搜索引擎的研究项目，便于机构知识库和数字图书馆内容更易搜索到①。

专门检索开放存取资源的搜索引擎专门面向 OA 资源的检索，系统地采集世界各国的开放存取文库资源，形成了一个世界性的学术研究数据库。但是，不同的开放存取资源检索工具在检索不同类型的开放存取资源时的效果不同。以期刊论文全文为例，有的作者从生态学、经济学与社会学 3 个学科中抽出 2519 篇论文，发现有 967 篇可在万维网上找到其开放存取版，其中有 76.84%是 Google 和 Google Scholar 检索到的，而 OpenDOAR 和 OAIster 的检索结果不太令人满意②。因而，要有针对性地选择检索工具。

5.3.1 综合性开放存取资源搜索引擎

重要的综合性开放存取资源搜索引擎有以下几个：

(1) OAIster

OAIster③ 是最大的 OA 资源检索工具之一，由密歇根大学图书

① Why Google Scholar Has Trouble Indexing Institutional Repositories [EB/OL]. [2016-06-20]. http://www.cni.org/topics/information-access-retrieval/why-google-scholar-has-trouble-indexing-institutional-repositories/.

② Norris M., Oppenheim C., Rowland F. Finding Open Access Articles Using Google, Google Scholar, OAIster and OpenDOAR [J]. Online Information Review, 2008, 32(6): 709-715.

③ OAIster [EB/OL]. [2015-08-20]. http://www.oaister.org/.

馆数字图书馆建设服务部建立，旨在“找到贝壳中的珍珠”（find pearls）。通过利用开放档案创始计划元数据采集协议（Open Archives Initiative Protocol for Metadata Harvesting，OAI-PMH）采集数字资源的元数据，提供对来自1500个资源提供者的3000多万条记录的检索。支持布尔逻辑检索和截词检索（＊和?），不区分大小写，可限制检索字段（题名、著者或创作者、主题和语种），可对资源类型（包括text，image，audio，video，dataset）进行限定（Limit by resource type）。用户还可选择检索结果的排序方式（Choose Sorting of Results）。检索结果包括：资源题名、著者或创作者、出版者、出版年、资源类型、语种、资源说明、网址、使用权限、资源数据的贡献者。

现在，OAIster还可与OCLC的书目数据库Worldcat进行集成检索。

（2）Index Data

Index Data① 于2007年3月由丹麦的Index Data公司推出，提供可检索的开放存取资源索引，包括：公共领域的电子图书（如开放内容联盟和古登堡项目的电子图书）、开放存取的数字知识库资源、百科全书的文章、人类已经标引的互联网资源（如Open Directory Project中的资源）。

（3）Gold Rush

Gold Rush② 由美国科罗拉多研究图书馆联盟开发，其定位为“电子资源的发现与管理工具”。点击其主页的“All Open Access（free）Gold Rush Resources”，即可进入检索界面，可检字段有：刊名、数据库名称、关键词、主题和ISSN号，可将检索范围限制在“公共检索资源”（Public Access Resources）。

（4）CHORUS

美国开放研究成果交换所（Clearing House for the Open Research of the United States，CHORUS）旨在为机构和出版商提供一整套解决

---

① Open Content [EB/OL].[2016-08-20].http://www.indexdata.com/open-content/.

② Gold Rush [EB/OL].[2016-08-20].http://goldrush.coalliance.org/.

方案和最佳实践，促进美国资助的研究项目产生的已发表的论文的公共存取，其参与者有 Springer 等知名出版社，HighWire Press 等服务提供者。其检索功能尚在测试中，可将检索结果限制在“可公共存取”（Publicly Accessible Only）和“美国联邦政府资助”（US Federal Only）①。

5.3.2 专门检索某一类开放存取资源的搜索引擎

表 5-1 总结了常用的检索免费的图书、期刊、期刊论文等类型信息资源的检索工具。

表 5-1 国内外重要的专门类型开放存取资源的检索工具

OA 资源种类	检索工具名称	网址	特点
免费图书	Google 图书搜索	http://www.google.com/books	可检索不受版权保护，或者出版商或作者同意使全书被免费浏览的图书，其“高级图书搜索”功能允许将加速范围限制在“仅全书浏览”
	PDFSearch-Engine.net	http://www.pdfsearch-engine.net/	可检索大量 PDF、WORD、TXT、CHM 等格式的免费图书及其他资源
	ebookee	http://ebookee.org/	可检索 5000 多册免费图书
	SearcheBooks	http://www.searche-books.com	使用 Google 图书搜索的技术
	The Online Books Page	http://digital.library.upenn.edu/books/	可检索 200 多万种免费电子图书

① CHORUS Search. [EB/OL]. [2016-06-10]. http://search.chorusaccess.org.

续表

OA 资源种类	检索工具名称	网址	特点
免费期刊	Digital Book Index	http://www.digitalbookindex.org/	自称收录 10 万多种电子图书、电子文本和电子文献，组织得很好。可按作者、题名、作者/题名、关键词、主题、出版商检索
	Genamics JournalSeek	http://journalseek.net/	最大的网上可免费利用的期刊信息分类数据库，收录期刊 10 万余种，提供的期刊信息包括：目的与范围、刊名缩写、期刊主页链接、学科类别与 ISSN。可按类别浏览，也可检索某一种期刊，对检索出的某种期刊，注明其全文是否可在线提供。支持布尔逻辑检索、截词检索、短语检索，不支持区分大小写的检索
	Online Journal Search Engine	http://www.ojose.com/	可检索和下载 60 多个商业数据库和来自 HighWire Press 开放存取库中的论文、研究报告、图书等(已停止更新)
	AGRIS: Agricultural database	http://agris.fao.org/	FAO 提供，收录 200 余个参与国家的农业、森林等学科的特色的灰色文献，包括未出版的科技报告、学位论文、会议论文和政府出版物等
免费杂志全文	MagPortal.com	http://www.magportal.com/	查找免费杂志全文

续表

OA资源种类	检索工具名称	网址	特点
免费学位论文	Networked Digital Library of Theses and Dissertations (NDLTD)	http://www.ndltd.org/browse.en.html	收录全球的学位论文
会议资料	开放存取会议资源集成检索系统	http://oainfres.caas.net.cn:8080/NSTL_OAP/	NSTL开发,学科涵盖范围涉及农业、林业、工业、商业、医学等17个领域。集会议资源浏览、检索两种功能为一体,供会议名称顺浏览、学科分类浏览两种浏览方式

5.3.3 专门检索某一个或某几个学科OA资源的搜索引擎

除了表5-1所示的AGRIS: Agricultural database外,还有许多只用于某一个或几个学科开放存取资源的搜索引擎,例如美国航空航天局天体物理学数据系统[The SAO/NASA Astrophysics Data System (ADS)],该系统是一个供天文学和物理学领域的研究者使用的数字图书馆门户,大多数天文学和物理学领域出版物的摘要和全文都可以通过检索得到。ADS由美国航空航天局授权、史密松天体物理中心管理和运作,共拥有三个书目数据库,数据记录总数超过1600万条,涵盖了物理学、天文学和天体物理学领域的出版物,此外,还提供许多外部资源的链接,例如电子论文以及一些出版社的网站、天文对象信息、数据目录等。其他专门检索某一个或某几个学科OA资源的搜索引擎如检索还有分析化学资源的分析化学数字图书馆(Analytical sciences digital library)、检索空间物理的Astrophysics Data System、检索自然科学资源的Search4Science和SciSeeK、检索化学期刊的ChemXSeer,检索化学结构的eMolecules,检索考古、历史与艺术资料的 Arachne，检索军事科学资源的 AULIMP：Air University Library's Index to Military Periodicals，检索生物信息学资源的 Bioinformatic Harvester，如计算机与信息科学领域的 CiteSeer 和 Arnetminer，图书情报学领域的 DL-Harvest 和 METALIS 等。用于检索英文人文社科开放存取期刊的 Search Pigeon，这是与 Google 合作的检索工具。

从总体而言，很多学科都有自己的搜索引擎，更多的学术期刊数据库和搜索引擎可参见 List of academic databases and search engines①。

5.4　利用综合性搜索引擎

一般用户并不了解专门的开放存取资源注册站点、开放存取资源名录、开放存取资源检索工具，而是通过通用搜索引擎发现所需资源的。重要的在线竞争情报服务机构 Hitwise 的研究人员发现，2007 年 12 月份有超过 65%的搜索是通过 Google 界面进行的，同期 Yahoo 和 MSN 所占的份额分别是 21%和 7%②。

5.4.1　巧妙构造检索式

利用综合性搜索引擎时，要巧妙地构造检索式。由于不同的搜索引擎的功能和使用的符号不同，在具体检索时，检索式中的逻辑运算符与短语检索要按选定的搜索引擎支持的运算与使用的符号作相应改动。表 5-2 列出了不同检索需求时的检索式（因目前的中文 OA 资源较少，且中文检索式比较简单，所以主要列英文检索式）。

---

① List of Academic Databases and Search Engines [EB/OL].[2015-08-21]. http://en.wikipedia.org/wiki/List_of_academic_journal_search_engines.

② Google Received 65 Percent of U. S. Searches in November [EB/OL]. [2016-06-21]. http://www.hitwise.com/press-center/hitwiseHS2004/searchengines200711us.php.

表 5-2　　不同检索需求时的检索式

检索需求	可用的检索式	说明
笼统地查找开放存取资源	(1)"publicly accessible resources" (2)"publicly available resources" (3)"open access materials"、"open-access literature"、"open-access resources" (4)"freely accessible resources" (5)eprints(或 archive,repository) (6)"open source collection"	括号内表示相应的英文表述; ""表示精确检索(短语检索); 也可将这些检索词与学科(主题)名词进行组配查找某学科(主题)的 OA 资源,如:eprints AND chemistry;archive AND "library and information science"
查免费电子期刊	(1)"full text" AND free AND journal (2)free AND e-journal (3)"open access journal"	Google 默认的运算符是 AND
查免费电子图书	(1)"open source book" (2)"free ebook""free book" (3)"free audiobooks""audiobooks for free"	
查学科库	"disciplinary archives""disciplinary repository""subject(discipline)based repositories""subject specific repositories""discipline-oriented repositories"和"domain specific data archives"等	
查机构库	"institutional repositories"	

由于机构库是开放存取资源的一个非常重要的来源,我们也可通过检索机构库间接地获得某个学科的开放存取资源。如根据《美国新闻与世界报道》(US *News and World Report*)的排名,美国最好的法学院依次是耶鲁大学、哈佛大学、斯坦福大学、纽约大学等,若查找

法学的开放存取资源,可利用检索式:repository AND "yale(harvard, Stanford, New York) university",先查找这些学校的机构库,如 Cornell University Law Library NELLCO Repository,然后在这些机构库中查找法学 OA 资源。

有针对性地查找某一本书或某一种期刊是否提供免费全文,可在双引号内输入书名或刊名(双引号表示精确检索),可查出该书(刊)的网络版地址,再进入该网址去了解是否可免费获得全文。如笔者在起草《中国图书馆学本科专业设置和教育质量标准》时得知论文"Minimum Standards for Library Schools "十分相关,且发表在 1925 年出版的《美国图书馆协会通报》(*Bulletin of American Library Association*)的第 19 卷第 4 期,但利用 Google 输入论文题名没有找到,再输入刊名"Bulletin of American Library Association"后得到链接 http://libsysdigi.library.uiuc.edu/oca/Books2007-07/bulletinofameric/bulletinofameric11amer/,得知伊利诺伊大学图书馆对该刊 1907—1938 年的全文进行了数字化,刚好需要查找的两篇文章在此列,然后进入系统查找所需卷号。

5.4.2　善于利用搜索引擎的特定功能

Google 和 Bing 等知名搜索引擎已开始借用 OA 资源增加自身的吸引力、访问量和广告收入。

Google 允许用户查找包括 PDF 格式在内的许多非 HTML 格式文件,可在 Google 高级检索界面,对检索结果的文件类型通过下拉菜单点选,也可以直接在其简单检索界面,通过关键词加文件类型的限定实现,如欲查找关于"开放存取"的英文学术性成果,可在 Google 中使用检索式"open access" AND filetype:pdf。

Google Scholar 是 Google 于 2004 年年底推出的专门面向学术资源的免费搜索工具,可用于查找包括期刊论文、学位论文、书籍、预印本、文摘和技术报告在内的学术文献,内容涵盖自然科学、人文科学、社会科学等多种学科。其资料主要来源于两个渠道:一是开放存取的实现途径——开放存取期刊和自我典藏(后者包括学科库、机构库与个人网站),这部分资源一般都可获得全文,如期刊论文的预印本与后印本、学位论文、会议论文、报告和图书中的部分章节等；另一个则来源于付费电子资源提供商，这些资源只提供文献的题录信息（偶尔提供部分免费原文），但可根据这些题录信息再利用 Google 的网页搜索或网页快照功能，有时可获取全文。

全球最大、最详尽的人工网页目录—DMOZ 则在其网站 Science/Publication/Journals/Free Online Journals 下列出了农业、天文学、生物学、医学、化学等 22 个学科领域的免费在线期刊①。

Yahoo！CC Search② 用于查找获得了创作共用许可的网络资源，使 OA 资源更容易发现。

5.5 登录开放存取项目站点进行检索

开放存取资源最直接的来源便是开放存取实现的主要途径，即开放存取期刊与自存档，后者又包括学科知识库、机构知识库、个人网站、博客等，但由于个人网站与博客比较分散、不易检索、缺乏规范等问题没有在大范围内得到广泛应用。因而，主要是直接进入 OA 期刊、机构知识库与学科知识库项目站点获得开放存取资源，重要的开放存取项目如前文提及的互联网档案馆、古登堡计划、公共科学图书馆、斯坦福大学高线出版社、生物医学中心、加州大学机构库 e-Scholarship 等。

不同的开放存取项目站点收录资源的学科、种类不同，都提供自己的浏览与检索途径。

详见本书第 6—9 章。

5.6 利用免费资源评价结果或导航

1999 年以来，美国图书馆协会（ALA）参考与用户服务分会机器

---

① DMOZ [EB/OL].[2016-10-14]. http://www.dmoz.org/Science/Publication/Journals/.

② Yahoo! CC Search [EB/OL].[2016-08-21]. http://search.creativecommons.org/.

辅助服务部最佳免费参考网站委员会每年评选出最佳免费参考网站。到 2015 年,已评选出数百个免费参考网站①。

目前国内外许多图书馆都很重视制作免费资源导航,其中规模较大的除了前文提及的美国国会图书馆的"可公共利用的资源"外,澳大利亚的"Free Books"提供澳大利亚、新西兰以及世界各地最佳免费数字图书馆、免费电子图书、免费有声图书等的导航,涉及地域广、收录资源类型多样、数量大。

巴基斯坦国家数字图书馆制作的开放存取资源导航(Open Access Resources)②,分别收录免费的 110 个图书网站和 79 个期刊网站。

Internet Public Library,Intute,Pinakes 和 Research and Documentation Online 等综合性的学科信息门户(Subject Directories and Portals)也收录许多开放存取资源。

5.7　跟踪开放存取领域的最新动态

可以通过开放存取领域的邮件列表、讨论组、论坛、博客等途径获得,如著名的开放存取专家 Peter Suber 开设的"开放存取新闻"(Open Access News)博客每天报道新的 OA 进展,包括有哪些新的项目、新的 OA 期刊、世界各地与 OA 有关的政策与立法进展、组织或个人对 OA 的态度等。

开放存取领域的论坛如 The Open Archives Forum、The SPARC-ACRL Forum、American Scientist Open Access Forum、SPARC Open Access Forum Archive 等。还可以定制或订阅反映网络资源最新动态的 Internet Scout Report、Internet Resources Newsletter 等推送服务或 RSS 服务。以下介绍两个收录全球开放存取各领域最新理论与实践

---

① Best Free Reference Web Sites Combined Index, 1999-2015 RUSA Machine-Assisted Reference Section (MARS)[EB/OL].[2016-06-20]. http://www.ala.org/rusa/sections/mars/marspubs/marsbestindex.

② Open Access Resources[EB/OL].[2015-08-21].http://www.digitallibrary.edu.pk/Open.php.

动态的网站。

5.7.1 开放存取名录

"开放存取名录"(The Open Access Directory,OAD)①维基由美国西蒙斯大学图书情报学院建立,有独立的编辑部监管。重点关注科学与学术领域的开放存取,其收录的资源有:开放存取有关的博客、维基、书目、课程、音频与视频;支持开放存取的机构、资助机构;开放存取图书出版商;从收费期刊转变为开放存取的期刊;学术机构与专业协会的声明等。

据 OAD 统计,开放存取资源的社交网站②已有数百个,可帮助我们及时了解最新的开放存取资源及开放存取领域的动态。

5.7.2 全球开放存取门户

全球开放存取门户(Global Open Access Portal,GOAP)由联合国教科文组织建立,得到了哥伦比亚、丹麦、挪威政府和美国国务院资助,旨在反映全球 158 个国家科学信息开放存取的最新动态。其主要栏目为:按地区分类(Access by Region)、资助指令(Funding Mandates)、各主题开放存取仓储(Thematic Open Access Repositories)、开放存取社区(Open Access Community)、开放科学运动(Open Science Movement)以及贡献者与免责声明(Contributors and Disclaimer)。

开放存取资源还有更多的来源渠道,如国际组织网站、地区性组织网站、各国各级政府机构网站、教育网或教育机构网站、出版发行机构网站、图书馆或博物馆网站、学术机构网站等。

---

① OAD [EB/OL].[2016-06-21].http://oad.simmons.edu/oadwiki/Main_Page.

② Social Media Sites about OA [EB/OL]. [2015-08-21]. http://oad.simmons.edu/oadwiki/Social_media_sites_about_OA.

第6章　基于类型的开放存取资源获取策略

前文讨论了开放存取资源的许多优点，尤其是其质量在不断提高，但如何获取这些有价值的资源是摆在我们面前的一个严峻的问题。Google Scholar是很好的学术资源检索工具，它可将普通搜索结果中的大量垃圾信息都过滤出去，还能将检索范围限定到特定学术文献形式，包括经同行评审的论文、学位论文、图书、预印本、摘要和技术报告等各个领域的研究资料及不同学术出版商、专业学会、预印本知识库和大学的学术论文。同时，它能将检索结果限定在是否可以免费浏览，此外它的搜索结果中还能列出资源的不同版本以及被其他文章所引用的次数，还可以通过引用链接方便的找到与搜索结果关联的其他相关学术资料。但Google Scholar作为一个大型搜索引擎也存在不少问题，比如很多深层次的隐形资源挖掘不到、搜索结果的质量也不能保证、检索只能具体到某一点而使用户缺乏对整个学术或学科有针对性的总体认识等。可以说，对于信息资源质量要求高的用户来说仅仅有Google Scholar是远远不够的。

但OA资源分散，目前也没有完善的检索工具，用户与图书馆获取OA资源十分困难，虽然Google Scholar等工具可以检索一定量的OA资源，但其索及的范围有限，也难以挖掘隐性网站（Invisible

Webs)的资源。因此有必要根据开放存取资源的分布规律制定相应的获取策略。本章根据目前已有的 OA 成果,在广泛搜集 OA 项目、隐性信息等各种类型的开放存取资源的基础上,将其分为 4 大类,即:OA 期刊、免费电子图书、学位论文会议论文及科技报告和机构库。笔者针对不同类型的数字信息资源分别提出相应的开放存取策略。

6.1 OA 期刊的获取

近年来学术期刊的订阅费急剧上涨。一方面,纸质外文期刊的定价昂贵,另一方面,出版商对电子期刊数据库访问和利用的严格控制以及 Elsevier 等不合理的"捆绑销售"模式使图书馆的购买能力下降。昂贵的使用费用还使许多没有条件使用资源的用户无法及时接触丰富的科研成果,严重阻碍了科研成果的推广应用和科学的发展。这也给旨在为用户公平公开地提供所需知识但经费十分有限的图书馆带来很大的压力。用户可以免费、无限制地使用以及充分共享是 OA 期刊与传统期刊的主要区别。对于图书馆来说,OA 期刊的出现,无疑为图书馆信息资源建设带来新的契机。但这些期刊分布非常广泛,而目前的综合性搜索引擎 Google、百度等无法提供 OA 期刊意义上的检索功能,因此系统分析 OA 期刊的分布规律及其获取途径是非常必要的。

6.1.1 OA 期刊名录站点

OA 期刊分散存放在世界各地不同的服务器和网站上,用户很难直接全面地检索到这些资源,目前,不少机构和研究人员对现有的 OA 期刊进行了收集整理,并提供站点和强大的检索功能,有的甚至提供了期刊内论文级别的检索功能,这对用户获取 OA 期刊信息来说是一个非常有利的途径。笔者将其中最有影响的站点整理如表 6-1(表 6-1 中数据均于 2015 年 5 月 16 日更新)。

表 6-1　**国内外著名的 OA 期刊目录站点(依首字母字顺排列)**

名称	网址	创始机构	收录期刊数目	学科范围
DOAJ (Directory of Open Acces Journals)	http://www.doaj.org	瑞典隆德大学图书馆和 SPARC	10535	农业、图书馆与信息科学、教育、地理、历史、语言、文学、法律、医药、生物、化学、物理、军事等学科
Open J-Gate	http://www.openjgate.com/	Informatics 公司	3000 多	农业、人文社科、基础科学、生命科学、工程技术、图书情报学、管理学
Open Science Directory	http://www.opensciencedirectory.net/	EBSCO 和比利时 Hasselt University 图书馆	13000 多	农业、历史、图书馆学信息科学、教育学、艺术、地理学、文学、法学、医学、军事、音乐、哲学
SciELO (Scientific electronic library online)	http://www.scielo.org/index. php?lang=en&all=subjects	巴西、阿根廷、智利、哥伦比亚、古巴、西班牙、葡萄牙等	1249	农业科学、生物科学、社会科学、健康科学、人文科学、工程技术、人文与艺术、地球科学等多个领域
Socolar	http://www.socolar.com/	中国教育图书进出口公司	11739	农业和食品科学、艺术和建筑、生物学、生命科学、经济学、化学、地球与环境科学、法律、政治学、哲学、宗教、物理学、天文学、社会科学、工程与技术、图书情报学等

表6-1中5个站点可以说是目前世界上收录范围最广、影响力最大的OA期刊名录网站,通过比较它们所提供的服务和发展现状,笔者总结出OA期刊站点的以下特点来证明它是全面获取OA期刊资源的较有效途径。

(1)发展迅速

OA期刊站点大多都于近些年内开始起步,但发展至今,不管是其所收期刊数量还是所发挥的影响力都迅速增强。DOAJ设立于2003年5月,最初仅收录350种期刊,到2008年收录的开放存取期刊已有3300多种、文章18万多篇,短短5年时间,资源增长了近10倍。截止到2015年5月16日,开放存取期刊已有10535种、文章1903054篇。Open J-Gate于2006年开始正式服务,仅2年时间,其收录达到上千种,它们来自学校、研究机构和行业机构,影响颇大。

(2)资源数量庞大

随着OA期刊数量的激增,OA期刊目录的资源种类也非常丰富。目前收录OA期刊数量最多的站点是Open Science Directory,它收录的范围不仅包括零散的OA期刊和其他OA期刊站点(如DOAJ)所收期刊,还包括著名OA仓储(如Hinari、Agora、OARE等)中所收期刊,因此至今为止收录数量达13000多种。采用这种收录方式的还有中国教育图书进出口公司创建的Socolar,其收录数量也达到了11739种。

(3)质量有保证

OA期刊站点一般收录的均为学术性、研究性的期刊,大部分都是经过同行评审,或者有编辑进行质量控制的期刊,具有免费、全文、高质量的特点,对学术研究有很高的参考价值,如DOAJ。少部分也收录未经同行评审过的期刊,但会将经过同行评审和未经同行评审的期刊在用户检索的时候区别开来,如Open J-Gate。

(4)检索功能大多齐全

这些较为成熟的OA期刊目录站点一般都提供较为完善的检索服务。除Open Science Directory外,其他站点都为用户提供期刊题名(title-level)和文章层次(article-level)的检索服务,并提供期刊的全文链接服务。Open Science Directory 只提供到了期刊题名层次的检索服务,并提供期刊在各个 OA 项目中的链接。在检索字段方面,各站点大致相同,都有刊名(title)、作者(author)、关键词(keywords)、出版商(publisher)、ISSN 号。

(5)浏览功能方便快捷

除了较为完善的检索功能外,这些站点还提供了方便快捷的浏览功能。除 Open J-Gate 外,各站点均提供按学科主题浏览和首字母字顺浏览两项浏览功能。其中,Open Science Directory 的主题类目设置规范而仔细,可以实现层级浏览。Socolar 的学科分类采用了《中图图书馆分类法(第四版)》,非常规范。SciELO 除提供这两项浏览功能之外,还提供按出版商首字母字顺浏览的功能,方便用户通过出版者选择 OA 期刊。Open J-Gate 虽然只提供按首字母字顺浏览的功能,但在检索功能上做了一定的弥补,在高级检索字段限定中有按学科检索的功能。

(6)增值服务实用而有特色

在以上站点中,只有 Open J-Gate 无增值服务,其他各站点都推出了用户个性化的增值服务功能。DOAJ 和 SciELO 通过"news"栏目提供有关 OA 运动的新闻。DOAJ 和 Socolar 还设置"suggest a journal"板块期待读者的推荐。特别值得一提的是 Open Science Directory 将 Google Scholar 整合到搜索服务中,它将 Google Search 嵌入到搜索服务中,并将搜索范围限定在 DOAJ、OpenDOAR、HINARI、OARE 等特定 OA 站点中,为用户提供 Google 搜索定制服务。Socolar 的 OA 论坛与用户互动也别有特色。它利用论坛帖子的方式发布 OA 新闻和最新动态,如"牛津大学出版社期刊部的 Oxford Open 计划促使期刊价格下降",从而建立权威的 OA 知识宣传平台和活跃的 OA 知识交流阵地。用户可以通过该平台,了解 OA 的基本知识和发展动态,也可以与他人进行互动交流,起到巨大的宣传功效。

另外,SciELO 是一种合作性网上电子出版模式,其目标是利用电子出版和开放存取模式,提高巴西最好的科技期刊的显示度、可获取性和可信度,建立可靠的文献计量学和科学计量学指标数据库,促进发展中国家科学交流的进步。SciELO 电子出版模式已被阿根廷、哥伦比亚、哥斯达黎加、墨西哥、秘鲁、葡萄牙、乌拉圭等国采用①。它作为拉丁美洲、加勒比海及伊比利亚国家科技期刊开放存取计划建设项目,为我国及发展中国家建立自己的 OA 项目和计划提供了一种很好的借鉴模式。

6.1.2 著名 OA 期刊出版社网站

随着 OA 运动的兴起,也出现了一些专门的 OA 期刊出版社,其中 PLoS 和 HighWire Press 是最有影响力的两家。这些出版社出版的 OA 期刊不仅在学术质量上有保证,也利于图书馆员收集利用。现将目前著名的 OA 期刊出版社整理成表 6-2。

表 6-2 **国外著名的 OA 期刊出版社(依首字母字顺排列)**

出版社名称	网址	出版数量	学科范围
American Society of Agricultural and Biological Engineers	http://www.asabe.org/	3 种期刊、多种会议录	农业、生物
BioMed Central	http://www.biomedcentral.com	280 种	生物
Canadian Institute of Forestry	http://pubs.nrc-cnrc.gc.ca/tfc/	1 种	林业
HighWire Press	http://highwire.stanford.edu	3546 种	综合
NRC Research Press	http://www.ingentaconnect.com/content/nrc	16 种	综合

① 刘海霞等.SciELO 对发展中国家开放存取期刊建设的启示[J].图书馆建设,2006(5):58-62.

续表

出版社名称	网址	出版数量	学科范围
PLoS	http: // www. plos. org/journals/index.html	7 种	生物医学
White Horse Press	http://www. ingentaconnect. com/content/whp	4 种	环境科学

6.1.3　OA 期刊搜索引擎

OA 期刊名录站点以及出版社资源虽好，但毕竟有限。如果要获得更多的 OA 期刊，专门的 OA 期刊搜索引擎是必不可少的工具。这些搜索引擎极具特色，如表 6-3 所示。

表 6-3　　**OA 期刊搜索引擎（依首字母字顺排序）**

名称	网址	特点
Ezinesearch	http://www.ezinesearch.com/search-it/ezine/	号称世界上最大的电子期刊搜索引擎，收录了 10000 多种电子期刊
Gold Rush	http: // goldrush. coalliance.org/	检索功能强大，检索字段非常丰富，可按期刊名称、主题、关键词、ISSN 等字段进行检索
Ejournal SiteGuide: a MetaSource	http:// www.library. ubc. ca/ejour/	寻找收录 OA 期刊站点的网站，既可以按 ISSN 等字段进行检索，也可以按首字母顺序浏览或按主题进行浏览

除了以上这三种直接搜索 OA 期刊的渠道还可以通过一些专业 OA 资源的搜索引擎如 OAIster①、Find articles②、ePrints-UK③ 来查找

① OAIster [EB/OL].[2016-05-15].http://www.oaister.org.
② Findarticles [EB/OL].[2016-05-15].http://www.findarticles.com.
③ Eprints-UK [EB/OL].[2016-05-15].http://eprints-uk.ncl.ac.uk.

OA 期刊,这些搜索引擎对遵守 OAI-PMH 协议的 OA 资源进行搜索,包括有关 OA 期刊的信息,并提供全文检索服务。另外,在一些相关学科的专业学科导航中也会有 OA 期刊的信息,如 WRLC① 专门收集了与图书馆学相关的 OA 期刊。

6.2 免费电子图书的获取

电子图书是指以电子形式存放图、文、声信息,通过磁盘、光盘、书卡、网络等电子媒体出版发行,并借助一定的工具进行阅读的"书本"②。电子图书的类型多种多样,笔者在广泛调查 176 个中英文电子图书站点后,按照其收录图书内容的学科类型,可以将其分为:免费综合性图书网站、免费工具书网站、免费自然科学图书网站、免费人文社科图书网站、免费经典文学图书网站、有声图书网站。

对于每个用户而言,免费电子图书的作用在于可使用户在耗费低廉成本的基础上获得学习与休闲的高收益,其中用户耗费的低廉成本则仅是日常的网络通信费和设备维护费。当然并不是用户所需要的任何图书都能够免费获取,只能是尽可能地利用网络资源找寻所需信息,笔者通过自身实践和广泛涉猎他人成果,将免费电子图书的来源归纳为以下几个渠道。

6.2.1 网上免费资源导航网站

这种免费资源导航网站类似于上文提到的 DOAJ,但是侧重收录免费电子图书,用户可以通过导航网站找寻自己所感兴趣的免费电子图书网站。这些网站通常资源非常丰富,笔者将常用的服务稳定的、检索和导航功能完备的外文免费资源导航网站整理成表 6-4。

① WRLC[EB/OL].[2016-05-15].http://www.wrlc.org/.

② 李静霞,胡永生,黄如花.图书馆电子信息资源建设[M].武汉:武汉出版社,2005.

表 6-4　　　　综合性外文免费电子图书导航网站

（依首字母字顺排序）

网站名称	网址	简介	涉及主题与资源类型
Digital Book Index	http://www.digitalbookindex. org/about.htm	提供来源于 1800 多个商业和非商业出版社、大学、各种私人网站的 141000 多种图书，其中 100000 种可以免费获取，而另一些获取价格也非常低。内容相当丰富且覆盖全面，包括字典、百科全书、辞典、术语表、书目等类型和文学与语言、历史、社会科学等学科的图书	医药卫生、数学与自然科学、哲学宗教、法律、艺术、儿童电子书，搜索引擎
Free Books	http://www.e-book.com.au/freebooks.htm#2	整合网上主要免费电子书网站，将其分为七大类提供链接，分别是：澳大利亚最佳免费数字图书馆、世界最佳免费数字图书馆、其他澳大利亚免费电子书、其他英文电子书免费网站、世界非英语国家的免费电子书网站、专题检索、宗教	免费电子书网站
IPL（The Internet Public Library）	http://www.ipl.org/reading/books/	开始只是收集提供莎士比亚作品的网站的链接，但现在已经发展成为 2 万种网络电子图书的交换平台和组织平台	人文艺术、商业、计算机、教育、休闲娱乐、健康、法律、宗教、社会科学

6.2.2　专门的电子图书搜索引擎

Google Books 是一个专门搜索电子图书的搜索引擎，图书主要来自合作的出版商和图书馆,其目的是将大量著作扫描上网并与用户分享。对于有版权的图书,用户点击搜索结果可以查看该图书的题录、摘要等相关信息。如果图书已不受版权保护或得到了出版社、读者授权,用户就可以随意浏览整部图书内容。① 在我国,号称最大的中文图书搜索引擎是超星公司开发的“读秀”,它为用户提供深入到图书章节和内容的全文检索,部分文献的原文试读。用户可以通过读秀对图书的题录信息、目录、全文内容进行搜索,提供图书封面页、目录页、部分正文的试读。读秀允许上网用户阅读部分无版权限制图书的全部内容,对于受版权保护的图书,可以在线阅读其详细题录信息、目录及少量内容②。

另外,国内影响较大的图书搜索引擎还有百度阅读③,它是众多图书行业合作伙伴合作建立的图书信息查询平台,为用户提供各类图书相关的信息。类似的还有书问搜索④、文津搜索等⑤。

如果需要了解电子图书搜索引擎的最新发展情况,则可利用介绍与评价搜索引擎的网站,如 Search Engine Watch 和中文搜索引擎指南网⑥。前者主要是为网络搜索用户提供搜索技巧和搜索引擎网站信息,它提供了儿童搜索引擎、多媒体资源等网站列表以及有关搜索引擎的评论和数据分析⑦。但它同时也帮助网站运营商和网站所有者提高网站在搜索引擎中出现的频率,这对用户想通过搜索引擎来获取相关度高的网页来说又是不利的。如果用户不知选用哪种搜索引擎检索电子图书,可以到这个网站寻找答案。

---

① Google Books [EB/OL].[2016-05-17].http://books.google.com/.

② 读秀中文学术搜索[EB/OL].[2016-05-17].http://www.duxiu.com/bottom/about.html.

③ 百度阅读[EB/OL].[2016-05-17].[EB/OL].http://yuedu.baidu.com/.

④ 书问搜索[2016-05-17].[EB/OL].http://www.bookask.com/.

⑤ 文津搜索[EB/OL].[2016-05-17].http://find.nlc.gov.cn/.

⑥ 中文搜索引擎指南网[EB/OL].[2016-05-17].http://www.sowang.com.

⑦ Search Engine Watch [EB/OL].[2016-05-17].http://searchenginewatch.com.

6.2.3　数字化项目成果

收录免费电子图书的数字化项目有两种:专门的图书数字化项目和一般的数字图书馆项目。前者一般是针对那些进入公共领域的作品,或者是将版权过期的经典著作进行数字化后而建立的数字图书项目成果。后者则是将各类有价值的资源数字化后而建立的数字图书馆项目,收录的数字资源有多种类型,其中就包括电子图书。

(1)图书数字化项目

最早且最有影响的当推古登堡计划。它是一个以自由的、电子化的形式,基于互联网,大量提供版权过期而进入公有领域书籍的一项协作计划。它是世界上第一个数字图书计划,也是一个完全志愿性的组织,所有书籍的输入都是由志愿者来完成的,所有捐赠只被用来购买设备和补给品,其中大多数是计算机和扫描仪。古登堡计划首先将书籍通过扫描数字化,交由软件文本化,然后交由两个不同的志愿者校对两次。如果原来的书籍质量很差,例如书籍太古老,那么还会通过手工进行逐词的录入。最初是在 1971 年 7 月由 Michael Hart 发起的,到 2015 年 5 月,古登堡计划已有超过 46000 册的在线书籍①。最初的书籍都是英文的,到目前已经有几十种语言的书籍。澳大利亚古登堡项目(Project Gutenberg of Australia)②作为古登堡计划的一部分,主要制作在澳大利亚法律许可范围内不侵犯版权的、进入公共领域的电子书。这些免费电子书有些在美国法律的规定下还在版权保护范围内,没有进入公共领域,所以这部分电子书在古登堡计划美国站点上是不能浏览的。

国内最有影响的是大学数字图书馆国际合作计划(China Academic Digital Associative Library,CADAL)"中英文图书数字化国际合作计划(CADAL)",前身为高等学校中英文图书数字化国际合作计划(China-America Digital Academic Library,CADAL)。它是"十五"

---

① 古登堡计划[EB/OL].[2016-05-18].http://gutenberg.net.au/.

② 澳大利亚古登堡计划[EB/OL].[2016-05-18].http://gutenberg.net.au.

期间“211 工程”公共服务体系建设的重要组成部分，与 CALIS 一起共同构成中国高等教育数字图书馆的框架。其主要目标是构建拥有多学科、多类型、多语种海量数字资源的，由国内外图书馆、学术组织、学科专业人员广泛参与建设与服务，具有高技术水平成为国家创新体系信息基础设施之一的学术数字图书馆。该项目一期建设 100 万册(件)数字资源，二期建设则是在一期百万册的基础上，再完成 150 万(件)数字资源，并建立分布式数据中心和服务体系，实现数据安全和全球服务。①

这类图书数字化项目国内外数量不少，其他的还有“Asian Classics Input Project”②是为了保存那些逐渐消失的东方经典著作，并使这些图书和思想最大限度地为世人获取而进行的数字化项目。“SUL Books in the Public Domain”③的数字化对象是斯坦福大学图书馆提供的馆藏文献中 1923 年以前出版的已进入公共领域的图书，其选择数字化图书对象还有两个标准：一是选择那些印刷本在斯坦福流通量比较高的；二是容易数字化的印刷本。它的收录范围也很广泛，内容包括文学、艺术、建筑学、宗教、商业、历史文化、语言、种族民族、地理、法律、音乐、经济学等多个学科。“Historicalal Mathematics Monographs”④数字化了卡内尔大学图书馆历史上的数学专著，包括 500 多本精选的版权到期的数学领域的专著。

(2)数字图书馆项目

随着信息化时代的到来，世界各国都非常重视国家数字化战略，数字图书馆是其中的重要组成部分，不仅对信息资源共建共享起到巨大的推动作用，还在很大程度上促进了重要文献资源的保存和利

---

① 大学数字图书馆国际合作计划[EB/OL].[2016-05-18].http://www.cadal.cn/xmjj/.

② Asian Classics Input Project [EB/OL].[2016-05-18].http://www.asian-classics.org.

③ SUL Books in the Public Domain [EB/OL].[2016-05-18].http://collections.stanford.edu/publicdomain/bin/page?forward=home.

④ Historical Mathematics Monographs [EB/OL].[2016-05-18].http://historical.library.cornell.edu/math.

用。许多数字图书馆项目中或多或少都会包含电子图书,其中著名实例有我国文化部联合财政部在全国范围内组织实施的"全国文化信息资源共享工程"和美国国会图书馆的国家数字图书馆项目(National Digital Library Program,NDLP)。

"全国文化信息资源共享工程"旨在整合加工中华民族几千年积淀下来的文化信息资源精华以及贴近大众生活的现代社会文化信息资源,建成中华文化信息资源中心和各级分中心,并依托覆盖全国的网络传输系统,实现优秀文化信息资源的共建共享①。"共享工程"不仅收录我国优秀的历史文化资源,还重点建设贴近大众生活的现代社会文化信息资源,建设包括文化法规、图书、音乐、美术、戏剧、戏曲、文物、文化旅游、文化科技、艺术教育、文化市场、对外文化交流、文化史料、全国知名艺术家等信息的全方位文化数字资源库②。其中电子图书这部分主要由两方面的资源组成③:一种是社会机构提供图书,现有的是方正 Apabi 数字图书能为用户提供用户名和密码;另一种是社会公益捐赠图书,即作者无偿向文化共享工程捐赠了部分著作的版权,文化部全国文化信息资源建设管理中心将接受到的作品数字化加工成 PDF 格式供用户免费使用。

"美国记忆"(American Memory)旨在让"所有的学校、图书馆、家庭同那些公共阅览室的长期读者一样能够在所在地便捷地接触到这些对他们来说崭新而重要的资料,并按个人要求理解、重新整理和使用这些资料"。它的收录对象来源于国会图书馆丰富的馆藏,包括文本、手稿、照片、地图、乐谱、音频及视频文件等,其中电子图书已达数万种,全球用户都可以免费使用这些资源。

---

① 全国文化信息资源共享工程[EB/OL].[2016-05-20].http://www.ndcnc.gov.cn/.

② 王红.关于"全国文化信息资源共享工程"建设的思考[J].图书馆学研究,2004(1):48-49,60.

③ 全国文化信息资源共享工程[EB/OL].[2016-05-20].http://www.ndcnc.gov.cn.

6.2.4 提供免费电子图书的网站

用户可以通过这种类型的网站在线阅读,有的也可以进行下载,虽然有些网站并非完全免费,但也有许多免费作品。

另外,美国图书馆协会参考与用户服务分会机器辅助服务部的最佳免费参考网站委员会(Best of Free Reference Web Sites Committee of the Machine-Assisted Reference Section)自1999年以来,每年都会以严格的标准评选出最佳免费参考网站,MARS评选的主要标准有:免费或大部分免费、内容的质量与深度、网站信息的有用性与独特性、时效性、清楚的表达、适当满足既定受众、提供到其他网站的适当的链接、对细节的注意(如不能有语法错误)、网站的稳定性、便于使用(如易于下载、打印等,易于使用的导航)、提供好的搜寻引擎、注意用户服务(如提供正确的、可以联系上的电子邮件地址)和吸引人的版面设计等。可以说被MARS评上的网站质量都是非常高的,其中往往包含一些很好的免费电子图书网站,值得我们关注。

除了以上这四种途径外,查找专业书籍可以去相应专业论坛求助网友,不少论坛常发布免费电子图书,也提供"找书"服务,比如网上读书园地①有专家找书的板块,现在的电子图书制作软件方便快捷,网友也会乐意制作电子书帮助需要的人。一些专业下载网站如BT和verycd中也有不少电子图书的资源,尤其是有声电子图书,这也是获取免费电子图书的一种很好的渠道。

6.3 学位论文、会议论文及科技报告资源的获取

由于学位论文、会议论文和科技报告均有"灰色文献"(gray literature)的性质,笔者将其归为一节,集中阐述。

① 读书园地[EB/OL].[2016-05-20].http://www.readfree.net/bbs.

6.3.1　学位论文

学位论文是高等学校、科研机构的毕业生为获得各级学位所撰写的论文。它是不同于图书或期刊的一种高水平的全文资料，具有独创、新颖、论题前沿、研究专深特点，对于研究和跟踪最新学科前沿有不可替代的作用，具有很高的价值。

但学位论文一般不公开出版或发表，只以纸质或电子版（有时兼而有之）提交给某个机构保存，这给非本机构人员查找学位论文成果带来麻烦，虽然现在的文献传递服务广泛开展起来，但其间需要耗费一定的人力、物力，委实不便。目前也有 Proauest Digital Dissertations（PQDD）、中国学位论文全文数据库、中国优秀博硕士学位论文全文数据库这样一些专门收录学位论文全文的数据库，但它们有授权限制。由于学位论文学术性强但获取困难，笔者认为有必要专门针对这种形式的资源来讨论学位论文的开放存取策略，其开放存取有三个主要的途径：

(1)学位授予机构自建数据库

一般来说学位授予机构都能及时的保存纸质版的学位论文，有的机构还要求论文作者提供电子版，这也有利于这些机构对学位论文进行数字化建设。现在几乎所有的高校都会对学位论文进行编目，并将之放入馆藏 OPAC 中，但真正免费提供在线学位论文全文的却很少。如清华大学学位论文服务系统①包括清华大学 1980 年以来的所有公开的学位论文，但只有校内用户才能查看全文，校外用户只能查看文摘。本书讨论的主要是能提供学位论文全文的获取途径。

提供学位论文全文服务的有以下这些机构。我国的台湾地区比较重视学位论文开放存取项目的建设，台湾“中山大学”图书馆建立的中山大学博硕士论文系统是台湾地区最早的在线学位论文项目，

① 清华大学学位论文服务系统[EB/OL].[2016-05-22].http://www.lib.tsinghua.edu.cn/database/th_disser.htm.

之后淡江大学、朝阳科技大学、逢甲大学也都纷纷建立了自己的学位论文库。这些高校单独建立的学位论文库发展到现在已经整合成了一个“eThesys 分散式学位论文共建共享计划”①(下文将详细介绍)。香港特别行政区的有香港大学学位论文系统②和香港科技大学学位论文数据库③。前者收录了1941年至今的该校学位论文,部分全文可开放存取;后者的收录范围是2002年至今的学位论文,大部分都能开放存取。国外学位授予机构提供的学位论文开放存取项目有美国麻省理工学院(MIT)的博硕士论文数据库④,提供目次检索和部分全文论文。弗吉尼亚理工大学(Virginia Tech)数字化学位论文项目⑤也提供部分全文。宾夕法尼亚州立大学(The Pennsylvania State University)电子学位论文自存档⑥收录10000多篇全文,涵盖材料学、教育学、工学、法学、医学、航空、经济、化工、建筑等各个学科,可在线免费获取,现在它已成为美国电子学位论文(Electronic Thesis and Dissertation,ETD)项目的中心点。

(2)高校联合开发的学位论文数据库

这类数据库较多,其收录论文量大而广,也有良好的检索和浏览功能,是用户免费获取学位论文很好的途径。笔者选出其中影响大、资源丰富的数据库并将其整理成表6-5。

① eThesys [EB/OL].[2016-05-22].http://etd.lib.nsysu.edu.tw/eThesys/index.php.

② Hong Kong University Theses Online [EB/OL].[2016-05-22].http://sunzi1.lib.hku.hk/hkuto/index.jsp.

③ The Hong Kong University of Science and Technology Library [EB/OL].[2016-05-22].http://lbxml.ust.hk/th/main.html.

④ dspace@ MIT [EB/OL].[2016-05-22].http://dspace.mit.edu/handle/1721.1/7582.

⑤ Digital Library and Archives [EB/OL].[2016-05-22].http://scholar.lib.vt.edu/theses.

⑥ The Pennsylvania State University's Electronic Theses and Dissertations Archives [EB/OL].[2016-05-22].http://etda.libraries.psu.edu.

表6-5 全球性或国家级学位论文数据库(依英文缩写的首字母为序)

网站名称	网址	收录论文范围	简介
ADT(Australian Digital These Program)	http://adt.caul.edu.au/	收录澳大利亚国内40多所高校的博硕士论文	ADT是澳大利亚国家数字论文的合作计划,目的是建立澳大利亚大学博、硕士论文的分布式数据库,提供全文。主要整合澳大利国内各高校的博硕士论文,并将之数字化,通过网络方便的提供给用户使用
Electronic Thesis/Dissertation OAI Union Catalog	http://oai.dlib.vt.edu/~etdunion/cgi-bin/OCLCUnion/UI/index.pl	包含全球十几家成员机构的137862篇论文	利用OAI的学位论文联合目录建立的学位论文数据库,多数论文免费提供PDF格式全文
ETD(Electronic Thesis and Dissertation)	http://scholar.lib.vt.edu/theses/	目前拥有来自美洲、欧洲、亚洲、非洲的上百所大学和研究所	该项目从1991年就开始电子化学位论文的研究。中心设在弗吉尼亚理工大学,该校已经完成了学位论文电子化的网上提交、整理入库、检索和获取全文的整个过程。目前已收23000多篇学位论文。大部分都可以访问全文
EThOSnet (Electronic Theses Online Service)	http://www.ethos.ac.uk/	收录了包括牛津大学、曼彻斯特大学、约克大学等在内的120多个机构的博士论文	这是英国学位论文开放存取的项目,于2007年3月8日正式启动,主要是为大英图书馆提供在线学位论文服务,进而形成一个完全集成的国家电子学位论文服务。目前收录接近380000篇博士论文,其中120000篇可直接获得全文

续表

网站名称	网址	收录论文范围	简介
NDLTD（Networked Digital Library of Theses and Dissertations）	http://www.ndltd.org/	目前NDLTD可检索来自世界各国的约450万篇学位论文	它是由美国国家自然科学基金支持的一个网上学位论文共建共享项目，为用户提供免费的学位论文文摘，还有部分可获取的免费学位论文全文，以便加速研究生研究成果的利用
Theses Canada Portal	http://www.collectionscanada.gc.ca/thesescanada/index-e.html	收录加拿大70多所高校的学位论文	它是加拿大学位论文门户，提供加拿大学位论文的保存和检索服务，有英语和法语两种检索界面，提供简单检索和高级检索两种检索方式。可在线检索1965年至今的加拿大部分大学的学位论文，1998年之后的学位论文部分提供全文

还有一些地区性或地方性的学位论文数据库，它们规模较小，如“Texas Digital Library”①，它提供得克萨斯州的20所大学的学位论文，部分有全文提供。“OhioLINK ETDs Center”②是俄亥俄数字化学位论文数据库，它集成了俄亥俄州100多所大学和学院图书馆的电子学位论文记录，部分提供全文。“DIVA Portal”收录了北欧37个大学和研究机构的学位论文，部分有全文③。“ETH学位论文库”收录了1999年以来部分瑞士高校学位论文，提供全文④。“eThesys”是

① Texas Digital Library [EB/OL].[2016-05-23].http://www.tdl.org/.

② OhioLINK ETDs Center [EB/OL].[2016-05-23].http://www.ohiolink.edu/etd/.

③ DIVA Portal [EB/OL].[2016-05-23].http://www.diva-portal.org/index.xsql?lang=en.

④ ETH学位论文库[EB/OL].[2016-05-23].http://e-collection.ethbib.ethz.ch/.

台湾分散式学位论文共建共享计划，有台湾地区多所高校参与，目前已有 43 个成员。它以台湾"中山大学"的 ETD 系统为基础，在台湾地区教育主管部门和图书馆的支持下开始向其他高校推广，还专门为开放存取学位论文资源创立一个系统"OAI 博硕士论文联邦查询系统"[①]，目前已有 5 万多篇论文。

(3) 开放存取项目站点收录的 OA 资源

一些开放存取项目站点收录的 OA 资源中也会包括学位论文的全文，例如"瑞典大学数字科学出版物"(Digital Scientific Publications from Swedish Universities)[②]。从这些实例可以看出学位论文的开放存取项目呈现出集团化、联合化的趋势，无论是高校间本身自发的联合还是国家联合学位论文开发的计划都是如此，说明政府的参与对学位论文的开放存取有巨大推动作用，上文的几个大型项目都由政府部门发起或参与协作，这对我国学位论文开放存取项目的建设来说无疑具有借鉴意义。

令人欣慰的是，越来越多的国家和机构已经认识到电子版学位论文开放存取的合理性。在国家层面，丹麦、德国、荷兰、瑞典、英国于 2007 年宣布推出欧洲电子学位论文门户(European e-Theses)的试点[③]，该门户可以从参与各国家的互操作的开放存取知识库中获取相关内容。瑞典已推出了它的学位论文开放存取门户，并启动了英文学位论文的开放存取资源建设。高校方面，意大利各大学校长会议采纳了开放存取知识库 ETDs 存储指南，澳大利亚的知识开放存取法项目发布了研究生的版权指南，介绍学位论文作者的开放存取和创作共用协议。佛罗里达大学开始将以前的学位论文数字化并开放存取，俄亥俄大学 Russ 工程学院、技术国际研究中心决定要求提交学位论文的电子版，加拿大维多利亚大学制订了 ETD 提交的流

---

① eThesys [EB/OL]. [2016-05-23]. http://fedetd.mis.nsysu.edu.tw/FED-db/cgi-bin/FED-search/search_s.

② OAI 博硕士论文联邦查询系统[EB/OL]. [2016-05-23]. http://svep.epc.ub.uu.se/testbed/start.xml?lang=en.

③ Digital Scientific Publications from Swedish Universities [EB/OL]. [2016-05-23]. http://www.surffoundation.nl/smartsite.dws?ch=eng&id=13180.

程，哈佛自由文化学院的学生创建了本科生高水平学位论文的开放存取学位论文知识库。数据库商方面，ProQuest 开始向各大学开放 ProQuest 拥有的 ETD①。可见，不论国家、高校还是数据库商都开始重视 ETD，并开展种种行动支持 ETD，笔者相信，随着这些项目的发展，用户将得到越来越丰富的开放存取学位论文资源。

6.3.2　会议论文

学术会议是指各种学会、协会、研究机构、学术组织等主持举办的各种研讨会、学术讨论会等与学术相关的会议。据美国科技信息研究所（ISI）统计，会议文献在目前的十大科技信息源中，其利用率仅次于科技期刊。总的来说，会议文献具有专业性和针对性强，内容新颖，学术水平高，信息量大，涉及的专业内容集中，可靠性高，及时性强等特点。在各类信息资源中，会议论文是比较难以收集和检索的一种，因其发行分散，形式多样，所以没有一种数据库或检索工具能检索到比较全面的会议文献，全文更是分散在不同的数据库中。

国内学术会议论文一般都必须借助"中国学术会议全文数据库"这样的商业数据库才能获取全文。笔者在调查过程中发现国内没有可以免费获取会议论文的项目，但有关会议相关信息、会议录和会议论文文摘这些信息还是能够开放存取的。下面举出两个在国内影响最大也是最权威的学术会议网站来说明此问题。通过"中国学术会议在线"②这个教育部主办的官方学术会议网站，可在注册后免费获取一些会议评述、视频会议报告和视频讲座，但它提供的主要内容还是有关学术会议本身的基本信息，如会议名称、类型、会议召开时间、征文通知等。国家科技图书文献中心（NSTL）建立了中外会议论文数据库③，免费提供的信息包括会议名称、作者姓名及单位、会

---

① Peter Suber. Open Access in 2007 [EB/OL]. [2016-05-23]. http://www.earlham.edu/~peters/fos/newsletter/01-02-08.htm#2007.

② 中国学术会议在线[EB/OL]. [2016-05-26]. http://www.meeting.edu.cn.

③ National Science and Technology Library [EB/OL]. [2016-05-26]. http://www.nstl.gov.cn/.

议录名、馆藏号及分类号、关键词、语种以及文摘等题录信息。NSTL 提供的检索字段中有“可提供全文记录”的选项，可惜的是，笔者发现它的意思不是指全文的可开放存取，而是馆藏中是否有该论文的全文、是否能进行文献传递。

国外的可获得会议论文开放存取资源的来源稍多，而且部分还能提供论文全文。由于国外提供会议相关信息的网站非常多，而且现在有些商业数据库中也能免费检索到会议论文文摘信息，因此笔者在此只针对能够真正免费获取会议论文全文的网站进行分析。主要有以下几个来源：

(1)学术团体网站

它是会议论文的重要来源，许多专业协会、学会拥有自己的数据库和网站，可以使用他们的自建数据库免费获取会议论文全文。

表 6-6　**可获取会议论文全文的国外学术团体网站（依名称首字母排序）**

名称	网址	收录范围	简介
ACM Digital Library	http://dl.acm.org	收录美国计算机学会(ACM)50 多年来出版的每篇论文	ACM 创立于 1947 年，是全球历史最悠久和最大的计算机教育和科研机构，其出版物和会议录是全球计算机领域专业人士最权威的学术资源。该网站收录 ACM 所有全文出版物含会议论文
AIP Conference Proceedings	http://proceedings.aip.org/proceedings	收录 2000 年以来 API 出版的会议论文集，部分可免费获取	自 1975 年起所有 AIP(美国物理研究所)出版的会议论文集题录信息，在线的会议论文集收录 2000 年以来的会议论文，其中只有部分可以免费获取，大部分需要通过注册付费才能获取

续表

名称	网址	收录范围	简介
Illinois Digital Environment for Access to Learning and Scholarship (IDEALS)	https:// www.ideas. illinois.edu/handle/2142/14872	收录2006年以来世界顶级信息学院联盟iSchool年会论文	iSchool是全球顶级信息学院联盟,现有成员70多所,中国武汉大学、南京大学、中山大学和中国人民大学是其成员。该网站允许免费下载论文
IEEE Xplore	http:// ieeexplore. ieee. org/xpl/conferences.jsp	收集了1998年以来IEEE和IET召开的大部分会议论文	它是IEEE开发的开放存取资源数据库,专门收集可以免费提供全文的IEEE及IET相关资源,除会议论文外还包括图书、期刊、各种技术标准、教学课程以及科技报告,文档总数达3646850个,IEEE的会议论文质量都非常高,是非常宝贵的开放存取会议论文资源
SPIE Digital Library	http://spiedigitallibrary.org/	收录了自1963年以来由SPIE发起举办会议的会议论文集	收录从1963年起由SPIE发起或与其他机构联合发起的所有论文集共9500多卷。SPIE会议录汇集了光学工程等相关领域的最新研究成果,具有信息量大、报导速度快、涉及交叉学科领域广泛等特点,是国际著名的会议文献出版物。可按卷号、会议名称、年份和卷名进行浏览

上述数据库均可提供会议论文全文,其共同特点是,这些机构是其所在学科领域内的权威机构,其出版的各种文献都是科研人员利用最频繁的文献,如果其出版物不通过开放存取的方式提供给用户,将为其带来巨大的收益。但难得的是,这些著名机构本着学术交流和促进科学发展的宗旨将这些优秀的资源公开共享,这也再次说明

了 OA 运动的影响力和 OA 资源中不乏高质量的信息来源。还有一些著名机构免费提供的是会议论文的题录信息和摘要，如美国土木工程师学会（ACSE）的"ASCE Online Proceedings"①。类似机构有很多，在此不一一赘述。值得一提的是，美国能源部（DOE）的科技信息办公室（Office of Scientific and Technical Information，OSTI）开发的"A Science Accelerator Resource"②是一个整合了美国几十个领域权威学术机构的会议论文统一检索平台。用户通过检索可以获得会议论文题录信息，部分还有摘要。

（2）OA 仓储

一般来讲，部分学科知识库和机构知识库都会收录会议论文这一重要的资源类型。如站点设在康奈尔大学图书馆下的 arXiv.org，主要收录是物理学、数学、计算机科学、量子生物学、计量金融学以及统计学这 6 个学科的 100 多万种预印本文献，其中就包括会议录。

另外，还有专门收集学术会议论文的 OA 仓储，如俄克拉荷马州立大学（Oklahoma State University，OSU）创办的"Proceedings of the Oklanhoma Academy of Scence"专门收集 1921 年至今历年该机构的重要学术会议论文，共 5000 余种。其内容按年代及学科组织，涉及生物学、地理学、数学、医学、经济学、心理学、环境科学等多个领域③。

另外，一些国际组织或地区性组织网站也会提供有关会议的报告、声明、决议、条约以及出版物等，可在这些机构网站上获取有关这些机构的会议信息。如世界银行（The World Bank）、经济合作与发展组织（OECD）④等。

---

① ASCE Online Proceedings [EB/OL].[2016-05-28]. http://ascelibrary.org/proceedings.

② A Science Accelerator Resource [EB/OL].[2016-05-28]. http://www.osti.gov/scienceconferences/.

③ Proceedings of the Oklanhoma Academy of Scence [EB/OL].[2016-05-28].http://digital.library.okstate.edu/oas/.

④ OECD [EB/OL].[2016-05-28].http://www.oecd.org/.

6.3.3 科技报告

科技报告(Scientific and Technical Reports)是科技工作者围绕某一课题从事研究所取得的成果,或在试验研究中所做的记录报告,是在科技活动中产生的第一手资料。它及时、如实地反映了科学技术的发展水平和动向,许多专深的最新的研究课题,特别是尖端学科的最新探索,往往主要反映在科技报告这一类型的资源中。科技报告由于其技术含量高、时效性强、内容完整等特点,对于科研活动来说是一种不可或缺的资源。据统计,有15%左右的科技报告可在互联网上免费获得①。这说明开放存取科技报告资源还是比较丰富的,根据科技报告的机构分布情况②以及网上科技报告资源的来源,笔者将科技报告的开放存取途径分为以下2个方面:

(1)政府机构网站

政府资助项目研究成果公共获取,是OA发展的趋势之一。政府每年投入大量经费支持科学研究,科研项目承担者有义务向资助机构提交科技报告,因此政府部门收藏大量的科技报告,占整个科技报告数量中的很大一部分。目前已经有一些政府机构把本部门的科技报告放到各自网站,方便公众开放存取,开放存取科技报告也绝大部分发布在政府机构网站。笔者将重要的可放存取科技报告的机构网站整理成表6-7。

被美国各高校图书馆链接最多的免费科技报告网站"GrayLIT NetWork"可以检索并浏览美国政府科技报告(DTIC、NASA、DOE、EPA),部分还提供全文,但笔者发现它已于2007年10月31日起开始停用。但FedWorld③可免费检索收录美国四大科技报告(AD、PB、DOE、NASA)的美国政府科技报告库(National Technical Information Service,NTIS),并提供题录信息。

---

① 赵岩碧.信息检索原理与方法教程[M].北京:化学工业出版社,2005.

② 肖艳琴.科技报告资源的开发与利用研究[D].武汉:武汉大学硕士学位论文,2007.

③ FedWorld[EB/OL].[2016-05-28].http://www.fedworld.gov/.

表 6-7　　可开放存取科技报告的政府机构网站

名称	网址	所属政府机构	收录范围	开放存取程度	简介
NTRS（NASA Technical Report Server）	http://ntrs.nasa.gov	NASA（美国国家航空航天局）	提供航空等方面的相关引文、会议论文、图像、期刊论文、电影、专利信息以及科技报告	部分提供科技报告全文、部分提供引文、文摘和题录信息	提供有关航空航天方面的科技报告。整合了 3 个独立的数据库并实现跨库间的一站式检索。这三个数据库分别是：收录 1915—1958 年技术报告的 NACA；收录自 1958 年出版至今的引文和文献的 NASA；收录 NASA 的引文、图像、照片、电影和音频资源的 NIX。NASA1994 年开始发布至今的科技报告均可免费获取
CRS（The Congressional Research Service）Reports	http://www.ncseonline.org/NLE/CRS/	NCSE（美国国家科学与环境委员会）	收录 1944 种环境及其相关主题的会议报告	全文	它是国会图书馆的一部分，为国会图书馆收集科技报告，主要是环境方面的科技报告全文。其类型多样，也有非技术性的信息可供对环境政策感兴趣的人阅览。NCSE 负责该数据库的维护和更新，并保证其可以被公众检索与利用

续表

名称	网址	所属政府机构	收录范围	开放存取程度	简介
Information Bri-dge: DOE Scientific and Technical Information	http://www.osti.gov/bridge/	DOE（美国能源部）	资料大多来源于1994年至今DOE或受DOE资助的科技报告	全文	提供DOE科技报告的全文和引文资料，内容涉及物理、化学、材料、生物、环境科学、能源技术、工程技术、计算机信息科学、再生资源等领域
LARA（Libre Acces aux Rapports scientifiques et techniques）	http://lara.inist.fr/	法国科学技术资料中心	收录法国国内有关技术、经济学、人文社科方面理论与应用型的科技报告	全文	LARA是法国科学技术资料中心开发的一个国家灰色报告资源库，旨在促进国家科技报告直接和开放存取，提供科技报告的透明度，使科研人员更容易获取
Public STINET	http://stinet.dtic.mil/info/s-stinet.html	DTIC（国防技术情报中心）	收录DTIC科技报告的题目信息和全文	部分全文、部分题录信息	美国国防技术情报中心科技报告数据库，可检索和浏览文摘信息，部分可下载全文。还提供其他相关军事信息资源索引的入口

续表

名称	网址	所属政府机构	收录范围	开放存取程度	简介
NBER Working Paper	http://www.nber.org/	NBER(美国国家经济研究局)	收录 NBER 的科技报告以及其他形式的出版物	绝大部分提供全文、也有部分提供研究报告文摘	是 NBER 的研究报告数据库,除科技报告外,还有图书、文摘等形式的资源
国家科技报告服务系统	http://www.nstrs.cn/	美国科技部	收录 66 774 项报告,包括部门科技报告和地方科技报告	向社会公众无偿提供科技报告摘要浏览服务;向专业人员提供在线全文浏览服务;向各级科研管理人员提供面向科研管理的统计分析服务	针对社会公众、专业人员和管理人员三类用户的服务。可以提供检索、查询、浏览、全文推送以及相应统计分析等服务
国家科技成果网	http://www.tech110.cn/tech/front/view/production/html/index.jsp	中国国家科技部	收录全国各地区、各行业经省、市、部委认定的科技成果近 70 万项	提供题录信息和成果摘要	该网站的科技成果数据库内容丰富、成果类型齐全、权威性高,它以网站拥有的内容丰富、权威的国家科技成果库为核心,配合先进、强大的搜索引擎功能,为用户提供科技成果、技术项目等方面的信息

检索我国的科技报告信息,除了国科网,还可以在国家科技图书文献中心建立的国家科技报告服务系统①中查找相关信息。目前该系统共收录部门和地方科技报告共41260项,社会公众可通过检索获取科技报告的中英文摘要、关键词、作者、完成单位、立项年份等信息,经过实名注册后,还可以在线浏览科技报告全文。

(2)高等院校

高等院校也是开放利用科技报告的主要机构之一。一般有两种形式:一种是自建科技报告库的形式,如华盛顿大学建立的经济学报告库Economics WPA②,其中包括许多大学的研究成果,多数可以免费得到全文。第二种是科技报告整合平台,它一般是把各个独立的科技报告库整合在一个系统中,提供统一的检索平台。如康奈尔大学建立的独立的科技报告平台(Cornell University Library Technical Reports and Papers)③,整合了世界上许多大学以及研究实验室有关计算机科学、信息科学、理论研究中心、机械与机械装置、流域管理科技报告库,可进行跨库检索,可免费得到全文。普林斯顿大学、麻省理工学院、宾夕法尼亚大学、加州大学圣地亚哥分校则把科技报告资源整合进了电子资源统一检索平台,在统一检索平台中,按文献类型搜索即可检索出科技报告资源④。

另外,同会议论文一样,一些国际性组织或地区性组织网站也提供科技报告信息,如世界银行组织的文件与报告库(Documents & Reports of the World Bank Group)⑤,免费提供报告全文。

---

① 全国科技成果数据库[EB/OL].[2016-05-28].http://www.nstrs.cn/index2.aspx.

② Economics WPA [EB/OL].[2016-05-28].http://econpapers.repec.org/paper/.

③ Cornell University Library Technical Reports and Papers [EB/OL].[2016-05-28].https://newcatalog.library.cornell.edu/catalog/4637179.

④ 肖艳琴.科技报告资源的开发与利用研究[D].武汉:武汉大学硕士学位论文,2007.

⑤ Documents & Reports of the World Bank Group [EB/OL].[2016-05-29].http://www.worldbank.org/search.

6.4　机构库资源的获取策略

机构库涉及的资源类型多样，任何一种 OA 资源类型都无法涵盖之，因此笔者将其单独做一节来讨论。

6.4.1　机构库的定义

机构库（Institutional Repository，IR），也被称为“机构存储库”、“机构知识库”或“机构仓储”，是近年来 OA 仓储建设的重点。对于机构库的解释国内学者尚未达成共识。笔者在综合专家学者所给的各种定义后认为，机构库是一个机构所产生的知识资源的集合，机构通过对其成员的科研成果进行收集、整理、加工和存储，最终以开放存取形式提供给用户的知识服务系统。机构库是资源整合的一种新方式，可以提供跨库检索，在一定程度上实现资源共享，促进知识快速传播，扩大学术交流的范围。国外机构库近年来蓬勃发展，遍布各国家、各地区。

6.4.2　机构库的获取途径

与 OA 期刊、学位论文、会议论文和科技报告的开放存取策略相比，机构库的获取途径相对集中，主要是通过 OA 仓储注册登记网站来获取 IR 信息。最著名的 OA 仓储注册站点有“开放存取项目注册”（ROAR）①和“开放存取仓储名录”（OpenDOAR）②。二者的检索功能类似，在浏览功能上，OpenDOAR 更胜一筹，除国别、仓储类型和所用系统软件外，还提供了学科和语言浏览。在附加功能上，ROAR 的统计图表较 OpenDOAR 丰富，OpenDOAR 的统计图表多集中在整体上的比较分析，如 OA 仓储学科分布、国别分布、增长态势这些方面；而 ROAR 做得更加细化，对每种 OA 仓储都做了详细的趋势图。

---

① Registry of Open Access Repositories [EB/OL]. [2016-05-29]. http://roar.eprints.org/.

② OpenDOAR [EB/OL]. [2016-05-29]. http://www.opendoar.org/index.html.

用户可以根据自己的需要选择适当的站点进行检索,若想寻找有关基础学科的 OA 仓储,还可以到 E-print Network① 中查找。

笔者选取收集 OA 仓储最多的 OpenDOAR 调查世界上影响较大的国家的 OA 仓储建设总体情况,并从 OA 仓储中机构库比例、机构库的国家和学科分布三个方面分别分析机构库的分布情况。

笔者选取世界上影响较大的几个国家,调查出其创建的 OA 仓储数量。调查显示,美国创建的 OA 库遥遥领先,其次为英国、日本。我国(包括香港和台湾)在该站点上注册的有 97 个站点,包括香港城市大学的"CityU Institutional Repository"、香港大学的"HKU Scholars Hub"和"HKUTO"、香港科技大学图书馆的"HKUST Repository"、中国西部环境与生态科学数据中心的"seeKpace"、台湾地区的 eThesys、香港中文大学的"Scholarly Information Repository"和厦门大学学术库(XMU IR)等。目前建设的开放存取资源库多为机构库,除此之外还有一些综合性仓储,如中国科技论文在线、中国预印本服务系统等。整体而言,我国的 OA 仓储建设数量相对于美、日等发达国家来说仍然较少。

调查显示的机构库国家分布与整个 OA 仓储国家分布大致一致,美国创建的机构数量最多,占全球机构库总量的 14%,遥遥领先。美国、英国、日本、德国、西班牙、波兰、意大利加起来占到机构库总量的 44%,这说明机构库国家分布极不平衡,主要集中在少数几个发达国家。

在学科方面,机构库由于其自身创建的特点主要是收录多种学科资源。多学科(Multidisciplinary)机构库有 1569 种,占到了总机构库数量的 65%。

6.4.3 国内外重要机构库的案例

由于机构库数量众多,本章仅列举在国际范围内知名度高、影响力大、具有代表性的机构库进行较为详细的介绍和分析,以总结出其

① E-print Network [EB/OL].[2016-05-29].http://www.osti.gov/eprints.

特点,为我国建设机构知识库提供借鉴。

(1)DSpace 联盟工程

DSpace 联盟是由使用 DSpace 技术系统创建机构知识库的 8 个大学图书馆组成的共同体,因以技术系统为纽带,联盟空间不受限制,其成员遍布世界各地。2002 年,美国麻省理工学院(MIT)和惠普公司共同开发了第一个 DSpace 系统的机构知识库,它从中吸取经验、总结教训进而公开发行推广,这也为其他学校机构库的发展提供了一个基本模式。这一做法降低了建库成本,减少了实施机构库的障碍,在推广技术的同时也推动了机构库的迅速发展①。此后,DSpace 系统逐渐向世界其他地区延伸,如英国、加拿大等国都有其合作者②。

该库用以处理 MIT 教师和研究人员每年完成的总计 1 万多份的电子版学术研究成果,其中包括期刊论文、技术报告、会议论文以及 MIT 认为重要的其他文件,类型涵盖文本、音频、视频、图片等多种类型,不过它并不收录 MIT 学生的研究资料、机构记录以及非 MIT 的教师的研究成果等。DSpace 还和 OCLC 的 OAICAT 结合,完全支持 OSIV2 协议,同时采用 CNRI 的 Handle 建立唯一标识框架,为实现不同数据库间的元数据交换,进而为实现不同开放仓储库资源的完整意义上的互通存取提供了可能③。

(2)eScholarship Repository

加州大学学术成果全文仓储(eScholarship Repository)于 2002 年由加州数字图书馆和加州大学图书馆联合主办,该项目旨在鼓励创新并支持学术成果的创作和传播,使用 OAI 元数据收割协议来保证系统与其他机构库的互操作,提供免费全文浏览和下载④。

其收录范围为加州大学系统教学科研各类学术成果,包括已发

---

① DSpace Federation [EB/OL].[2016-05-30].http://dspace.org/federation/index.html.

② DSpace [EB/OL].[2016-05-30].http://www.dspace.org/.

③ 姜瑞其.国外机构库发展概况[J].图书情报工作,2005(11):142-145.

④ 徐澎.加州大学数字图书馆 eScholarship 项目评介[J].图书馆学研究,2006(1):35-37.

表的论文专著、本校学术期刊、经同行评审的连续出版物、研究生研讨课资料等①。它收录的所有学术研究成果均经过了加州大学各研究机构的严格控制和筛选，凡经同行评审的文章均注明“This work has been peer reviewed”。它的检索浏览功能也非常完备，界面简洁友好，可检字段丰富。

(3) CARL Institutional Repository Program

加拿大研究图书馆协会(CARL)于 2002 年 9 月开始组织加拿大 12 个大学图书馆决定联合组建机构库试验项目(Institutional Repository Program)。该项目与 DSpace 联盟工程不同的是，各成员根据自己的实际情况采用不同的软件技术，而且在进程上也有所区别。CARL 为其成员提供了大量资源，这些资源多是加拿大的学术研究成果，用户可以通过机构库的在线资源人口进行检索或浏览。通过创建机构库步骤指南，CARL 引导创建者建立机构库，并且创建者可以对创建前、创建中及创建后出现的问题进行商讨②。此外，它还提供了加拿大国内创建的其他机构库的链接和国内外图书馆协会或学会的相关链接，用户可以直接访问。

(4) DARE

数字学术仓储(Digital Academic Repositories, DARE)是由荷兰所有大学、国家图书馆、自然科学与艺术科学皇家科学院、荷兰科技研究所等多所机构共同发起的一个合作先导计划，旨在使荷兰大学的学术资源能够互连共享，将荷兰全国大学的各种数字化科研成果向全球的网络用户免费开放。荷兰高等教育网络服务与信息交流技术合作组织(SURF)资助了高等学校机构知识库(DARE)项目，该项目得到了 SURF 基金会的 200 万欧元的资金资助。DARE 要求每个成员机构库都采用统一的国际通用标准，以确保与其他机构库的互操作性和资源的国际通用性。它将各成员高校的资源进行整合，并

---

① eScholarship Repository [EB/OL]. [2016-05-30]. http://repositories.cdlib.org/escholarship/.

② Kathleen Shearer. A Collaborative Approach to Addressing the Challenges of IRs in Canada[J]. Library Hi Tech., 2006(24): 165-172.

可通过经济学、法学、人文科学、自然科学这些大的学科类别①的高校机构进行浏览，同时还提供按期刊名称浏览的功能。

DARE 还包括阿姆斯特丹大学的在线论文数据库（UvA Dissertations Online）和专门的在线硕士学位论文（UvA Scripties），前者收录的是阿姆斯特丹大学的在线论文出版物，后者收录的是该校的硕士学位论文。

（5）XMU IR

厦门大学学术库（XMU IR）主要是用来存储厦门大学教学和科研人员的具有较高学术价值的学术著作、期刊论文、工作文稿、会议论文、科研数据资料，以及重要学术活动的演示文稿等。旨在用来长期保存厦门大学的学术成果；方便校内外及国内外同行学者之间的学术交流、评议、知识共享等；展示厦门大学学术成果，加快学术传播，提高学术声誉；促进电子出版和公开存取运动。收录资源类型包括会议论文、工作文稿、已发表论文和 PPT 等。其内容可按院系、题目、作者、出版时间和提交时间五种方式进行浏览。

该库还加入了香港城市大学发起的"学生创作的杰出论文计划"（Outstanding Academic Papers by Students，OAPS），目前加盟的成员已经有清华大学、上海交通大学、厦门大学、香港城市大学、逢甲大学、首尔大学等。该计划只针对学生日常撰写的学术论文，不包括学位论文或毕业论文。XMU IR 作为国内高校机构库建设的先驱，与国外发展成熟的机构库相比还是有一定差距的，网站访问速度非常慢，这也将大大影响用户的使用率，更主要的原因在于其数据统计界面还是英文的，这也有失语言特色。总之，不管从资源数量、网站建设还是服务体系方面来说，XMU IR 都还有待提高。

6.4.4　机构库建设的特点及趋势

机构库发展至今取得了丰富的理论和实践成果，在普遍调查国内外机构库实例和结合前人学术成果的基础上，目前机构库的特点及发展趋势表现为以下三个方面：

---

① DARE［EB/OL］.［2016-05-28］.http://dare.uva.nl/.

(1)合作共建是趋势

合作共建不仅是机构库的趋势,同时也是整个开放存取资源建设与利用的总体趋势。机构库建设的主体是机构,这个“机构”从性质上看,既可以是一个大学、科研机构、图书馆(如 XMUIR),也可以是多个大学、科研机构、图书馆(如 CARL Institutional Repository Program),还可以是多个这三种机构的联合体(如 eScholarship Repository)。从地理范围来看,既可以是单一机构内的,也可以是部分地区之间的(如 DSpace 联盟工程),还可以是整个国家范围内的(如 DARE),乃至世界范围内的(如 Open Archives Forum)①。构建和实现合作共建的基础平台是网络,即通过网络实现资源的存储与共享、管理和运行。在合作共建的条件下,机构库的建设将发展得更快更好。除了机构及地区范围内的共建外,同出版商以及技术人员的合作共建也是必不可少的,其典型案例就是 DSpace 联盟工程。它以美国麻省理工学院和惠普公司共同开发软件 DSpace 为基础,在实践中不断改进,进而成为目前世界上应用最广泛的 OA 仓储软件系统,这也反映出在信息化背景下社会各部门之间合作的重要性。

为促进全国高校机构知识库整体、快速、健康发展,中国高等教育文献保障系统(China Academic Library and Information System,CALIS)管理中心联合 16 家高校图书馆共同发起成立“高校机构知识库联盟”(Confederation of China Academic Institntional Repository,CHAIR)。成立仪式于 2016 年 9 月 22 日在“第四届中国机构知识库学术研讨会”期间举行,是该会议的主要内容之一。

(2)资源整合是重点

机构库建设的对象多样,包括同一或不同学科的预印本、学位论文、工作报告、多媒体数据、会议论文、教学资料、实验结果、期刊论文、研讨会丛书,这些资源需要整合在统一的检索界面中以方便用户浏览检索,有利于学术信息的良好流通。而不同机构库间资源整合时就要求每个机构库都保证与其他机构库间的互操作,保证其内容能够被机构外的用户方便的访问和使用,并且能够有效的获取其他

① Open Archives Forum [EB/OL].[2016-05-28].http://www.oaforum.org/.

机构知识库的内容。而这个互操作的保证渠道有两个,一个是使用统一的OA仓储系统软件,如DSpace联盟工程;另一种是各自可以采用不同的软件但通过统一的国际通用标准来实现互操作,如CARL和DARE。在分布式服务模式下,还要注重资源内容的质量控制,内容的质量控制可分成两个级别:元数据级和内容级①。

(3)动态性和开放性是保证

二者是机构库建设持续发展的保证。首先机构库中的知识资源是动态增加并长期保存的,用户的积极参与是机构库资源建设的基础。除了政策上的强制实行保证外,机构库规划者和建议者必须积极发挥主观能动性,采取各种激励措施鼓励研究人员参与其中。eScholarship项目在此方面非常重视,它促进用户与系统之间的交互,并给出了非常简便易行的方法指导用户的参与,它认为只有在完善自身建设的同时也积极鼓励用户的参与,发动用户共同充实整个文献资源体系,项目建设才能够保持鲜活的生命力②。其次,机构库的开放性③决定了它的影响范围和可持续发展空间。部分机构库只将资源提供给本机构内部人员使用,这并不是真正意义上的OA,对成果的保护要建立在学术成果广泛交流讨论并产生新的社会价值的基础上,机构库必须保证将其中绝大部分内容向世界范围内的所有用户开放,这样才能真正发挥机构库的作用,也能实现自身在更大空间里的发展。

---

① 郭少友.机构库建设的若干问题研究[J].中国图书馆学报,2006(1):77-80.

② 徐澎.加州大学数字图书馆eScholarship项目评介[J].图书馆学研究,2006(1):35-37.

③ 高嵩.机构仓储及其在数字图书馆服务中的应用模式研究[J].图书情报工作,2006(8):59-62.

第 7 章　基于学科的开放存取资源获取策略

机构知识库和学科知识库都是作为开放存取实现途径之一的 OA 仓储的两个分支①,为 OA 运动的发展作出了巨大的贡献。相比较而言,对于学科库的研究比机构库要少得多,笔者在 CNKI 中用"学科库""学科知识库"和"学科仓储"作为关键词进行检索,只有 27 篇相关文章,其中仅有 11 篇文章为专门探讨学科库的建设。而用英文"disciplinary archives""subject(discipline) based repositories"等相关关键词在 Google Scholar 中搜索,将检索字段限定在"题名"字段中,检索结果为 0,若不限定检索字段,则发现有部分研究 OA 的论文中提到学科库,但没有专文论述。

7.1　学科库的定义

学科库,也被称为"学科知识库""学科开放存取仓储"或"学科仓储",在国外通常被称为"disciplinary archives""subject(discipline) based repositories""subject specific repositories""discipline-oriented repositories"和"domain specific data archives"等。有学者认为"学科

① 李武.开放存取出版的两种主要实现途径[J].大学图书馆学报,2005(4):58-63.

库”最能代表这个主题概念①。

关于学科库的准确定义尚无明确标准，笔者认为，从学科库建设角度来说，它是以学科为主线，对某个学科领域的各种类型的资源进行捕获、收集、整理、描述、组织、索引，实现对这些对象的长期保存和广泛传播，从而实现对这些对象资源的共享和利用的知识库构建。

7.2　学科库的获取途径

学科库的开放存取策略与机构库类似，其获取途径亦相对集中，可以通过 OA 仓储注册登记网站来获取 IR 信息。OA 仓储注册站点信息在上文中已有详细论述，在此不再赘述。与机构库相比，由于学科库的学科特点，更适合在拥有学科浏览功能的 OpenDOAR 和 E-print Network 中进行检索。另外，相对而言，学科库比机构库更容易通过 Google、OAIster 这类搜索引擎来检索相关站点，输入“学科名称+学科库(OA)”就能找到相关信息。

笔者还是选取收集 OA 仓储最多的 OpenDOAR，从 OA 仓储中学科库的比例、学科种类以及国别分布三方面分析学科库的分布情况。

从数量上看，学科库有 290 种，占 OA 仓储总数的 10%，远远低于机构库的数量，这说明学科库的成果不多。同时，其实践成果也与机构库有着较大差异，下文将试图分析造成这种现象的原因。

从学科分布而言，学科库最多的是历史与考古学，占到了总比的 23%；其次是地理学与区域研究，为 16%；随后依次是多学科和健康与医学学科，均占到了 13%，法律与政治为 11%，其余学科占比均在 1%~8%。整体而言，与机构库相比，学科库的学科分布差距相对较小，较为平衡。

调查显示，学科库国家分布与整个 OA 仓储、机构库国家分布有差异。美国依然是创建学科库最多的国家，占到学科库总数量的

① 黄如花，冯晴.论学科库的建设[J].图书馆论坛，2007(6)：131-136.

28%,超过全球的 1/4。其次为英国、法国、西班牙、德国、巴西、加拿大和波兰。与机构库国家分布相比,法国取代日本占据第三名的位置,加拿大取代意大利进入前 8 名,这几个国家的学科库相加占到整个学科库总量的 67%,这说明学科库比机构库的国家分布更不平衡。①

总之,学科库在数量上与机构库的差距较大,且集中在少数几个发达国家,但在学科分布上较为平衡。

7.3　不同学科的学科库间的比较——以 PMC 和 E-LIS 为例

学科库分布在众多不同的学科当中,笔者试图选取其中两个学科来比较分析不同学科的学科库间的异同。笔者认为选取标准有两个:其一是该学科 OA 资源影响力较大;其二是两学科学科库数量相当。基于这两点,笔者选取生物学、医学以及图书情报学的学科库作为调查对象。PubMed Central(PMC)和 E-LIS 分别是生物医学领域和图书馆学情报学领域里最重要也是影响力最大的学科库,都能代表各自领域里学科库建设的最高水平。因此笔者将以这两个学科库为对象比较两个学科之间的差异。

图书馆学情报学论文电子印本②(E-prints in Library and Information Science,E-LIS)始建于 2003 年,由计算、图书馆和信息科学研究项目(Research in Computing, Library and Information Science, RCLIS)和西班牙文化部的信息科学文献案(Documents in Information Science,DoIS)项目牵头创建。它旨在推动图书馆学、信息科学与技术及相关领域论文的开放存取,收录该领域中已出版或未出版的研究成果,实行开放存取。它是一个非商业性质的网站,依靠来自世界

① Proportion of Repositories by Country [EB/OL].[2015-05-20].http://www.opendoar.org/find.php.

② E-prints in Library and Information Science [EB/OL].[2015-05-20].http://eprints.rclis.org/.

各国的志愿者维护,目前已经有阿根廷、意大利、西班牙、印度、印度尼西亚、英国、美国等几十个国家的志愿者组成编辑队伍①。它专为图书馆学情报学领域的研究人员准备,通过推动该领域研究者的自存档来确保对这些文档的长期保存,并面向全球提供对这些论文的开放存取。

公共医学中心(PMC)创建于 2000 年 2 月,是一个数字化的全文数据库,由美国国家医学图书馆(NLM)下的生物技术信息国家中心(National Center for Biotechnology Information,NCBI)开发、管理和维护。学科领域涉及生物医学、行为科学和临床研究等学科领域,提供完全免费的全文服务。它所收录的论文均经过同行评议,质量非常高。出版社自愿参加 PMC,但参加的期刊必须满足编辑出版标准,PMC 论文的版权属于期刊或作者所有②。

7.3.1　收录资源种类及质量控制体制的比较

从表 7-1 看出,二者各方面的差异还是很大的。在收录资源类型上,PMC 只收录期刊论文;E-LIS 收录的类型则丰富多样,包含了各类型的信息资源。在资源开放程度上,由于 PMC 中的论文大多有版权限制,因此全文开放存取的时间有所差异,分为可立即获取(immediate)、1 个月之后(after 1 months)、3 个月之后(after 3 months)、4 个月之后(after 4 months)、5 个月之后(after 5 months)、6 个月之后(after 6 months)、12 个月之后(after 12 months)和 36 个月之后(after 36 months)开放存取等多种形式,但大多是可以立即获取的。PMC 的资源获取只在这一个方面有所限制。E-LIS 在全文获取方面没有限制,但不允许搜索引擎自动智能采集其完整数据。

---

① E-LIS Editorial Document [EB/OL].[2015-05-20].http://elisdocs.rclis.org/management/elis_gad.htm.

② PubMed Central [EB/OL].[2015-05-20].http://www.pubmedcentral.nih.gov/about/intro.html.

表 7-1 **PMC 和 E-LIS 基本情况比较**

名称	网址	资助机构	所用系统软件	语言	质量控制	开放程度	收录资源类型及数量
PMC	http://www.pubmedcentral.nih.gov/	NIH	PMC	英语	同行评议	所有内容有时间限制的全面开放	期刊论文及参考书目,2373 种期刊
E-LIS	http://eprints.rclis.org/	无任何资助,靠志愿者维持	EPrints	英语、法语、西班牙语、中文等 22 种语言	编辑把关	不允许搜索引擎自动智能采集其完整数据	期刊论文、参考书目、会议论文、未出版物、图书、报纸等,共 17360 种文档

在资源质量控制方面,PMC 收录的期刊论文均经过同行评议,质量非常高,它收录的很多期刊都被 ISI 所收录(见前文分析)。E-LIS 发表的论文主要靠编辑来审定,除作者自行发表外,它还收录一些别的 OA 仓储有关图书馆学情报学的 OA 资源,后文会详细阐述。在使用系统软件上,PMC 采用的是自行开发的系统,而 E-LIS 使用的是学科库建设中使用最多的 Eprints① 系统。

7.3.2 信息资源组织的比较

学科库信息资源组织的成败决定着学科库检索浏览功能的便捷与否。笔者拟从学科库所用分类法、元数据两方面比较二者差异。

(1)学科库采用分类法的比较

笔者调查发现,PMC 没有使用分类法构建其资源学科体系。E-LIS 则采用 JITA Classification Schema 分类法的图书馆学情报学类

① Usage of Open Access Repository Software [EB/OL].[2015-05-21].http://www.opendoar.org/onechart.php?cID=&ctID.

部分[①],共分为 12 大类,分别是:

A.图书馆学情报学概论

B.信息利用和信息社会学

C.用户素养和阅读

D.实体图书馆

E.出版和法律问题

F.图书馆管理

G.产业、职业和教育

H.信息资源来源和载体

I.信息资源加工与信息服务

J.图书馆、档案馆和博物馆的技术服务

K.图书馆建筑

M.信息技术和图书馆技术

(2)采用元数据的比较

二者都未说明采用何种元数据进行资源描述。笔者仅通过资源记录描述字段比较二者区别。E-LIS 所用字段有:题名、作者简介、资源格式、该资源统计数据、文摘(西班牙语、英语)、关键词(西班牙语、英语)、所属学科种类、记录号、提交者、提交时间、该资源存储的另外路径[②]。PMC 所用字段为:题目、作者、文摘、所发表的期刊名、卷数及页码、在线发布时间、资源格式[③]。E-LIS 的描述字段有 11 个,PMC 为 6 个。

其中,E-LIS 的“该资源统计数据”包含了有关该资源的详细使用记录,内容包括:文摘浏览和全文下载次数、浏览历史记录以及下载该记录用户的国别[④]。

① E-LIS Introduction [EB/OL].[2015-05-21].http://eprints.rclis.org/jita.html.

② A Mata of E-LIS [EB/OL]. [2015-05-21]. http: // eprints. rclis. org/archive/00013393.

③ A Mata of PMC [EB/OL].[2015-05-21].http://www.pubmedcentral.nih.gov/tocrender.fcgi?iid=157490.

④ E-LIS Statistics [EB/OL]. [2015-05-21]. http: // eprints. rclis. org/stat/13393.html.

在信息资源组织方面，PMC 既未采用分类法组织其资源体系，其资源描述资源也比较简略，与 E-LIS 相比有一定的差距。

7.3.3 检索和浏览功能的比较

表 7-2 显示，E-LIS 提供的检索和浏览服务比 PMC 都要丰富，并且将检索符放入选择框中比较人性化。但 PMC 的检索界面简洁易用，这一点是 E-LIS 所不足的。

表 7-2 **PMC 和 E-LIS 浏览与检索功能比较**

名称	检索功能				浏览功能
	检索方式	检索字段		检索符	
		简单检索	高级检索		
PMC	简单检索、高级检索、引文检索	在题名、作者、期刊名、日期、检索结果显示任一字段中检索，或用检索符进行组配检索，可查阅检索史，可在 PMC 的任意一个资源来源中选择检索	支持布尔逻辑检索，可选择摘要、作者、电子出版日期等多个选项进行逻辑组配，还可以选择显示或隐藏索引列表	“ ”（短语检索）、*（截词检索）、AND、OR、NOT 布尔逻辑检索	可期刊列表浏览
E-LIS	简单检索、高级检索，也可在高级检索中进行引文检索	题名/文摘/关键词、全文、作者/编辑、出版年、检索结果排序	在简单检索字段基础上增加了所属学科、文档类型、语言、参考文献、发表状态（未出版、在版或已出版）、出版物名称等字段	将检索符整合在选项框中，有多种选择，如 all of、any of 等	可按作者、编辑、主题、国家、年份、会议等进行浏览

7.3.4　增值服务的比较

增值服务是吸引用户利用学科库和与用户交流的主要手段，也是学科库人性化服务的重要手段。因此，有必要对二者的增值服务进行比较。

(1)二者都有新增资源定制服务

二者都采用了电子邮件订阅(E-mail alerts)和 RSS 订阅的方式为用户提供资源定制服务。前者是国内外比较成熟的电子期刊派发系统，系统可根据订阅用户的需求自动发送信息，用户成功定制后，学科库将定期通过 E-mail 的方式发送其新增资源列表给用户，将最新的信息带给用户。后者是网站最新信息订阅的新技术，用户在客户端借助于支持 RSS 的聚合工具软件，在不打开网站内容页面的情况下阅读支持 RSS 输出的网站内容，以更快的速度获取最新信息。

(2)二者都提供相关服务扩充自身 OA 资源来尽量满足用户需要

如 E-LIS 采用"METALIS"服务来获取其他 OA 仓储中可获取全文的有关本学科的资源，并将其整合在发布的资源中①，如 ArXiv、Caltech Library System Papers and Publications 等。而 PMC 通过大量数字化那些完整的过刊全文来扩充自身资源，为用户服务。

另外，PMC 还采用 OAI 技术解决各数据系统之间互不兼容、资料分散存储、难以整合等问题，它为建立数字资源联合目录提供了有力的支持，有助于资源的共建共享。除此之外，PMC 还运用 DTD 技术保证 XML 文档的质量②。

根据以上各方面的比较，笔者发现，不同学科间的学科库确实存在较大差异，主要表现在以下几个方面：

①资助经费差异大。美国国家健康研究院(NIH)的经费在美国仅次于美国国防部，有了 NIH 的支持，PMC 在网站建设、资源建设和

---

① What's METALIS [EB/OL].[2015-05-22].http://metalis.cilea.it/.

② PMC Publishing Tag Set [EB/OL].[2015-05-22].http://dtd.nlm.nih.gov/publishing/.

先进技术应用方面理应领先。E-LIS 是一个非商业性机构，也无任何组织的资助，完全依赖世界各国对图书馆学情报学有着满腔热情的志愿者维护和支持，因此在网站建设、先进技术以及资源保证上落后。这种差异不仅表现在这两个典型的学科库上，同样也表现在这两个学科上。

②政策支持差异大。PMC 有 NIH 的政策支持，NIH 制定了一系列的政策促进其资助的科研项目成果的公共获取，要求受资助者将科研成果在 PMC 中存档，提供开放存取①。因此，PMC 可以采用严格的收录标准保证其收录资源的高质量，并坚持只收录高质量的期刊论文。而 E-LIS 没有任何强制性政策的支持，只能靠宣传与推广吸引作者的投稿和参与，为了增加资源数量，必须收录各种类型的 OA 资源。而且也没有严格的论文发表质量要求准则，只能靠少量编辑的把关。

③信息资源组织与提供方式有差异。信息资源组织与检索浏览功能的提供是图书馆学情报学的传统优势所在，因此，E-LIS 无论是文献分类法、元数据在学科库中的运用，还是在检索与浏览功能的完备方面，都是 PMC 所不及的。这也在启示我们，要牢牢把握图书馆学情报学最核心的优势——信息组织与检索，不能一味追求新技术和新理念而忽视图书馆学情报学的核心所在。

7.4 学科库信息资源的特点

学科库与机构库是开放存取资源组织的两种重要形式，目的都是资源共享与利用的最大化，它们使用的技术相同，对知识结构建设的要求也相同。因此，学科库和机构库在建设技术、趋势方面是大致相同的。

笔者认为，二者之间最大的区别在于资源的择取标准不同和选

① Philip J Kroth, Erinn E Aspinall, Holly E Phillis. The National Institutes of Health (NIH) Policy on Enhancing Public Access: Tracking Institutional Contribution Rates [J]. Journal of the Medical Library Association, 2006(7), Vol.94: 279-284.

择范围不同,二者的收录资源内容标准具有交叉性和互通性。而且随着OA仓储共建共享的发展,要完全分离二者绝非易事。

7.4.1　从学科角度整合资源

学科库是按照学科或专题组织资源的,它根据资源的学科属性归类,随着学科库发展的趋势从单一学科发展到多个学科,由个人或单个机构管理发展到国家层面管理①。学科库中的资源属于同一或不同学科领域,内容上可能存在相关性,它们可能来源于不同机构、不同地区。这种将相关学科各地区的资源整合组织的方式便于人们按学科属性获取OA资源,符合人们的检索习惯,因此备受青睐。虽然机构库数量众多,但科研人员一般是某一领域的专家或学者,希望在某个学科领域里找寻OA资源,机构库的学科特点不及学科库强。因此,从学科资源整合和提供利用方面来讲,学科库更有优势。

7.4.2　交叉学科或边缘学科资源的选择存在困难

学科虽有学科资源整合的优势,但也恰恰是这个优势导致了以下不足。首先,纯粹的按学科归类资源会割裂资源中隐含的学科之间的或其他外在的关联。当前,交叉学科、边缘学科的研究日益增多,资源之间的相关度也随之增强,许多资源很难确切地按学科归类,因此,这种归类方法在资源的收录上容易造成重复或遗漏。也正是因为如此,OpenDOAR专门设置"多学科"一项来规避这种问题。其次,它使得一个机构生产的资源零散地分布在不同的地方,这给资源的使用,尤其是系统的使用带来不便。而一个机构的科学研究活动往往具有千丝万缕的联系,不同的研究领域之间具有一定的相关性,学科或专题知识库囿于其所关注的学科而无法涵盖所有领域,而机构库克服了这一不足,它按照资源的形式属性之一——资源的归属关系来组织资源,使得机构生产的资源可以集中,从整体上反映一个机构的全部科研活动,揭示了机构中不同学科或专题研究活动的

① 黄如花,冯晴.论学科库的建设[J].图书馆论坛,2007(6):131-136.

相关性或延续性①。

7.4.3 资源来源保证不力

学科库目前收录的资源以进入正式交流渠道的资源为主,如公开发表的学术论文、学术报告等或作者自行存储的个人文档。机构库中则包含大量科研等学术活动过程的中间产品,这些产品可能永远都不会通过正式的交流渠道传播,甚至不会进入交流渠道,如一些实验数据和分析报告等无法纳入学科库的保存体系,但却可以在机构库中完整地保存、传递下去。

学科库无政策上的保证,只能凭借其他 OA 仓储成果或者作者自行上传成果作为学科库信息资源建设的来源。而机构库收集的是机构内部研究人员的相关资源,相对而言比较有保证。虽然 PMC 已得到 NIH 的资金和政策上的支持,但绝大部分学科库都无法在这么优厚的条件下建设和发展,因此学科库在这方面要尤为注意。

机构库与学科库之间并不存在孰优孰劣的问题,它们有着各自的特点和不可替代性,适于不同用户在不同环境下的使用。笔者期待二者能扬长避短,共同为 OA 资源的不断丰富和用户的利用带来便利。

图书馆若能利用资源、人才、技术优势,利用开放存取信息资源获取的策略积极探索数字信息资源整合的模式,并将目光放至全国甚至全球的信息共建空间,将会大大促进社会信息资源的共建进程。这必将使图书馆在社会信息资源建设中真正发挥其作为信息资源中心的作用,也能让图书馆得到应有的社会地位。

① 常唯.数字学术环境中的机构知识库探析[J].图书情报工作,2006(7):46-50.

第8章　科学数据的开放存取

2012年,英国政府宣布成立世界上第一个科学数据开放存取的研究机构——开放数据研究所(Open Data Institute,ODI),并承诺5年内投资100万英镑支持ODI。ODI的两位合作主席之一——英国南安普顿大学网络与互联网科学研究组的主任Nigel Shadbolt教授说,数据是21世纪新型的原材料,英国政府开放数据的发布处于世界领先地位①。2012年,联合国教科文组织(UNESCO)出版的《发展与促进开放存取的政策指南》对开放数据的定义为:在学术交流方面,开放数据指研究中产生的数据集的公开提供,其使用的一些条件取决于隐私的需要或其他条件的限制。②

广义的开放数据是指所有数字形式的开放数据,包括图书馆中的文献书目数据等。狭义的科学数据则指通过收集、观察和创造的各种实验数据、观测数据、统计数据、仿真数据,表现为表格、数字、图像、多媒体或其他格式。可以是论文后附带的实验数据,也可以是独立的原始数据,包括对数据进行描述的元数据、数据集以及与数据相

---

① Southampton Professors to Co-direct the World's First Open Data Institute [EB/OL]. [2016-03-01]. http://phys.org/wire-news/99402092/southampton-professors-to-co-direct-the-worlds-first-open-data-i.html.

② Policy Guidelines for the Development and Promotion of Open Access [EB/OL]. [2016-03-01] http://unesdoc.unesco.org/images/0021/002158/215863e.pdf:60.

关的出版物①。从哪些途径对这些科学数据进行开放存取，成为研究者需要关注的问题。

本书第一章所述的 2003 年通过的《柏林宣言》对开放存取的定义影响很大，它指出，开放存取的内容不仅包括原始的科学研究成果，还应包括原始科学数据(认为开放存取资源包括科学数据的还有:联合国教科文组织、欧洲研究委员会和国际图联等，详见本书第一章关于开放存取资源外延的分析)。其后的 2004 年 1 月，世界经济合作与发展组织(OECD)的 34 个成员国(英、美、加、中等)签署发布了《开放存取公共资助研究数据的宣言》(*Declaration on Access to Research Data from Public Funding*)②，并于 2006 年 12 月颁布了《开放存取公共资助研究数据的原则和指南》③。该原则和指南明确界定了开放数据的范围和定义，并提出了 13 条原则与指导方针以促进公共资助科学数据的低成本、高效率获取。它指出，科学数据的开放存取(Open Access to Research Data，或 Open Access to Scientific Data)是指科学数据或研究数据能够没有任何障碍地被利用、学习、修改、复制和传播，或者仅因为要确保用户更好地获取数据而采取一些措施。科学数据的开放存取则主要是针对科学数据或数据集的开放使用，尤其是对公共资助研究数据的开放使用，它主要面向事实性数据与科学研究过程中产生的数据。

科学数据的开放存取早在 20 世纪 90 年代便引起了关注。20 世纪 90 年代，在美国科学界对数据共享的强烈要求下，美国政府开

---

① 黄永文，张建勇，黄金霞，王窸. 国外开放科学数据研究综述[J].现代图书情报技术，2013(5):21-27.

② Science，Technology and Innovation for the 21st Century. Meeting of the OECD Committee for Scientific and Technological Policy at Ministerial Level，29-30 January 2004-Final Communique [EB/OL]. [2016-03-01]. http://www.oecd.org/science/sci-tech/sciencetechnologyandinnovationforthe21stcenturymeeting oftheoecdcommitteeforscientificandtechnologicalpolicyatministeriallevel29-30january2004-final-communique.htm.

③ OECD Principles and Guidelines for Access to Research Data from Public Funding [EB/OL]. [2016-03-01]. http://www.oecd.org/science/sci-tech/oecdprinciplesandguidelinesforaccesstoresearchdatafrompublicfunding.htm.

始在科学数据方面实行国有科学数据完全与开放共享国策，该国策的总体思路是由联邦政府统筹规划科学数据的管理，充分发挥各个部门的作用，利用行政、财政、政策和法规全面推进数据共享的工作①。1991 年 7 月，美国的《关于全球变化研究数据管理的政策声明》就提供了一套政策声明以促进对全球变化研究的优质数据的充分和开放存取，该声明第一条就指出，美国全球变化研究项目(U.S. Global Change Research Program，USGCRP)需要建立长期和持续的承诺，维护、验证、描述、存取和传播高质量的、长期的数据集②。

近些年，尤其是上文提及的 OECD 的指南发布以来，科学数据的开放存取、共享和利用正逐渐成为新的趋势，各国政府、研究资助机构等都在积极探索科学数据开放存取的政策管理机制，取得了可喜进展。有学者认为，国外科学数据开放存取政策举措主要围绕科学数据交流渠道各环节，集中体现在数据开放资助、数据质量控制、数据合法保护、数据保存以及数据共享利用五大方面③。2006 年 10 月，国际科技数据委员会(CODATA)在北京成功举办了主题为"信息社会中的科学数据与知识"的国际会议，会上就"数据存档""跨学科元数据互操作""数据获取政策""数据质量"等问题展开了广泛讨论。2007 年 2 月，在比利时布鲁塞尔召开的欧洲委员会会议重点讨论了研究数据的集成化开放存取。2009 年 3 月，在法国巴黎举行的国际科技信息委员会上，欧洲一些领先的研究型图书馆和科技信息研究机构共同签署了一份在互联网上简易获取科学数据的理解备忘录④。2010 年高水平专家小组在为科学数据作的题为"乘风破

---

① 刘细文，熊瑞. 国外科学数据开放获取政策特点分析[J].情报理论与实践，2009(9)：5.

② Data Management for Global Change Research Policy Statements [EB/OL].[2016-03-01]. http://www.usglobec.org/reports/datapol/datapol.usgcrp.html.

③ 刘细文，熊瑞. 国外科学数据开放获取政策特点分析[J].情报理论与实践，2009(9)：5.

④ DOI News [EB/OL].[2016-06-08].http://www.doi.org/news/DOINews-Mar09.html#1.

浪——欧洲如何获得不断增长的科学数据"的报告中称，与期刊论文的开放存取政策相比，研究数据的开放存取政策依然存在不足，但是对释放科学数据全部价值的普遍关注仍在增长①。针对现有政策的不足，许多国际组织和国家政府采取措施积极推动科学数据的开放存取。欧洲设立了"开放数据周"、欧盟提出了开放数据战略。2011 年初，荷兰皇家科学院(Koninklijke Nederlandse Akademie Van Wetenschappen, KNAW)采取了一项开放存取与长期保存政策，要求研究人员对研究数据进行数字化存储并尽可能实现开放存取，如规定：科学院的所有研究数据都要长期保存并且提供公开获取，除非有合理的理由不这样做(这些理由在机构数据备忘录规定范围内)；所有的研究数据都要保存，除了那些在备忘录上规定不需要保存的内容；将数据存储在遵守通用的可接受的标准的数据知识库中，比如"Data Seal of Approval"；最好在数据集完成后立即上传，最晚不迟于研究完成的时间；最好能在被存储后立即开放存取；最多不超过研究得出结论后的 18 个月(无论在数据备忘录上是否有规定)；所有的元数据都要可获取，数据备忘录上规定不能开放存取的除外②。2014 年 9 月，欧洲研究委员会(ERC)执行机构和开放存取科学理事会工作小组在比利时布鲁塞尔召开会议，讨论如何鼓励与支持良好的数据管理规范和促进研究数据的共享和再利用③。

与此同时，有学者开始总结世界各国在科学数据开放存取的进展。如 2008 年，英国的数字保存中心发布报告《基础设施规划与数

---

① EC has just Released a Review of the National OA Policies in Europe [EB/OL]. [2016-03-01]. https://www.openaire.eu/news/news-events/ec-has-just-released-a-review-of-the-national-oa-policies-in-europe.

② Open Access and Digital Preservation for KNAW Researchers [EB/OL]. [2016-03-01] http://www.knaw.nl/shared/resources/thematisch/bestanden/knaw-flyer-open-access-en.pdf.

③ ERC Workshop on Research Data Management and Sharing | ERC: European Research Council [EB/OL]. [2016-06-08]. http://erc.europa.eu/media-and-events/events/erc-workshop-research-data-management-and-sharing.

据保存：促进研究数据共享方法的国际比较》[①]；2010 年，Alysia Daviesh 和 Dara Lithwick 先后出版著作总结加拿大[②]、美国和其他国家[③]科学数据开放存取的进展。我国也发布了科学数据共享工程工作进展报告[④]。

2015 年被称为"开放数据授权年"（The year of open data mandates[⑤]），一大批机构在该年出台了科学数据开放存取的政策。截至 2015 年 11 月 27 日，根据相关数据显示，在调查的全球 157 个科研资助机构中，有 60 个出台了要求或鼓励研究数据开放存取的政策[⑥]。美国国家科学基金会（NSF）分别于 2015 年 3 月和 7 月发布《国家科学基金会公共获取计划：今天的数据，明天的发现》（*NSF'S Public Access Plan：Today's Data，Tomorrow's Discoveries*[⑦]）和《开放政府计划 3.5》（*Open Government Plan* 3.5[⑧]），以促进其资助的科学数据等研究成果的开放存取；欧盟于 2015 年颁布了推动研究数据开放存取的文件《地平线 2020：科学出版物和研究数据开放存取指南》（*Guidelines*

---

① Ruusalepp，R. Infrastructure Planning and Data Curation：A Comparative Study of International Approaches to Enabling the Sharing of Research Data.［R/OL］.［2016-06-08］. http://www.dcc.ac.uk/sites/default/files/documents/publications/reports/Data-Sharing-Report.pdf.

② Alysia Davies，Dara Lithwick. Government 2.0 and Access to Information. Recent Developments in Proactive disclosure and Open Data in Canada［R］. Ottawa：Library of Parliament，2010.

③ Alysia Davies，Dara Lithwick. Government 2.0 and Access to Information：Recent Developments in Proactive Disclosure and Open Data in the United States and Other Countries［R］. Ottawa：Library of Parliament，2010.

④ Report on progress of Scientific Data Sharing Program in China［R］. China Scientific Data Sharing Office.科学数据共享工程办公室，2008.

⑤ 2015-The Year of Open Data Mandates［EB/OL］.［2015-11-21］.http://figshare.com/blog/2015_The_year_of_open_data_mandates/143.

⑥ Some JULIET Statistics［EB/OL］.［2015-11-21］.http://www.sherpa.ac.uk/juliet/stats.php?la=en&mode=simple.

⑦ NSF'S Public Access Plan：Today's Data，Tomorrow's Discoveries［EB/OL］.［2015-11-21］. http://www.nsf.gov/pubs/2015/nsf15052/nsf15052.pdf.

⑧ Open Government Plan 3.5［EB/OL］.［2015-11-21］. http://www.nsf.gov/pubs/2015/nsf15094/nsf15094.pdf.

on Open Access to Scientific Publications and Research Data in Horizon 2020①);英国工程和自然科学研究委员会(EPSRC)制定的《EPSRC 研究数据政策框架》(*EPSRC Policy Framework on Research Data*)于 2015 年 5 月 1 日正式生效②;2015 年 8 月 31 日我国国务院发布的《促进大数据发展行动纲要》明确提出积极推动由国家公共财政支持的公益性科研活动获取和产生的科学数据逐步开放共享③。

上述种种努力为我们开放存取科学数据提供了便利,但是科学数据的开放存取存在不少困难。2011 年,有学者基于对全球 1000 多名科学家的调查发现,尽管大多数研究人员意识到数据共享与保存的重要性,但他们常常受限于时间、经费以及缺少对目前可用的检索工具或支持项目的了解④。另一项由出版商 Wiley 对全球 2000 多名科学家的研究表明,研究数据共享存在国家与学科差异,如果研究人员共享数据得到完全认可并因此提高其在研究社区的影响,研究人员更愿意共享数据⑤。但是,很多科研人员共享数据的意愿与动力不足,如果项目资助机构或所在单位对数据共享没有强制性要求,他们多将科研数据藏于闺中。另一方面,现有政策对科研人员数据共享的激励措施或要求的力度或范围不足,虽然有些机构(如图书馆等)已建立科学数据上传、共享的平台,但这些平台提供的培训或相关服务不足,使得科研人员对上传科学数据的流程与要求不太熟悉。此外,现有的科学数据存储在不同的地方,如机构库、学科库、数

① Guidelines on Open Access to Scientific Publications and Research Data in Horizon 2020 [EB/OL]. [2015-11-21].http://ec.europa.eu/research/participants/data/ref/h2020/grants_manual/hi/oa_pilot/h2020-hi-oa-pilot-guide_en.pdf.

② Impact,Timescales and Support [EB/OL]. [2015-11-21]. https://www.epsrc.ac.uk/about/standards/researchdata/impact/.

③ 国务院关于印发促进大数据发展行动纲要的通知[EB/OL]. [2015-11-21]. http://www.gov.cn/zhengce/content/2015-09/05/content_10137.htm.

④ C Tenopir, S Allard, K Douglass,Au Aydinoglu, et al.Data Sharing by Scientists:Practices and Perceptions[J].Plos One,2010,6(6):e21101.

⑤ Ferguson, Liz. How and Why Researchers Share Datal (and Why They Don't) [EB/OL]. [2016-06-14]. http://exchanges.wiley.com/blog/2014/11/03/how-and-why-researchers-share-data-and-why-they-dont/.

据门户等,科研人员不了解有哪些来源渠道与检索工具。鉴于此,本章重点讨论科学数据的开放存取途径。

8.1　国际组织机构数据开放站点

国际组织是由两个以上的国家组成的一种国家联盟或国家联合体,该联盟是其成员国政府通过符合国际法的协议而成立,并且具有常设体系或一套机构,其宗旨是依靠成员国间的合作来谋求符合共同利益的目标①。随着信息技术的迅猛发展和全球化趋势的推进,国际组织快速扩张,它们不仅数量上数以万计,而且覆盖广泛,包括政治、经济、社会、文化、体育、卫生、教育、环境、安全、贫穷、人口、妇女儿童等众多人类生存和发展相关的领域,已成为左右世界局势和人类社会发展的重要力量,了解国际组织的发展与现状,就是了解国际社会的发展与现状。在科学数据共享领域,国际组织发挥了重要作用。联合国(UN)、世界银行(World Bank)、世界经济合作与发展组织(OECD)等纷纷在开放数据运动的推动下建立了开放数据门户。这些站点的建立为用户开放存取各类科学数据,特别是涉及多个国家和地区的科学数据提供了一条不错的途径,它们收录的数据不仅涵盖地域面广、涉及学科领域多,而且权威性也可以得到保证。表 8-1 列举了世界上几个重要国际组织的开放数据站点。

表 8-1　**国际组织的开放数据站点**

站点名称	网址	所属机构	资源数量	资源类型
UNdata	http://data.un.org/Default.aspx	联合国(United Nations)	联合国系统的 34 个数据库,6000 万个数据记录	各类统计数据,如教育数据、人口数据、旅游数据、贸易数据、农业数据、工业数据、金融数据、环境数据等,也有一些其他数据

① Yearbook of International Organization 1990—1991(28th.ed):16-45.

续表

站点名称	网址	所属机构	资源数量	资源类型
UIS Data Centre	http://data.uis.unesco.org/	联合国教科文组织（UNESCO）	具体不详	教育、科学技术与创新、文化、交流与信息4个主题的数据
World Bank Open Data	http://data.worldbank.org/	世界银行（World Bank）	213个数据集	农业与农村发展、气候变化、教育、环境、健康、科学技术、贸易、能源与矿产、贫困、基础设施、社会发展等20个专题的数据
OECD data	https://data.oecd.org/	经济合作与发展组织（OECD）	617个数据库	农业、发展、经济、教育、能源、环境、金融、政府、健康、创新与技术、就业、社会12个主题的数据
EU Open Data Portal	http://open-data.europa.eu/en/data/	欧盟（European Union）	7838个数据集	就业与工作环境、社会问题、经济、金融、贸易、教育与通信、科学、农业、林业和渔业、生产、技术与研究、交通运输、商业与竞争、能源、环境、法律、地理等20个主题的数据
EUDAT	http://www.eudat.eu/euon	欧盟	384114个数据集	各种学科的研究数据
OpenAIRE	https://www.openaire.eu/	欧洲委员会（European Commission）	8138个数据集	各种学科的研究数据

注：表中统计数据截至2015年11月21日。

8.1.1　代表性站点

(1) UNdata

联合国数据,是联合国国际经济和社会事务部(Department of Economic and Social Affairs,DESA)下属的统计署(The United Nations Statistics Division,UNSD)为全球用户发布的一个新的基于网络的数据服务项目,并提供了统一的检索门户,用户可以在该网站搜索和下载联合国的各种统计资源。在该服务项目的发布仪式上,DESA 的副秘书长 Sha Zukang 提出,联合国在过去的 60 多年内积累了大量的信息,UNdata 是一个强力有效的新工具,将这些独特的和权威的数据不仅分享给决策者和分析师,还分享给记者、学生和所有公民①。

自成立以来,联合国系统收集来自成员国各种主题的统计信息,收集到的信息构成了相当大的有组织的信息资产。一般而言,统计数据通常存储在专用数据库中,每个国家都有独立的传播和访问途径,因此用户通常不知道联合国系统数据库中完整系列的统计信息,这个安排也意味着用户如果要访问不同类型的信息,需要从一个数据库转换到另一个。UNdata 通过集成主要联合国数据库和一些国际性的数据库允许用户通过浏览数据系列或通过关键字搜索访问大量的联合国数据库。

众多的数据库、表格和词汇表包含超过 6000 万个数据点,覆盖的主题十分广泛,包括农业、犯罪、教育、就业、能源、环境、卫生、艾滋病、人类发展、工业、信息和通信技术、国民经济核算、人口、难民、旅游、贸易以及年发展目标的指标,详细情况如表 8-2 所示。

表 8-2　**UNdata 专题数据及来源**

专题	数据来源
犯罪	United Nations Office on Drugs and Crime(UNODC)联合国毒品与犯罪办公室

① UNdata | About Us [EB/OL].[2016-03-25]. http://data.un.org/Host.aspx?Content=About.

续表

专题	数据来源
教育	UNESCO Institute for Statistics(UNESCO UIS)联合国教科文组织统计所
能源	United Nations Statistics Division(UNSD)联合国统计署
环境	UNSD,United Nations Framework Convention on Climate Change(UNFCCC)联合国气候变化框架公约,World Meteorological Organization(WMO)世界气象组织
金融	International Monetary Fund(IMF)国际货币基金组织
食品与农业	Food and Agriculture Organization(FAO)联合国粮农组织
性别	UNSD
健康	World Health Organization(WHO)世界卫生组织
艾滋病	Joint United Nations Programme on HIV/AIDS(UNAIDS)联合国艾滋病毒/艾滋病联合规划署
人类发展	United Nations Development Programme(UNDP)联合国开发计划署
指标数据	UNSD,United Nations Children's Fund(UNICEF)联合国儿童基金会,The World Bank(WB)世界银行
工业	United Nations Industrial Development Organization(UNIDO)联合国工业发展组织,UNSD
信息与通信技术	International Telecommunications Union(ITU)国际电信联盟
人力资源	International Labour Organization(ILO)国际劳工组织
国民经济核算	UNSD

续表

专题	数据来源
政府开发援助	Organisation for Economic Co-operation and Development (OECD)
人口	UNSD, United Nations Population Division (UNPD) 联合国人口署
难民	United Nations High Commissioner for Refugees (UNHCR) 联合国难民事务高级专员办事处
旅游	World Tourism Organization (UNWTO) 世界旅游组织
贸易	UNSD

(2) World Bank Open Data

世界银行开放数据的目的是依据《开放数据使用款目》方便所有用户查找、下载和使用世界各国数据①。世界银行认识到，透明度和问责制对于实现其扶贫使命是必不可少的发展过程和核心。对促进与广泛的利益相关者的伙伴关系和参与开发程度也促使着世界银行的开放承诺。作为一个知识机构，世界银行的第一步是自由和公开分享其知识，统计资料和数据是这些知识的关键部分，方便所有用户在网络上获取。世界银行免费开放世界各国的发展数据，以及其他引用数据目录中的数据集。

拓宽这些数据的访问途径能让决策者做出更明智的决定，更准确地衡量并且改进。对于记者、学术界和其他人也是很有价值的工具，能够扩大他们对全球问题的理解。该网站的所有数据都可以免费使用，只有最低限度的限制。其数据可按国家、专题和指标进行浏览和下载。其中 20 个专题的详细数据内容如表 8-3 所示。

① Data | The World Bank [EB/OL]. [2016-06-18]. http://data.worldbank.org/.

表 8-3 世界银行专题数据的内容

专题名称	数据内容	专题名称	数据内容
农业与农村发展	联合国粮食与农业组织汇编的农业投入、产出及生产率的测量结果	援助效率	涵盖各国已经接受或正在接受的关于缓解贫困和改善教育医疗水平以及其他人类福祉方面的援助
气候变化	涵盖气候系统、气候影响暴露性、恢复力、温室气体排放、能源使用等领域	经济与增长	涵盖衡量经济增长的指标，如国内生产总值（GDP）和国民总收入（GNI），还包括代表经济增长相关要素的指标，如资本存量、就业、投资、储蓄、消费、政府支出和进出口
教育	关于教育投入、参与、效率和成果的各类数据	能源与矿产	关于能源产量、使用情况、依存度和效率
环境	涵盖森林、生态多样性、排放量及污染等各个方面	外债	发展中国家债务存量和流量的详尽资料
金融部门	涵盖股票市场规模和流动性；金融体系的可获取性、稳定性和效率；以及国际移民及劳工汇款	性别	包含人口、教育、卫生、劳动力和就业，以及政治参与方面
健康	涵盖医疗体系、疾病预防、生殖健康、营养及人口动力学各方面的信息	基础设施	来源于国际道路联合会、《国际集装箱化》杂志、国际民用航空组织、国际能源协会和国际电信联盟
社会保护与劳动力	由国际劳工组织（ILO）根据劳动力调查、人口普查、机构普查和调查以及职业介绍登记和失业保险计划等行政记录汇编而成	贫困	包括生活在国家贫困线和国际贫困线以下的人口数量，还包括收入分配率和城乡贫困率

续表

专题名称	数据内容	专题名称	数据内容
私营部门	来源于世界银行的私人参与基础设施项目数据库、企业调查和经商指标	公共部门	包括世界银行工作人员对最贫穷国家在经济管理、结构性政策、社会融合与平等政策、公共部门管理和制度方面的成就评估，还包含来自国际货币基金组织《国际金融统计》的收入及支出指标和其他税收政策指标
贸易	来自国际货币基金组织的国际收支平衡数据库和《国际金融统计》，以及联合国贸易与发展委员会、世界贸易组织和其他来源	社会发展	涵盖童工、性别问题、难民及寻求庇护者等方面的信息
科学技术	各国的技术基础情况：研发、科技期刊文章、高科技出口、版税和许可证书费、专利和商标	城市发展	来自联合国人口署、世界健康组织、国际道路联合会、世界资源研究所和其他来源

世界银行还提供数据目录，列出了世界银行发布的数据和数据集的完整清单。目录囊括了数据银行的所有数据集以及许多其他有用的数据集，包括一些调查所得的地方数据和原始数据，目前共有 213 个数据集可供检索。下载数据集非常容易，可以借助数据银行的查询工具或数据集专门的定制工具访问数据集。附录 2 显示了数据目录的详细信息。

(3) OECD Data

经济合作与发展组织(Organization for Economic Co-operation and Development，OECD)，是由 34 个市场经济国家组成的政府间国际经济组织，旨在共同应对全球化带来的经济、社会和政府治理等方面的挑战，并把握全球化带来的机遇。其成立于 1961 年，目前成员国总数34个,总部设在法国巴黎。

用户可通过OECD Data[①]发现、比较和分享最新的经济合作与发展组织的数据,包括图表、地图和相关出版物。对数据提供简单检索功能,与世界银行开放数据一样,还可以按照专题和国家进行浏览。其中12个专题的详细数据内容如表8-4所示。

表8-4　　**经济合作与发展组织专题数据的内容**

专题	数据内容	专题	数据内容
农业	农业产出,农业政策,渔业,可持续发展的农业	金融	转换率,保险,利息,货币总量,养老金
发展	发展资源流,官方发展援助(ODA)	政府	一般政府,税收
经济	企业,国内生产总值,外资(FDI),家庭账目,国际贸易,领先指标,国民收入,物价,生产力	健康	医疗使用,医疗设备,医疗资源,健康风险,健康状况
教育	教育程度,教育资源,国际学生评估(PISA),青少年与劳动力市场	创新与技术	宽带接入,创业,产业,信息通信技术(ICT),研究与发展
能源	能源,交通	就业	收入与工资,就业与失业
环境	空气和气候,森林,废弃物,水资源	社会	人口统计,社会不均,移民,地区人口,社会保障

8.1.2 特点

(1)涉及的地域范围广

联合国、世界银行和经合组织都是国际性的组织机构,收集的数据来自全球各国,涉及的地域范围十分广阔,其中,联合国数据来源

① OECD Data[EB/OL].[2016-03-25].https://data.oecd.org/.

于全球 192 个国家和地区，世界银行数据来源于全球 162 个国家和地区。经合组织相对于前两者来说，虽然数据较少，但也覆盖了全球 40 个主要国家和地区，基本能满足世界各地的数据需求。

(2) 提供专题数据

科学数据的开放存取能够加速科学知识的产生，扩大科学数据的传播，降低学术交流的成本，基于主题的开放科学数据库非常方便科学数据的检索①。以上三个站点在浏览数据时都提供了 10 个以上的主题选择，方便用户针对某一主题的检索，快速获得想要的数据。

表 8-5　**国际组织机构数据开放站点专题详情**

国际组织机构数据开放站点	主　题	个数
UNdata	食品，农业，工业，教育，能源，环境，金融，健康，信息与通信技术，艾滋病，人类发展，指标数据，人力资源，国民经济核算，政府开发援助，人口，性别，难民，旅游，贸易，犯罪	20
World Bank Open Data	农业与农村发展，经济与增长，教育，能源与矿产，气候变化，环境，金融部门，健康，科学技术，社会保护与劳动力，私营部门，贸易，援助效率，外债，性别，基础设施，贫困，公共部门，社会发展，城市发展	20
OECD Data	农业，发展，经济，教育，能源，环境，金融，政府，健康，创新与技术，就业，社会	12

从表 8-5 可以看出，农业、发展、经济、教育、能源、环境、金融、健康和技术等专题领域是三个国际组织机构数据开放站点所共有的专题，而 UNdata 和 World Bank Open Data 多了一些有特色的专题，如

① Steffen Bernius. The Impact of Open Access on the Management of Scientific Knowledge [J].Online Information Review, 2010, 34(4):583-603.

UNdata 的艾滋病、难民、旅游和犯罪，World Bank Open Data 的外债、基础设施和贫困。

(3)数据内容的公益性、基础性和综合性

国际组织机构数据开放站点资源建设与提供服务的内容重点是公益性、基础性科学数据资源，人们获得数据资源后可以从多个角度去挖掘知识。这些数据具有直接应用的目标和市场前景，而且具有使用价值和科研价值。这些数据资源的开放存取可促进科技进步与创新，并产生广泛深刻的社会效益，进而体现对全球各国整体发展的贡献。

国际组织机构的科学数据库主要是关于人口、自然资源和空间地理、宏观经济等基础数据，与人类的生活密切相关。国际组织机构提供的开放科学数据库中的数据不仅服务于社会，也服务于科研人员。其提供的科学数据中包括一些公益性的数据，主要是科普类数据，对全社会开放，比如 OECD Data 中提供的全世界不同年份不同国家或地区的小学入学率统计数据；也包括一些专业类数据，可以为该学科的学者提供科学研究的数据，比如 UNdata 提供的艾滋病专题数据，能够为艾滋病专家提供科研数据，为该疾病的解决作出更多贡献。

8.2 开放数据仓储注册系统或目录

越来越多的高等院校和研究中心开始建立科学数据仓储库，越来越多的期刊开始建议或者强制作者在公共仓储中提交数据。由于学科的要求，数据仓储库是非常庞大而复杂的，对于研究人员来说选择适当的科学数据仓储变得困难，因此出现了一些数据仓储的注册和目录系统，如 OAD、re3data.org、Databib、DataCite 等，帮助人们识别和查找科学数据的在线信息库①。开放获取目录(OAD)中收集了开放数据仓储的列表，主要是按照学科分类列出数据仓储名称、URL

① 黄永文，张建勇，黄金霞，王愙. 国外开放科学数据研究综述[J].现代图书情报技术，2013(5)：21-27.

和数据仓储的简单描述。re3data.org 是全球科学数据仓储库的注册系统,Databib 是数据仓储的书目描述系统,DataCite 则为科学数据注册引用,促进在互联网上更容易获得科学数据。

英国爱丁堡数字保存中心认为,研究数据的共享、重用与长期保存存在学科差异①。开放数据仓储的注册系统或目录把不同学科的科学数据仓库集合在一起,方便研究者进行选择。

8.2.1　主要的开放数据仓储注册系统或目录

(1)World Data System

世界数据中心(World Data Centre,WDC)系统的设立是为了存档和分发 1957—1958 年的"国际地球物理年"(International Geophysical Year)由国际科学理事会(International Council of Science,ICSU)收集到的观测计划数据②。WDC 由各国国际科学团体代表负责资助和维护,接受来自国家与国际科学和检测项目的数据,所有数据只需要一些复制和传播成本就能获取。最初世界数据中心设在美国、欧洲、苏联、日本,后来扩大到其他国家。2007—2008 年的"国际极地年"(International Polar Year)后,WDC 明显不能完全应对现代数据的需求,因此在 2008 年年底,在莫桑比克马普托召开的国际科学联合会(International Council for Science,ICSU)上,WDC 被解散,并于 2009 年建立了一个新的世界数据系统(World Data System,WDS),WDS 基于世界数据中心 50 年的科学数据共享与服务和 ICSU 天文与地球物理联合会的数据分析服务。WDS 支持 ICSU 的任务与目标,确保长期向全球科学社区和其他利益相关方提供有质量保证的科学数据及服务③。WDS 目前包括 52 个中心,来

---

① Brown, S., Swan, A. Data Dimensions: Disciplinary Differences in Research Data Sharing, Reuse and Long Term Viability. Published by the Digital Curation Centre Edinburgh [EB/OL]. [2016-03-30]. http://www.dcc.ac.uk/sites/default/files/documents/publications/SCARP%20SYNTHESIS.pdf.

② World Data Centre-Wikipedia, the Free Encyclopedia [EB/OL].[2016-03-30].http://en.wikipedia.org/wiki/World_Data_Center.

③ Home-World Data System: Trusted Data Services for Global Science [EB/OL].[2016-03-30].http://www.icsu-wds.org/.

自12个国家,分属4个数据中心群:WDC-A美国、WDC-B前苏联、WDC-C欧洲和日本、WDC-D中国,主要收集有关太阳能、地球物理、环境和宇宙、科学与技术等与人类相关的数据。用户可通过WDS的Regular Members页面①来查找WDS收录的数据集,详细情况如表8-6所示。

表8-6 世界数据系统的数据集

数据中心	学科	网址
Incorporated Research Institutions for Seismology(IRIS)	地震学	http://ds.iris.edu/data/
WDC-Geoinformatics and Sustainable Development	地理信息技术	http://wdc.org.ua/en/data
ISRIC-WDC Soils	土壤学	http://www.isric.org/content/world-data-centre-soils
DKRZ-WDC Climate	气候学	http://www.dkrz.de/daten-en/wdcc?set_language=en
WDC-Meteorology,Asheville	气象学	http://gosic.org/wdcmet
Centre de Donnees astronomiques de Strasbourg(CDS)	天文学	http://cdsweb.u-strasbg.fr/
World Glacier Monitoring Service,Zurich	冰川学	http://www.wgms.ch/access.html
WDC-Rockets, Satellites and Earth Rotation	空间科学	http://meteo.ru/mcd/erocdata.html
Australian Antarctic Data Centre (AADC)	极地科学	https://www1.data.antarctica.gov.au/

① Regular Members-World Data System: Trusted Data Services for Global Science [EB/OL]. [2016-03-30]. http://www.icsu-wds.org/community/membership/regular-members.

续表

数据中心	学科	网址
Chinese Astronomical Data Center	天文学	http://explore.china-vo.org/
WDC-Renewable Resources and Environment	资源与环境	http://eng.wdc.cn:8080/Metadata/index.jsp
Flanders Marine Institute, Data Centre	海洋学	http://www.vliz.be/en
World Data Service for Oceanography	海洋学	http://www.nodc.noaa.gov/
International Earth Rotation and Reference Systems	空间科学	http://www.iers.org/IERS/EN/DataProducts/data.html
German Research Centre for Geosciences(GFZ)	地球科学	http://www.gfz-potsdam.de/en/home/
Fish Database of Taiwan	生命科学	http://fishdb.sinica.edu.tw/chi/home.php
World Data Service for Geophysics	地球物理学	http://www.ngdc.noaa.gov/
Data Publisher for Earth & Environmental Science (PANGAEA)	地球与环境科学	http://www.pangaea.de/
WDC-Solar-Terrestrial Physics, Moscow	极地科学	http://www.wdcb.ru/stp/index.en.html
Tropical Ecology Assessment and Monitoring(TEAM) Initiative	生态学	http://www.teamnetwork.org/data
WDC-Sunspot Index and Long-term Solar Observations (SILSO)	极地科学	http://sidc.be/

续表

数据中心	学科	网址
WDC-Oceanography, Obninsk	海洋学	http://meteo.ru/mcd/eocedata.html
WDC-Remote Sensing of the Atmosphere	大气遥感	http://wdc.dlr.de/
WDC-Geomagnetism, Copenhagen	地磁学	http://www.space.dtu.dk/English/Research/Scientific_data_and_models/World_Data_Center_for_Geomagnetism.aspx
International Service of Geomagnetic Indices	地磁学	http://isgi.cetp.ipsl.fr/
WDC-Geomagnetism, Edinburgh	地磁学	http://www.wdc.bgs.ac.uk/
WDC-Solid Earth Physics, Moscow	地球物理	http://www.wdcb.ru/sep/index.html
WDC-Meteorology, Obninsk	气象学	http://meteo.ru/mcd/emetdata.html
WDC-Solar Activity / BASS2000	极地科学	http://bass2000.obspm.fr/home.php
WDC-Geomagnetism, Kyoto	地磁学	http://wdc.kugi.kyoto-u.ac.jp/
Interdisciplinary Earth Data Alliance	地球科学	http://www.iedadata.org/
IPS of Australian Bureau of Meteorology	气象学	http://www.ips.gov.au/World_Data_Centre
NSIDC DAAC	地球科学	http://nsidc.org/daac
OAK Ridge National Laboratory Distributed Active Archive Centre(ORNL DAAC)	地球科学	http://daac.ornl.gov/
World Stress Map Project	测绘学	http://dc-app3-14.gfz-potsdam.de/pub/introduction/introduction_frame.html

续表

数据中心	学科	网址
WDC-CU	极地科学	http://nsidc.org/data
WDC-Ionosphere and Space Weather	空间科学	http://wdc.nict.go.jp/wdc_e.html
Ukrainian Geospatial Data Center	地球科学	http://inform.ikd.kiev.ua/
Data Centre for Geography, Moscow	地理学	http://www.eng.geogr.msu.ru/structure/WDS/
WDC-Earth Resources Oservation and Science(EROS)	地球科学	http://eros.usgs.gov/
The Language Archive	语言学	https://tla.mpi.nl/
Paleoclimatology Branch, NOAA's National Climatic Data Center	气候学	http://www.ncdc.noaa.gov/
Data First	经济、社会与政治	http://www.datafirst.uct.ac.za/
WFCC-World Data Centre for Microorganisms	生命科学	http://www.wdcm.org/
Goddard Earth Sciences Data and Information Services Center (GES DISC)	地球科学	http://disc.gsfc.nasa.gov/
Crustal Dynamics Data Information System(CDDIS)	空间科学	http://cddis.nasa.gov/
Chinese Space Science Data Center	空间科学	http://www.cssdc.ac.cn/
Cold and Arid Regions Science Data Center at Lanzhou(CARD)	地球科学	http://card.westgis.ac.cn/

续表

数据中心	学科	网址
Global Hydrology Resource Center(GHRC)	水文学	http://ghrc.msfc.nasa.gov/
Italian Centre for Astronomical Archive-IA2	天文学	http://ia2.oats.inaf.it/
Inter-university Consortium for Political and Social Research (ICPSR)	社会科学	http://www.icpsr.umich.edu/icpsrweb/landing.jsp
Atmospheric Science Data Center (Distributed Active Archive Center)	大气科学	https://eosweb.larc.nasa.gov/
Socioeconomic Data and Applications Center(SEDAC)	社会经济学	http://sedac.ciesin.columbia.edu/
UNAVCO,Inc.	地球科学	http://www.unavco.org/

此外,WDS 还提供一个统一的数据检索门户——Data Portal①,用户可以在该界面综合检索来自 WDS 成员的国际科学理事会世界数据系统(ICSU-WDS)的 93 个成员单位的数据,包括空间科学、地球科学、计算机科学、农业科学、海洋科学、气象科学、数学、物理学、化学、生命科学、测绘学、经济学等多个领域的科学数据,有简单检索和高级检索两种检索方式,并提供地理覆盖区域和时间的限定。

(2) DataCite

DataCite②(International Data Citation Initiative)是一个非营利性组织,于 2009 年 12 月 1 日成立于伦敦,目的是帮助用户发现、存取

① Data Portal-World Data System: Trusted Data Services for Global Science [EB/OL].[2016-03-30].http://www.icsu-wds.org/services/data-portal.

② DataCite | Helping You to Find, Access and Reuse Data [EB/OL].[2016-04-01].http://datacite.org/.

和重用数据。其成员以世界上领先的组织为代表，如美国能源部的科技信息办公室（Office of Scientific and Technical Information，OSTI）、政治与社会研究跨大学联盟（Interuniversity Consortium for Political and Social Research，ICPSR）、微软研究中心（Microsoft Research）、加拿大科技信息研究所（Canada Institute for Scientific and Technical Information）、澳大利亚国家数据服务（Australian National Data Service）、电气和电子工程师协会（Institute of Electrical and Electronics Engineers，IEEE）等，目前有 24 个正式成员和 6 个预备成员。其管理机构德国国家科技图书馆（German National Library of Science and Technology，TIB）是德国国家所有的工程领域、建筑、化学、信息技术、数学和物理学领域的国家图书馆，也是世界上最大的专门的科技图书馆。TIB 已于 2011 年 12 月选用 Rosetta 数字保存系统。

2009 年 3 月 2 日，TIB、不列颠图书馆（The British Library）、苏黎世理工学院图书馆（ETH Zurich）、法国科技信息研究所（Institute for Scientific and Technical Information，INIST）、丹麦信息技术中心（Technical Information Center of Denmark）和荷兰代尔夫特工业大学（TU Delft）图书馆等欧洲一些领先的研究型图书馆和科技信息研究机构在法国巴黎举行的国际科技信息委员会（International Council for Scientific and Technical Information，ICSTI）签署了一份理解备忘录，旨在建立一个非营利性的代表处以促使相关组织注册科学数据集和分配唯一标识符，以使科学数据集能够成为独立的、可引用的、唯一的科学对象。科学数据集的数字对象标识符（The Digital Object Identifier，DOI）用来引用和链接电子资源（文本、科研数据和其他类型的内容）。DOI 不同于其他通用的网络参考系统，例如 URL，因为它是永久的与对象本身相连接，而不仅仅是指向对象所存储的位置①。

DataCite 注册了大量的科学数据集，为这些科学数据集分配了

① European Initiative to Facilitate Access to Research Data [EB/OL].[2016-04-01].http://www.doi.org/news/090318TIB_PressReleaseMarch.pdf.

一个 DOI 以方便获取和改善可引用性。DataCite 中的科学数据主要包括数据集(Datasets)、数据论文(Data Papers)、灰色文献(Grey Literature)。用户可通过该站点的元数据检索(DataCite Metadata Search①)检索科学数据。

DataCite 元数据搜索是一个通过搜索数据集在 Datacite 上注册的关键词、日期、位置等相关元数据信息,来查找和获取某些特定数据集的数据检索工具。Datacite 作为一个帮助研究者发现、识别和引用研究数据的非营利性机构,目前已注册大量的研究数据集,用户可利用 DataCite 元数据搜索来获取所需的科学数据。

DataCite 元数据搜索提供简单检索和高级检索两种检索方式,并且给出了详细的使用方法。使用简单检索时,用户只需输入 DOI 或相关元数据,如题名、主题等作为检索词,点击检索按钮即可;使用高级检索时,用户可从 DOI、标题、创建者、出版者、贡献者、格式、主题、日期等 13 个字段中选择输入一个或几个进行检索,同时还可根据数据中心、资源类型和语言等进行检索过滤。

(3) re3data.org 与 databib

研究数据仓储注册(The Resigtry of Research Data Repositories, re3data.org)②旨在建立一个全球的、涵盖不同学科领域的研究数据仓储注册站点,由德国研究基金会(German Research Foundation)资助,是柏林洪堡大学图书情报学院(Humboldt University, Berlin School of Library and Information Science)、德国地球科学研究中心(German Research Centre for Geosciences, GFZ)和卡尔斯鲁厄理工学院(Karlsruhe Institute of Technology, KIT)的合作项目,这些合作方都积极参与德国网络信息创始计划(German Initiative for Network Information, DINI)和当前的研究数据管理活动。

Databib 的目标是创造、分享和增强研究资料库的书目记录的描

① DataCite Metadata Search [EB/OL].[2016-04-03].http://search.datacite.org/ui.

② Re3data | Registry of Research Data Repositories [EB/OL].[2016-04-03].http://www.re3data.org/.

述,帮助研究人员识别和查找 2012 年 4 月以来科学数据的在线信息库。它最初是由普渡大学(Purdue University)与宾夕法尼亚州立大学(Penn State University)合作开发,由美国博物馆和图书馆服务署(Institute of Museum and Library Services,IMLS)资助①。

2014 年 3 月 Databib 和 re3data.org 宣布将在 Datacite 的主持下进行合并,以减少重复劳动,将二者的最优功能结合起来,为研究团体提供一个唯一的、持续的科学数据开放存取的注册站点。2015 年 3 月 9 日,re3data.org 和 Databib 的合作取得重大进步,二者共享注册和网站并宣告 API 可用,确保机器可以获取合并后的注册表并当成一个全新的应用程序接口,REST-API 项目当前正在测试中,将提供完整的仓储列表,实现描述单个仓储的结构化记录的全文检索②。截至 2016 年 06 月 18 日,re3data.org 共收录了 1601 个研究数据仓储,其中 1362 个数据仓储可开放获取,所收录的数据仓储可按照主题、内容类型和国家进行浏览,并且以图形的形式进行呈现,也可以进行在线检索,具体到每个数据仓储,用户可以查看其主题、URL、内容类型、关键词、仓储类型等详细信息。每个星期平均能新增 10 个数据集,每个月有超过 5000 人次进行开放存取。提供的数据内容包括:归档数据、试听资料、数据库、图片、纯文本、原始数据、科学统计数据格式、软件应用、标准办公文件、结构化的图形、结构化的文本等。

(4) DataPortals.org

数据门户网站(DataPortals. org)又叫数据目录网站(DataCatalogs.org),是世界上最全面、最详细的开放数据资源目录,由一群来自世界各地的开放数据权威专家(包括一些国家、地区和地方的政府代表、世界银行等国际组织的代表以及众多的非政府组织代

① DataCite,re3data.org, and Databib Announce Collaboration | Re3data.org [EB/OL].[2016-04-03]. http://www.re3data.org/2014/03/datacite-re3data-org-databib-collaboration/.

② Merger of Databib and Re3data.org, First Version of API Available | re3data.org [EB/OL].[2016-04-03].http://www.re3data.org/2015/03/merger-and-first-version-of-api/.

表)策划建立,由开放知识基金会管理和运行①。截至2015年11月21日,该门户网站共收录了世界各地的461个数据仓储、数据仓储注册站点、目录以及其他数据门户网站等资源,例如联合国数据目录(UNdata)、欧盟开放数据(EU Open Data)、澳大利亚南极数据中心(Australian Antarctic Data Centre)等,并通过地图的形式显示各个开放数据仓储的分布地点。每个资源项都有简介和标签,点击资源列表右侧的图标按钮可以查看该资源的具体描述信息,包括数据涉及范围、出版者、状态、所属国家或语言、标签、链接地址、API端口等。

(5)其他综合性的开放存取仓储注册系统或目录

除了前面介绍的专门收录开放科学数据仓储的注册系统或目录外,一些著名的综合性开放存取仓储注册系统或目录也会收录大量的开放科学数据仓储。例如"开放存取仓储目录"(The Directory of Open Access Repositories,OpenDOAR)、"开放存取目录"(Open Access Directory,OAD)、"开放存取仓储注册"(Registry of Open Access Repositories,ROAR)等。它们在收录其他开放存取资源仓储的同时,也收录相当数量的开放科学数据仓储。因此,查阅这些注册系统或目录也是查找科学数据的可行途径之一。表8-7以OpenDOAR、OAD、ROAR为例,列举它们所收录开放科学数据仓储的情况。

表8-7 **OpenDOAR、OAD和ROAR收录开放科学数据仓储情况**

名称	网址	仓储数量	学科领域	描述信息	功能
Open DOAR	http://www.opendoar.org/	148个	物理学、天文学、医药学、化学、农学、计算机科学、环境科学、地质学、工程与技术、艺术学、社会科学等	仓储名、所属机构、主题、语言、所用软件、政策、OAI-PMH等	检索、浏览、统计等

① About DataPortals.org [EB/OL]. [2016-11-21]. http://dataportals.org/about.

续表

名称	网址	仓储数量	学科领域	描述信息	功能
OAD	http://oad.simmons.edu/oad-wiki/Main_Page	122 个	考古学、天文学、生物学、化学、计算机科学、能源、环境科学、地质学、海洋学、医学、地质与地理空间数据、物理、社会科学、多学科	仓储名、学科分类、简介信息、链接地址	按学科浏览
ROAR	http://roar.eprints.org/	104 个	多种学科，具体不详	ROAR ID、主页、机构类型、所用软件、所属机构、所属国家、建立时间、位置、资源数量等	可按国家、年份、仓储类型等进行浏览，也可进行检索

注：OpenDOAR 的仓储数量为其收录的内容类型为数据集(datasets)的仓储数量；ROAR 的仓储数量为其收录的仓储类型为数据库/ A&I 索引 (Database/ A&I Index)、研究数据(Research Data)、开放与关联数据(Open and Linked Data)仓储数量总和；表中统计数据截至 2015 年 11 月 21 日。

8.2.2　特点

(1)多依据学科组织内容，侧重于自然科学

开放数据仓储的注册系统或目录中收录的开放科学数据库多数由高等院校和研究机构组建，大多依据学科组织数据内容。例如，WDS 的数据中心内容涵盖天文、生物、地理、资源、环境、能源、大气、海洋、极地等多个领域；OAD 则有考古学、天文学、生物学、化学、计算机科学、能源学、环境科学、物理学、地质学、地球科学、海洋科学、医药学、语言学和社会科学等，基本上侧重于自然科学，其提供的数据专业性强，主要服务于学者的科研活动。所以开放数据仓储的注册系统或目录中收录的开放科学数据库的主要特点是以学科分类为标准,以学科专业数据为主,侧重于自然学科,服务于科研活动。

(2)数据重复,质量无控制

由于是开放数据仓储的注册系统或目录,而全世界的开放数据仓储整体数量虽然不断增长,但其相对数量是固定的,因此这些开放数据仓储的注册系统或目录所列出的开放数据仓储会有重复,尤其是一些学科内比较重要的数据仓储,各个站点都会将它们列入。此外,这些注册系统或目录相对于单个数据仓储来说更新较为滞后,因此经常出现一些死链接或网站改版后内容已删除等情况。

8.3 国家或地区政府的开放数据站点

通过开放政府数据,可以提高政府透明度,提升政府治理能力和效率,更好地满足公众需求,促进社会创新,带动经济增长。继美国2009年建立data.gov之后,很多国家和地区政府纷纷建设数据门户,如加拿大、英国、法国、挪威、肯尼亚、澳大利亚、秘鲁、韩国、新加坡等①。2013年10月31日,开放政府联盟(Open Government Partnership)2013峰会在伦敦举行,由开放数据晴雨表项目组、互联网基金会、开放数据研究会共同编制的《开放数据晴雨表:2013年开放数据全球报告》指出,在全球首个政府数据开放平台data.gov诞生的近五年时间内,数百个国家和地区政府已经相继建立各自的政府数据开放平台,全球数据开放呈现快速发展态势②。在全球开放政府运动推动下,已有40余个国家建立了开放数据站点,如表8-8所示。

---

① 周志峰,黄如花. 国外政府开放数据门户服务功能探析[J]. 情报杂志,2013,32(3):144-148.

② Open Data Barometer 2013 Global Report [EB/OL].[2016-03-20].http://opendataresearch.org/dl/odb2013/Open-Data-Barometer-2013-Global-Report.pdf.

表 8-8　　全球国家或地区政府的开放数据站点
（依国家或地区名称字顺排列）

国家/地区	网　址
America 美国	http://www.data.gov/
Australia 澳大利亚	http://data.gov.au/
Austria 奥地利	http://data.gv.at/
Bahrain 巴林	http://www.bahrain.bh/wps/portal/data/
Belgium 比利时	http://data.gov.be/
Brazil 巴西	http://dados.gov.br/
Canada 加拿大	http://www.data.gc.ca/default.asp
Chile 智利	http://datos.gob.cl/
Costa Rica 哥斯达黎加	http://datosabiertos.gob.go.cr
Denmark 丹麦	http://digitaliser.dk/
Estonia 爱沙尼亚	http://pub.stat.ee/px-web.2001/Dialog/statfile1.asp
Finland 芬兰	http://www.suomi.fi/suomifi/tyohuone/yhteiset_palvelut/avoin_data/
France 法国	http://data.gouv.fr/
Germany 德国	https://www.govdata.de/
Ghana 加纳	http://data.gov.gh
Greece 希腊	http://geodata.gov.gr/geodata/
India 印度	http://data.gov.in/
Indonesia 印度尼西亚	http://satupemerintah.net/
Ireland 爱尔兰	http://www.statcentral.ie/
Italy 意大利	http://www.dati.gov.it/
Japan 日本	http://www.data.go.jp/
Kenya 肯尼亚	http://opendata.go.ke/
Mexico 墨西哥	http://datos.gob.mx/
Moldova 摩尔多瓦	http://data.gov.md/
Morocco 摩洛哥	http://data.gov.ma/

续表

国家/地区	网　址
Netherlands 荷兰	http://data.overheid.nl/
New Zealand 新西兰	http://www.data.govt.nz/
Norway 挪威	http://data.norge.no/
Oman 阿曼	http://www.oman.om/opendata
Peru 秘鲁	http://www.datosperu.org/
Philippines 菲律宾	http://data.gov.ph/
Portugal 葡萄牙	http://www.dados.gov.pt/pt/inicio/inicio.aspx
Republic of Korea 韩国	http://www.data.go.kr/
Russia 俄罗斯	http://opengovdata.ru/
Saudi Arabia 沙特阿拉伯	www.saudi.gov.sa/
Singapore 新加坡	http://data.gov.sg/
Slovak Republic 斯洛伐克	http://data.gov.sk/
Spain 西班牙	http://datos.gob.es/
Sweden 瑞典	http://xn--ppnadata-m4a.se/
Timor Leste 东帝汶	http://www.transparency.gov.tl/
Tunisia 突尼斯	http://www.opendata.tn/
United Arab Emirates 阿拉伯联合酋长国	http://www.government.ae/web/guest/uae-data
United Kingdom 英国	http://data.gov.uk/
Uruguay 乌拉圭	http://datos.gub.uy/

8.3.1 主要站点

政府开放数据站点是一个国家或地区政府统一对外发布数据信息的平台和窗口,其数据主要来源于政府各个机构的调查、统计、观测及研究等活动，数据全面、可靠且容易获取，是查找一个国家或地区政府开放科学数据的理想途径。

(1) data.gov

美国政府的数据门户网站 data.gov 是政府数据统一开放门户的典范，无论是资源数量、开放程度还是站点功能，都远超其他国家同类站点。美国将信息技术、数字战略、信息管理与开放政府治理有机结合，以数据开放作为新时期政府治理改革的突破口。2009 年 1 月，美国总统奥巴马上任以来签发的第一份总统令《开放政府指令》，要求建立更加开放透明、参与、合作的政府，提出要在政府网站上发布更多数据，通过网站数据开放使公众了解政府信息，促进公共对话①。作为美国开放政府计划最重要的行动，2009 年 5 月 data.gov 网站正式上线，公民可以自由检索并获取联邦政府数据，各联邦政府机构有义务向 data.gov 提供信息。2013 年 12 月 5 日，奥巴马政府发布《开放政府合作伙伴——美国第二次开放政府国家行动方案》(*The Open Government Partnership Second Open Government National Action Plan for the U.S.*)，承诺开放更多的政府数据，并改进 data.gov 门户网站，以方便公众更好地获取这些数据②。data.gov 具有四大特点：数据量大、主题丰富，提供了统一集中的数据来源，提供了针对不同用户的数据格式与工具，建立了大量数据群③。该网站上可以获取美国联邦、州和地方政府的数据、工具和研究资源，还可以自建网络应用，设计数据可视化等，其数据开放格式多达 49 种。截至 2016 年 6 月 18 日，网站上共开放了 183534 个数据集。包括农业、商业、消费、生态系统、教育、能源、金融、海洋、科学与研究等 14 个主题。为了帮助和引导用户获取相关数据，data.gov 还在其网站给出了查

---

① Open Government Directive [EB/OL].[2016-04-10].http://www.whitehouse.gov/open/documents/open-government-directive.

② The Open Government Partnership—Second Open Government National Action Plan for the U.S.[EB/OL].[2016-04-10].http://www.whitehouse.gov/sites/default/files/docs/us_national_action_plan_6p.pdf.

③ 陆健英，郑磊，Sharon S. Dawes. 美国的政府数据开放：历史、进展与启示[J].电子政务，2013(6)：28-29.

找和下载数据资源的具体方法,非常人性化①。

(2)data.gov.uk

英国是政府数据开放的先驱和领导者,同时也是世界上政府数据开放程度最高的国家。根据万维网基金会发布的《开放数据晴雨表》(*Open Data Barometer*)结果显示,英国的政府数据开放得分已连续三年位列全球第一,且总体得分遥遥领先于其他国家。② ODI 的 2 位合作主席之一,英国南安普顿大学网络与因特网科学研究组的主任奈杰尔·夏伯特(Nigel Shadbolt)教授说,数据是 21 世纪新型的原材料,英国在政府开放数据的发布处于世界领先地位③。号称"数据最为开放"的英国,承诺将数据开放推广到公共服务、经济增长、反对腐败、加强民主等诸多方面,通过"彻底开放政府数据"提升政府治理水平。

继美国政府数据网站 data.gov 上线后,2010 年 1 月 21 日,由万维网之父蒂姆·伯纳斯-李(Tim Berners-Lee)和奈杰尔·夏伯特负责创立的英国政府开放数据门户网站 data.gov.uk 正式投入使用,该网站包含全英各地的政府数据,涉及健康、交通、环保、社区、商务、教育等领域。该网站建立后,英国政府曾专门下拨了 2 万英镑的奖金,以鼓励人们使用政府公共数据,其目标是帮助人们了解政府如何工作和政策是如何制定的。其收录的数据集来自所有中央政府部门和其他一些公共部门机构和地方政府。数据不仅包括公共信息,还有原始数据,可以被人们用来构建有用的应用程序来帮助社会,或者调查有效的政策所带来的变化。截至 2016 年 6 月 18 日,该网站已发布数据集达 30843 个。

---

① Data.gov Search & Feedback [EB/OL]. [2016-06-18].https://www.data.gov/about#who.

② Open Data Barometer [EB/OL].[2016-06-18]. http://opendatabarometer.org/data-explorer/?_year=2015&indicator=ODB.

③ Southampton Professors to Co-direct the World's First Open Data Institute [EB/OL].[2016-04-10] http://phys.org/wire-news/99402092/southampton-professors-to-co-direct-the-worlds-first-open-data-i.html.

8.3.2　特点

政府开放数据对于用户来说不具有私有性，且免费并可再次使用。政府部门的数据门户通常拥有大规模数据资源，其特征是数据量大、专业应用面广，所有数据均来自该部门的日常研究或观测，所有经费均来自国家财政。此外还有如下特点：

（1）联合行动，推广迅速

2011 年 9 月 20 日，巴西、印度尼西亚、墨西哥、挪威、菲律宾、南非、英国、美国八个国家联合签署《开放数据声明》，成立开放政府合作伙伴（Open Government Partnership，OGP）①。截至 2016 年 6 月 18 日，全球已有 69 个国家加入 OGP，这些国家的政府和人民共同努力制定和实施雄心勃勃的开放政府改革计划。

2013 年 6 月，八国集团首脑（G8，现在的 G7）在北爱尔兰峰会上签署《开放数据宪章》（*Open Data Charter*），法国、美国、英国、德国、日本、意大利、加拿大和俄罗斯承诺，在 2013 年底前，制定开放数据行动方案，最迟在 2015 年末按照宪章和技术附件要求来进一步向公众开放可机读的政府数据②。2014 年 11 月，G20 强调开放数据对于反腐败行动计划（Anti-Corruption Action Plan）的重要性，并将准备新的 G20 数据开放原则③。

从目前全球建立开放数据门户的国家来看，既包括美国、英国、德国、法国、加拿大、澳大利亚等发达国家，也包括印度、菲律宾、乌干达、加纳、尼泊尔等发展中国家。

（2）统一门户，开放数据集

从全球范围来看，建立统一的政府开放数据门户，集中开放可加

① Open Government Partnership [EB/OL].[2016-04-10].http://www.opengovpartnership.org/.

② UK Cabinet Office. G8 Open Data Charter and Technical Annex [EB/OL].[2016-04-10].https://www.gov.uk/government/publications/open-data-charter.

③ Tisne, M. New Tool in the Fight Against Corruption: Open Data [EB/OL].[2016-04-10].http://tisne.org/2014/11/17/new-tool-in-the-fight-against-corruption-open-data/.

工的数据集是各国数据门户网站的一个普遍做法。各国数据门户网站域名中都普遍带有“数据”和“政府”字样，如 data.gov（英语）、datos.gob（西班牙语）、data.gouv（法语）、dati.gov（意大利语）等，“政府”的缩写则有“gov”“go”和“govt”等多种形式。在门户网站上，重点开放可机读的数据集、应用程序等资源，有些数据门户网站还设置了供开发人员参与和公众反馈的专栏。

由于国家间的差异，有些地方政府部门也建立了单独的数据开放门户网站，如美国除了在国家数据门户网站 data.gov 上整合部分州、地方政府的数据集外，美国还有 39 个州、44 个县市建立了单独的数据门户网站。如表 8-9 所示。

表 8-9　　美国州、县、市数据门户网站

州/特区名	网　　址
Alabama 阿拉巴马州	http://open.alabama.gov/
Arizona 亚利桑那州	http://openbooks.az.gov/app/transparency/index.html
California 加利福尼亚州	http://data.ca.gov/
Colorado 科罗拉多州	http://www.colorado.gov/data/
Connecticut 康涅狄格州	http://transparency.ct.gov/html/main.asp
Delaware 特拉华州	http://www.delaware.gov/data/
District of Columbia 哥伦比亚特区	http://data.dc.gov/
Florida 佛罗里达州	http://www.floridahasarighttoknow.com/
Georgia 佐治亚州	http://www.open.georgia.gov/
Hawaii 夏威夷州	http://data.hawaii.gov/
Illinois 伊利诺伊州	http://data.illinois.gov/
Indiana 印第安纳州	http://inmap.indiana.edu/viewer.htm
Iowa 爱荷华州	http://data.iowa.gov/

续表

州/特区名	网　址
Kansas 堪萨斯州	http://www.kansas.gov/KanView/
Kentucky 肯塔基州	http://opendoor.ky.gov/Pages/default.aspx
Louisiana 路易斯安那州	http://wwwprd.doa.louisiana.gov/LaTrac/portal.cfm
Maine 缅因州	http://www.maine.gov/data/
Maryland 马里兰州	https://data.maryland.gov/
Massachusetts 马萨诸塞州	https://wiki.state.ma.us/confluence/display/data/Open+Data+Initiative+Home
Michigan 密歇根州	http://www.michigan.gov/data/
Minnesota 明尼苏达州	http://mn.gov/portal/
Missouri 密苏里州	http://data.mo.gov/
Nebraska 内布拉斯加州	http://www.nebraska.gov/data/
New Hampshire 新罕布什尔州	http://nhopengov.org/
New Mexico 新墨西哥州	http://www.sunshineportalnm.com/
New York 纽约州	https://data.ny.gov/
North Carolina 北卡罗来纳州	http://www.ncopenbook.gov/
North Dakota 北达科他州	http://www.nd.gov/gis/
Ohio 俄亥俄州	http://transparency.ohio.gov/
Oklahoma 俄克拉荷马州	http://www.ok.gov/about/data.html

续表

州/特区名	网　址
Oregon 俄勒冈州	http://data.oregon.gov/
Rhode Island 罗得岛州	http://www.ri.gov/data/
South Dakota 南达科他州	http://open.sd.gov/
Tennessee 田纳西州	http://www.tn.gov/opengov/
Texas 得克萨斯州	http://www.texas.gov/en/Connect/Pages/open-data.aspx
Utah 犹他州	http://www.utah.gov/data/
Vermont 佛蒙特州	http://www.data.gov/open-gov/
Virginia 弗吉尼亚州	http://datapoint.apa.virginia.gov/
Washington 华盛顿州	http://data.wa.gov/
县市名	网　址
Albuquerque 阿尔布开克	http://www.cabq.gov/abq-data/
Ann Arbor 安娜堡	http://www.a2gov.org/data/
Arvada 阿尔瓦达	http://arvada.org/opendata/
Asheville 阿什维尔	http://opendatacatalog.ashevillenc.gov/
Atlanta 亚特兰大	http://gis.atlantaga.gov/
Austin 奥斯汀	http://data.austintexas.gov/
Baltimore 巴尔的摩	http://data.baltimorecity.gov/
Belleville 贝尔维尔	https://data.illinois.gov/belleville
Boston 波士顿	https://data.cityofboston.gov/
Burlington 伯灵顿	https://data.burlingtonvt.gov/

续表

县市名	网　　址
Champaign 香槟	https://data.illinois.gov/champaign
Chicago 芝加哥	http://data.cityofchicago.org/
Cook County 库克县	http://data.cookcountyil.gov/
Denver 丹佛	http://data.denvergov.org/
Gilpin County 吉尔平县	http://data.opencolorado.org/group/gilpin-county
Honolulu 火奴鲁鲁	https://data.honolulu.gov/
Houston 休斯敦	http://data.codeforhouston.com/
Kansas City 堪萨斯城	https://data.kcmo.org/
King County 国王县	http://www.datakc.org/
Las Vegas 拉斯维加斯	https://opendata.lasvegasnevada.gov/
Lexington 列克星敦	http://www.lexingtonky.gov/index.aspx?page=416
Los Angeles 洛杉矶	https://controllerdata.lacity.org/browse
Louisville 路易斯维尔	http://portal.louisvilleky.gov/service/data
Madison 麦迪逊	https://data.cityofmadison.com/
Montgomery County 蒙哥马利县	https://data.montgomerycountymd.gov/
New Caledonia 新喀里多尼亚	http://www.ncopenbook.gov/NCOpenBook/
New Orleans 新奥尔良	http://data.nola.gov/
New York City 纽约	http://www.nyc.gov/data/
Palo Alto 帕罗奥多	http://data.cityofpaloalto.org/
Philadelphia 费城	http://www.opendataphilly.org/

续表

县市名	网　址
Portland 波特兰	http://civicapps.org/datasets/
Providence 普罗维登斯	https://data.providenceri.gov/
Raleigh 罗利	http://www.raleighnc.gov/open/
Rockford 罗克福德	https://data.illinois.gov/rockford
San Francisco 旧金山	http://www.datasf.org/
San Mateo County 圣马特奥县	https://data.smcgov.org/
Santa Cruz 圣克鲁兹	http://data.cityofsantacruz.com/
Scottsdale 斯科茨代尔	http://data.scottsdaleaz.gov/
Seattle 西雅图	http://data.seattle.gov/
Somerville 萨莫维尔	http://data.somervillema.gov/
South Bend 南本德	https://data.southbendin.gov/
Wake County 韦克县	http://www.wakegov.com/data/Pages/default.aspx
Weatherford 韦瑟福德	http://tx-weatherford2.civicplus.com/index.aspx?NID=1448
Wellington 惠灵顿	https://data.wellingtonfl.gov/

除美国之外,一些国家在全国统一的政府开放数据门户基础之上也建立了许多地方政府和部门的开放数据网站,见附录 1,以加拿大、意大利、西班牙、英国、法国、澳大利亚和德国为主。阿根廷没有建立统一的政府开放数据门户,但也有 3 个地方政府数据网站。我国虽然尚未建立国家级的政府数据开放平台,但很多地方已建立本地的政府数据开放平台(见表 8-10)。

表 8-10　　我国已建立的地方政府数据开放平台

行政级别	地方	地区	平台名称和网址	数据量
省级	北京	华北	北京市政务数据资源网 http://www.bjdata.gov.cn	41 家单位,803 项数据
	上海	华东	上海市政府数据服务网 http://www.datashanghai.gov.cn	39 家单位,296 项数据
	浙江	华东	浙江政务服务网 http://data.zjzwfw.gov.cn	37 家单位,216 项数据
副省级市	武汉市	华中	武汉市政府公开数据服务网 http://www.wuhandata.gov.cn	48 家单位,755 项数据
副省级市下辖区	宁波市海曙区	华东	海曙区数据开放平台 http://data.haishu.gov.cn/hs_main1	17 大类 213429 条数据记录
	深圳市罗湖区	华南	罗湖数据开放平台 http://www.szlh.gov.cn/opendata	不详
	深圳市坪山区	华南	坪山新区数据开放平台 http://www.psxq.gov.cn/opendata	7 家单位 18 项数据资源
	深圳市福田区	华南	福田 数据开放平台 http://www.szft.gov.cn/data/	4 类 113 项数据
	厦门市海沧区	华东	海沧区数据资源开放平台 http://www.haicang.gov.cn/yy/sjkfpt	不详
地级市	青岛市	华东	青岛市政府数据开放网 http://data.qingdao.gov.cn/data	共 37 家单位,320 项数据资源
	无锡市	华东	无锡市政府数据服务网 http://opendata.wuxi.gov.cn	共 39 家单位,724 项数据资源
	湛江市	华南	湛江市政府数据服务网 http://data.zhanjiang.gov.cn	4 类 18 个数据集
地级市下辖区	佛山市南海区	华南	佛山市南海区:数说南海 http://data.nanhai.gov.cn	共 47 家单位,270 项数据资源

(3)促进政务应用程序开发,通过政府数据创造价值

政府开放数据门户中大量的数据被社会公众、企业、研究人员查找、下载、使用,并创造更大的价值,许多国家不仅搭建开放数据门户,向公众开放数据资源并提供服务应用,而且积极引入“用户创造价值”的观念,打破网站服务由政府单向提供的服务模式,倡导政府服务从“政府为你提供服务”(Gov to You)向“政府与你共创服务”(Gov with You)的方向转变。这些国家在公共事务管理中利用政府的数据开放门户,鼓励、组织、协调社会公众自由地开发各类应用,任何组织和个人都可以在国家级数据共享平台提供产品和服务,而政府的角色转化为公共平台的搭建者和管理者,从而降低管理成本,提高公共服务水平。它们紧紧抓住移动技术快速发展的契机,在开放数据门户上专门开辟应用程序栏,展示专家和普通公民根据政府开放数据制作并上传的应用程序,与更多的受众分享。如美国政府开放数据网站针对手机用户推出手机应用平台(Apps.usa.gov)①,其定位是“一个一站式的云服务来源”,为用户提供200多个手机应用(Mobile Apps),包括各类软件和应用——商业应用、云服务、生产力应用以及社会性媒体软件。Apps.usa.gov平台不仅降低了政府提供服务的成本,而且为政府各部门注入了活力和创新。此外,在Apps.usa.gov上基于云的软件被集中存储和运行,并可以在不同的设备上被使用。这些应用程序还针对不同手机操作系统有不同版本,如IOS、Android、Blackberry、Windows等。

当政府开放数据门户中的政府数据与移动App有机融合后,将给更多的用户带来方便。新加坡、英国等多个国家也基于政府开放数据门户推出政府App服务。如,英国Data.gov.uk上的手机应用,内容涵盖企业事务、社区住房、旅游休闲、防护安全、教育学习、健康医疗、交通出行等服务领域,因此受到广泛欢迎。其中网站提供的交通事故查询服务,通过GIS地图与交通部门提供的数据向用户展示

---

① Federal | Mobile Apps Directory | USA.gov [EB/OL].[2016-06-18]. http://www.usa.gov/mobileapps.shtml.

城市交通伤害的地点以及发生频率,提醒市民注意交通安全。新加坡数据平台 Data.gov.sg 也提供上千种手机应用,内容涵盖交通、求职、医疗、教育等领域。其中的 Carpark@ SG 应用,可提供全新加坡的停车场位置及收费标准,同时,用户也可以把自己在停车时掌握的 Carpark@ SG 不具备的信息上传到应用上,从而补充和完善 Carpark @ SG 数据。

8.4　科学数据开放存取的其他途径

8.4.1　利用数据检索工具

数据检索工具可直接用于检索特定的科学数据资源,用户只需输入相应的检索词即可得到准确的检索结果,是最为快捷、方便的科学数据查找途径,CrossRef、Zanran、Voovle 以及 Google Public Data Explorer 等都可视为这类工具的典型代表。这里选取 CrossRef 元数据搜索和 Zanran 进行介绍。

(1) Crossref 元数据搜索

Crossref 元数据搜索(Crossref Metadata Search)可通过元数据来检索 Crossref 数据库的资源。Crossref 是一个旨在促进学术成果内容更容易被发现、链接、引用和评定的非营利性会员组织,截至 2015 年 11 月 21 日,其数据库收录的资源记录已超过 7700 万个,其中很多为研究数据。它目前仅提供简单检索这一种检索方式,用户可通过输入作者、标题、DOI、ORCIDs、ISSNs、FundRefs 等元数据信息来进行检索,检索页面给出了多种查询示例以帮助用户进行操作①,例如输入 DOI"10.2331/suisan.32.804"来查找某一特定的学术成果。

(2) Zanran

Zanran 是一个专门用来查找数值型数据(numerical data)的搜索

① Example Queries [EB/OL]. [2016-11-21]. http://search.crossref.org/help/search.

引擎,可帮助用户找到网络上半结构化的开放数据,格式包括 PDF、Excel、HTML Tables 和 Images 等,比如他人发表的 PDF 格式的图表、Excel 格式的表格、图片或 HTML 格式的条形图等,其中很多是研究论文中的数值型数据。相比综合性搜索引擎,Zanran 检索结果更为精确,而且操作也更为简单,Zanran 会在搜索框中给出检索提示,用户根据提示可以很容易地构造出标准的检索式,提高检准率。除此之外,用户还可以在输入检索词的同时选择地区(澳大利亚、加拿大等),也可以是特定的网址、日期(所有日期、最近 6 个月、最近 12 个月、最近 24 个月)和文件类型(PDF、Excel、HTML Tables、Images)等进行限定,进一步精确检索结果。因此,利用 Zanran 进行检索是一种非常便捷、高效的获取科学数据的途径。

8.4.2 查找数据期刊

查阅开放数据期刊也是获取科学数据的途径之一。这些数据期刊不仅包括一些专门的科学数据期刊,如《科学数据》(*Scientific Data*)、《中国科学数据》(*China Scientific Data*),也包括某些特定学科领域的数据期刊,像《地球系统科学数据》(*Earth System Science Data*)、《生物医学数据杂志》(*Biomedical Data Journal*)等。用户可通过 DOAJ、Open J-Gate 等大型的开放存取期刊目录来查找相关的开放数据期刊,表 8-11 列出了 DOAJ 收录的一些不同学科的开放数据期刊,这里仅以《科学数据》和《中国科学数据》这两个专门的科学数据期刊为例进行详细介绍。

表 8-11 **DOAJ 收录的开放数据期刊**

期刊名	网　址	学科
Scientific Data	http://www.nature.com/sdata/	多种科学
Genomics Data	http://www.journals.elsevier.com/genomics-data/	生物学、遗传学
Journal of Data Science	http://www.sinica.edu.tw/~jds/	统计学

续表

期刊名	网址	学科
Biomedical Data Journal	http://biomed-data.eu/	医学、医学技术
Data Science Journal	http://www.jstage.jst.go.jp/browse/dsj/-char/en/	数学、计算机科学等
BioData Mining	http://www.biodatamining.org/	生物学等
Earth System Science Data Discussions	http://www.earth-syst-sci-data-discuss.net/papers_in_open_discussion.html	地理学
Journal of Open Psychology Data	http://openpsychologydata.metajnl.com	心理学
International Journal of Spatial Data Infrastructures Research	http://ijsdir.jrc.it	空间科学、计算机科学等
Open Health Data	http://openhealthdata.metajnl.com	医学
Biodiversity Data Journal	http://bdj.pensoft.net	生物学
Journal of Open Archaeology Data	http://openarchaeologydata.metajnl.com/	考古学等
Journal of Environmental Statistics	http://www.jenvstat.org	人类学、环境科学
Data Science Journal	http://www.datasciencejournal.org/	多种学科
Earth System Science Data	http://www.earth-system-science-data.net/	人类学、环境科学、地理学

(1)《科学数据》

《科学数据》由自然出版集团于2014年推出，用于描述有价值的科学数据集，是一个可开放获取的同行评审期刊。该期刊主要出版数据描述符(Data Descriptor),它是一种为促进研究数据更容易被发现、解释和复用而设计的新的出版物形式,每个数据描述符都是由一篇描述数据集的文章和为最大限度地发现、复用数据而设计的结构化的、机器可读的信息组成,它既可用来补充传统研究论文,也可用于描述单个数据集①。用户可通过访问《科学数据》的官方网站来查找和下载科学数据,并可利用电子邮件、RSS 等进行订阅。

(2)《中国科学数据》

《中国科学数据》是中国科学院主办的数据论文在线发表期刊,于 2015 年创刊。该期刊致力于科学数据的开放、共享和引用,是中国目前唯一专门面向多学科领域科学数据出版的学术期刊。该刊主要收录具有领域科学研究特色的数据论文,包括生命科学与医学、地球系统科学、空间科学与天文学、物理学、化学化工、材料科学与工程、信息科学、社会科学等学科领域的基础数据及数据产品,同时兼收高质量的数据科学评述以及数据观点论文。②

《中国科学数据》出版平台提供科学数据论文发布和相关数据服务。科研人员可通过该平台提交数据论文以及相关数据集,经由同行评审通过后进行在线发布和共享,提供给更多用户浏览。同时该平台还提供数据论文搜索、数据预览、数据集下载等服务,用户可通过该出版平台来获取相关科学数据。③

8.4.3 使用通用搜索引擎

截至 2015 年 9 月,全球市场占有率排名前四的综合性搜索引擎分别为 Google、Yahoo、Bing 和百度④。这些都是用户比较熟悉甚至

---

① About Scientific Data [EB/OL]. [2015-11-21]. http://www.nature.com/sdata/about.

② 《中国科学数据》成功获批国内统一连续出版物[EB/OL]. [2015-11-21]. http://www.ecas.cn/yjsdt/201508/t20150827_4416884.html.

③ 关于《中国科学数据》出版平台[EB/OL]. [2015-11-21]. http://www.csdata.org/introduction.

④ Desktop Search Engine Market [EB/OL]. [2015-11-21].Sharehttps://www.netmarketshare.com/search-engine-market-share.aspx?qprid=4&qpcustomd =0.

经常使用的搜索引擎,但是利用这些工具查找开放科学数据时需要运用一些检索技巧并巧妙构造检索式,因为综合性的搜索引擎很难直接检索到存储在各个具体开放数据站点中的科学数据。如果直接检索科学数据得到的结果较少或者不符合需求,用户就需要改变检索策略,放弃直接查找科学数据,转而去检索这些数据的存储站点、数据仓储注册系统或目录等,然后去登录具体的站点或仓储来间接查找和获取科学数据。具体检索式的构建如表 8-12 所示。

表 8-12　　不同检索需求时的检索式构建

检索需求	检索式	说明
检索开放科学数据	"open research data""open scientific data""open scientific dataset""open data""open datasets""data packages""data collections"等	也可加某一具体领域的词,用来检索某一学科领域的科学数据或数据站点、数据目录、开放存取资源仓储等。如"open climate data""open geological data center""open biological data archive"等
检索开放科学数据站点	"open research data repository""open scientific data""open research data portal""open research data center""open data repositories""open data archive""open data platform""Dataverse"等	
检索开放科学数据注册系统或目录	"open research data catalogue""open data directory""registry of data repositories""data registry"等	
检索开放存取仓储注册系统或目录	"open access directory""directory of open access repository""registry of open access repositories""open access catalogue"等	
检索数据获取工具或方法	"data search engine""data search method""data search tool""data searching""data finding"等	

8.4.4 利用论文与数据之间的关联服务

欧盟的PARSE.Insight研究显示,超过84%的科学家认为将科学数据与论文进行关联是有用的①。目前,在论文与数据之间建立关联大多处于起步阶段,但一些数据库开始提供这方面的服务,如从PubMed的文章连接到Genbank、Dryad的数据,从Elsevier、Nature、Springer、Wiley、AGU等的论文连接到PANGAEA中的数据集。DataCite和CrossRef在2012年8月开始探索合作的可能性,使出版商可以识别数据集和文章之间的关系②,并在2014年11月宣布了新举措来促进数据出版和DOI的引用。

总之,科学数据开放存取的途径多种多样,不同的获取途径有着不同的特点,且各具优势和不足。用户在查找和获取科学数据时,可根据自己的使用习惯和需求选择合适的获取途径。但同时需要注意辨别数据来源和质量,选择那些权威、真实和可靠的科学数据来为自己的科研服务。

① PARSE.Insight: Insight into Issues of Permanent Access to the Records of Science in Europe [EB/OL]. [2016-03-20]. http://www.parse-insight.eu/downloads/PARSE-Insight_D3-6_InsightReport.pdf.

② CrossRef Joins STM-DataCite Statement [EB/OL].[2016-03-20]. http://www.crossref.org/01company/pr/news081012.html.

第 9 章　教育资源的开放存取

2001 年 4 月,美国麻省理工学院(MIT)校长查尔斯·维斯特对外宣布实施开放课件(Open Course Ware,OCW)项目,将该校全部课程教学材料通过互联网向全世界免费开放,由此拉开了开放教育资源(Open Educational Resource,OER)运动的序幕。之后在联合国教科文组织等机构的倡导下,“开放教育资源”运动在全球迅速推广开来,世界各国纷纷加入到开放教育资源运动中,产生了一大批开放教育资源项目。2012 年,哈佛大学、麻省理工学院、斯坦福大学等美国顶尖大学纷纷设立 MOOC(慕课)平台,在线提供大规模开放式课程,以 MOOC 为代表的新一轮开放教育资源运动风靡全球,这一年因此被称作“MOOC 元年”。

9.1　开放教育资源的定义

在 MIT OCW 的示范和引领作用下,提供免费或开放课件的机构不断增加,鉴于此,联合国教科文组织(UNESCO)于 2002 年 6 月 1-3 日在巴黎组织了第一届全球开放教育资源论坛(1st Global OER Forum),首次提出“开放教育资源”这一术语①,并对其概念和内涵进

---

① Open Educational Resources[EB/OL].[2016-04-15]. http://www.unesco.org/new/en/communication-and-information/access-to-knowledge/open-educational-resources/.

行了界定,“指那些基于非商业性目的,通过信息与通讯技术(ICTs)向有关对象提供的,可被自由查阅、参考或应用的各种开放性教育类资源。通常,这些开放式教育资源可通过互联网(Internet)免费获得,主要用于教育机构中教师的课程教学,但也可用于学生的学习”①。

在随后的数年里,UNESCO及相关机构又多次召开了关于OER的国际会议,从多个层面促进了世界各国OER运动的发展。UNESCO在2004、2005和2006年多次召开了有关OER的会议。例如,2004年由UNESCO下属的“国际教育规划研究所”(IIEP)组织的“建立合作关系:拓展高质量开放式教育资源的获得途径”论坛和“自由与开放源代码软件与E-learning”论坛;2005年由UNESCO举办的“高等教育中的开放教育资源与开放内容”论坛。2006年11月UNESCO举办主题为“开放式教育资源:机构所面临的挑战”的国际会议,会议从教育、经济、科技和法律四个角度来全方位地探讨OER的深远影响。2012年6月20—22日,UNESCO在巴黎召开了2012世界开放教育资源大会(2012 World Open Educational Resources Congress)。在这些会议中,各国学者对“开放教育资源”的定义、内涵、类型实施方式、未来发展前景及存在的问题等进行了广泛而深入的探讨,对于OER在世界各国的推广产生了重要影响。

在UNESCO影响下,开放教育资源的分享与利用引起诸多关注。已发布的与OER相关的宣言有:2007年签署的《开普敦开放教育宣言》(*The Cape Town Open Education Declaration*)、2009年的《达喀尔开放教育资源宣言》(*Dakar Declaration on Open Educational Resources*)、2011年的《学习共同体与UNESCO高等教育开放教育资源指南》(*Commonwealth of Learning and UNESCO Guidelines on Open Educational Resources in Higher Education*)以及2012年6月22日通过的《巴黎开放教育资源宣言》(*Paris OER Declaration*)等。

---

① 赵国栋,姜中皎.高校“开放教育资源”建设模式与发展趋势[J].北京大学教育评论,2009(3):124.

2011 年和 2015 年，UNESCO 两次出版了《高等教育开放教育资源指南》(Guidelines for Open Educational Resources in Higher Education)①，为政府机关、高等学校、学者、学生和质量评估(认证)机构提供了指南。

2002 年提出 OER 后，UNESCO 不断对 OER 概念和内涵进行讨论和修正。2006 年，在 OER 论坛的总结报告中，UNESCO 将 OER 定义为：基于网络的数字化素材，人们在教育、学习和研究中可以自由、开放地使用和重用这些素材。②

2011 年和 2015 年出版的《高等教育开放教育资源指南》在开篇的 Glossary of terms 中对 OER 的定义为：在某种开放式许可下发布在公共领域的任何载体类型的教学、学习及研究材料，其开放性质意味着任何人都可以合法自由地获取、使用、修改和再共享，开放技术标准的运用促进其被开放存取和再利用。它同时指出，OER 并不等同于在线学习、远程学习或移动学习，许多 OER 不仅是以可共享的电子版形式存在，还具有纸质印刷版。

UNESCO 网站对 OER 的定义为：开放教育资源(OERs)是在公共领域或引入一种开放式许可的任何类型的教育材料，这些开放的材料性质意味着，任何人都可以合法自由复制、使用、修改和再共享。UNESCO 网站认为 OERs 的范围从教科书、课程设置、教学大纲、课堂笔记到作业、测试、项目、音频、视频和动画③。

经济合作与发展组织(OECD)将开放教育资源称为“有竞争力的高等教育世界的关键智力资产”(key intellectual property in a competitive higher education world)，2005 年 8 月，OECD 的教育研究及创新中心(Centre for Educational Research and Innovation, CERI)针对发

---

① Guidelines for Open Educational Resources in Higher Education [EB/OL]. [2016-04-15] http://unesdoc.unesco.org/images/0021/002136/213605E.pdf

② 从开放教育资源到“慕课”[EB/OL]. [2016-04-15] http://www.xzbu.com/9/view-3600103.htm.

③ What are Open Educational Resources (OER) [EB/OL]. [2016-04-15]. http://www.unesco.org/new/en/communication-and-information/access-to-knowledge/open-educational-resources/what-are-open-educational-resources-oers/.

展中国家高等教育的开放性课程启动了“开放教育资源之机遇与挑战”的项目，其着眼点是研究 OER 在高等教育领域的应用与发展，主要研究内容包括：OER 的概念分析、实施模式，针对全球高等教育机构的 OER 进行调研以及与 UNESCO 的 IIEP 进行合作。在此项研究中，研究者将 OERs 定义为“向教师、学生和自学者提供的免费和放性的数字化资源，其可被用于教学、学习和研究之中”；同时，在 OER 所包含的资源类型方面，CERI 的研究者认为，OERs 不仅包括内容性的资源，同时还应该包含技术性的资源，如用于开发、传播和使用开放式内容的软件工具①。因此，与 UNESCO 的 OER 概念的定义相比，CERI 在其中增加了“开放源代码软件”。CERI 认为，OER 的类型主要包括以下 5 大类：开放源代码的软件工具（如学习管理系统）、开放课件与相关内容、用于帮助教师提高其 E-learning 能力的开放资源学件、资源库、免费的教育类课程。可以看出，OCED 的定义拓展了“开放教育资源”的内涵，将这场运动引向了深入。

与 OER 最密切相关的术语是“开放课件”（Open Courseware，OCW）。该术语用于可公共利用来自于诸如大学等教育机构的完整的课程或课程的一部分的资料。OER 和 OCW 这两个术语的定义自 2002 年以来在不断改进②。

与 OER 相关的其他术语还有：开放学习资源（open learning resources）、开放教学/学习资源（open teaching/learning resources）等。③

9.2 开放教育资源的类型

UNESCO 于 2002 年第一届全球开放教育资源论坛中指出，开放

① Johnstone SM. Open Educational Resources Serve the World[J]. Educause Quarterly，2005(3)：15-18.

② Open Educational Resources（OER）[EB/OL].[2016-07-14]. http://www.col.org/resources/crsMaterials/Pages/OCW-OER.aspx.

③ Forum on the Impact of Open Courseware for Higher Education in Developing Countries [EB/OL]. [2015-04-15]. http://portal. unesco. org/ci/en/files/2492/103305674040CW_forum_report_final_draft. doc/OCW_forum_report_final_draft.doc.

教育资源的类型主要包括：讲义、参考文献、阅读材料、练习、实验和演示，另外也包括教学大纲、课程内容和教师手册等。”①

2011 年出版的《开放教育资源指南》界定开放教育资源（OER）的类型范围包括：完整课程项目，课程资料，学生指南手册，教学笔记，教材，研究论文，视频，评估测试工具，交互性材料如仿真、角色游戏，数据库，软件，应用程序等，以及其他有教育意义和作用的资源。

UNESCO 网站认为 OERs 的范围为教科书、课程设置、教学大纲、课堂笔记、作业、测试、项目、音频、视频和动画②。

除了以 MIT OCW 为代表的开放课件外，开放的教科书、流媒体、测试工具、软件，以及其他一些用于支持获取知识的工具、材料和技术也纷纷被纳入开放教育资源之中。

UNESCO 认为开放教育资源包含学习资源、支持教师的资源和质量保证的资源三部分。其中，学习资源包括完整课程、课件、内容模块、学习对象、学习支持和评价工具、在线学习社区；支持教师的资源包括为教师提供能够制作、改编和使用开放教育资源的工具及辅助资料、师资培训资料和其他教学工具；质量保证的资源是指确保教育和教育实践质量的资源。

从上文的《高等教育开放教育资源指南》界定可见，开放教育资源不仅包括电子版，也包括纸质版。

国内有学者认为，开放教育资源的范围更广。通俗地理解，开放教育资源包括开放获取（资源及其元数据）、开放授权（允许重用、修改、组合和再创新）、开放格式（使用开放标准制作资源并便于重用）、开放软件（开源软件和工具）等。③

对开放教育资源类型涵盖最广的是 OECD。其 2007 年出版的《自由传播知识：开放教育资源的出现》中指出，开放教育资源的概

---

① 赵国栋，姜中皎. 高校“开放教育资源”建设模式与发展趋势[J].北京大学教育评论，2009(3)：124.

② What are Open Educational Resources（OER）[EB/OL]. [2015-04-15]. http://www.unesco.org/new/en/communication-and-information/access-to-knowledge/open-educational-resources/what-are-open-educational-resources-oers/.

③ 从开放教育资源到“慕课”[EB/OL]. [2016-04-15]. http://www.xzbu.com/9/view-3600103.htm.

念框架包括工具、内容和执行资源①。其中,工具包括内容管理系统、开发工具、社交软件和学习管理系统;内容包括学习资源、学习对象和参考资源;执行资源则包括许可工具、最佳实践和互操作,如图 9-1 所示。

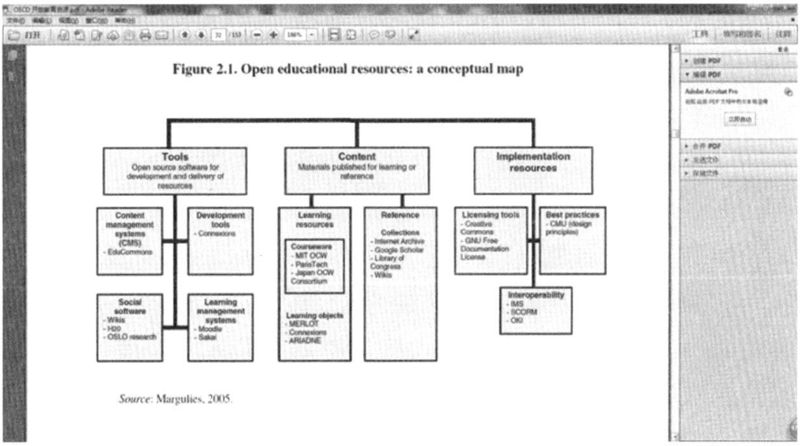

图 9-1　OECD 的 OER 概念图

9.3　国内外开放教育资源运动实践

联合国教科文组织是开放教育资源运动的主要推动者。在 2002 年 6 月在巴黎召开第一届全球开放教育资源论坛之后,UNESCO 及相关机构在随后的数年里,又多次召开了关于 OER 的国际会议,从多个层面促进了世界各国 OER 运动的发展。2004 年,UNESCO 下属的国际教育规划研究所(IIEP)举办了“建立合作关系:拓展高质量开放式教育资源的获得途径”论坛和“自由与开放源代码软件与 E-learning”论坛;2005 年,UNESCO 举办“高等教育中的

---

① OECD. Giving Knowledge for Free: The Emergence of Open Educational Resources [EB/OL]. [2016-04-15]. http://www.oecd.org/edu/ceri/givingknowledgeforfreetheemergenceofopeneducationalresources.htm.

开放教育资源与开放内容”论坛。在这些会议中，各国学者对“开放教育资源”的定义、内涵、类型、实施方式、未来的发展前景及存在的问题等进行了广泛而深入的探讨，对于 OER 在世界各国的推广产生了重要影响；2006 年 11 月，UNESCO 举办主题为“开放式教育资源：机构所面临的挑战”的国际会议，会议从教育、经济、科技和法律四个角度来全方位地探讨 OER 的深远影响；2011 年，UNESCO 出版《开放教育资源指南》；2012 年 6 月 20—22 日，UNESCO 在法国巴黎召开 2012 年世界开放教育资源大会〔2012 World Open Educational Resources（OER）Congress〕；2013 年 3 月 26—27 日，UNESCO 在其总部巴黎召开了《2012 巴黎开放教育资源宣言》全面启动会。

2015 年，联合国教科文组织发布《高等教育开放教育资源指南》（*Guidelines for Open Educational Resources in Higher Education*），以向政府部门、高等教育机构、学术人员、学术群体以及一些质量保证和认证机构提供支持和建议。例如：该指南对政府提出发挥政策决策职能，支持开放教育资源的使用，制定国家开放许可机制并将其纳入开放存取政策中，建立开放标准等建议；对高校教学人员则建议他们培养评价开放教育资源的能力，出版开放教育资源，寻求对开放教育资源技能提升的制度支持，对现有开放教育资源的使用情况进行统计并提供反馈等。①

2015 年 5 月 23 日至 25 日，第一届国际教育信息化大会在青岛召开，会议的主题是“信息技术与未来教育变革”，推动开放教育资源，释放在线教育潜力以促进知识创造成为本次会议的议题之一，大会还通过了具有里程碑意义的标志性成果文件——《青岛宣言》，其中提到“我们承诺要发展区域性策略和能力建设项目，以充分发挥开放教育资源的潜力，拓展终身学习的机会，实现有质量的教育”；“我们建议所有教育相关人士促进那些面向教师、研究者和学生的教育期刊的开放阅览，并为 ICT 解决方案的发展，特别是为残疾学生

① Guidelines for Open Educational Resources（OER）in Higher Education［EB/OL］.［2016-06-19］. http：// unesdoc. unesco. org/images/0021/002136/213605e.pdf.

和母语语言学习，充分评估免费开源软件(Free and Open Source Software，FOSS)和开放标准(Open Standards)的潜力”。2016 年 3 月 16 日，UNESCO 在自己的网站推出了面向图书馆员和研究人员的开放在线课程①。

2016 年 6 月 22 日，由联合国教科文组织、中国联合国教科文组织全国委员会、教育部教育管理信息中心、山东省教育厅主办的 2016 年国际教育信息化会议在青岛召开，本次会议以“互联网时代的教育变革与教育 2030 年议程”为主题，共同探讨落实《青岛宣言》的路线图，开放教育资源再次成为会议探讨的内容之一。

随着“终身学习”理念的广泛传播和网络开放性的不断增强，用户对开放教育资源的需求也不断增加。美国大学与研究图书馆协会(ACRL)于 2008 年 1 月发表了《2007 年环境扫描》(*Environmental Scan* 2007)②，这是 ACRL 继该协会 2002 年的报告《学术图书馆面临的主要问题》(*Top Issues Facing Academic Libraries*)和《2003 年环境扫描》(2003 *Environmental Scan*)之后最新的环境扫描报告。该报告针对未来大学图书馆(员)提出了 10 个设想并给予排名，其中，与开放教育资源利用有关的有：第三，大学师生继续要求获得不断增加的图书馆藏书和服务；第七，学生要求符合其需求与关注的问题的设施、资源与服务；第八，校园内外的在线学习仍将拓展为师生的选择之一，图书馆将安排传递到分布式学术社区的资源与服务。

2005 年 8 月，经济合作与发展组织(OECD)的“教育研究及创新中心”(Centre for Educational Research and Innovation，CERI)针对发展中国家高等教育的开放性课程启动了“开放教育资源之机遇与挑战”项目，其着眼点是研究 OER 在高等教育领域的应用与发展，主要

---

① UNESCO's Open Access (OA) Curriculum is Now Online [EB/OL]. [2016-06-22]. http://www.unesco.org/new/en/communication-and-information/resources/news-and-in-focus-articles/all-news/news/unescos_open_access_oa_curriculum_is_now_online/#.V2OFPLt96M8.

② ACRL Research Committee. Environmental Scan 2007 [EB/OL]. [2016-04-17]. http://www.acrl.org/ala/acrl/acrlpubs/whitepapers/Environmental_Scan_2.pdf.

研究内容包括:OER的概念分析、实施模式、针对全球高等教育机构的OER进行调研以及与UNESCO的IIEP进行合作。已发布的与OER相关的宣言有:《开普敦开放教育宣言》(*The Cape Town Open Education Declaration*,2007)、《达喀尔开放教育资源宣言》(*Dakar Declaration on Open Educational Resources*,2009)、《学习共同体与UNESCO高等教育开放教育资源指南》(*Commonwealth of Learning and UNESCO Guidelines on Open Educational Resources in Higher Education*,2011)以及《2012巴黎开放教育资源宣言》(2012 *Paris OER Declaration*)、《青岛宣言》。

2012年6月22日通过的《2012巴黎开放教育资源宣言》第9条指出要便于开放教育资源的检索、查找与共享,鼓励开放用户友好的工具以查找满足特殊需求的、有针对性的OER,采用适当的开放标准以确保互操作性和方便不同的媒体使用OER。挪威、荷兰、博茨瓦纳教育部部长公开号召教育资源的开放存取。欧盟资助的eLearning开放内容服务发布了关于开放知识库中的课件和研究成果的报告。Creative Commons正式启动了针对教学资源的开放内容和开放许可的ccLearn项目;荷兰开放大学的开放教育资源项目(The OpenER),2009年首届开放存取周强调各种形式的开放教育资源的利用。这说明开放教育资源的利用备受关注。

2009年,美国印第安纳大学的柯蒂斯·J.邦克教授出版的《世界是开放的:网络技术如何变革教育》图书指出,在这个扁平化的过程中,世界是开放的,十把开放教育世界的金钥匙使得大量教育财富变得可为任何人所用。而其中,开放教育资源(OER)便是为全世界打开了通往教育大门的十把金钥匙之一。

2013年6月27日,在联合国教科文组织的协助下,印度尼西亚教育与文化部于雅加达就如何利用开放式教育资源(OER)实现教师通信技术胜任能力框架(ICT CFT)举行了一次研讨会。此次研讨会集中讨论了开放式教育资源对教师通信技术胜任能力框架的推广以及为印度尼西亚建设知识社会教育目标的实现所能作出的潜在贡献。教科文组织始终致力于推广通信技术(ICT)的应用,鼓励提供、分享开放式教育资源(OER),并以此改善教育质量,使教育服务能够惠及更多人群,此次活动也是为实现该目标的一次努力。教科文组织于2012年通过了巴黎开放式教育宣言,目前在印度尼西亚、肯尼亚和阿曼地区的活动由休利特基金会资助。

2004年,台湾的朱学恒就已经启动世界上最大规模的中文翻译计划"麻省理工学院开放式课程计划OOPS"。中国开放教育资源协会(CORE)也将包括MIT的这些课程在内的开放教育资源翻译成中文,使得华人世界的学习者利用MIT开放式课程的语言障碍得以扫除。

全球性的开放教育资源日益丰富。一是开放教材。继期刊价格危机之后,教科书的价格危机也开始波及越来越多的大学、政策制定者和各种组织机构。将教科书开放存取的多个计划方案出台,如美国加利福尼亚州开源教材项目(California Open Source Textbook Project,COSTP)等,Textbook Revolution的项目网站设有可检索的入口,有一些新出版的教科书自出版伊始就是开放存取的。二是开放课,如麻省理工学院的OCW。三是开放音频与视频教学资源。耶鲁大学新的开放课件项目将有关OA的视频作为课件内容的一部分。JISC与惠康基金会合作提供400多部医学史上重要影片的开放存取。其他广义上的开放教育资源可以包括教育研究成果、维基百科系列项目(如免费的教科书WikiBooks)和古登堡计划等产生的开放图书。2003年,我国教育部启动国家精品课程建设项目,作为世界开放教育资源运动的重要组成部分。2014年5月,"爱课程网"与"网易云课堂"合作推出全球最大的中文MOOC平台——中国大学MOOC。作为国家教育部精品开放课程项目的重要组成部分,中国大学MOOC免费向公众提供大量优质在线课程。

根据知识共享组织(Creative Commons)开放教育资源注册(OER Policy Registry)数据显示,截至2016年6月23日,全球共有25个国家制定了开放教育资源政策,既有美国、英国、法国、加拿大等发达国家,也有印度、巴西、墨西哥等发展中国家。①

① OER Policy Registry [EB/OL]. [2016-06-19]. https://wiki.creativecommons.org/wiki/OER_Policy_Registry.

OECD将开放教育资源称为“有竞争力的高等教育世界的关键智力资产”，开放教育资源具有许多优点：可多人同时使用；可重复使用（Reusable educational objects，REO）；利用他人的开放教育资源有助于教师不断提高教学质量，将自己的课件开放则有助于激励教师们努力让自己的课件做得更出色并增强其自信心；有助于学生降低学习成本、开展自主性学习和营造个性化的学习环境（Personal Learning Environments，PLEs）；教学机构将自己的教学资源向全球开放则有助于提升机构的影响。最典型的范例是麻省理工学院通过其开放课件项目提升了自己的领导力、影响力和优秀度，其后，包括美国普林斯顿大学、约翰·霍普金斯大学和塔夫茨大学等在内的全球100多所高校，纷纷借鉴其成功经验。

图书馆在促进开放存取教育资源的利用中大有可为，如可检索、重组和开发利用开放教育资源，从而进一步发挥在促进终身学习和提高公民文化素质中的作用。下文将讨论教育资源开放存取的主要途径。

9.4　教育资源开放存取的途径

在全球开放教育资源运动的促进下，开放教育资源日益丰富，主要可通过以下几种途径获取。

9.4.1　国际性开放教育资源平台

（1）OpenStax CNX

Openstax CNX[①]项目由美国赖斯大学（Rice University）于1999年创立，其资助来自威廉弗洛拉·休利特基金会和梅琳盖茨基金等，属于跨学科的开放教育资源系统，融资源共同创造、评价与重用于一体，目的是“在开放的空间发现学习资源”，侧重于发表用户在线查看与共享可组织成课程、图书、报告和其他学术任务的免费的模块化的教育资源。Openstax CNX将资源划分为知识块（Module）与资料

① Openstax CNX[EB/OL].[2016-06-23].http://cnx.org/.

集(Collection),这一独特的资源划分模式是其知识的共建共享的实现途径,使那些有关联的知识联系起来,知识块可以是零散的、独立的知识点,如定义或习题;而资料集则是通过众多关联的知识块组合而成的较为完整的知识体系,如课程、著作等。截至2016年6月23日,OpenStax CNX已拥有覆盖世界范围内163种语言,超过100个专业的1600多种图书(Books)、近3万个页面(Pages)。其收录的资源分为六大类:艺术、商业、人文科学、数学与统计、科学与技术以及社会科学,每类中可按作者、出版日期、类型和关键词进行过滤(Filters)。其"高级检索"界面允许用户从题名、作者、学科、关键词、类型(有图书、页面两个选项)、出版日期(1999年以来)和语种进行检索,检索结果可按相关度、出版日期和受欢迎程度排列。该门户不仅致力于开放教育资源的建设与共享,还促进开放学习环境、工具的研发和应用,倡导用户之间的"协作"(Collaboration),因此平台从技术上提供了多种协作与交流工具,能够让用户在共享资源的基础上实现协同编辑、协作学习等有效的交互。

OpenStax CNX的前身叫作Connexions,是一个由美国赖斯大学(Rice University)Richard Baraniuk博士创立的全球教育内容仓储,旨在为作者和学习者提供一个自由分享和改编课程、书籍和报告等教育材料的开放空间,目前有赖斯大学维护。

OpenStax CNX实际上是一个动态的、非盈利性的数字生态系统,它平均每月向数百万用户提供教育内容用以提高他们的学习效果。该平台所有的资源都是免费的,可供人们通过各种格式进行下载、分享、编辑和利用。OpenStax CNX将资源划分为知识块(Module)与资料集(Collection),这一独特的资源划分模式是其知识共建共享的实现途径,使那些有关联的知识联系起来。知识块可以是零散的、独立的知识点,如定义或习题;而资料集则是通过众多关联的知识块组合而成的较为完整的知识体系,如书籍、课程笔记等。目前其资源包括艺术学、商学、人文科学、数学与统计学、科学与技术、社会科学等学科,其中又以科学与技术的教育资源最为丰富。①

① OpenStax CNX[EB/OL].[2016-06-19]. http://cnx.org/browse.

(2) OER Commons

OER Commons① 项目是由美国教育领域的知识管理研究协会(Institute for the Study of Knowledge Management in Education, ISKME)于2007年2月创建的共享开放教育资源的知识库与连接门户,旨在发现、创造、分享。它帮助教育者、学生和终身学习者搜索和发现开放教育资源和其他免费的教学材料,但它不仅是一个搜索引擎或一系列链接的简单堆叠,而是实现了开放教育资源的应用和重新利用,成为一个具有共享与再生特点的教育资源系统。

截至2016年6月23日,OER Commons已经和260多家值得信赖的机构和组织建立稳定关系,由他们提供免费的、开放的、有质量保证的教育资源。普通用户也可以推荐他们发现的比较好的开放教育资源,或者提供他们自己创造的、愿意和其他老师和学习者分享的资源,由网站管理员对内容进行评审后,对符合要求的资源进行收录。OER Commons已提供超过63531个高质量的开放教育资源,其中学科包括:艺术、经济学、人类学、数学和统计学、科学和技术、社会科学;年级包括:小学、中学、大学;资源类型包括:活动和实验、评价、视频讲座、讨论、游戏、作业、会议记录等多种形式;媒体方式有视频、图片、移动式、文本、可下载文档、音频和交互性内容。

网站提供检索功能,包括简单检索和高级检索。其高级检索功能允许用户输入关键词,尤其值得一提的是,提供多种限定选择,如学科范围(Subject Area)、年级(Grade Levels,划分得非常细,包括学前、小学低年级、小学高年级、初中、高中、社区大学、大学、研究生、职业/技术、成人教育)、使用条件(Conditions of Use)、教育标准(Education Standards)、资源评价标准(Resource Evaluation Criteria)、语种、资源类型(Material Type)、媒体类型(Media Format)和可获得性(Accessibility)等10余种。

用户可免费注册个人账户,可对查看的资源加标签、评级、评论、保存、做记录,这些操作都会记录在个人账户中,也显示在网页中。

① OER Commons [EB/OL]. [2016-04-17] http://www.oercommons.org/.

9.4.2 MOOC 平台

大规模开放在线课程是近年来兴起并迅速引起广泛关注的一种基于互联网的教学形式，近年来在全球迅速发展。2012 年 9 月，《纽约时报》刊文将该年定义为“MOOC 元年”(The Year of the MOOC)，2013 年开始大规模传入中国，被称为“中国 MOOC 元年”：清华大学、北京大学、上海交通大学等加入世界著名的 MOOC 平台 edX 和 Coursera，同时清华大学开发的“学堂在线”推出。教育部、财政部“十二五”期间启动实施的“高等学校本科教学质量与教学改革工程”支持建设了高等教育课程资源共享平台爱课程网，2014 年 5 月 8 日，爱课程网开通了“中国大学 MOOC”平台，面向全国高校进行 MOOC 课程建设和应用。2015 年 5 月《教育部关于加强高等学校在线开放课程建设应用与管理的意见》的发布进一步推动了 MOOC 等开放在线课程在中国的发展。

作为一种大规模、开放、互动式课程，MOOC 平台吸引了越来越多的人使用。利用 MOOC 平台获取开放教育资源是一种非常方便的途径。表 9-1 列举了全球比较知名的 MOOC 平台。

表 9-1　**全球比较知名的 MOOC 平台**

平台名称	网　　址
Coursera	https://www.coursera.org/
edX	https://www.edx.org/
Udacity	https://www.udacity.com/
Udemy	https://www.udemy.com/
iversity	https://iversity.org/
Future Learn	https://www.futurelearn.com/
Open2Study	https://www.open2study.com/
Class-central	https://www.class-central.com/
NovoED venture lab	https://novoed.com/
OpenupEd	http://openuped.eu/

续表

平台名称	网 址
Udemy	https://www.udemy.com/
World Education Portals	https://myweps.com/moodle/
Schoo	http://schoo.jp/
中国大学 MOOC	http://www.icourses.cn/imooc/
学堂在线	http://www.xuetangx.com/
可汗学院	https://www.khanacademy.org/

除了这些 MOOC 平台之外,还有一些平台本身不提供课程,但会将其他各个平台的 MOOC 组织起来方便人们查找、学习、评价和推荐,通过这些网站可以检索多个平台的课程,非常方便。如果壳网 MOOC 学院、MOOC 中国等。其中,果壳网 MOOC 学院还提供各种论坛以及课程笔记分享等。

9.4.3 国家级开放教育资源网站

(1)爱课程网

爱课程网是教育部、财政部"十二五"期间启动实施的"高等学校本科教学质量与教学改革工程"支持建设的高等教育课程资源共享平台。它面向高校师生和社会大众,提供优质教育资源共享和个性化教学资源服务,具有资源浏览、搜索、重组、评价、课程包的导入导出、发布、互动参与和"教""学"兼备等功能。

该网站致力于推动优质课程资源的广泛传播和共享,深化本科教育教学改革,提高高等教育质量,推动高等教育开放。网站包括视频公开课、资源共享课、中国大学 MOOC、中国职教 MOOC、在线课程中心和学习社区等板块。

视频公开课包括哲学、经济学、法学、教育学、文学、历史学、理学、工学、农学、管理学、艺术学等学科,提供检索功能,用户可以对课程进行评价,精彩评论会被展示;资源共享课包括本科课程、高职高专课程、教师教育课程和网络教育课程,提供学习群组和学习笔记,也可以对课程进行评价和检索;中国大学 MOOC 提供工程技术、文学艺术、哲学历史、经管法学、基础科学、农林医药、大学选修课等领域的课程,大多为中国“985”等名校课程;中国职教 MOOC 包括职业教育类和教师提升类两类课程。

(2)全民终身学习课程平台

由中国成人教育协会主办、高等教育电子音像出版社承办的面向终身学习领域的重要服务平台,该平台以构建灵活、开放的终身教育培训体系为目标,致力于为广大人民群众提供充足的、优质的教育资源与信息资讯服务。①

截至 2016 年 6 月 23 日,平台共开设了课程、学习、资源三个频道,提供 2 万余门课程、百万条学习资源,内容横跨 5 大领域、46 个类别,包含 53 个行业、311 个岗位学习课程,涉及 73 个学科,涵盖了从理论到实践、从生活到职场、从个人成长到社会发展的全方位学习内容,充分满足各个年龄、层次人群的学习需求。其资源库共有 1331837 条资源,其中本科资源 922206 条,高职高专资源 409631 条。资源内容包括教学课件(371282 条)、电子教案(317180 条)、例题习题(154818 条)、文献资料(147568 条)、实验实践(86145 条)、试卷(71066 条)、教学设计(53103 条)、教学案例(50163 条)、教学录像(34898 条)、常见问题(2605 个)、网络课程(2499 条)、名词术语(547 条)、人物(489 条)。

9.4.4 开放教育资源联盟

开放教育资源联盟通常只收录其成员的开放教育资源。

(1)国际开放课件联盟

国际开放课件联盟(OpenCourseWare Consortium,OCWC)②是一个由全球数百个高等教育机构和相关组织组成的联盟,其成员包括

① 全民终身学习课程平台简介[EB/OL].[2016-06-23]. http://www.jingpinke.com/about/us.

② OpenCourseWare Consortium [EB/OL].[2016-06-23]. http://www.peoples-uni.org/content/open-courseware-consortium.

哈佛、耶鲁、麻省理工学院等 200 多所世界知名高校。该联盟致力于推动“开放式课程网页”及其对全球教育的影响。其使命是基于 CC 版权协议，促进全球共享正式和非正式学习的教育资源，以及利用自有、开放、高品质的教育材料组成课程。2011 年 6 月，作为 OCWC 的一员，上海交大网络教育通过全新的 OCW 网站进一步向全社会开放课程资源，首批开放 50 门，包括完整上课视频和电子教案的网络课程，3100 余个手机移动学习课件，以及每学期 250 余门网络直播课程，并逐步扩大课程开放范围，满足社会对网络开放课程的需求。

在国际开放课件联盟的影响下，很多地区性、国家性、地方性的课件联盟开始出现，如欧洲开放课件联盟①有 50 余个欧盟成员，含英国联合信息系统委员会、牛津大学等，其中西班牙的成员最多。

(2) 国际开放教育联盟

国际开放教育联盟（Open Education Consortium）②是一个致力于推动开放教育及其对全球教育影响的世界性联盟，其成员遍布于美国、英国、中国、日本、澳大利亚、肯尼亚等 47 个国家和地区，包括非洲虚拟大学（The African Virtual University）、日本开放课程联盟（Japan OpenCourseWare Consortium）、韩国开放课程联盟（Korea OpenCourseWare Consortium）、台湾开放课程联盟（Taiwan OpenCourseWare Consortium）、麻省理工学院、密歇根大学、中国教育和科研计算机网、网易公司等在内的数百所高等教育机构和相关教育组织。

截至 2016 年 6 月 23 日，开放教育联盟提供了来自全球 40 多个国家、280 多个机构、29 种语言、3 万多个模块的教育资源。

(3) 日本开放课件联盟

日本开放课件联盟（Japan OpenCourseWare Consortium）③成立于 2006 年 4 月，其主要目标是通过联盟成员之间的合作交流来协助和

① http://opencourseware.eu/.

② Open Education Consortium [EB/OL]. [2016-04-17].http://www.oeconsortium.org/.

③ Japan OpenCourseWare Consortium [EB/OL]. [2016-04-17].http://www.jocw.jp/.

推进开放课程资源活动。其成员目前包括同志社大学、九州大学、名古屋大学、明治大学、京都大学、东京大学、早稻田大学、日本 e-Learning 协会等 30 多所大学和相关组织。

(4)台湾开放式课程联盟

台湾开放式课程联盟①成立于 2007 年 12 月,成员目前包括"中山大学"、政治大学、中央大学、成功大学、东吴大学、"清华大学"、辅仁大学等 27 所大专院校和 1 所市立高中。其主要任务是建立和推动开放式课程,为成员提供相互联系及信息交换的渠道。同时,参与和举办开放式课程相关的学术活动,探讨、推动与该联盟宗旨相关的其他事务。

9.4.5 搜索引擎

(1)综合性搜索引擎

综合性的搜索引擎如 Google、Bing、百度、雅虎等,我们都比较熟悉,在使用时可直接输入相应的关键词进行查找,例如 OER、Open Educational Resources、OCW、OpenCourseWare、开放课件、开放课程、MOOC 等。但是如果想要快速准确地找到 OER 资源,那么就需要用到这些搜索引擎的特殊功能,如 Google 的 Google University Learning②,可以很方便地检索开放课件、开放课程等各种开放教育资源,再比如百度的百度学术搜索、百度文档搜索,可以找到大量的开放存取论文、课件、试题等资料。

(2)专门的开放教育资源搜索引擎

专门用来查找开放教育资源的搜索引擎也有很多,例如 Glean③、Coursade④ 等,利用这些搜索引擎可以直接检索到各种开放教育资源,表 9-2 列举了一些比较重要的专门的开放教育资源搜索引擎。

---

① 台湾开放式课程联盟[EB/OL]. [2016-04-17].http://www.tocwc.org.tw/.

② Google University Learning [EB/OL]. [2016-04-17].https://cse.google.com/cse/home?cx=009190243792682903990:e40rcqv1bbo.

③ Glean [EB/OL]. [2016-04-17].https://glean.co/.

④ Coursade [EB/OL]. [2016-04-17].http://www.coursade.com/.

表9-2　专门的开放教育资源搜索引擎

名称	网址	简介
MyCognitio	http://mycognitio.com/	可找到大量免费、高质量的在线学习资源
Coursade	http://www.coursade.com/	专门用于查找最新的在线公开课程的搜索引擎，可检索来自大学、在线学习提供商等机构的50825门课程
MOOC SEARCH ENGINE	http://www.moocse.com/	免费在线课程搜索引擎，可检索到哈佛、斯坦福等世界名校在Coursera、Udacity、edX等平台上的课程
Mooctivity	https://www.mooctivity.com/	可检索Coursera、edX、Udacity等平台上的1700多门课程
MOOC List	https://www.mooc-list.com/tags/search?static=true	可检索多个平台的MOOC
RedHoop	http://www.RedHoop.com	可检索来自Coursera、Udacity，edX、Khan Acadmy、Udemy等平台的1500门免费在线课程
OpenTapestry	http://www.opentapestry.com/courses	可检索来自各个网站的开放许可的教育资源
OER Dynamic Search Engine	http://edtechpost.wikispaces.com/OER+Dynamic+Search+Engine?responseToken=093e02bab66e5b5f9438ad353a34eabc7	可检索多个搜录OER的网站

9.4.6　国内外名校的OER站点

国内外一些比较著名的大学建立了自己的开放教育资源站点，

一般这些站点提供的课程都仅限于本校的教育资源,所以如果想要获取某一高校的开放教育资源,这种途径则比较方便。表 9-3 列举了一些比较有代表性的名校 OER 站点。

表 9-3　　**比较有代表性的名校 OER 站点**

站点名称	网址	简介
麻省理工学院开放课件(MIT OpenCourseWare)	http://ocw.mit.edu/index.htm	由麻省理工学院提供的基于网络的免费教学资源,计划把 MIT 所有的课程内容放到网上。提供的课程资源丰富,包括各学科教学资源,部分课堂视频和示例,讲义、作业和实验等相关资料
早稻田大学开放课件(Waseda University OpenCourseWare)	http://www.waseda.jp/ocw/index_e.html	提供早稻田大学多门课程的课程大纲及课程视频链接,以及部分数据库和研讨会资源,并计划开放更多的课程资源
犹他州立大学开放课件(Utah State OpenCourseWare)	http://ocw.usu.edu/	提供该大学当前许多课程资源的链接,包括经济学、历史学、人类学、物理学和心理学等
北京大学视频公开课	opencourse.pku.edu.cn/	面向广大大学生和社会大众免费开放的视频课程网站,其中包含了部分北京大学近五年内开设的课程视频。课程资源内容包括课程视频、课程介绍、教学大纲、指定教材和参考资料等
台湾交通大学开放式课程网站	http://ocw.nctu.edu.tw/	提供台湾交通大学各院系最优质的教学资源,包括基础科学领域课程、基础与核心课程以及相关通识课程

9.4.7 开放教育资源导航

(1) IITE Open Educational Resources Gateway

联合国教科文组织教育信息技术研究所(Institute for Information

Technologies in Education,IITE)开放教育资源导航旨在促进独联体国家开放教育资源的获取,目前提供包括亚美尼亚、白俄罗斯、摩尔多瓦、俄罗斯、乌克兰、哈萨克斯坦和乌兹别克斯坦在内的七个独联体国家的民族语言的几百个开放教育资源的链接,在不久的将来还会补充其他独联体国家的教育资源,并计划将范围扩展到独联体之外的其他非英语国家。

(2)维基百科开放教育视频网站

维基百科开放教育视频网站①(List of Educational Video Websites)提供了几十个开放教育视频网站的链接。其中包括Coursera、EdX、TED (Technology, Entertainment, Design)、YouTube EDU 等知名网站,这些网站提供的教育资源视频绝大多数是完全免费的,少数是部分免费,部分需订阅。

(3)果壳网 MOOC 学院

MOOC 学院②并不是纯粹的资源导航站点,它不仅对 Coursera、Udacity、edX、iversity、学堂在线和中国大学 MOOC 等平台共 2000 多门 MOOC 课程进行整理和链接,同时提供大部分英文课程的中文课程简介及部分课程的中文字幕,并允许学员对课程的趣味性、教师参与度、难度等进行评分。学员可通过 MOOC 学院的课程页链接到该课程的学习界面。

9.4.8 其他途径

(1)开放教育资源查询系统

例如 iBerry③,该网站是由英国一名退休学者建立的为教师、学生、自学者、研究人员获取高等教育服务的开放教育资源整合门户系统。可按学科主题(艺术、地球科学、工程与技术、健康与生命科学、数学与计算机科学、物理科学、社会科学)、资源类型(视频、音频、图

① List of Educational Video Websites [EB/OL]. [2016-04-17].http://en.wikipedia.org/wiki/List_of_educational_video_websites.

② 果壳网 MOOC 学院[EB/OL]. [2016-04-17].http://mooc.guokr.com/.

③ iBerry [EB/OL]. [2016-04-17].http://iberry.com/cms/.

像、课程笔记、课堂演示、作业任务、考试资料等)、层次(本科1年级、本科2至4年级、研究生)选择浏览开放教育资源,也可在搜索框内输入这些关键词来检索。

(2)门户网站的教育资源

一些门户网站也建立了自己的开放教育资源平台,利用这些平台也可以找到一定的开放教育资源。国内比较大的门户网站如腾讯、网易和新浪等都建立了开放教育资源平台。

2010年,网易推出“全球各校视频公开课项目”,用户可以在线观看来自于哈佛大学等世界级名校的公开课课程,内容涵盖人文、社科、艺术等领域,有的配有中文字幕。

2012年12月,网易云课堂正式上线,为学习者提供海量、优质的课程,用户可以根据自身的学习程度,自主安排学习进度。它还与多家权威教育、培训机构建立合作,课程数量已达10000+,课时总数超100000,课程内容涵盖实用软件、IT与互联网、外语学习、生活家居、兴趣爱好、职场技能、金融管理、考试认证、中小学、亲子教育十余大门类,其中不乏数量可观、制作精良的独家课程,不过有些课程需要付费。

新浪公开课①汇集了来自国内外著名大学和教育组织的公开课课程与视频,例如哈佛大学、耶鲁大学、斯坦福大学、清华大学、北京大学、TED等。目前拥有TED视频1071集,讲座1151集,人文、哲学、历史、经济、社会等领域课程共3000多集。用户可通过电脑或手机客户端免费观看学习。

腾讯公开课②汇集了北京大学、清华大学、南开大学、哈佛大学、麻省理工学院、超星、新东方教育等大学和机构的多门课程和视频。学科涉及人文、哲学、历史、金融、艺术、医学、自然科学、工程技术等多个领域。此外,腾讯公开课还有一些演讲集、养生、亲子等方面的视频。

除了上述网站之外,搜狐网、凤凰网等门户网站也提供包括公开

---

① 新浪公开课[EB/OL].[2016-04-17].http://open.sina.com.cn/.

② 腾讯公开课[EB/OL].[2016-04-17].http://v.qq.com/zt2011/open/.

课在内的多种教育资源,这里不再一一列举。

(3)视频分享网站

通过 YouTube、iTunes 等视频分享网站也可获得免费教育资源。例如 2012 年 9 月,美国开放文化网站评选出来自世界著名高校的 530 门免费在线课程,其中大多可通过 YouTube、iTunes 等视频分享网站免费学习。① 这些课程涉及考古学、建筑学、艺术学、经济学、历史、新闻学、法律、社会学、航空航天、天文学、生物医药、化学、计算机及人工智能、工程学等多种学科。

UNESCO 与 iTunes 合作加盟,将其丰富的多媒体教育资源加入 iTunes 提供共享,资源类型包括电影、播客及文档,涵盖英、法、西班牙三种语言,资源类别有政策报告与期刊、讲座、采访访谈录等,均可免费下载到电脑、iPad、iPhone 或 iPod 观看。

中国的一些视频网站也提供很多免费课程,例如优酷土豆、爱奇艺、搜狐视频、百度视频、腾讯视频。

(4)微课

微课,一种以 5~10 分钟甚至更短时长为单位的微型课程,以视频为主要载体,具有时间短、内容精、模块化、情景化、半结构化等特点,特别适宜与智能手机、平板电脑等移动设备相结合。“凤凰微课”是国内首个面向全球正式发布的移动学习新应用,已正式推出微软 Win8 版及苹果 iOS 版。

我国部分图书馆也提供了微课程服务,图书馆微课程以细分的知识点、短小的视频动态的呈现图书馆丰富的资源和深入的服务、信息资源检索和利用技巧以及信息管理工具等。一般每周推出一个微课程,通过图书馆主页、微信、微博等渠道进行发布。

---

① 视频分享网站[EB/OL].[2016-04-17].http://www.openculture.com/2012/09/new_additions_to_our_list_of_530_free_online_courses_from_top_universities_.html.

第 10 章　开放存取资源的元数据管理

元数据是实现资源有效发现、管理、共享、交换和整合的主要手段之一①。元数据对 OA 资源的重要作用不仅表现在可以利用元数据描述或发布其现有的 OA 资源，提高 OA 资源的被利用率，通过元数据记录 OA 资源的一些建立、维护方面的背景信息，方便 OA 资源管理者对 OA 资源进行有效管理；还表现在元数据可以帮助 OA 资源管理者提升服务质量。因此，对元数据进行科学有效的管理成为提升 OA 资源管理与服务的关键。

随着开放存取运动的蓬勃发展，开放存取资源海量增长。一方面，给人们利用信息带来了方便，相对于传统的信息传播模式来说，开放存取资源突破了价格障碍和使用权限障碍。另一方面，各种类型的开放存取资源缺乏统一管理，给人们查询和使用带来较大的困难。其原因在于，开放存取运动是一种自发的旨在促进学术信息交流的活动，开放存取期刊、开放存取知识库等的设立基本处于一种无序状态，其创立与管理完全取决于机构或者个人的意愿，国内外还没有一个权威的机构或团体对其创立和运行进行有效的管理②。这种无序状态进而导致各种开放存取资源的元数据管理的不规范与不一

① 冯梦舟. 教育网格中资源元数据管理研究[D]. 西安：西安电子科技大学，2007.

② 王志庚，汪东波. 开放存取资源的管理与服务[J]. 国家图书馆学刊，2007(2)：27-32.

致。元数据管理的不规范与不一致必将导致元数据标准的不一致、对象数据格式的不统一、元数据的不易互操作等，给开放存取资源的组织以及后续的开发与利用等带来很大的困难，也使得开放存取资源的元数据管理成为信息资源管理领域里一个亟待解决的问题。开放存取资源的元数据管理贯穿于开放存取资源管理的整个生命周期。对 OA 资源的发现、长期保存与维护以及整合方面都起着重要的作用。随着元数据的不断发展，元数据在不断增多，元数据的应用变得日趋复杂化，对 OA 资源的元数据进行管理显得更为重要和迫切。

开放存取资源元数据管理已经引起国外图书情报界的重视。由英国联合信息系统委员会（JISC）资助，2003 年 7 月完成的项目——开放存档的权限元数据（Rights Metadata for Open Archiving, RoMEO）①研究了英国各期刊在 OAI 元数据收割协议下对自存储的有关权利的规定。《编目与分类季刊》（*Cataloging & Classification Quarterly*）2009 年出版了专刊②讨论此问题，讨论了描述研究数据、电子学位论文、数字学习对象以及学术论文的元数据，并给出了一些案例。并且于 2012 年 11 月召开的第 6 届元数据与语义网研究国际会议（The 6th International Conference on Metadata and Semantics Research, MTSR 2012）设立专场讨论开放存取知识库、研究信息系统和设施的元数据和语义（Metadata & Semantics for Open Access Repositories, Research Information Systems and Infrastructures）。

前文第 8 章阐述了开放存取资源的检索策略，图书馆通过不同检索途径获得的开放存取信息资源需要进行有效的组织，方能为其进一步使用提供便利，即要在通过不同途径检索和收集开放存取资源后，按照一定的标准对其进行评价和选择（用户需求的调查与 OA 资源的评价已在前面的章节叙述），为用户提供一个存取的通道，如

---

① RoMEO: Rights Metadata for Open Archiving [EB/OL]. [2016-07-24]. http://www.jisc.ac.uk/whatwedo/programmes/fair/romeo.aspx.

② Michael S. Babinec; Holly Mercer. Metadata and Open Access Repositories [J]. Cataloging & Classification Quarterly, 2009(47): 3-4.

开放存取资源导航、开放存取资源检索系统乃至开放存取资源与本馆馆藏的集成化检索系统。本章和下一章分别从元数据管理和重组的角度讨论开放存取信息资源的组织,其中,元数据管理是重组的基础。

10.1 OA 资源元数据管理的必要性

10.1.1 开放存取资源的某些特点给其组织带来困难

开放存取信息资源具有的以下特点给元数据管理带来挑战:

数量大,而在 OA 资源描述和检索机制不完善的情况下,OA 资源用户难以快速获取理想中的 OA 资源;OA 资源初期建设缺乏统一的标准和规范,致使很多 OA 资源局限在自己的服务范围内,而无法在整个互联网络实现资源的共享和重用;随着信息技术的发展,OA 资源具有文本、图片、动画、音频、视频等多样化的表现形式,由于大部分的 OA 资源缺乏对自身的精确描述,致使 OA 资源的精确定位变得困难;OA 资源的设立基本上是一种分散、孤立、无序的状态,无法用一个统一的方式来浏览所有的 OA 资源,致使 OA 资源存在不易管理的问题。

10.1.2 促进 OA 资源的发现

OA 资源的发现包括资源组织和资源检索。元数据的各种功能是由不同的元数据标准实现的,而促进 OA 资源的组织与检索,既是元数据最基本的功用,也是产生元数据的原因。如开放存取知识库目录(OpenDOAR)、开放存取期刊名录(DOAJ)以及著名的开放存取资源搜索引擎 OAISter 等采用遵循开放存档先导计划(OAI)协议的都柏林核心(DC)元数据为 OA 资源组织与检索提供标准的格式和规范,便于 OA 资源的服务提供者(service provider)从 OA 资源的数据提供者(data provider)处收割元数据,从而促进 OA 资源的发现甚至 OA 资源的自动采集。尤其是在 OA 资源增长迅速并且分散的现状下,元数据管理对于促进 OA 资源的发现与全面收录具有重要的意义。

10.1.3　利于 OA 资源的长期保存与维护

OA 资源的长期保存与维护既具有一般数字资源的共性，也有其自身的特点，如资源分散不易保存、不如商用数字资源的保存责任主体明确等。目前在开放存取领域主要有以下三种保存策略：对用于产生和存取信息的原始软件和硬件进行保存的技术保存策略；按照仿真模拟的原则设计新一代的计算机系统，使其兼容原有的计算机平台和操作系统的技术仿真策略；在原来的存储格式被淘汰之前将数字信息重新编码存入新的格式中的信息迁移策略①。为使这些应用技术得以正常运行，保证这些资源的可读性和易操作性，管理这些数据的数据即元数据就成为 OA 资源得以长久保存与维护的关键。由于 OA 资源的元数据包含有关资料的相关描述、技术背景、版权、历史处理和管理等信息，而这些信息对于资源保存与维护所涉及的价值评估、技术平台与手段的选择等方面都有着重要的参考价值②。因此，就产生了保存元数据的概念。如著名的图书情报学学科知识库 E-LIS 通过保存包含文件格式的元数据促进了 OA 资源的长期保存与维护，E-LIS 主要支持 PDF、HTML、TXT 文件格式，对于这三种格式的文件在迁移或仿真技术条件下都是长久可用的，而对于其他格式的文件，E-LIS 目前能识别，但不对其做长期保存③。保存元数据的标准问题是开放存取资源长期保存的重要课题，近年来，国际标准化组织（International Standard Orgnization，ISO）和一些科研机构为 OA 资源的长期保存制定了元数据标准和规范，如 BioMed Central 就要求论文的元数据信息应该与 OAI 相兼容，并将全部论文保存在多个公共知识库中，PubMed Central、法国的 INIST 和德国的

---

① 孙红娣.论开放存取中的数字资源长期保存问题[J]. 图书馆学研究，2005(11)：15-18.

② Metadata for Digital Preservation：An Update [EB/OL]. [2016-06-24]. http：//www.ariadne.ac.uk/issue22/metadata.

③ E-LIS Submission guidelines [EB/OL]. [2016-06-24]. http：// elisdocs.rclis.org/guidelines/preservation.html.

Potsdam University 等也实施了相关项目标准①。

10.1.4 便于 OA 资源的整合

元数据可以对 OA 资源的数据单元进行详细、全面的著录描述。通过识别详细的著录信息有利于 OA 资源本身的整合以及 OA 资源与馆藏资源的整合。如中国教育图书进出口公司启动的“OA 资源一站式检索服务平台”(Socolar)通过各 OA 资源拥有者提供的元数据(如作者、文摘、关键字、刊名、出版商等)和全文将世界上重要的 OA 期刊和 OA 知识库资源进行全面的收集、整理并提供统一检索服务。截至 2015 年 8 月 28 日,Socolar 整合的 OA 期刊已有 11739 种(文章 13503317 篇),整合学术知识库 1048 个(文章 10391241 篇),整合期刊文章和知识库文章共计 23894558 篇②。

加强对 OA 资源的揭示与整合,可以将不同的学校、研究机构、同行评审期刊、会议论文集、预印本及后印本资源集中于统一的界面中,方便用户进行一站式的浏览与检索,从而促进学术交流。

10.2 OA 资源元数据管理的可行性

10.2.1 已具备专业化的相关技术人员

开放存取运动的发展历史虽然不长,但是发展迅速,各种专业技术人员相继出现。与 OA 资源元数据管理相关的技术人员有很多,如负责元数据管理平台构建的程序开发人员、负责 OA 资源元数据标引的标引人员、负责 OA 资源元数据质量监控的监控人员等。

10.2.2 有支持元数据管理的技术条件

网络技术和信息技术的发展给开放存取的元数据管理提供了技

① 孙语择.网络环境下学术信息的开放存取研究[D].长春:吉林大学,2007.

② Socolar[EB/OL].[2016-08-28]. http://www.socolar.com/.

术支持，目前OA资源元数据管理技术主要以开源技术为主。开源技术的出现主要基于三个方面的原因：费用低，大多是免费的，可以节约开销；开源技术可以结合本机构自身构建适合自己的模型；开源技术功能完善，便于管理①。开源技术主要包括开源软件和开源协议等。常见的开源软件有Dspace、Eprints、Fedora、Greenstone等，其中，前两者在建设知识库中使用很普遍。开源软件大多具有一定的元数据管理功能，如Dspace体系结构中共有三层：存储层（Storage Layer）、事务逻辑层（Business Logic Layer）和应用层（Application Layer）②。其中存储层具有元数据存储功能，事物逻辑层具有元数据管理功能，应用层具有元数据服务提供功能。另外，常见的开源协议有OAI-PMH协议、Z39.50协议、SRU协议等。开源协议为OA资源元数据的互操作提供了支持。

10.2.3　已有相关的实践探索

国际学术界一直关注与支持开放存取运动的发展，目前在OA资源元数据管理实践方面已经有相关探索，如英国联合信息系统委员会（JISC）启动了“集中机构资源的存取”（Focus on Access to Institutional Resources，FAIR）项目，该项目涉及开放存取的多个方面，共启动了14个子项目，其中在元数据标准、元数据互操作协议、元数据质量控制等方面取得了重要成果③。澳大利亚在开放存取元数据方面成立了专门的澳大利亚知识库元数据咨询委员会（Metadata Advisory Committee for Australian Repositories，MACAR），其目的在于为知识库建立国际认可的权威元数据标准，并制定公布适用于任何知识库的最好的可操作元数据标准。当然该委员会首要焦点在于满足澳大利亚知识库团体的需求④。在英国，收录服务于教育与科研

---

① 王军，赵伯兴.利用开源技术建立机构库的解决方案［J］.情报杂志，2009（4）：134-135.

② 王玉玲.机构知识库（Institutional Repository）及其案例研究［J］.农业图书情报学刊，2008（5）：114-115.

③ 袁红梅，乔冬梅.开放存取：英国FAIR计划的实践与启示［J］.图书情报知识，2007（7）：92-96.

④ Metadata Advisory Committee for Australian Repositories （MACAR）［EB/OL］.［2015-08-28］. http://macar.wikidot.com/about-macar.

的开放存取资源的集成化学科信息门户 Intute 也制定了元数据管理政策，其元数据管理政策的主要原则是保证高质量、一致性和互操作性。Intute 除雇用一批网络主题专家去发现、评估和编目最好的网站资源外，还制定了专门的编目规则和指导方针。

10.3 OA 资源元数据管理的主要影响因素

10.3.1 技术因素

开放存取是建立在计算机技术与网络技术发展基础之上的，从开放存取发展的免费服务宗旨来看，开放存取是一个知识服务系统。要做好知识服务，如果没有技术支撑，尤其是没有元数据管理技术支持，OA 资源服务也只能是“纸上谈兵”。元数据管理技术主要包括元数据标准及互操作技术、元数据相关互操作协议以及元数据开源软件等。

(1)元数据标准及互操作

①元数据标准。元数据是关于数据的数据，是对 OA 资源进行组织和管理的基础，是组织与发现 OA 资源的重要工具。OA 资源的元数据描述对象可以是任意层次的对象，如可以期刊或机构知识库为对象，也可以期刊与机构知识库层次下的文献、图像以及音像等为对象。目前应用于 OA 资源的元数据标准有很多，如常见的 MARC、DC 元数据标准；美国加州大学伯克利分校、美国档案学家协会(The Society of American Archivists, SAA)等制定的编码文档描述(Encoding Archival Description, EAD)标准；由美国可视资源委员会(Visual Resources Association, VRA)发布的 VRA 标准等。

元数据标准实现的功能都包括对资源的描述、管理和定位，以及对资源的评估。但由于每种元数据标准分别适用于不同类型的 OA 资源，其使用目的和使用范围会有所不同，当采用不同元数据标准描述的 OA 资源间进行描述、检索和利用时，就存在元数据的互操作问题。当然这种互操作问题是比较显性的，另一种相对隐性的互操作问题是当采用同种元数据标准描述 OA 资源时，也会因为不同单位元数据元素内容范围界定的不同，而造成同种资源类型元数据描述的不同，从而引发元数据互操作问题。

②元数据互操作。元数据的互操作性问题（interoperability）：多个不同元数据格式的释读、转换和由多个元数据格式描述的数字化信息资源体系之间的透明检索[①]。元数据互操作针对情况的不同会有不同解决方案。目前常见的方案包括建立各种元数据之间的映射、遵循统一的元数据标准、建立元数据登记系统等。

元数据映射，又称元数据转换，是从一种元数据格式的元素、语义和语法到另一种元数据格式的元素、语义和语法的映射，是实现元数据互操作较为通用的一种方法。解决 OA 资源元数据格式的映射问题，也就解决了 OA 资源元数据互操作问题中的核心部分。

目前 OA 资源可以采用的主要元数据转换形式有一对一映射和通过中介格式进行转换。

一对一映射。它是将一种元数据标准中的元素映射为另一种元数据标准中的相应元素。如麻省理工学院的开放课程项目（OCW）为了将来自该校的课程资料放到 DSpace，必须将这些资料的 MARC 格式一对一地转化为 Dspace 所支持的 DC 格式。这种一对一映射能够较好地保证转换的准确性和精确性，但当元数据格式数量较多时，转换模板数量将指数增加[②]。

通过中介格式进行转换。这种方法是每一种元数据格式都转向中间格式，将元数据标准映射为一种兼容性比较强的、比较全面的元数据标准，从而降低复杂性。例如采取 OAI-PMH 协议的 DOAJ 项目，选用 DC 作为中间格式，规定数据提供方必须统一以 DC 元数据形式提供元数据，原来不是以 DC 形式表示的元数据，必须要进行转换，然后提供给数据需求方使用。这种方法仅需要少量转换模板，但转换精确性受中间格式精细程度影响，许多特殊元素难以包括在中介格式中，转换结果难以精确。

① 张敏.学科信息门户互操作机制的研究[D].武汉：华中师范大学，2005.

② Evolving Metadata Needs for an Institutional Repository: MIT's DSpace [EB/OL]. [2016-06-24]. http://dc2003.ischool.washington.edu/Archive-03/03branschofsky.pdf.

遵循统一的元数据标准是解决元数据互操作的方法之一。但是在各种复杂的 OA 资源环境中严格遵循一种标准是不现实的,而是应该在该种元数据标准扩展的基础上去遵循。目前 DC 元数据正是适应这种要求的元数据标准。现在已经有很多单位以 DC 作为基本元数据格式,根据资源需要扩展自己的元数据格式,从而保证元数据的灵活性和互操作性。如开放语言档案社团(Open Language Archives Community,OLAC)针对语言资源的自身特点,对 DC 元数据进行了扩展,扩展了演说类型(discourse-type)元素、主题语言(language)元素、语言字段(linguistic-field)元素、语言类型(linguistic-type)元素、角色(role)元素①。

建立元数据注册登记系统也是解决元数据互操作的一种有效方法,所谓建立元数据注册登记系统,就是建立一个共享公开的数据库,提供各种元数据格式的定义、用法以及对该格式的扩展等信息。各个用户可以向该数据库申请注册新的元数据格式,增加或修改元数据元素的定义,注册新的规范词表或编码方案等,逐步使元数据格式更加规范成熟。用户可以在元数据注册登记系统中查询已有的元数据标准,一方面可以避免重新开发元数据方案,另一方面便于有关各方遵从相同的元数据方案以便实现元数据的互操作。目前比较著名的开放登记系统有英国 JISC 支持的 DESRIE MR 和 Schemas Registry 以及哥廷根大学图书馆建立的 Meta Form 等。

(2)与 OA 资源相关的互操作协议

OA 资源的元数据互操作实现需要相关协议的一致性应用,目前与 OA 资源互操作最为相关的协议包括 OAI-PMH、Z39.50、SRU、OpenURL 等。

OAI-PMH 协议。由开放存档先导计划(OAI)提出,是一个在分布式网络化环境中获取元数据信息的标准化协议。遵守 OAI-PMH 协议就是按照 OAI 的元数据标记协议以统一的方式对存档文章的重要信息进行标记(如作者、标题、时间等项),然后搜索引擎或元数

---

① OLAC-Extensions [EB/OL]. [2016-06-24]. http://www.language-archives.org/REC/olac-extensions.html.

据收割机可以对资源的元数据进行收割，并以合适的方式显示给用户。该协议最大的好处是实现元数据级的互操作，便于服务提供者自动批量采集各 OA 资源的元数据，并在此基础上促进 OA 资源的重组、揭示，促进 OA 资源的发现、检索与利用。如著名的开放存取期刊名录（DOAJ）——遵循该协议，任何 OA 资源的服务提供者都可以从其网站采集期刊元数据甚至部分期刊论文的元数据。

Z39.50 协议。它是信息检索应用服务定义和协议规范（Informational Retrieval Service Definition and Protocol Specifications for Library Applications）的简称。遵循该协议的开放存取检索系统可以检索多种不同类型的信息，如文本、图像和其他多媒体资源等。它也是实现资源系统之间通讯的协议之一，不仅能使异构系统之间相互传递信息，也可以成为一种通用的接口规范，将众多的 OA 资源链接成一个虚拟的整体的信息资源，达到整合资源的目的。著名的 OA 资源检索工具 OAIster 通过使用 OAI-PMH 协议收割数字资源的描述性元数据，整合数字资源及其元数据，遵循 Z39.50 检索协议，提供对这些 OA 资源的检索，从而实现元数据描述、组织与整合 OA 资源的目的。

SRU 协议。统一资源定位符检索协议（Search/Retrieval via URL，简称 SRU）从 Z39.50 发展而来，是一个标准的以 XML 为重点的用于因特网检索表达式的检索协议。SRU 通过提供通用的框架结构，整合对各种网络资源的访问规范，使分布式资源之间能够协调工作。丹麦的 Index Data 公司开发了可以检索公共领域的电子图书、OA 知识库和维基百科的 OA 资源搜索引擎——Index Data，该引擎遵循 Z39.50 和统一资源定位符检索协议 SRU，从而实现了资源的检索与资源的整合①。

OpenURL。这是一种开放链接的框架，该框架通过建立链接服务器提供链接服务，并定义了一套标准的 OpenURL 语法，允许信息源公开自己的链接接口，实现链接信息源和链接服务器直接的信息

---

① IESR SRU/W Access [EB/OL].[2016-06-24].http://iesr.ac.uk/use/sru.

传递,从而实现不同数据库直接的互操作①。OpenURL 最主要的两个特征是开放和上下敏感。OpenURL 语法定义中的唯一标识符在链接源和链接目的数据库之间传递元数据的过程中,起着重要的本地化作用。

(3)开源软件

目前支持 OA 资源建立与发展的软件大部分是以开源软件为主,如在 OA 期刊领域有著名的开放期刊系统(Open Journal Systems, OJS)②、SciX 开放出版服务软件(SciX Open Publishing Services, SOPS)等③;在 OA 知识库领域有著名的 DSpace、Fedora、Eprints、Greenstone 等,虽然这些开源软件已经得到普遍应用,但仍有许多功能尚需改进或完善,尤其是元数据管理功能有待进一步增强。

10.3.2 OA 资源管理者

OA 资源管理者是 OA 资源发展的主要依托,是影响 OA 资源元数据管理的核心因素,主要包括机构本身及机构内部成员。

OA 资源管理机构对 OA 资源元数据管理价值认识的高低直接决定其是否投入 OA 资源元数据的管理,它们对 OA 资源元数据管理的价值认识包括对机构成就与提升机构综合竞争力的预期,并据此对 OA 资源元数据管理进行技术实施以及制定相关政策,这些都对 OA 资源元数据管理产生重要的直接影响。不同 OA 资源管理机构在元数据管理过程中有不同的特点,目前主要有三类 OA 资源元数据管理机构。

(1)图书馆

许多 OA 资源是由图书馆创建的,可以利用图书馆多年以来积累的丰富的元数据著录方面的经验和它们拥有的分类法与主题词表等规范的元数据标引工具,对元数据进行管理与控制。无论是来自

① 张敏.学科信息门户互操作机制的研究[D]. 武汉:华中师范大学,2005.

② Open Journal Systems [EB/OL]. [2016-08-26]. http://pkp.sfu.ca/ojs/.

③ SciX Open Publishing Services [EB/OL]. [2016-06-24].http://www.scix.net/sops.htm.

图书馆内部还是外部的资源都必须经过图书馆元数据控制人员的严格标引、采集与审核才能最终确定 OA 资源元数据是否合格。以香港科技大学图书馆用 DSpace 软件开发的机构知识库为例，该机构知识库的元数据主要由该馆馆员采用图书馆的专业元数据技术对其进行严格管理与控制，并且开发了适应其自身发展的编目数据库。另外，eScholarship 由美国加州大学图书馆创建，其元数据管理工作主要由该馆馆员承担。

(2) 图书馆以外的 OA 资源建设者

对于由非图书馆机构或组织创建的 OA 资源，元数据的管理工作则可以考虑由具备元数据管理能力的 OA 资源建设者承担。OA 资源建设者会制定一套元数据提供规范并对各种资源的元数据提供进行监控，一旦元数据不符合要求，OA 资源建设者就会要求元数据提供者重新提供直到符合要求为止。如由西班牙的政府文化部门创建的著名的 E-LIS 就属于图书馆以外的 OA 资源建设者，E-LIS 的运行依赖于来自不同背景人员的自愿工作。它在对其元数据进行管理与控制过程中有以下特征：集中存取控制元数据的提供与再使用；依据权威标准检查和处理元数据；为描述数据内容定义原则，控制数据收集以及数据的其他相关属性；为信息检索提供具有技术性和实质意义的编目数据等。

(3) 第三方机构

是指除 OA 资源的建设者与利用者之外的机构。如果 OA 资源建设者与利用者对元数据管理毫无经验与技术，则可以利用第三方机构或组织，借助第三方机构的专业元数据管理与技术经验达到管理元数据的目的。如为永久性免费获得以数字形式存在的历史资料而建立的著名的互联网档案馆(Internet Archive)，其搜集的资源元数据主要来自于第三方机构 Alexa 及部分其他网站。

OA 资源元数据管理的智力产品主要来源于机构成员，因此机构成员则是 OA 资源元数据管理的核心因素。机构成员对 OA 资源元数据管理的影响主要源于机构成员的认识度以及技术经验，如果没有机构成员主动参与，积极为 OA 资源元数据管理提供相关支撑，那么 OA 资源元数据管理犹如没有地基的建筑。

10.3.3 资金因素

OA 资源元数据管理的主要影响因素除了 OA 资源管理者因素和技术因素外,还有一个经济问题。它需要一定可靠的资金保证其可持续发展,从而支持 OA 资源服务的顺利运行。OA 资源元数据管理成本主要由三部分构成:软/硬件成本、管理维护成本以及人力资源成本。

软/硬件成本主要是软/硬件购置费,是 OA 资源元数据管理的基本成本,包括操作系统、硬盘、软件、网络使用等的购置。对于软件的应用,每个机构会根据自己的需要选择商业软件或开源软件,商业软件如 Digital Commons 等,开源软件如 DSpace、EPrints 等。尽管较多开源软件都可以自由下载并对其进行修改,但如果机构需要开发公司或机构的技术维护与支持则可能面临收费问题,如 DSpace 服务有核心服务与收费服务之分,核心服务是向用户免费提供的,而收费服务是提供其他额外需求服务的。因此,开源软件并不是完全意义上的免费软件。

元数据管理平台建立之后需要进行优化管理与维护,又将产生包括元数据转换、元数据存储、元数据更新与迁移成本等。

虽然有部分 OA 资源是人们在自发组织并且不需报酬的情况下构建的,但是很多大型 OA 资源依然是耗费了机构的人力资源资本的。人力资源成本主要由两部分组成:一部分是工作人员的工资薪酬,另一部分则是工作人员的培训成本。

10.4 OA 资源元数据管理的现状

10.4.1 OA 资源元数据管理的总体情况

经过十几年的蓬勃发展,开放存取运动在元数据方面已取得一定的成就,如 OA 资源互操作协议 OAI、SRU 等的确立、开源元数据管理系统软件的出现等。这些成就的取得,一方面与各 OA 资源建设单位对 OA 资源元数据的认识有关,另一方面也是当前 OA 资源元数据发展所提出的迫切要求的结果。

尽管 OA 资源建设单位在元数据方面取得了一些成就，但在其不断的发展过程中也不断暴露出不同程度的问题，其中的元数据管理就是比较突出的问题。2008 年，瑞典隆德大学文化科学部的 Helena Francke 从开放存取期刊名录（DOAJ）和开放存取期刊门户（Open J-Gate）中随机挑选 265 个同行评议的开放存取期刊进行元数据定量分析，同时选取 4 个开放存取期刊进行元数据定性分析，调查结果发现各开放存取期刊元数据不仅在使用的元数据元素上存在不同，而且各个期刊元数据在表示和组织的方式上也存在差异①。显然，在开放存取期刊领域，各单位的元数据管理存在一定的差异，从而导致各个单位对元数据的使用存在着很大的不一致，进而导致开放存取期刊之间互操作问题的出现。不仅在开放存取期刊领域，而且在开放存取知识库领域也存在同样的问题。开放存取知识库的资源提交政策和元数据重用政策可以大致反映元数据的管理情况，为此我们选取 OpenDOAR 中的知识库进行分析。OpenDOAR 对资源提交政策和元数据重用政策进行了明确的界定。OpenDOAR 的统计表明，开放存取知识库的元数据重用政策和资源提交政策均不尽如人意。截至 2015 年 8 月 29 日，在该权威目录知识库收集的 2561 个资源知识库中，就资源提交政策而言，大约 4%的知识库是没有任何提交政策信息（unknown）的，大约 1%的知识库有提交政策信息但没有详细说明（unstated），大约 75%的知识库有相关提交政策但显示为尚未定义（undefined），只有大约 19%的知识库对提交政策有定义（defined）②；就元数据重用政策而言，大约 4%的知识库没有任何元数据重用政策信息（unknown），大约 1%的知识库虽有元数据重用

① Helena Francke. The State of Metadata in Open Access Journals: Possibilities andRestrictions [EB/OL].[2015-08-26]. http://lup.lub.lu.se/luur/download?func=downloadFile&recordOId=1182274&fileOId=1182293.

② Submission Policy Grades [EB/OL].[2015-08-29].http://www.opendoar.org/onechart-legacy.php?cID=&ctID=&rtID=&clID=&lID=&potID=4&rSoftWareName=&search=&groupby=pog.pogHeading&orderby=pog.pogID&charttype=pie&width=600&height=300&caption=Recorded%20Submission%20Policies%20-%20Worldwide.

政策信息但没有详细说明(unstated),大约 80%的知识库有元数据重用政策的相关政策但显示为尚未定义(undefined),大约 9%的知识库允许非商业目的的元数据重用(non-profit),大约 5%的知识库只允许商业目的的元数据重用(commercial)。

OA 资源元数据管理问题的出现,说明当前 OA 资源领域元数据管理工作开展得不够广泛,也不够深入。OA 资源元数据管理工作是一项极其复杂的系统工程,该项工作的开展不仅与 OA 资源单位的内部环境有关,而且也受到各种外部环境的制约。下文将对当前 OA 资源元数据管理存在的问题进行详细的分析。

10.4.2　OA 资源元数据管理存在的问题

OA 资源元数据管理的目的是促进资源的发现、检索、长期保存、整合等。也就是说,通过制定相关元数据管理计划与政策,采用必要的管理方法和技术,从而实现 OA 资源的使用价值。OA 资源元数据管理的内容不仅包括元数据标准的选择,还包括元数据政策的制定、元数据质量控制的实施等。元数据管理的问题虽然在 OA 资源出现的一开始就存在,但由于 OA 资源的数量、范围和规模都较小,因而没有引起人们广泛、足够的重视。随着这些方面问题的不断暴露,OA 资源元数据管理才逐渐引起各 OA 资源单位的关注。目前 OA 资源面临难发现、难检索的问题,尽管许多 OA 资源单位在元数据方面进行了一些有益的尝试,其中有些做法从短期或局部看是可取的,但由于元数据管理问题涉及的方面较广,因此 OA 资源元数据管理依然面临缺乏元数据管理政策、元数据标准不统一、质量控制不力等一系列问题。

(1)缺乏元数据管理的相关政策支持

OA 资源单位对元数据管理重视程度的一个重要标志就是元数据管理政策的制定与实施。元数据管理政策的内容主要包括 OA 资源建设者在元数据管理过程中有关元数据管理计划实施之前的指导政策、元数据管理质量控制政策、全面详细的元数据管理实施政策等。元数据管理政策包括制定、审议和实施三个环节。然而,开放存取运动是一种自发的旨在促进学术信息交流的活动,目前的 OA 资源还缺乏管理与控制,开放存取期刊和开放存取知识库的设立基本处于一种无序状态,其创立与管理完全取决于机构或者个人的意愿,国内外还没有一个权威的机构或团体对其创立和运行进行有效的管理①。这导致各个 OA 资源的元数据管理政策的缺乏。元数据管理政策的缺乏必将导致元数据标准的不一致、对象数据格式的不统一等,给 OA 资源的管理以及后续的开发与利用带来很大的难度,也使得 OA 资源的元数据管理成为信息管理领域一个亟待解决的问题。从上文 OpenDOAR 的资源提交政策和元数据重用政策可以看出,大部分开放存取知识库都没有明确的元数据相关政策甚至还有少部分资源知识库根本就没有任何元数据相关政策,这说明很多 OA 知识库基本上没有将元数据管理视为整个项目的核心组成。

(2)缺乏元数据管理的持续性资金投入

OA 资源元数据管理工作需要一定的资金资源的持续支持,但目前资金来源相对不足,对 OA 资源的元数据管理工作造成了一定影响。OA 资源的资金支持很大部分是来自相关机构的资助或成员的自费资助。目前很多 OA 资源由于资金的原因,发展已经处于停滞状态,更谈不上对元数据管理的持续性投入。

(3)元数据标准不统一

元数据标准是描述某类资源的具体对象时所有规则的集合。不同类型的资源可能有不同的元数据标准,一般包括完整描述一个具体对象所需的数据项集合、各数据项语义定义、著录规则和计算机应用时的语法规定②。

目前 OA 资源的元数据标准多种多样,没有统一的标准属性和格式,这不利于资源整合与共享,主要表现在:

①各个单位使用的元数据格式不同。在各 OA 资源中,因为资源类型以及主题的不同,而产生了适用于各资源类型与主题的元数据格式,例如著名的 OA 资源目录 OpenDOAR 与 DOAJ、著名的学科知识库图书情报学电子文库(E-LIS)、著名的机构知识库美国加州

---

① 王志庚,汪东波.开放存取资源的管理与服务[J].国家图书馆学刊,2007(2):27-32.

② 申晓娟,高红.从元数据映射出发谈元数据互操作问题[J].国家图书馆学刊,2006(4):51-55.

大学的 eScholarship 等采用 DC 元数据格式对资源进行描述；著名的 OCLC 研究出版物知识库（OCLC Research Publications Repository）采用 MARC 格式对其出版物进行描述，另有很多开放存取电子书（Open Access e-books）也采用 MARC 格式；开放存取地理空间一站式网站（Geospatial One Stop）采用了用于描述地理空间资源的 FGDC 格式①；Amazon.com 则采用了针对图书出版发行和销售的供应链而制定的 ONIX 格式。

②各个单位描述资料的繁简程度不同。对于描述资料的繁简程度的不同主要体现在两个方面：不同元数据标准描述资料时的繁简程度不同；采取同种元数据标准时描述资料的繁简程度不同。

就 OCLC 研究出版物知识库采用的 MARC 格式和 DOAJ 采用的 DC 格式比较而言，它们存在不同元数据标准描述资料时的繁简程度差异。首先 MARC 本身就是一种比较复杂的元数据，字段众多，具有严格的语义规则和完整的信息描述手段，有严格的格式规定和详尽的子字段；而且，每个 MARC 记录都被定为必备的字段或不可重复的字段，如"题名与责任者说明"为必备的字段和不可重复的字段；"版本说明"为可重复字段。因此 OCLC 研究出版物知识库再采用 MARC 著录出版物就比较复杂。而 DOAJ 采用 DC 时，DC 本身只有 15 个基本元素，各个元素都可自由选择，既可以重复，也可以任何顺序显示，并具有延伸性。因此 DOAJ 采用 10 个元素对期刊进行著录，采用 5 个元素对期刊论文进行著录，从而达到了简单灵活的著录目的。

从加拿大研究图书馆协会的元数据收割机收割的各机构知识库元数据可以看出，它们在采取同种元数据标准时描述资料的繁简程度有别。虽然各机构知识库都采用了 DC 元数据格式，但对资源进行描述的繁简程度是不同的。如莱斯布里奇大学的 DSpace（DSpace at the University of Lethbridge）采用了 11 个元素（Contributor、Creator、Date、Identifier、Description、Language、Publisher、Relation、Subject、

① Geodata. gov [EB/OL]. [2016-06-24]. http://gos2. geodata. gov/wps/portal/gos.

Title、Type)对资源进行描述,而循环—不列颠哥伦比亚大学信息知识库(Circle-UBC's Information Repository)只采用了9个元素(Creator、Date、Identifier、Description、Format、Language、Publisher、Subject、Title)对资源进行描述①。这两个机构知识库在描述资料时的繁简程度是明显不同的。

③各个单位对同一元素进行描述时采用的标准不同。除元数据格式与描述资料的繁简程度不同外,各单位在同一元素的描述上所采用的标准也不尽相同,特别是在描述人名、地名、日期等元素的时候存在着一定的差异。如著名的E-LIS和eScholarship虽然都采用DC作为元数据标准,但是E-LIS对日期2010年6月28日的描述采用的是"28 June 2010"格式,而eScholarship对该日期采用的却是"June 28,2010"的格式。

④元数据之间不易实现互操作。为适应快速发展的信息资源环境,很多通用和特殊领域的元数据标准由不同的领域开发,甚至在相同主题领域或者相同资源类型里,也出现了至少两种或两种以上的元数据选择标准②。对于开放存取资源的标引,元数据标准的多样化和不统一性表现得更加突出,如前所述,不仅是采用MARC、DC、EAD等不同元数据标准的机构,即便是采用同一种元数据标准的机构,在著录时也有多种具体操作方法。

在理想的情况下,我们希望OA资源的用户能够利用一个搜索引擎就可以从各种不同的OA资源中发现所需要的所有信息。换句话说,用户不需要知道或者了解他(她)所需资源位于何处,更无需知道这些资源是如何描述的。然而,在现实世界里,OA资源创建者可能使用各种各样的框架和描述手段去创建属于他们自己的元数据格式与标准,而这些元数据格式与标准很可能与其他资源的元数据

---

① Canadian Association of Research Libraries / Association des Bibliothèques de Recherche Open Archives Metadata Harvester [EB/OL].[2016-06-24].http://carl-abrc-oai.lib.sfu.ca/index.php/index.

② Repository Librarian and the Next Crusade: The Search for a Common Standard for Digital Repository Metadata [EB/OL].[2016-06-24].http://www.dlib.org/dlib/september06/goldsmith/09goldsmith.html.

格式与标准并不兼容。当用户在用不同的元数据格式描述的 OA 资源体系之间进行检索、资源描述和资源利用时,OA 资源元数据间的互操作就不易实现。

因此,为了满足用户一站式获取 OA 资源的需要,急需在不同的元数据间建立某种机制以解决元数据的互操作问题,从而有效地实现不同来源的 OA 资源的互访与共享。

⑤元数据质量控制不力。OA 资源的元数据为用户提供了一种获取资源的方便途径,但由于质量控制问题出现了很多质量不过关的元数据,因此给 OA 资源查找和检索又带来一定的麻烦。OA 资源的元数据可以由提交、收割、自动生成等方式产生。提交方式受提交者本身的元数据标引水平限制,所提交的元数据质量可能参差不齐;收割方式受元数据提供方的质量限制,所收割到的元数据可能不够精确;自动生成方式受自动程序设计限制,生成的元数据可能不够完整准确。所以为了获得高质量的元数据,必须从 OA 资源元数据的生成、发布、收割、增值等环节进行质量控制。

⑥元数据增值利用率低。OA 资源的服务质量提升的关键在于对其元数据的增值利用。目前 OA 资源整体的元数据增值利用率比较低,特别是在开放存取期刊领域,很多期刊根本没有对元数据进行增值利用,所以无法为用户提供基本的检索和浏览服务,只是停留在文章目录的简单罗列上,而在开放知识库领域,虽然很多知识库对元数据进行了一定的增值利用,比如对元数据进行了索引、聚类等,但是其增值利用空间还有待进一步提升。

10.5 促进 OA 资源元数据管理的对策

10.5.1 增强 OA 资源元数据管理的意识

OA 资源的元数据管理是 OA 资源管理的核心部分。为了确保对 OA 资源进行有效的开发、管理与利用,必须提高 OA 资源机构对元数据管理的意识,并针对目前 OA 资源元数据管理不乐观的现状,采取相关政策和措施提高 OA 资源元数据管理水平,促进开放存取实践运动的进一步发展。如澳大利亚在 OA 资源元数据管理方面成立了专门的澳大利亚知识库元数据咨询委员会 MACAR，其目的在于为知识库建立国际认可的权威元数据标准，并制定公布适用于任何知识库的最好的可操作元数据标准①。

10.5.2　制定元数据管理政策

政策对于 OA 资源元数据管理来说具有重要的导向作用。在元数据管理政策的指导下，采取积极有效的措施，推动元数据管理工作的开展，形成有利于 OA 资源信息传播的保障机制，进而推动开放存取的发展。

(1) 制定本机构元数据管理政策

OA 资源机构在元数据管理活动中，应该首先制定适合本机构的元数据管理政策。有关本机构的元数据管理政策主要包括元数据标准政策、元数据揭示政策、元数据使用政策、元数据版权政策等。

(2) 制定元数据合作政策

元数据管理不是任何一个单独机构能够独立解决的问题，需要全社会的努力。OA 资源机构应该采取行动，呼吁学术界、出版界、国际组织紧密合作，制定元数据合作政策，共同建立元数据管理的合作体系。元数据管理合作体系的合作伙伴可以包括图书馆、出版商、科研机构等。各机构之间只有通过合作才能完成元数据管理的统一。通过合作政策的制定以及合作体系的构建不仅有利于元数据标准的统一，而且有利于元数据管理具体措施的制定。

10.5.3　加大对元数据管理的资源投入

元数据管理需要持续的资源投入作为其发展的动力。目前元数据管理主要需要三方面的资源：资金、人员、技术。在 OA 资源的不断发展中，OA 资源机构一方面应积极寻求可持续性的资金赞助作为其发展的基础，另一方面应积极创建元数据管理所需的专业队伍，

① Metadata Advisory Committee for Australian Repositories (MACAR) [EB/OL]. [2016-08-28]. http://macar.wikidot.com/about-macar.

以人才的发展带动元数据管理技术的创新与发展。

10.5.4 重视开放存取资源元数据的收割

为了实现对所需的开放存取资源的存取,需要获得关于这些资源的数据,即元数据。为了提高开放存取资源的元数据管理效率,首先要考虑是否有现成的元数据可用,如前所述,著名的开放存取知识库注册站点OpenDOAR收录的知识库中有的明确表示其元数据可以进行非商业目的或商业目的的重用,这就为元数据的收割(包括自动收割与人工收割)提供了可能,便于图书馆和其他服务提供者利用各个项目提供的开放存取资源的元数据。

ROAR允许对检索结果按都柏林核心(DC)元数据记录形式输出,以便于图书馆自动采集、解析元数据,从而更快地整合进其馆藏。DOAJ提供开放存取期刊元数据的免费下载①。还可以利用前文所述的综合性搜索引擎采集OA资源的元数据,因为这些OA资源不存在存取方面的技术限制(IP等),其全文可以被这些检索工具索引和检索;若采集不到,还可利用数字存档或机构库中对电子印本资源进行描述的元数据(如DC等),这些元数据可通过OAI-PMH协议收割获得,而且其描述元素(如责任者等)比搜索引擎丰富。

优质的、信息丰富的元数据是对开放存取资源进行有效整合的必要条件。因此,图书馆对自动采集的元数据最好有质量控制的环节,如对不完整、不准确的元数据进行修改或完善。希望开放存取资源的生产者尽可能提供优质的元数据。具体做法可参见OA期刊*Ariadne*刊登的论文《提高e印本库元数据质量》②。

10.5.5 对开放存取资源进行元数据描述

对于那些收割不到元数据的OA资源(如自我存档的电子印本

---

① How Can I Get Journal Metadata from DOAJ?[EB/OL].[2015-08-27]. https://doaj.org/faq#metadata.

② Marieke Guy, Andy Powel, Michael Day. Improving the Quality of Metadata in Eprint Archives [EB/OL]. [2015-08-27]. http://www.webcitation.org/5TOkgea3S.

库)，则需要图书馆创建元数据。至于采用哪种元数据标准、以何种方式标引 OA 资源以便对其进行充分的揭示，目前尚无统一的做法。

(1)选择合适的元数据标准

元数据是管理数字资源不可缺少的工具，实现元数据互操作的一种有效方法是建立相关领域的元数据标准以便极大地提高元数据利用的效率。OA 资源只要使用达成一致的元数据标准来建立其元数据，就可以实现元数据的互操作。目前开放存取领域已经有很多元数据标准，关键是要采用一种使用广泛的元数据标准，以获得高度的一致性，进而从根本上解决元数据的互操作问题。

为确保元数据的互操作，不仅要考虑拟采用的元数据是否使用广泛，更重要的是该元数据必须支持开放存档倡议中的元数据收割协议（OAI-PMH）。在诸多元数据标准中，DC 元数据就是支持 OAI-PMH 并且能解决 OA 资源元数据互操作问题的一种元数据框架。DC 元数据框架简单、灵活、易于操作，不但整个元素集可以扩展，而且每一个元素都可以有子类型或子模式，都可以被重复使用或选择性地使用，因此，它已被广泛使用。OAI-PMH 协议指定了 15 个简单 DC 元素以满足其基本需求。在具体实施中，各个管理主体可以根据具体需要明确采用元数据的各种细节。如 DOAJ 对期刊著录的元素有 10 个：刊名、ISSN、EISSN、主题(Subject)、出版者(Publisher)、国家(Country)、语言(Language)、关键词(Keywords)、起始年(Start year)、增加到 DOAJ(Added to DOAJ)，对期刊论文著录的元数据有：作者、题名、刊名、关键词和摘要①。

在选择一种元数据标准的同时，也要遵循该标准的标引细节。每一种元数据标准的元素都有规定的格式与标引范围，因此，在标引的实际操作中会存在很大的差异。这也是开放存取资源的元数据不容易实现互操作的原因之一。在标引的过程中，首先要统一元数据标引的元素集，其次是要统一每一元素标引的格式，最好采用已达成国际共识的格式。如 DC 对元数据元素标引的规定就十分明确：

① How Can I Get Journal Metadata from DOAJ? How Do I Get Article Level Metadata from DOAJ? [EB/OL].[2015-08-27]. https://doaj.org/faq#metadataA.

Date 元素的标引要求用 ISO 8601 的 W3CDTF 文件；subject 元素可用关键词、关键词组、分类号，最好用受控词汇，如《国际十进分类法》(Universal Decimal Classification，UDC)、《国会图书馆分类法》(Library of Congress Classification，LCC)和《国会图书馆主题词表》(Library of Congress Subject Heading，LCSH)等；描述资源的空间或时间范围，用 Coverage 元素①。

(2)制定相关的元数据生成政策

在元数据生成过程中，制定政策是相当重要的，它可以确保元数据生成工作有条有序，并为 OA 资源提供优质的元数据。元数据的生成政策主要包括元数据标准政策、元数据揭示政策、元数据使用政策、元数据版权政策等。如英国伦敦大学亚非学院研究在线知识库(SOAS Research Online)规定了元数据提交政策和元数据使用政策，其元数据提交政策规定所有合法提交者必须提供其所有出版物的元数据，并规定提交的必备元数据，这些必备元数据包括作者名及电子邮件(Author names & email address)、题名(Title)、出版状态(Publication status)、年份(Year)、发行号(Issue Number)、页数(Page Numbers)②。其元数据使用政策是任何人可以免费获取元数据并允许元数据非商业目的的重用(Re-use)③。

(3)增强元数据提交工具的可用性

元数据提交工具对元数据的质量有很大的影响。只有确保元数据提交工具使用的方便，操作界面的友好，才能确保元数据提交的一致性。

(4)进行适当的质量控制

元数据的质量控制是元数据管理中的关键环节，严格的质量控制有助于提高元数据的管理效率。建议 OA 资源元数据管理的各个

---

① DCMI Metadata Terms [EB/OL].[2015-08-27]. http://dublincore.org/documents/dcmi-terms/#elements-title.

② SOAS Research Online Deposit Guide [EB/OL]. [2015-08-27]. http://eprints.soas.ac.uk/deposit_guide.html.html#formats.

③ SOAS Research Online Policies_Metadata Policy [EB/OL].[2015-08-27]. https://eprints.soas.ac.uk/policies.html.

主体将 OA 资源的各项特征，如成果题名、涉及的主题、产生时间、责任者、URL、采用的软件等，按照规定的格式和要求提供规范的元数据，促进资源的唯一标识和互操作，这样将有利于发现与识别目标 OA 资源。

大部分知识库的元数据由它们的资源存储者提供。因此元数据质量控制是一项既很重要又很难执行的工作。尽管大部分电子印本知识库采取 DC 元数据简单而方便，然而很多作者发现要以一致的方式完成有助于可操作性和检索的字段却是一件困难的事情。作者在提供元数据时常犯的错误包括不正确参考，关键词使用不一致，拼写、日期格式、外来标点符号、缩写词不规范使用不同的主题描述符等。因此当前的电子印本知识库软件包，比如 eprints.org 就采用了一个元数据核准程序，该程序要求系统管理员在元数据可用之前检查提交的数据以达到元数据质量控制的目的①。

10.5.6　构建基于 XML/OAI-PMH 的 OA 资源元数据发布框架

目前在 OA 资源领域，虽然还没有通用的元数据发布方案，但是已经取得相当一致的看法，一个理想的 OA 资源元数据发布方案应该满足元数据互操作要求。XML 和 OAI-PMH 是比较成熟的技术，在现实性、易用性、标准化上都能满足元数据的互操作要求，因此众多 OA 资源建设者选择了 XML 和 OAI-PMH 协议构建元数据发布框架。

(1)元数据发布框架结构

在基于 XML/OAI-PMH 的发布框架中需要几个模块的支持：元数据映射模块、XML 处理模块、OAI 接口模块。图 10-1 是基于 OAI-PMH 协议的 OA 资源的元数据发布过程。

(2)元数据发布框架功能与描述

在该发布框架中，OA 资源数据提供者首先负责元数据的生成，具体的生成方法依据各单位的具体情况而定，元数据生成之后将存

---

① An Introduction to Metadata Requirements for An E-print Repository [EB/OL].[2016-06-24]. http://www.sherpa.ac.uk/documents/D2-6_Report_on_Metadata_Issues.pdf.

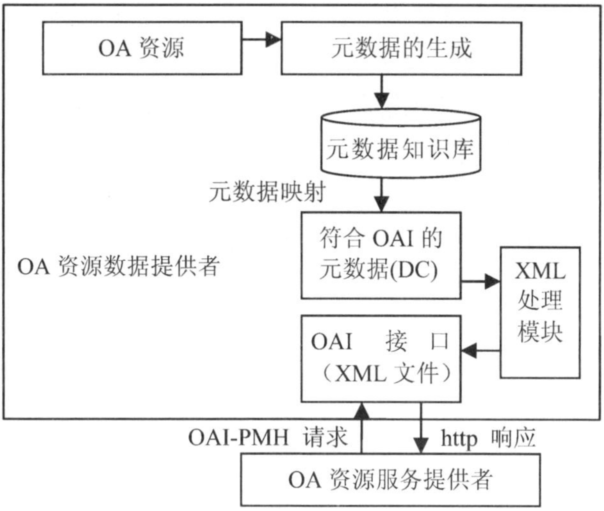

图 10-1 OA 资源元数据发布框架

储在元数据知识库中。

由于数据提供者提供的元数据质量非常关键,因此数据提供者必须对知识库中的元数据进行有效的组织。首先,在该过程中的元数据知识库必须对每个元数据元素进行严格的限定和说明,以便服务提供者正确地收割元数据。另外,元数据知识库可以将元数据记录分成不同的主题,分别进行存储。如果一个记录涉及多个主题,可以将记录划分到不同的主题当中去。在元数据选择时,服务提供者可以只选择某一主题进行收割,例如将文学作品分为小说、诗歌、散文、传记等不同主题,只选择小说这一标准组织加工,形成 XML 格式元数据。

每个数据提供者可以按自己定义的元数据标准组织元数据,因此需要通过元数据映射模块将本地的元数据映射为 OAI-PMH 协议要求的 DC 元数据输出格式。如麻省理工学院开放课程项目为了将来自该校的课程资料放到 DSpace,必须将这些资料的 MARC 格式转化为 DSpace 所支持的 DC 格式①。

① Evolving Metadata Needs for an Institutional Repository: MIT's DSpace [EB/OL]. [2016-06-24]. http:// dc2003. ischool. washington. edu/Archive-03/03branschofsky.pdf.

由于 OAI-PMH 是架构在 HTTP 协议之上的应用协议,OA 资源数据提供者在响应 OAI-PMH 请求的过程中,不仅需要将所采用的元数据格式映射为 DC 元数据,而且还要符合 XML 格式。这就需要采用 XML 处理模块把 DC 元数据转换为 XML 格式的元数据。

OAI 接口用于实现数据提供者与服务提供者之间的信息传递,实现 OA 资源元数据的发布,执行对 OAI-PMH 的 6 个请求动作的响应处理,其主要功能是封装一个表示响应信息的 XML①。

10.5.7　构建基于 XML/OAI-PMH 的 OA 资源元数据收割与解析框架

在基于 XML/OAI-PMH 的收割与解析框架中需要元数据收割机或元数据收集接口模块、元数据解析模块的支持。图 10-2 是基于 XML/OAI-PMH 协议的 OA 资源的元数据收割与解析框架结构。

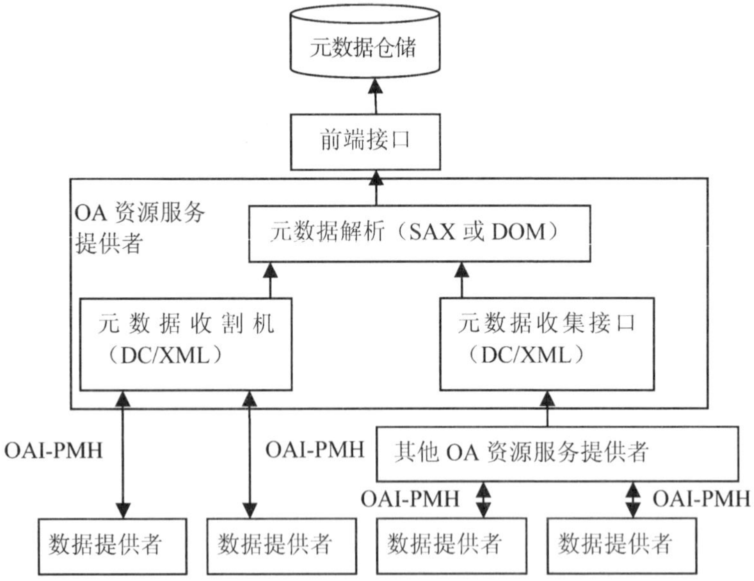

图 10-2　OA 资源元数据收割与解析框架

① 李勇文,牟锐.OAI 数据提供者接口的设计与实现[J].西南民族大学学报(自科版),2004(3):358-361.

在遵循 OAI-PMH 协议的条件下,OA 资源服务提供者通过 OAI-PMH 请求向数据提供者定期、定量的收集经过映射转换的、符合 OAI-PMH 协议要求的 XML 形式的元数据,最后经过解析程序存储到元数据知识库前端接口。如由美国密歇根大学图书馆开发的开放存取搜索引擎 OAIster,遵循 OAI-PMH 协议,利用美国伊利诺伊大学香槟分校开发的收割器收割各个数据提供者提供的 XML 格式的 DC 元数据并存储至服务器,提供了开放存取资源的一站式检索服务。

OA 资源服务提供者主要利用元数据收割机(Harvester)或元数据收集接口通过 OAI-PMH 的 6 个核心动词实现对 OA 资源数据提供者的收割。

OAI-PMH 协议在收割过程中可以采用基于日期的收割方式,也可以采用基于数据集合的收割方式。前者是指服务提供者根据每条元数据记录标题部分的日期标识来选择收割某一时间内的元数据方式,后者指服务提供者利用流控制机制(resumption token)对数据提供者进行批量收割直到完成收割计划。在实际收割中,OA 资源服务提供者收割 OA 资源数据提供者的元数据,可以直接从数据提供者那里收割,也可以通过等级收割即服务提供者作为数据提供者被其他的服务提供者收割。在等级收割的情况下,OA 资源数据提供者必须采用 OAI-PMH 规定的唯一标识符(Unique Identifier),通过赋予每条记录一个标识符,从而判定系统内的记录是否有重复。如 OLAC 服务提供者在收割元数据时就要求数据提供者提供的标识符必须遵循 OAI-PMH 标识符规定①。

另外服务提供者在收割元数据之后,必须对元数据进行解析,常用的解析可以采用 SAX 解析器或文档对象模型 DOM 解析器,把数据解析成计算机可以识别的元数据,存储于元数据知识库前端接口中以便于元数据的增值服务。SAX 和 DOM 的选择,应根据具体应用而定。另外,OA 资源机构也可以根据自身情况自行开发设计元数据解析工具。

① OLAC Protocol for Metadata Harvesting [EB/OL].[2015-08-27].http://www.language-archives.org/OLAC/protocol.html.

10.5.8　加强 OA 资源元数据的增值利用

通过 OAI-PMH、HTML 抽取器等多种技术收割并解析的元数据必须经过元数据的增值利用(再次加工)才能应用。增值利用主要包括元数据过滤、元数据转换、元数据标准化、元数据分类和元数据索引五个方面。

(1) OA 资源元数据过滤

元数据解析之后根据 OA 资源服务提供者的具体情况进行适当的过滤。元数据过滤,可以过滤非 OA 资源元数据,也可以过滤不符合要求的元数据记录,还可以过滤不同类的 OA 资源元数据记录。对 OA 资源服务提供者而言,不但可以起到净化的作用,还可以起到分门别类的作用。

(2) OA 资源元数据转换

虽然大多 OA 资源数据提供者提供了 DC 形式的元数据,但是其元数据的格式细节可能和 OA 资源服务提供者要求的格式细节有很大的差异,如对《红楼梦》作者的描述,可能有的数据提供者采用创建者(Creator)元素,有的数据提供者采用贡献者(Contributor)元素,而服务提供者要求的是采用创建者(Creator)元素对作者进行描述,这样就不便于 OA 资源服务提供者的服务,必须对不符合要求的元数据进行转换,使其符合 OA 资源服务提供者要求的元数据格式。

(3) OA 资源元数据标准化

元数据标准化主要涉及三个方面的工作。一是为收割来的元数据添加一些必备字段。如元数据版权说明、数据提供者的唯一标识符和 URL、元数据格式的前缀等。二是清理有些字段的内容。如按唯一识别号、元数据前缀等关键词排序以剔除重复记录,将时间标识的表示粒度进行统一,用全称代替缩写,填充空缺值等①。三是进行元数据聚类和元数据概化。元数据聚类主要是指将同类元数据聚集在一起或者为用多种分类法号码表示的同一类别数据赋予统一的分

① 胡明晖. 基于 OAI 的数据库跨库检索研究[J]. 图书情报知识, 2005(10):80-83.

类号码或主题词。元数据概化是指对元数据的一般特征进行描述，如将 OA 资源的图片格式“jpeg”改为一般对象“image”。

(4) OA 资源元数据分类

元数据记录的<Subject>和<Type>标签对元数据分类影响很大，在一定程度上可以对这些标签进行深层次的挖掘来提取该元数据的分类特征，依据中图法分类、DDC 分类等分类标准对元数据进行分类。如依《中国图书馆分类法》第 4 版中的文学分类为例，可以把文学 OA 资源的元数据归类为文学理论、世界文学、中国文学和各国文学四大类，还可根据具体情况把文学 OA 资源归类到各大类的子类，以便为用户提供浏览和查询。

(5) OA 资源元数据索引

OA 资源服务提供者应结合 OA 资源的特点进行适当的元数据索引，为用户提供检索服务。OA 资源一般可以按检索点对元数据进行索引。检索点是指检索 OA 资源所使用的题名、作者、关键词、分类号等各种供检索的数据。元数据索引为用户提供了 OA 资源的内容或形式特征线索。如美国加州大学的 e-Scholarship 机构知识库根据题名（Title）、关键词（Keywords）、作者（Author）、出版者（Publisher）、出版类型（Publication Type）等检索点设置索引为用户提供多途径检索①。

OA 资源的元数据管理涉及的问题很多，要在实践中以单一的方式彻底解决 OA 资源元数据管理问题是比较困难的。因此，有必要针对不同情况制定不同的元数据管理对策，从 OA 资源元数据的多个方面进行规范，为 OA 资源的有序组织、发现、整合、长期保存等提供便利条件，为 OA 资源建设创造更为广阔的前景。

① e-Scholarship [EB/OL].[2016-08-27].http://escholarship.org/.

第 11 章　开放存取信息资源的重组

据 ARL 统计，即使美国最富有的私人研究机构，所能担负的文献购买能力也不到它们希望为用户提供的文献量的 70%，它们只能降低资源采购成本，从而购买更多的资源。

从开放存取资源与订购资源的发展看，前者更快。开放存取期刊 PLoS ONE 发表的研究报告显示，万维网产生以来，开放存取出版快速增长。

随着数字信息技术的发展以及用户对不受时空限制获取信息资源需求的增加，数字信息资源在图书馆馆藏中的比重不断扩大。图书馆馆藏由实体馆藏与虚拟馆藏构成，将 OA 资源整合成虚拟馆藏中的一部分可实现馆藏数量的迅速增加。因此，各信息资源机构有必要将 OA 资源纳入信息资源建设体系中，即整合馆藏资源及 OA 资源，以便加快建设信息资源保障体系的进程。

开放存取资源整合就是根据一定的用户需求，对分布于互联网上的开放存取资源进行收集、整理、加工、融合、聚类或重组，形成效能更好、效率更高的新的信息资源体系。其整合的过程是对网上无序的开放存取资源进行筛选、重组，使之成为有序的信息资源系统的过程，其整合的结果是为用户提供多种开放存取资源的获取途径，实现开放存取资源的高效传播与有效利用。由于互联网上开放存取资源的多样性，图书馆资源查询系统的多样性，用户利用文献的多样性，需要采取多种形式，使用多种方法对开放存取资源加以整合。就整合的形式而言，可将开放存取资源整合于图书馆的联机公共检索目录(OPAC)中,整合于学科导航服务系统之中,整合于专业学习平台中,整合于电子资源统一检索平台中,也可建立开放存取资源导航库,提供经过筛选的开放存取资源的导航服务。就整合的方法而言,可采用数据仓库整合方法、代理整合方法、中介器封装器整合方法等①。

开放存取资源的整合已引起许多国际会议和机构的重视。2010 年 7 月召开的第五届开放知识库国际会议(The Fifth International Conference on Open Repositories 2010)高度重视开放存取机构库的互操作对教育与科学研究的价值,会议的专题为"广泛整合的挑战"(The Grand Integration Challenge)。英国联合信息系统委员会(JISC)在 2008 年所做的调查《提高学科库和机构库的交互》中(*Increasing the Productivity of Interactions Between Subject and Institutional Repositories*),分析了英国学科库和机构库交互不多的原因,建议应从标准化(清楚地标明作者、资助者,采用信息交换标准,增强知识库间的信任)、在传输信息的过程中增加原始来源信息等方面促进存储库间交互的发展。

如第 4 章所述,开放存取对图书馆的信息服务产生了影响。许多用户并不完全了解 OA 资源,这就需要图书馆对 OA 资源及相关服务进行广泛宣传与推广。最基本的宣传推广方式就是在其图书馆网站提供开放存取资源的链接入口,即对分布各异的开放存取资源进行重组,根据需要提供开放存取资源的导航或相关链接,用户通过点击链接来浏览相关的资源;或者将馆藏资源与 OA 资源进行整合,方便用户在检索数据库时也能检索到 OA 资源。

由第 5 章从不同途径检索和获取开放存取资源,经过第 10 章元数据管理,为图书馆开发与利用提供了很好的前期准备。本章拟讨论如何在此基础上对这些开放存取资源进行重组。各个图书情报机构可根据自己的馆藏建设现状、用户需求、技术优势等条件选择合适的重组方式。

---

① 范亚芳,高中华.开放存取资源整合服务模式研究[J].情报理论与实践,2009(1):66-69.

11.1　建立开放存取资源导航

建立开放存取资源导航的做法主要有以下几种：

11.1.1　仅收录某类开放存取资源的导航

如针对开放存取期刊、学科库、机构库、科学数据、开放教育资源、学位论文、数据库等分别建立导航，便于用户从资源类型的角度查找和利用。

在确定建立哪种资源类型的导航时要考虑本馆的性质、主要服务对象以及用户需求等因素。如高校图书馆制作的开放存取期刊、学科库、机构库、开放教育资源、学位论文等的导航较多；科研院所图书馆制作开放存取期刊、学科库、机构库、科学数据、专利的导航较多。但从总体而言，现有的开放存取资源导航多以开放存取期刊为主。这与科研人员对开放存取期刊的认同、用户对开放存取期刊的需求密切相关。

2011 年，有学者在《图书馆和信息学研究》撰文指出，开放存取期刊为图书馆员和研究人员轻易、免费地获取科技信息提供了良好的基础，图书馆员有责任利用此次机会丰富自己的馆藏，减少支出，并有意识地传播这种期刊①。

2012 年，有学者调查了印度某地区工程学学生对 OA 资源的使用情况。回收的 460 份问卷中，大多数人认可 OA 资源的质量和益处。在使用 OA 资源的过程中，多数人倾向于使用 OAJ②。

不列颠图书馆是世界上最大的学术图书馆之一。该馆在整合 OA 资源的时候，对 OA 资源的宣传与推广就做得比较好。该馆在其藏书(Collections)的研究资源(Research Resources)部分专门列出了

---

① Rasul Saadat, Faslname Ye Ketab. Open Access Journals: Concepts and Application[J].Library and Information Studies, 2011, 22(1): 126-145.

② H.S. Sandlu, D. Jalandhar. Use of Open Access Resources by the Engineering Students of Punjab (India)[J]. International Journal of Library and Information Science, 2012, 4(1): 10-15.

包含免费电子期刊的“互联网资源”(Internet resources,including free electronic journals),明确标出了“可免费获取”(freely available)的电子期刊资源入口。该入口可引导用户进入 OA 资源列表,发现其丰富的 OA 资源,如 BioMed Central,Directory of Open Access Journals,Free Medical Journals Online 等,既鲜明又便捷。

作为美国的国家图书馆以及全球最大的图书馆,美国国会图书馆为研究人员提供了“开放存取 e 印本知识库”(Open-Access E-print Archives)①。该知识库集成在美国国会图书馆研究中心(Research Centers)的科学技术部分的(Science & Technology)“精选互联网资源”(Selected Internet Resources)中,是一个科学、技术及医药领域的 OA 仓储快速指南。该指南中的 OA 资源相当丰富,列出的 OA 知识库有 E-Print Network、Highwire Press、OAIster、OpCit Project 以及 Open Directory Project,另有 arXiv 等多个学科库。该知识库不仅明确标明了这些 OA 资源的网址,还对其逐一进行简要介绍,从而方便用户的使用。

有学者对我国“211”高校图书馆开放存取资源的调查②表明,有许多高校对 OA 资源类目进行细分,但分类方式有所差别:有的高校图书馆将“OA 资源”类目作为“电子资源数据库”的下位类,既没单独列类,也没对 OA 资源细分;有的高校图书馆将 OA 资源按资源类型具体细分;有的高校图书馆在将 OA 资源按资源类型划分后,还按语种、学科进一步细分。收录 OA 资源最多的中国海洋大学图书馆揭示资源达 348 种,其类型主要是电子期刊及电子报纸。

11.1.2 收录多种类型开放存取资源的导航

这种导航收录的开放存取资源较多,往往还进一步细分,或者按资源所属学科分类,可参照《中国图书馆分类法》将 OA 资源分门别

① Selected Internet Resources E-prints: Quick Guide to Open-Access Archives in Science,Technology & Medicine [EB/OL]. [2015-08-19]. http://www.loc.gov/rr/scitech/selected-internet/eprints.html.

② 都蓝,黄如花.“211”高校图书馆对 OA 资源利用的调查与分析[J].图书情报知识,2009(3).

类，如中国科学院国家科学图书馆制作的“社会科学网络资源导航”精选了 228 个网站和数据库(大多为免费)，分为哲学、社会科学、史地、经济、政治法律、文教、语言文字、文学艺术等类目；或者按资源语种分类，可分为中文资源与英文资源；或者按资源类型细分，如中国科学院国家科学图书馆的网络资源导航①进一步细分为常用软件、门户网站、热点 2.0 网站、搜索引擎、网络资源(绝大部分为各个学科的学术性资源网站)和信息门户；大连大学图书馆制作的“免费数据库”导航②收录了 232 个中外文数据库，按种类细分为：资源检索平台、综合性数据库、专业性数据库、预印本、机构知识库、学科知识库、学位论文、免费期刊、电子图书、专利文献、会议文献、开放课程、科研报告、经济年报和数字图书馆。

2007 年 9 月，美国研究图书馆协会(ARL)在对其成员利用 OA 资源情况进行广泛调查后发布了报告《ARL 开放存取资源》③。调查表明，加州大学、阿尔伯特大学等图书馆已将 OA 资源纳入其馆藏发展政策，70%的图书馆利用网页链接 OA 资源，这些网页多起导航作用；82%可通过联机公共检索目录(OPAC)进行检索。

有学者在对美国州立图书馆揭示 OA 资源的情况进行调查④后发现，50 个州立图书馆中有 19 个州立图书馆提供了专门的揭示 OA 资源的网页，比率为 38%，这些揭示主要是提供开放存取资源的导航。在 19 个揭示 OA 资源的州立图书馆中，揭示在“数据库资源列表”中的有 9 个，比率约为 47.4%；揭示在“电子期刊列表”中的有 4 个，比率约为 21.1%；揭示在“其他资源列表”中的有 10 个，比率约为 52.6%，其中一些州立图书馆提供了 OA 资源的专门列表，如：俄亥

---

① 网络信息资源导航[EB/OL].[2016-08-19].http://www.las.ac.cn/others/ResourceNavigation.jsp?SubFrameID=1068.

② 大连大学图书馆[EB/OL].[2016-08-19].http://ldlu.dlu.edu.cn/Databases/ShowClass.asp?ClassID=3.

③ Hood A. K. ARL Open Access Resources [R]. Association of Research Libraries, 2007.

④ 黄如花，高协. 美国州立图书馆对开放存取资源揭示的调查与分析[J]. 图书馆论坛，2008(6)：122-126.

俄州立图书馆的“公共存取数据库”列表以及南达科他州立图书馆的“无限制存取数据库”列表。此外,这 19 个州立图书馆揭示的 OA 资源数量参差不齐,最多者达 28 种,而最少者为 2 种,平均拥有 OA 资源数量在 10 种左右。纽约州立图书馆将 OA 资源揭示在“互联网资源目录”列表中,华盛顿州立图书馆将 OA 资源揭示在“网络资源导航”中,两者均将 OA 资源与其他免费资源的网站或链接等整合在一起。阿拉斯加州立图书馆和密苏里州立图书馆都通过专门的 OA 资源网页、OPAC、数据库资源列表、电子期刊列表多种途径揭示 OA 资源。这些措施都有助于用户快速地找到 OA 资源。但是,有的州立图书馆的 OA 资源多数散见于数据库资源列表、电子期刊列表或其他网络电子资源列表中,用户若不熟悉 OA 资源就很难快速地找到它们。另外,与 OA 资源有关的服务,如 OA 资源推荐、OA 资源推送等也几乎没有开展。

可见,美国高校图书馆比公共图书馆开展开放存取资源导航的比例高。

上文提及的对我国“211”高校图书馆揭示开放存取资源的调查表明:在揭示方面,有 33 所高校指明“开放存取”或“免费资源”,占总数的 45.8%。在类目设置方面,7 所学校将 OA 资源设置在一级类目,占总数的 9.7%; 34 所高校将其归入二级类目,占总数的 47. 2%; 27 所高校将其归入三级类目,占总数的 37.5%;4 所高校将其归入四级类目,占总数的 5.6%。大多数高校将 OA 资源归入到二级或三级类目下,也有少数高校将其归入一级或四级类目。将 OA 资源归入一级类目的高校图书馆将 OA 资源单独列类,而未细分其资源类型。

11.2 建立包含开放存取资源在内的网络资源导航

香港科技大学图书馆认为,网上资源有助于补充其馆藏以支持学校的教学与研究活动,该馆馆员根据学术性和网站的稳定性两个指标评价和选择了优质的互联网资源,并建立了“互联网资源”导航①,其

① Internet Resources [EB/OL].[2016-08-19]. http://library.ust.hk/res/beyond/.

中,有很多开放存取资源。

在对 OA 资源进行揭示时,美国有些州立图书馆利用鲜明而生动的特殊标识来注明。这种方法可以使用户在近百种数据库资源中很容易地找到 OA 资源。如美国阿拉斯加州立图书馆的“网上数据库资源列表”利用不同颜色的图例(Iron Legend)来标明不同使用范围的资源或其他更多的信息,其中,橙色圆圈 G 代表的是可供全球取用(Accessible globally)资源,它们绝大部分都是 OA 资源。

上文提及的对我国“211”高校图书馆揭示开放存取资源的调查表明:28 所高校将 OA 资源归入电子或网络数据库中,占总数的 38.9%;11 所高校将其归入其他类别,如推荐学术站点、学科资源门户等,占总数的 15.7%。

11.3　建立专门的 OA 资源检索与服务平台

第 5 章介绍的开放存取资源的注册站点、开放存取期刊目录、专门的开放存取资源检索工具就是为了便于用户检索开放存取资源而建立。除了这些著名的开放存取资源检索平台外,很多图书情报机构都在着手开发有特色的开放存取资源检索平台。

为了突出 OA 资源,有的图书馆单独为 OA 资源提供存取通道,其核心功能包括:OA 资源浏览、OA 资源检索、OA 资源推荐与 OA 资源介绍甚至使用方法的说明、个性化服务(如设置个人文件夹)、用户交流论坛等。

11.3.1　检索某类开放存取资源的平台

(1)开放获取期刊采集服务体系(GoOA)

开放存取期刊名录(DOAJ)等国际著名的开放存取期刊检索平台和我国开发的开放存取期刊检索平台已在第 5 章介绍。这里介绍由中国科学院立项启动、中国科学院文献情报中心负责实施建设的开放获取期刊采集服务体系(GoOA)。①。

---

① GoOA [EB/OL].[2016-08-31]. http://gooa.las.ac.cn/external/index.jsp.

GoOA是一个开放获取论文一站式发现平台,集成知名出版社自然科学领域及部分社会科学领域的OA期刊及其论文全文(数量不断增长中),提供OA期刊和论文集成发现、关联检索和免费下载等功能,以支撑中科院乃至国内外用户对高质量OA期刊的发现和利用。截至2015年8月31日,已收录期刊1765种,OA论文269073篇。

该平台不仅可以从提名、摘要、作者、关键词、DOI、出版年、来源期刊等多种角度对论文进行检索,而且还提供论文在图、表、开放数据等层次的丰富信息检索,检索点比较丰富。此外,平台还可以对检索结果进行可视化分析,比如文章数量的年度分布、TOP排名、TOP作者的合作网络、关键词共现网络等。

(2)机构库检索平台

英国联合信息系统委员会(JISC)2007年资助的“数字知识库与档案清单”(Digital Repositories and Archives Inventory,DRAI)项目旨在整合不同机构开发的服务于英国教学与科研的免费数字资源,发现与分析其保存环境,为这些资源制作一个完整的XML目录,为其提供一站式的获取通道①。

德国Karlsruhe大学图书馆开发了可检索26个德国大学机构典藏的“科学文献的开放存取”(Open Access to Scientific Literature,OASE)。

(3)电子图书检索平台

美国宾州州立大学图书馆将收集的3万多种免费电子图书通过“在线图书网页”(The Online Books Page)提供浏览与检索。

此外,第5章介绍的开放存取图书目录(DOAB)也属于此类。

(4)学位论文检索平台

外文开放存取学位论文集成服务系统(FODS)集成国外开放存取博硕士论文的平台。收录了欧美国家50余所院校的博硕士学位论文。该系统提供快速检索、高级检索、论文导航等检索方式。支持中英文双语检索,逻辑组配检索,提供各个字段间的知识网络链接。

---

① JISC Final Report[R/OL].[2016-08-31].http://www.jisc.ac.uk/media/documents/programmes/reppres/draifinalreporti.pdf.

其特点有:采用国内领先的机器翻译技术,论文的题名、关键词、校名、文摘主要字段提供“参考中文译文”,并建立中文索引数据,提供双语检索能力,大大降低了外文论文利用难度,帮助检索者获取和理解外文文献,有效提高了外文论文利用效率。

网络化的博硕学位论文数字图书馆(Networked Digital Library of Theses and Dissertations,NDLTD)①是由美国国家自科基金委支持的“电子学位论文”(Electronic Theses and Dissertations,ETD)基础上发展起来的一个网上学位论文共建共享的开放联盟,目的是创建一个支持全球范围内电子论文的创作、标引、储存、传播及检索的数字图书馆,任何人都可以通过网络免费检索浏览 NDLTD 中收录的学位论文,以此来促进研究生教育的发展。NDLTD 主要收录博硕士论文,自 1996 年它已经在美国每一年收集超过 4 万篇博士论文和 36 万篇硕士论文,同时邀请国际上的各种团体加入,以达到共建共享的目的。目前全球有 200 多家大学图书馆、7 个图书馆联盟、29 个专业研究所加入。根据作者的授权和要求,NDLTD 提供对这些成员馆的电子学位论文联合目录的查询,包括浏览检索、关键词检索和专家检索三种检索方式,可按题名、作者、文摘、主题、机构、发布年、语种等途径检索,可免费获得论文的题录和详细摘要,而其链接的部分全文分为无限制下载、有限制下载和不能下载几种方式。表 11-1 总结了国外著名的免费的学位论文检索平台。

表 11-1　**国外免费学位论文的获取站点(依国家或地区集中排列)**

站点名称	网址	简介
Australian Digital Theses(ADT)Program	http://adt.caul.edu.au	整合了澳大利亚 39 所高校硕士、博士的数字论文,可以免费浏览全部学位论文的文摘;根据论文作者授权的不同,还可以免费阅读学位论文的前两章或全文

① Networked Digital Library of Theses and Dissertations [EB/OL].[2016-08-31].http://www.ndltd.org/.

续表

站点名称	网址	简介
DART-Europe E-theses Portal	http://www.dart-europe.eu	28 个欧洲国家 580 个大学的学位论文全文
Nottingham eTheses	http://etheses.nottingham.ac.uk/	诺丁汉大学学位论文
Electronic Theses and Dissertations at Worcester Polytechnic Institute	http://www.wpi.edu/Pubs/ETD/	伍斯特理工学院的博硕士学位论文,提供摘要,部分有全文
OhioLINK Electronic Theses and Dissertations Center	http://etd.ohiolink.edu/	集成了 OhioLINK 成员单位图书馆的电子学位论文,提供摘要,部分有全文
Texas Digital Library	http://www.tdl.org	得克萨斯大学、得克萨斯 A&M 大学、休斯顿大学、得克萨斯理工大学等高校的部分学位论文,有全文
Electronic Theses and Dissertations at Virginia Tech	http://scholar.lib.vt.edu/theses/	弗吉尼亚理工大学数字化学位论文,多数有全文
DissOnline	http://www.dissonline.de	德国大学博硕士学位论文全文
Dissertation.com	http://www.dissertation.com/browse.php	可以浏览部分全文,可以 E-mail 给作者
DiVA: the Academic Ar-chive Online	http://www.diva-portal.org	斯堪的纳维亚(主要是瑞典和挪威)博硕士学位论文和其他学术报告全文

续表

站点名称	网址	简介
Aalto University School of Science and Technology Electronic Academic Dissertations	http://lib.tkk.fi/Diss/	芬兰阿尔托大学学位论文,收录最早的论文为 1911 年的
E-thesis Electronic Publication at the University of Helsinki	http://ethesis.helsinki.fi/en/	赫尔辛基大学博士学位论文和其他出版物
Ethos: Electronic Theses Online Service	http://www.ethos.ac.uk/	不列颠图书馆的在线学位论文服务
Pennsylvania State University's Electronic Theses and Dissertations	https://etda.libraries.psu.edu/	美国宾夕法尼亚州立大学研究生学位论文全文
Theses Canada Portal	http://collectionscanada.ca/thesescanada/index-e.html	加拿大学位论文门户,提供加拿大大学学位论文的保存和检索,有英语和法语两种检索界面,提供简单检索和高级检索两种检索方式。可在线检索 1965 年至今的加拿大部分大学的学位论文,1998 年之后的学位论文部分提供全文

(5)研究报告检索平台

表 11-2 总结了国内外著名的免费的研究报告检索平台。

表 11-2　　**国内外免费的研究报告检索平台**

站点名称	网址	简介
国家工程技术研究中心	www.cnerc.gov.cn/	有成果查询、年度报告

续表

站点名称	网址	简介
中国报告大厅	http://www.chinabgao.com/	含免费报告、研究报告和市场研究报告
国务院发展研究中心信息网	http://www.drcnet.com.cn/www/integrated/	含系列研究报告、区域发展报告,涉及众多行业
Computer Science Technical Reports and Technical Notes (NCSTRL)	http://infolab.stanford.edu/TR/	收录全球范围的参与机构的计算机科学领域的研究报告与论文
Defense Technical Information Center (DTIC)	http://www.dtic.mil/dtic/	美国国防部(DOD)科技报告,涉及国防及其相关领域,多数可以看到摘要,有些只能得到题录,个别能看到全文
FedWorld	http://www.fedworld.gov	免费检索美国国家技术情报服务局(NTIS)提供的政府科技报告的文摘题录,全文需订购
Information Bridge:DOE Scientific and Technical Information	http://www.osti.gov/bridge/	美国能源部(DOE)研究与发展报告全文的检索与获取,内容涉及物理、化学、材料、生物、环境、能源等领域
NASA Technical Reports Server (NTRS)	http://www.sti.nasa.gov/STI-public-homepage.html	美国航空航天局(NASA)和美国国家航空咨询委员会(NACA)的科技报告,可以检索、浏览,能提供许多全文
Networked Computer Science Technical Reports Library(NCSTRL)	http://cseweb.ucsd.edu/Dienst/htdocs/Welcome.html	世界上许多大学以及研究实验室有关计算机学科的科技报告,可以浏览或检索,可免费得到全文
Science.gov	http://www.Science.gov/	美国政府科学信息门户网站,提供全文

续表

站点名称	网址	简介
The EECS Technical Memorandum Series	http://www.eecs.berkeley.edu/Pubs/TechRpts/	由加州大学伯克利分校电气工程和计算机科学系提供，可检索电机工程及计算机科学博硕学位论文及技术文献，提供全文
Congressional Research Service [CRS] Reports	http://www.fas.org/sgp/crs/	主要是一些公共领域的研究报告，类型包括问题简报、研究备忘录等，以短篇报告和长篇报告的形式出现
National Bureau of Economic Research (NBER) Working Paper	http://www.nber.org/	美国国家经济研究局(NBER)的研究报告文摘
World Bank Publications & Documents	http://www.worldbank.org/reference/	世界银行的出版物，包括研究报告

此外，有的研究报告可在其他类型开放存取资源检索平台进行检索。如由美国国家科学院(The National Academy of Sciences)和国家工程院(National Academy of Engineering)、医学研究所(Institute of Medicine)和国家研究委员会(National Research Council)等非营利性组织组成的美国国家研究院与 Google 合作，将 1863—1997 年的研究报告数字化并通过 Google Book Search 提供其全文的检索和获取，且计划将其所有的近 1 万余个报告数字化。此前，美国国家科学院已将其出版的 4000 余种图书数字化，通过 National Academies Press 的网站提供利用，其中大部分可通过 Google Book Search 进行检索。

11.3.2　检索某学科开放存取资源的平台

各个学科的学科库可提供其相应学科的开放存取资源的检索。表 11-3 提供了国际上著名的学科库简况。

表 11-3 国际上著名的学科库及其对应的学科
(依学科名称英文字顺排)①

学科库名称	学科	建设时间
AgEcon Search	农业与经济	1995
Infoteca-e	农业	2008
Organic Eprints	农业	2002
OpenAgri Repository	农业	无说明
Mana'o	人类学	无说明
Kultur	艺术	2009
ART-Dok	艺术史	无说明
Nature Proceedings	生物学、生命科学	2007
Threatened and Endangered Species Document Repository	生物学、生命科学	2012
Plazi	生物学、生命科学	无说明
Corporate Governance Network	商业	无说明
Classics Research Network	经典	无说明
PropylaeumDOK	经典	2007
Cognitive Science Network	认知科学	无说明
Cogprints	认知科学、语言学	1997
CiteSeerx	计算机科学	1997
Computing Research Repository	计算机科学	无说明
Electronic Proceedings in Theoretical Computer Science	计算机科学	无说明
Cryptology eprint Archive	密码学	2000
R4D(Research for Development)	研究与开发	无说明
Ressources documentaires	开发	无说明

① 本表系笔者根据 http://oad.simmons.edu/oadwiki/Disciplinary_repositories 提供的信息整理而成。

续表

学科库名称	学科	建设时间
ERPAePRINTS	数字保存	2003
Earth Prints	地球科学	无说明
GEO-LEO	地球科学	2002
Karst Information Portal	地球科学	2007
ShareGeo	地球科学	2010
Economists Online	经济	无说明
Munich RePEc Personal Archive	经济	2006
African Higher Education Research Online	教育	2007(现无法打开)
ALT Open Access Repository	教育	无说明
HEER	教育	2011
OER Research	教育	无说明
pedocs	教育	2005
TeLearn	教育	2006
Connexions	教育	2009
CSTA Source	教育	无说明
MERLOT	教育	无说明
JorumOpen	教育	2010
OER Commons	教育	2007
SOL*R (Sharable Online Learning Resources)	教育	无说明
OnePetro	能源	2007
CEDA Repository	环境科学	无说明
GreenFILE	环境科学	无说明
GiNDok	德国语言与文学	无说明
ReliefWeb	人道主义援助	1996
Hprints	人文科学	2008

续表

学科库名称	学科	建设时间
HAL-SHS	人文科学	2001
Bepress Legal Repository	法律	无说明
LitiLaw	法律	无说明
ALPS Link Community Portal	图书情报学	无说明
Dlist	图书情报学	2002
E-LIS	图书情报学	2003
LDL：Librarians' Digital Library	图书情报学	2004
Open Language Archives Community	语言学	2000
ACL Anthology	语言学	2001
LingBuzz	语言学	无说明
English & American Literature Research Network	文献	无说明
Aquatic Commons	海洋科学	2007
Avano	海洋科学	2007
Archimer	海洋科学	2006
Central and Eastern European Marine Repository（CEEMAR）	海洋科学	2008
DRS@ nio	海洋科学	2006
Institute of Biology of the Southern Seas E-Repository	海洋科学	无说明
Marine & Ocean Science E-prints Archive	海洋科学	2005
OceanDocs	海洋科学	2004
Woods Hole Open Access Server	海洋科学	2005
Arxiv	数学、物理	1991
The Logic Forum	数学	无说明

续表

学科库名称	学科	建设时间
E-ms, Eprints Open Archive in Social Medicine and Related Fields	医学	2005
Minority Health Archive	医学	2006
Open Medical Abstracts	医学	2012
OpenMED@ NIC	医学	2005
PubMed Central	医学	2001
MetRep	气象学	无说明
HAL	多学科	1998
Iniciativa Metabiblioteca	多学科	无说明
IssueLab	多学科	2005
IUScholar Works Repository	多学科	无说明
OpenSIGLE	多学科	2011
Polish Digital Library Federation	多学科	2006
FOLIO (Foundation Literature Online)	慈善事业	2009
Ethics in Science and Engineering National Clearinghouse (ESENCe)	哲学	2010
Philosophy Research Network	哲学	无说明
PhilPapers	哲学	2006
PhilSci Archive	哲学	2001
Sammelpunkt. Elektronisch archivierte Theorie	哲学	2002
CERN Document Server	物理	2004
InterNano	物理	2008
Magnetic Resonance Online Texts	物理	无说明
Nano Archive	物理	2008
eDoc.ViFaPol	政治	2008
HTP Prints	心理学	无说明

续表

学科库名称	学科	建设时间
PsyDok	心理学	2004
PolicyArchive	公共政策研究	2007
Archive of European Integration	区域研究	2003
SavifaDok	区域研究	2006
Digital Repositories E-Science Network (DReSNeT)	社会科学	无说明
Digital Repository of the Institute for Population and Social Research	社会科学	无说明
Refugee Research Network	社会科学	无说明
Social Science Research Network(SSRN)	社会科学	2006
Social Science Open Access Repository (SSOAR)	社会科学	2008

表11-3表明,不同学科的学科库分布不均,有的学科有多个学科库,这些学科库之间需要整合。目前,开放存取期刊、机构库间的整合成果较多,但基于学科的开放存取资源的整合成果很少。

以图书情报学为例,有4个学科库,若能对其进行整合,建立图书情报领域学科库整合平台,则更方便图书情报领域研究人员利用开放存取资源。该平台建设的目标首先在于汇集图书情报领域的各类研究成果,建立支持对这些研究成果的自助提交、长期保存和全文获取的开放存取系统;同时,对有重要学术影响的图书情报领域知识库的资源进行跟踪、发现、收割、整合,实现领域资源的优化重组和集成利用,从而逐步形成一个支持图书情报领域学术信息的自存档、交流和集成发现的学科知识整合平台。其总体功能与框架如图11-1所示。

该平台可使用开源软件DSpace搭建,采用"模型—视图—控制器"(Model View Controller,MVC)的设计原则,构造了一个层级结构系统,每层之间通过一个公共的API接口实现层与层的顺序调用,

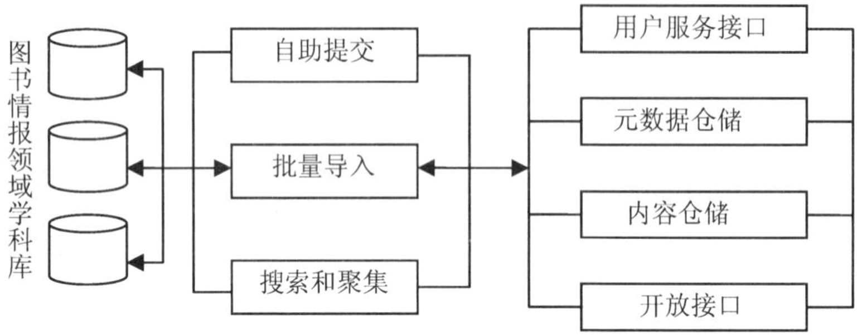

图 11-1　LIS 学科库整合平台的基本功能框架

不能跨层调用。笔者依照 DSpace 系统的体系结构,结合平台的基本功能和服务框架,将平台的系统结构设计为 4 层,分别是用户界面层、集成服务层、业务逻辑层和存储层。每一层都由一系列组建构成。每层的功能与服务内容如下。

用户界面层提供一个面向用户的 Web 界面,负责用户注册、资源导航、信息发布、更新展示、数据统计、资源定制等服务。

集成服务层的主要功能是利用系统所支持的 OAI、DOI、OpenURL、Web Service 等协议,从分布的开放存取数据源(主要是图书情报领域学科库)提取所需资源的元数据,并按照统一的标准对采集的元数据进行抽取、加工、处理,实现对异构开放存取系统间的元数据的收割、揭示、发现、聚合和整合利用等功能。

业务逻辑层负责对整个系统的业务流程的管理。它包括工作流管理、用户管理、系统日志管理、质量控制等。

存储层主要负责数字内容和相关的元数据的物理存储。一方面负责对后台数据库的访问存储管理;另一方面通过文件系统和存储资源代理服务实现对二进制流(Bitstream)的保存。

值得一提的是,为了促进 OA 资源在更广的范围内得到应用,某些图书馆不仅在本馆范围内整合 OA 资源,而且参与开发了具有国际影响的项目,并已投入应用。前文所述的检索 OA 期刊的门户 Open Science Directory 便是 Hasselt 大学图书馆和 EBSCO 公司合作开发的成果。

但是,目前许多开放存取资源文章级别的检索问题尚未得到很好的解决,对此,Shigeki Sugita 等探讨了开放存取资源库的链接服务问题①。

11.4　整合馆藏资源与 OA 资源

图书馆需要对从不同途径获得的资源进行集成。如前所述,开放存取实现的途径多样,每一种实现途径又产生不同的资源,这些资源分散于不同的仓储中,有的仓储还有自己独立的搜索引擎,这些都给用户的查询带来极大的不便。英国艺术与人文科学数据服务(Arts and Humanities Data Service,AHDS)的"表演艺术范围界定研究"项目的调查表明,在不同的数字仓储之间发现信息的能力是用户的首要需求②。为此,图书馆可通过一定技术规范,如 XML 和 OAI-PMH 等集成数据,将 OA 资源与图书馆购买的商业数据库以及自建数据库进行整合,提供统一的检索入口,供用户查询包括 OA 资源在内的来源各异的资源。

武汉大学图书馆的"外文全文电子期刊导航"将收费数据库与免费数据库集中在一起,按刊名字顺排列,供用户浏览,对每一种期刊注明它是否为免费数据库,用户还可按刊名或 ISSN 号检索。

11.4.1　基于 OPAC 的整合

图书馆的联机公共检索目录(Online Public Access Catalogue,OPAC)是揭示图书馆全部馆藏资源的窗口,是图书馆自建的规模最大的数字化资源,也是读者最熟悉、最常用和使用最频繁的检索工具之一。但绝大多数图书馆的 OPAC 一般只能检索本馆收藏的纸质书刊(现在很多 OPAC 增加了电子资源和网络资源的检索)。

---

① Shigeki Sugita, et al. Linking Service to Open Access Repositories [J/OL]. [2016-07-12]. D-Lib Magazine, 2007, 13(3/4).

② Getting to Know Our Audience [R/OL]. [2016-06-06]. http://www.ahds.ac.uk/performingarts/pubs/scoping-study-2006.pdf.

随着用户可用的资源发现工具增多、网上资源的逐渐丰富以及用户检索水平的提高，用户更希望一站式检索与全文获取，即在一个站点对图书馆订购的所有印刷版资源与数字资源以及网上资源（含开放存取资源）进行无缝检索与全文获取。Z39.50 协议、URL 检索（Search/Retrieve via URL，SRU）和网络检索服务（Search/Retrieve Web Service，SRW）等检索标准的发布，OpenURL 等开放链接技术的发展以及图书馆集成管理系统的升级换代都为用户需求的满足提供了技术上的可行性。

利用 OPAC 来深层次揭示开放存取资源，可以提高这类资源的利用率。利用 OPAC 揭示网络信息资源，这一做法在发达国家图书馆已经较为普遍，尤其是图书馆订购的电子期刊，一般都选择装入本馆的 OPAC 供读者检索和利用①。

将 OA 期刊与图书馆购买的馆藏资源进行编目整合首先要注意著录标准和规范的选择问题。经过多年的发展，OPAC 系统中的 MARC 记录对不同载体文献的格式、著录规则（如 AARC2、ISBD 等）、名称规范库、主题词表等已有一整套规范，其 2709 格式也是一种可任意转换的标准格式，适用于不同的系统以便分享资源。目前，绝大多数图书馆的书目数据库都采用 MARC 格式进行编目与著录。为了达到与图书馆馆藏完全融合的目的，宜采用 MARC 对 OA 期刊进行编目著录。OA 期刊实质上也是电子期刊，因此在编目与著录时应该遵循《CALIS 联机合作编目手册》、《AACR2》、CONSER〔Cataloging Manual（Module 31）〕、*Cataloging Internet Resources：A Manual and Practical Guide*（2nd Edition）和 *ISBD*（ER）等著录标准和规范②。

这种整合的实现方法为：通过 MARC 的 516 字段、530 字段、856 等字段使馆藏文献与其相应的开放存取版本发生关联，扩大用户获取信息资源的途径。例如，利用 856 字段著录 OA 期刊的主页地址，以便

① 黄扶敏，叶艳鸣，和秀蓉，龚蔚菁.基于图书馆 OPAC 系统的 OA 期刊资源整合问题研究［J］.四川图书馆学报，2009（3）：51.

② 黄扶敏，叶艳鸣，和秀蓉，龚蔚菁.基于图书馆 OPAC 系统的 OA 期刊资源整合问题研究［J］.四川图书馆学报，2009（3）：52.

将用户直接引向该刊主页下,而不是该刊所在数据库的主页。当一种 OA 期刊可以通过多种途径获得时,这种刊就会有多个电子地址。著录时应该首选著录广泛可得的检索地址,而不是提供地方机构的检索地址。显示给读者的页面能够为用户提供直接和免费的检索①。

美国国会图书馆已经对部分 OA 期刊进行了编目处理,整合到了该馆的 OPAC 系统供读者检索利用。国内有些图书馆实现了开放存取资源与馆藏资源初步的简单整合,如清华大学图书馆将开放存取期刊与清华正式授权使用的西文期刊的整合、浙江大学图书馆将开放存取资源与图书馆电子资源的整合、西安交通大学图书馆将开放存取资源与外文数据库的整合。

上文提及的美国州立图书馆揭示 OA 资源的情况进行的调查②表明:已有将近一半的州立图书馆 OPAC 系统对 OA 资源进行了揭示。揭示 OA 资源的州立图书馆绝大部分采取将 OA 资源与数据库资源、电子资源等相结合的方式,把 OA 资源逐步纳入到图书馆馆藏信息资源中。蒙大拿州立图书馆将 OA 资源揭示在"州和联邦政府在线数据库"(State and federal government databases online)列表中,与政府网站的数据库进行了整合。

英国联合信息系统委员会(JISC)资助的项目 TOCRoSS③ 通过 RSS 将出版商的元数据——在线信息交换(ONline Information eXchange,ONIX)融合到图书馆的 OPAC 中,从而使图书馆用户利用 OPAC 不仅可检索期刊的名称,还可检索期刊中的论文目次。该项目已于 2006 年完成。

Beall 研究了如何为开放存取图书增加 OPAC 记录④。中国高

① 黄扶敏,叶艳鸣,和秀蓉,龚蔚菁.基于图书馆 OPAC 系统的 OA 期刊资源整合问题研究[J].四川图书馆学报,2009(3):52.

② 黄如花,高协. 美国州立图书馆对开放存取资源揭示的调查与分析[J]. 图书馆论坛,2008(6).

③ TOCRoSS: Tables of Contents by Really Simple Syndication [EB/OL].[2016-06-20]. http://www.jisc.ac.uk/whatwedo/progra mmes/pals2/tocross.aspx.

④ Beall,Jeffrey. Free Books: Loading Brief MARC Records for Open-access Books in an Academic Library Catalog[J]. Cataloging & Classification Quarterly, 2009,47(5):452-463.

等教育文献保障系统(CALIS)拟提供平台整合 OA 资源。

11.4.2 基于数据库的整合

通过异构检索平台对图书馆购买的各种数据库、自建数据库以及开放存取资源进行整合,并提供统一的检索平台。

WorldCat Local 是 OCLC 为实现用户本地查找和传递服务而推出的资源发现与传递服务,它提供单一搜索框,可检索所在的图书馆和世界各地图书馆馆藏中的超过 20 亿项资料,也可来自 Google Books、OAIster 和 HathiTrust 等受信任来源的数字资料,还可检索电子图书、免费的用户评价内容等,通过点击一次即可检索全文。据统计,Willamette 大学图书馆采用 WorldCat Local 后,其图书和论文的馆际互借请求提高了 270%、21%,电子资源解析器的命中率提高了 58%①。

美国乔治·华盛顿大学图书馆②采用 EBSCO 资源发现服务(EBSCO Discovery Service,EDS)融合了多所大学图书馆的 OPAC、该校购买的商业数据库以及 OAIster、ArchiveGrid、arXiv、牛津学术在线(Oxford Scholarship Online)和美国政府出版局目录(Government Printing Office Catalog)等开放存取资源网站,可对上述资源进行整合检索。美国马萨诸塞州安默斯特大学图书馆采用 WorldCat Local 的资源发现服务,笔者使用发现,其检索结果真正融合了来自 OAISter、经合组织所有出版物和统计数据库统一访问平台(OECD iLibrary)的记录。

另外,加州大学伯克利分校和清华大学等高校的图书馆不仅通过 WorldCat 服务将 OPAC 与 OAIster 融合以强化目录检索功能,而且也将 OAIster 作为一个独立的检索工具,与其他工具进行了整合。

整合 OA 资源时要注意采用有关技术,使它们真正能够被存取,

① Use of Library's Resources Skyrockets After Implementation of WorldCat Local [EB/OL].[2016-06-20]. http://www.oclc.org/asiapacific/zhcn/worldcatlocal/default.htm.

② GW Libraries [EB/OL].[2016-08-20]. http://library.gwu.edu/.

如资源发现技术(OAI)、资源引用技术(CiteSeer)、开放链接技术(OpenURL)、开放源代码技术(Open Source)、语义网技术(Semantic networks)等。

11.4.3 基于地区联盟的整合

成立开放存取的地区联盟有利于相关技术和业务标准的统一与传播(如资源描述、揭示、加工标准的),便于解决不同系统间的互操作,从而达到整合开放存取资源的目的。同时还有利于联合解决 OA 发展过程中遭遇的版权和技术瓶颈,分享成功经验和失败教训,整合 OA 资源,联合提供服务,帮助科学家全球性地综合获取 OA 资源。因此在欧洲,合作建立了地区、国家和国际网络,如德国的 DINI,欧洲的 Driver,联合提供增值服务。

荷兰的高校、科学研究组织(NWO)和其他研究机构合作建立了科技信息门户 NARCIS,以提高荷兰科学研究的可视性和可检索性,提供本国高校、KNAW 和 NOW 等机构的机构库内容的检索。

德国研究基金会(DFG)资助了 DINI(德国网络信息计划)计划,发展信息基础设施,提高高等教育机构的信息和交流服务。该计划由标准和数字出版等专业领域的工作组组成,常规性地召开讨论组和会议商讨数字存储库的使用和质量问题,支持数字存储库网络的技术发展,鼓励参与符合存储库网络和服务的要求的 DINI 数据质量认证。德国在 DFG 的支持下,柏林洪堡大学、哥廷根大学等联合启动了 OA 网络计划,准备虚拟统一所有经 DINI 认证的 OA 出版服务,增加 DINI 认证的存储库的数量。

法国 HAL① 提供了 OA 存储的统一平台,主要的高等教育学校和研究机构已经签署了通用协议,使用 HAL 存档系统作为保存国家研究成果的通用平台。

斯堪的纳维亚半岛的国家合作启动了 DiVA 计划,支持瑞典和挪威 15 所大学的数字出版和印刷。该门户包含大部分的论文和研

① Hyperarticles Online [EB/OL].[2015-08-20].http://www.driver-support.eu/national/france.html.

究报告。

为了整合多个国家的 OA 资源,规范应用统一的管理模式和技术标准,欧盟 IST 计划资助了为期 18 个月的 DRIVER① 计划,测试欧洲研究的未来知识基础设施,传递科研成果、工作文件和原始数据研究等内容资源,建立数据网和知识存储库间的互操作,将其整体上作为欧洲研究和教育电子基础设施的一部分。建立新的全欧洲范围的知识基础设施,集中向世界展示欧洲研究。DRIVER 项目的主要目标有:

与 DARE、SHERPA、DINI、CNRS、UGent 等 OA 中心网合作,组织挪威、英国、德国、法国和比利时五国现有的机构存储库,建立欧洲范围内的虚拟 OA 网络。制定加盟政策和目标,探索和统一存储库的元数据、技术和组织标准;评估和利用现有的数字图书馆和存储库技术,管理物理上分散的存储库,使其成为一个大范围的虚拟资源集合。收割处理各机构库的元数据和全文,以支持索引和浏览,提供集成服务,提供元数据方案注册等基础服务,支持存储库间的互操作;制定、应用和完善相关标准。为了在分布式环境中实现互操作,DRIVER 重点关注应用全球化的最低标准,主要包括元数据标准、永久标识符和一些技术标准(SOA,网络服务);为数字存储库基础设施的扩展和升级做准备,确保最大范围内的用户参与;草拟确保数字存储库基础设施长久可持续发展的商业模式,成立工作组开展交流讨论,便于国家机构库网的建立,扩展数字存储库基础设施的内容。

11.5 与商业数据库的整合

开放存取资源与商业数据库的整合的成功范例有美国科技信息研究所(ISI)的学术资源整合平台 Web of Science。其用户登录该平台,除了可检索订购的数据库外,还能在该平台一站式检索到 Agricola 等 10 余个开放存取数据库,检索结果可链接到外部资源(External

① DRIVER-Digital Repository Infrastructure Vision for European Research [EB/OL].[2015-08-20]. http://www.sherpa.ac.uk/projects/driver.html.

Collections),包括与检索主题相关的项目、网页等信息。此外,OCLC的 Worldcat 与开放存取资源检索工具 OAIster 的整合也是一个比较成功的范例。

Prlić A 等讨论了利用生物学本体和语义网等技术,将生物学开放存取资源整合到蛋白质数据库 Protein Data Bank 中,这种文献与网站的整合可从一个更为广泛的角度分析某一蛋白质的结构①。

---

① Prlić A., Martinez MA., Dimitropoulos D., Beran B., Yukich BT., Rose PW., Bourne PE., Fink JL..Integration of Open Access Literature into the RCSB Protein Data Bank Using BioLit[J]. BMC Bioinformatics. 2010,4,29(11):220.

第12章　数字信息资源开放存取的有关问题

前面各章讨论了开放存取的作用、积极影响以及如何利用开放存取资源。开放存取已取得很大进展,但也面临众多挑战。如管理问题,包括:如何处理作者、出版者、用户以及图书馆员等多种角色之间的关系;如何确立传统期刊向开放存取期刊过渡策略与方法,在不收取订购费与访问费的情况下,如何解决网络出版的经费问题;如何制定网络出版的质量控制策略,特别是如何建立行之有效的、跨机构的评审联盟制度等问题①。由于数字信息资源的开放存取对计算机和网路的依赖性很强,因而,存在计算机与网络障碍。由于现阶段各个国家经济发展的不同,仍有许多人缺乏开放存取必备的计算机系统,无法使用网络,使OA资源的获取受到一定的限制。解决办法之一是普及计算机,之二是利用公共场所的计算机,之三是请求相关部门的帮助,因为OA期刊可以在公共计算机网络上进行下载、复制、打印,且不涉及作者的版权问题②。此外,还存在语言障碍。

本章重点讨论与数字信息资源利用有关的问题。

---

① 李春旺.网络环境下学术信息开放存取[J].中国图书馆学报,2005(1):33-37.

② 王燕.简论OA(open access)期刊与资源共享[J].江西图书馆学刊,2006,36(1):53-54.

12.1 开放存取资源的互操作问题

开放存取运动的初衷就是促进信息资源的共享,但由于开放存取资源的建设主体多样,类型和格式众多,来源广泛,有的资源在建设时没有遵循常见的标准,为开放存取资源的互操作、共享带来了难度。

12.1.1 文件格式多样化

开放存取资源存储系统可接受的档案格式各不相同。台湾各大学图书馆建置的"学位论文提交系统",根据厂商的建议,接受专属档案格式的论文,再转换为半开放的档案格式。

加州大学的 eScholarship,只接受 PDF 或者 Word 格式文档,偶尔接受可以被转换的其他格式①。英国格拉斯哥大学 Eprints Service,只接受六种档案格式:HTML、Rich Text Format、Adobe Acrobat PDF、Postscript、XML DocBook、XML TEI。

从保存的角度而言,应限制开放存取资源的档案格式,但也不能太严格,以免让使用者失去上传数据的信心,开放存取资源存储系统应有能力自行转换至固定的档案格式。在档案格式方面,主管机关应该采用下列策略:确认保存多种档案格式的风险;使用开放、标准的档案格式;探讨使用 XML 格式描述数据及后设数据(即元数据,笔者注)的可能性;建立档案格式数据中心;规划转移罕见及废弛的档案格式;在电子典藏所软件里增加辨识档案格式的功能②。

12.1.2 元数据格式多样、质量参差不齐

元数据是揭示、发现与管理开放存取资源的重要工具。但是,不

---

① Submissions & Appropriate Content [EB/OL]. [2015-08-20]. http://escholarship.org/help_submissions.html.

② 毛庆祯. 开放近用学术文献馆藏[EB/OL].[2016-03-11]. http://www.lins.fju.edu.tw/mao/works/oa2005.htm.

同的开放存取资源建设主体在标引元数据是选择元数据的类型、结构、元素以及各个元素的标引方法一般都未做规定，使得标引的准确度、深度不够，给用户的精确与深度检索带来不便。第 9 章开放存取资源元数据管理的现状部分分析了该问题。建议采用常用的元数据标准，如都柏林核心元数据标准，至少标引其各项备用元素。

12.1.3　对协议与标准的采用

遵循开放档案倡议（OAI）的开放存取资源更容易被搜索工具发现，易于与其他信息资源或检索工具的整合。

“支持开放典藏促进后设数据撷取协议是最基本的后设数据类型，很多机构基于若干在地的考虑，提供较充裕的、较深入的后设资料，理论上，可以待到更好的检索能力，它的副作用是增加模糊的机会及使用的难度。”

建立开放存取资源管理系统的开放源码软件很多，英国南安普敦大学（University of Southampton）为电子出版组织发展的 Eprints 及美国麻省理工学院发展的 DSpace 最有影响。任何人都可以自由随意地使用这些软件。

Eprints 专注在 Postscript、PDF、ASCII、HTML 等格式的电子出版品，DSpace 接受多种异质数据格式。它们都支持开放典藏促进会后设数据撷取协议，DSpace 采用固定的辨识系统，即使数据转换典藏地，也不会变动。

欧洲粒子物理研究中心（CERN）发展的文献服务器软件（CERN Document Server Software，CDSware），采用 MARC21 为其底层的书目标准；美国弗吉尼亚大学及康奈尔大学联合发展的可自由扩展的数字对象与仓储构建（Flexible Extensible digital Object and Repository Architecture，Fedora），以 XML 及网页服务等网页基础的技术，建构分布式数字图书馆的架构。两者都支持开放典藏促进会后设数据撷取协议的开放源码软件①。

① 毛庆祯. 开放近用学术文献馆藏[EB/OL].[2016-03-11]. http://www.lins.fju.edu.tw/mao/works/oa2005.htm.

12.2 开放存取资源的知识产权保护

开放存取运动已在世界范围内蓬勃兴起,而现行的知识产权法律制度是传统的知识产权法律制度在数字环境中的自然延伸,滞后于开放存取运动的发展,成为影响开放存取运动的主要障碍之一。加强对开放存取资源的知识产权保护的研究,在作者、出版者、用户间建立新的利益平衡机制,是开放存取运动快速、健康发展的保证。

12.2.1 开放存取资源的版权特点

开放存取是新的学术出版与学术交流模式,其信息资源呈现一些新的版权特点:

(1)受现行的版权法保护

版权所有权由一系列权利组成,作者可以自由处置自己的权利,但不得背离现行版权法规定的“限制和例外”条款,限制用户合理使用作品。如《布达佩斯开放存取倡议》(BOAI)并不鼓励违背版权人的意愿或是违反版权法的规定对受版权保护的作品进行开放存取,也不倡导突破现有的版权法,而只是在现有的版权法体系内,根据版权人的意愿最大限度地实施开放存取①。

(2)版权保护更为复杂

开放存取是网络环境下的产物,网络条件给传统的知识产权制度带来了新的挑战,使得版权保护更为复杂,这主要表现在以下几个方面:

第一,受保护的主体范围不断扩大,可以主张权利的人和机构增加。传统的版权保护主要是调整作者、出版者和用户间的利益关系,开放存取环境下版权保护的主体增加了网络内容提供商、网络服务提供商、图书馆或学术机构等开放存取资源的建设者,版权保护要求实现多方利益的平衡。

---

① Is Open Access Compatible with Copyright? [EB/OL]. [2016-06-03]. http://www.earlham.edu/~peters/fos/boaifaq.htm.

第二,受保护的客体范围不断扩大,作品种类多样。传统版权保护的主要对象是印刷型文献,而适用于开放存取的文献是经过数字化处理的电子文档,主要有论文、著作、原始资料、多媒体资料、课程资料等。

第三,开放存取资源的超地域性。地域性是指一个国家或地区所确认和保护的知识产权,只能在本国或本地区范围内有效,对其他国家或地区不发生法律效力。而对开放存取资源而言,全世界任何地方的用户只要通过网络就可以免费存取、自由使用,一旦有侵权行为的发生,版权保护起来就十分困难。

(3)许可协议是版权实现的主要方式

开放存取资源版权保护主要是通过许可协议来调整各方利益关系。作者和版权持有人通过许可协议让渡部分版权给用户,使得所有用户具有免费、不被更改、全球和永久使用其作品的权利。作者保留保护作品完整权、署名权等部分权利,用户使用开放存取资源时必须注明作者的姓名、作品名称和作品出处等版权信息。

12.2.2 开放存取资源建设的知识产权保护对策

如前所述,BOAI 认为,开放存取的实现途径有两种:自存档和开放存取期刊,这也是开放存取资源建设的主要方式。在开放存取资源建设过程中应注重知识产权的保护。

(1)作者自存档的知识产权保护

①自存档作品的保证。作者自存档的作品不得侵犯他人的版权、商标权、言论自由权、普通法上的权利或其他任何权利,不能含有对第三方进行诽谤、侵犯隐私或其他歪曲事实的内容。如果是合作者,一方行使权利时还得与其他合作者达成一致意见。如英国剑桥大学机构库 DSpace@ Cambridge 项目规定,当作者向该机构库提交论文时表示作者承认同意这么做,而且,作者有责任确保在向机构库提交资料时不侵犯版权①。中国预印本服务系统会删除非法、有害、

① Intellectual Property Rightsinformation [EB/OL]. [2016-08-21]. http://docs.repository.cam.ac.uk//index.php?option = com_content&task = section&id = 6&Itemid = 80.

淫秽、胁迫、骚扰、中伤他人的，诽谤、侵害他人隐私或诋毁他人名誉或商誉的，种族歧视或其他不适当信息，以及与学术讨论无关的内容，对文章不进行学术审核①。

②自存档作品的版权保护。作者将拥有版权的预印本(preprint)张贴在开放存取仓储中，或存储在个人主页、博客中，不存在任何的版权问题。如果是张贴后印本(postprint)，由于出版者为作品提供了增值服务，根据协议应该取得出版者的许可，否则就有侵权的风险。

这里主要有两个服务项目帮助作者保护自存档作品版权。

(2) RoMEO

SHERPA/RoMEO 数据库是一个可提供检索服务的关于出版者版权政策的指引数据库，分别以绿色、蓝色、黄色和白色来标注它们对开放存取自存档的政策态度：绿色代表允许作者存档预印本和后印本；蓝色代表允许存档后印本；黄色指可以存档预印本；白色代表没有正式提出支持自存档。根据 SHERPA/RoMEO 数据库官网给出的出版者列表，可以看出绝大多数的出版者允许某种形式的自存档②。利用 RoMEO，可以检索作者和出版者的权利分配。

(3) JULIET

许多作者的研究项目都是得到资金资助的，不同的资助者对作者自存档的要求也不一样。为帮助作者了解研究资助者关于开放存取数据存档和开放存取出版的政策，确保对研究成果保护与存取的复合环境(SHERPA)推出了 JULIET 服务，作为对 RoMEO 服务的补充。JULIET 便于研究者和其他人清楚了解每一个资助者的要求，简要描述每个资助者的政策，并对照开放存取理念对资助者的政策进行比较和评价。许多研究资助者已规定研究成果必须存放在开放存取仓储中，一些资助者强烈要求存档，或另外提供资金帮助研究成果

---

① 中国预印本服务系统是否对作者提交的文章进行审核?[EB/OL].[2016-08-21].http://prep.istic.ac.cn/main.html?action=intro.

② List of all publishers [EB/OL].[2016-08-21]. http://www.sherpa.ac.uk/romeo/browse.php?la=en&fIDnum=|&mode=simple.

发表在开放存取期刊或一些出版者建立的混合期刊中①。

(4)机构库与学科库建设的知识产权保护

学术机构、大学、图书馆等是机构库与学科库建设的积极参与者,在建设开放存取仓储时,会涉及知识产权保护的问题,应该取得版权持有人的许可,在网页显著位置提供版权声明或免责声明。如著名的学科库"图书情报科学与技术数字图书馆"(DLIST)在其版权政策中声明:DLIST不对版权问题负责,责任应由作者或作品的版权持有人承担②。图书馆在提供机构库或学科库信息服务时,应尽到注意的义务,发现涉嫌侵权的内容应及时移除或断开链接,避免因侵权而承担连带责任。

有学者通过对机构库相关利益方版权关系的分析,认为版权协议可以成为调整作者,作者所在单位、机构库、出版商、社会公众之间版权权利和版权义务的法律规范,它们相互之间的法律关系可以通过存储许可协议、版权转让协议和知识共享协议来调整③。

麻省理工学院(MIT)图书馆告知科研人员可以通过填写"麻省理工学院版权修订协议"的方式,与商业出版社签订修订协议,从而使作者继续在学术工作中使用自己已出版的研究成果,或将已经出版的研究成果存储在Dspace机构库以及其他以任何学科为基础的机构库中。

12.2.3 开放存取期刊的知识产权保护

(1)赋予作者不同的权利

开放存取期刊是开放存取资源建设的一个重要内容,其版权问题主要是作者与出版者间利益的协调和平衡问题,要么作者

① Research Funders' Open Access Policies [EB/OL].[2016-06-11]. http://www.sherpa.ac.uk/juliet/.

② Repository Policy Document [EB/OL]. [2016-06-11]. http://dlist.sir.arizona.edu/repo_policy.html.

③ 江向东,傅建秀.基于开放存取的机构库版权协议研究[J].图书与情报,2010(2):62-68.

保留版权,要么作者将版权转移给出版者。任何一种情况,版权持有人将同意使出版的作品开放存取①。JISC-SURF"合伙人版权"计划的报告提到了被确认的四种不同的开放存取期刊版权政策,分别是:署名许可,独占许可,再使用和改变论文形式的权利限制开放存取许可,作者保留所有或大部分权利等。这是四种不同的版权实践模式,四种不同的权利安排②。Horrn E.等则归纳了A、B、C、D四种新的版权模式,并对每种模式下作者、出版者和其他人的权利进行了探讨③。

(2)推行许可协议制度

许可是开放存取发展的障碍之一,是作者、出版者、用户三者间利益平衡的实现方式。由于许可的形式多样、许可的细节材料较难发现和理解、对同一作品在不同的时间、地点、机构和环境面临不同的许可障碍等因素,许可实施起来比较困难,但它是开放存取期刊版权保护切实可行的制度。目前,国际上通用的是知识共享许可协议(Creative Commons License)。

CC协议提供四种作者许可方式:署名(Attribution),非商业用途(Noncommercial),禁止演绎(No Derivative Works),相同方式共享(Share Alike)。如美国公共科学图书馆(PloS)和英国生物医学中心(BMC)就使用了知识共享的"署名"许可协议。欧洲地球科学协会(EGU)的期刊采用的是"相同方式共享"许可协议,限制对开放存取出版物的再使用。作者可根据自己的授权意愿进行自由组合,构成六种CC许可协议:署名—非商业使用—禁止演绎(by-nc-nd)、署名—非

① Guide for Academics-Open Access Publishing [EB/OL]. [2016-06-11]. http://www.lboro.ac.uk/departments/ls/disresearch/poc/pages/academicguide-oajs.html.

② The "Partnering on Copyright" Programme-about the Programme [EB/OL]. [2016-06-11]. http://www.lboro.ac.uk/departments/ls/disresearch/poc/pages/otherresources-programme.html.

③ Horrn E., Graaf M. Copyright Issues in Open Access Research Journals [EB/OL]. [2016-06-11]. http://www.dlib.org/dlib/february06/vandergraaf/02vandergraaf.html.

商业性使用—相同方式共享（by-nc-sa）、署名—非商业性使用（by-nc）、署名—禁止演绎（by-nd）、署名—相同方式共享（by-sa）、署名（by）①。我国目前采用的是知识共享中国大陆版许可协议。

12.2.4　开放存取资源利用的知识产权保护

（1）图书馆利用开放存取资源的知识产权保护

① 善于利用法律和政策为自己免责。图书馆既是开放存取资源的建设者，又是开放存取资源的使用者和服务提供者，作为后者，图书馆应该自觉遵守有关版权的国际公约和当地的版权法律、法规，尊重版权人的权利，合法地使用开放存取资源，避免侵权行为的发生。同时要善于利用政府组织、学术机构、国际组织等有关支持开放存取的政策为自己免责。

2005 年 1 月，世界知识产权组织（WIPO）发布了《世界知识产权组织国际发展议程中有关图书馆的原则》，规定“政府拥有著作权的所有作品都必须在公共范围内传播”，“由政府基金资助研究和出版的所有作品必须在一个合理的时间范围内提供免费公共获取”②。

2003 年 12 月 5 日 IFLA 管理委员会在荷兰海牙通过《IFLA 关于学术文献与研究文献开放存取的声明》，要求全球各地的图书馆与信息服务网提供过去、现在及未来的学术文献，确保这些文献的保存，协助用户发现及使用它们，并提供教育课程以帮助用户建立终身的素养③。

2007 年 12 月 26 日，美国布什总统签署了《2007 综合拨款法案（H.R.2764）》，其中规定美国国家健康研究院（NIH）应强制要求其资助的研究人员必须在研究成果论文发表之后的 12 个月之内，将其

① 知识共享许可协议文本[EB/OL]．[2016-06-08]．http://cn.creativecommons.org/index.php/licenses/meet-the-licenses.

② Library-Related Principles for the International Development Agenda of the World Intellectual Property Organization[EB/OL]．[2016-06-03]．http://www.ifla.org/III/clm/p1/Library-RelatedPrinciples-en.html.

③ Statement on Open Access to Scholarly Literature and Research Documentation[EB/OL]．[2016-06-11].http://www.ifla.org/V/cdoc/open-access04.html.

经过同行评议的原稿电子版存放在美国医学图书馆的开放存取仓储 PubMed Central 中,通过网络提供开放存取,便于公众获取利用①。

《关于申请 2008 年度博士点基金自然科学类课题的通知》(教技发中心函〔2008〕16 号)第十一条规定:为使博士点基金资助课题的研究成果能尽快发表和交流,获资助课题负责人结题前,应在"中国科技论文在线"上发表论文 2~3 篇(在"中国科技论文在线"上发表后,允许同时在其他刊物上发表),并认定与其他刊物发表等同②。

《中国图书馆学会关于网络环境下著作权问题的声明》第五条提出"图书馆不为第三方承担侵权责任"。第三方侵权责任是指图书馆采集的知识信息制品本身存在侵权的,以及图书馆的用户在利用图书馆资源过程中发生侵权的。

②提醒终端用户。由于开放存取运动的跨国界性,利用开放存取资源的用户并非都是本地的,而为了存取开放存取资源去研读当地的版权保护的法律、法规是不现实的,也没有必要。因此,为了保护开放存取资源,图书馆可在其主页上发布相关的版权政策,让用户一目了然,知道作品保护的方式、保护的程度,从而避免侵权行为的发生。

康奈尔大学图书馆提供开放的大型数据集的数据统计分析、空间分析、定性分析等③,为了避免侵犯利用这些开放数据集时可能涉及的数据权、使用权等,该馆并未提供这些数据集的数据提供服务、数据组织服务。图书馆可以结合当前绝大多数开放资源执行知识共享协议的情况,规避数据服务中的一些约束情况,例如,再利用权益问题④。

---

① Public Access Mandate Made Law [EB/OL].[2016-06-11]. http://www.taxpayeraccess.org/media/release07-1226.html.

② 教育部科技发展中心. 关于申请 2008 年度博士点基金自然科学类课题的通知[EB/OL].[2015-08-24]. http://www.cutech.edu.cn/cn/kyjj/gdxxbsd-kyjj/webinfo/2008/02/1199674655442467.htm.

③ Cornell University.Data Management Services at Cornell [EB/OL].[2016-06-23].http://data.research.cornell.edu/services#Datacollection and analysis.

④ 刘静羽,肖曼,陈雪飞,等.图书馆开放期刊再利用中的权益问题研究[J].数字图书馆论坛,2016(2):63-71.

③帮助作者管理自己的版权。图书馆要积极宣传开放存取理念,争取作者的支持,帮助作者获得更多的版权。

当作者出版著作或发表论文时,出版者往往要求作者签订出版协议转移作品的所有版权,这使得作者失去了对作品版权的控制。当作者使用、再使用或授权其他人使用作品时,就会受到来自出版者的限制。为帮助作者管理好自己的版权,研究机构、图书馆等通过律师等帮助作者与出版者签订版权补遗协议。如由 12 个世界级的美国研究型大学组成的联盟——机构合作委员会(CIC)的教务长于 2006 年一致签署的出版协议声明及补遗,就是帮助成员大学的作者保留在多种条件下共享作品的权利,包括张贴作品到机构库或学科库中①。

由于大多数作者并不非常了解知识产权的法律、法规,作者版权补遗搜索引擎可以帮助作者生成 PDF 格式的版权补遗协议,附在版权协议上,确保作者保留某些权利②。

12.2.5　终端用户利用开放存取资源的知识产权保护

用户在使用开放存取资源时,首先必须明确开放存取资源依然受现行版权法的保护,要遵守相关的法律、法规。如中国科技论文在线就要求用户同意有关计算机及互联网规定的法律和法规、实施办法,了解国际互联网的无国界性,要特别注意遵守当地所有有关的法律和法规③。

其次,用户应仔细阅读版权人许可的详细内容,要在许可的范围内进行使用。一般要求尊重作者的署名权和保护作品的完整权,复制、下载、传播、引用、创作演绎作品等行为必须注明作品的相关信息

---

① The Committee on Institutional Cooperation (CIC) STATEMENT ON PUBLISHING AGREEMENTS [EB/OL]. [2016-08-24]. http://www.uic.edu/depts/senate/authorsrightsfinal.pdf.

② Scholar's Copyright Addendum Engine [EB/OL]. [2016-08-24]. http://scholars.sciencecommons.org/.

③ 用户责任[EB/OL].[2016-06-05]. http://www.paper.edu.cn/aboutus_fuwu.php.

以及文章的来源。如BMC规定,在其期刊上发表研究成果的作者拥有论文的版权,他人引用论文时必须注明论文题目、论文作者和论文出处。

与OAJ不同的是,MOOC中的开放教育资源视频丰富,终端用户需注意使用中的知识产权问题。我国《著作权法》第三条规定:(六)电影作品和以类似摄制电影的方法创作的作品受版权法保护。因此,以视频的形式制作成的教学视频是版权法保护的客体。在英美法系国家,虽然对教师授课等口述作品不予以版权保护,但固定在某种载体上的教学视频是受到版权保护的。教学辅助资料、习题、用户创造的内容等资源如果具有一定的独创性则也受到版权法的保护。因此MOOC资源大多受到版权保护。用户使用MOOC资源需要得到版权人的授权,如版权人使用知识共享协议(CC)授权用户可以以某些方式使用资源,平台通过服务协议让用户授权其公开和使用用户内容。因此,用户和平台等使用者对这些资源的使用必须在授权范围内,如果超出授权协议并且没有通过另外途径获得版权人授权,则会有侵权风险。

最后,用户还应该注意同一作品在不同时期、不同地方授权使用的内容和方式不一样。如果适用合理使用的范围和条件,用户则可以放心使用作品,因为一般的版权法都含有"限制和例外"的法律条款,否则就要承担侵权的风险。

12.3 开放存取资源的长期保存

开放存取资源的长期保存还需要图书馆采取单独的相关举措加以解决。如果出版商不随着技术的革新而采取相应措施,如将纸质版期刊电子化,那么图书馆也将有权进行类似举措。

开放存取资源的各种优势给科研工作带来了种种便利,但与此同时,因为开放存取资源大多属于原生数字资源,没有物理载体作为依托,资源种类十分丰富,且在其产生后仍然有极强的动态性,其长期保持工作对作者、出版者、信息收藏者都是一个难题。开放存取的本身就包涵"存"与"取"两个方面,存储是获取的前提,获取属存储的目的，因此可以说，开放存取的长期保存问题是决定开放存取运动发展成败与否的关键问题。

目前，图书馆界已经意识到相关数字信息资源长期保存的重要性与紧迫性，并开始关注 OA 资源的长期保存。2002 年 6 月，国际图联与国际出版者协会在《永久保存世界记忆：关于保存数字化信息的联合声明》①中提出："日益增长的仅以数字形式出版的信息如同传统印刷型出版物一样重要，同样具有长期留存的文化价值和历史意义。" 联合国教科文组织在 2003 年通过的《保存数字遗产宪章》②中提出"数字遗产正濒临消失的危险，为当代人和后代人保存这种遗产应成为全世界关注的紧迫问题"，在保存对象方面"应优先保存原生数字资料"，"鼓励大学和研究机构确保研究资料得到保存"。2009 年 8 月在意大利米兰举行的第 75 届国际图联大会的会议主题就定为"图书馆创造未来：筑就于文化遗产之上"（Libraries Create Futures：Building on Cultural Heritage）。为了使将来的人们仍能读取今天的文化遗产，这届 IFLA 大会的专题研讨活动中特别强调了开放存取的重要性。图书馆不再只是将馆藏"藏"在图书馆中，还应当通过文献数字化等活动促进信息与知识的开放存取，以缩短信息和知识方面的贫富差距。数字资源长期保存与访问蓝色丝带特别工作组（The Blue Ribbon Task Force on Sustainable Digital Preservation and Access，BRTF-SDPA）在 2010 年 2 月发布了以"可持续的数字星球经济：保障数字信息的长期可获取"（*Sustainable Economics for a Digital Planet*：*Ensuring Long-Term Access to Digital Information*）③为题的最终

---

① Preserving the Memory of the World in Perpetuity：A Joint Statement on the Archiving and Preserving of Digital Information [EB/OL]. [2016-05-10]. http://www.ifla.org/V/press/ifla-ipa02.htm.

② Charter on the Preservation of Digital Heritage [EB/OL]. [2016-05-10]. http://www.unesdoc.unesco.org/images/0013/001300/130071e.pdf.

③ Sustainable Economics for a Digital Planet：Ensuring Long-Term Access to Digital Information-Final Report of Blue Ribbon Task Force on the Sustainable Digital Preservation and Access [EB/OL]. [2016-05-10] http://brtf.sdsc.edu/biblio/BRTF_Final_Report.pdf.

报告,报告中提到,"如果没有持续的资金支持 OA 资源的长期保存,OA 会呈现下降的趋势",并对开放存取提出建议,"所有开放存取策略都应该考虑到有专项资金支持 OA 资源的长期保存工作对 OA 资源的可持续获取的意义"。

12.3.1 选择长期保存的对象

是不是所有的 OA 资源都需要进行长期保存?答案是否定的。OA 资源的成分比较复杂,对海量的 OA 资源全部进行保存是不可能且没有必要的。因此,在 OA 资源保存的过程中应拟定一个选择标准,对 OA 资源加以过滤,将有保留价值的一部分资源挑选出来,加以长期保存。

美国的图书馆与信息资源委员会(Council on Library and Information Resources,CLIR)和美国研究图书馆协会(ARL)认为,图书馆需要更深入地理解目前出现的关于保证原生数字学术文献长期存取的策略和选择,以决定其最佳行动方针。对于 OA 资源中符合被优先保存的对象特征,一方面,我们可以参考数字保存领域权威的标准指南,如《永久保存世界记忆:关于保存数字化信息的联合声明》和《保存数字遗产宪章》中都认为应该优先保存原生数字资源,后者还指出要鼓励大学和科研机构的研究资料得以保存。另一方面,我们可以借鉴一些著名的数字资源长期保存项目的原则方针,如美国国会图书馆致力于网络信息保存的"密涅瓦"项目(Mapping the Internet Electronic Resources Virtual Archive,MINERVA),其资源收集标准有"满足研究人员当前以及未来的信息需求""学术内容""丢失危险度"等①。澳大利亚著名数字保存项目"保存与存取澳大利亚网络文献资源"(Preserving and Accessing Networked Documentary Resources of Australia,PANDORA)在选择资源遵循的标准中有提到"是否有对应的印本""联机出版过程是否有质量控制""是否被公认的索引服务商索引""有研究价值的权威出版物拥有选择的最优

① 赵俊玲.美国国会图书馆网络信息保存项目 Minerva 及其启示[J].图书馆建设,2005(5):40-42.

先权”等①。

结合 OA 资源的特点综合考虑，我们可以初步制定出一些图书馆需要保存的 OA 资源的对象特征，以此作为选择标准。

①权威性。这主要考虑到 OA 资源内容的影响力，主要包括是否有严格的质量控制，是否被权威索引收录，是否在权威出版物上发表等。此外，作为免费的网络信息资源，美国图书馆协会（ALA）每年评选出的最佳免费参考网站（Best Free Reference Web Sites）也很有参考价值。

②学术性。学术科研活动具有传承性，保存具有重要学术科研价值的数字资源有利于学术信息交流与共享，且对未来的研究活动具有重要意义。这一标准对于 OA 资源同样适用。

③不可替代性。开放出版物中有的属于完全开放出版，且没有对应的印本，对这些资源如果不做好备份工作，那么，资源一旦丢失便会真正消失，没有可以替代的对应资源。对于这些资源图书馆应该优先建立起保存机制。

此外，图书馆在选择需要长期保存的 OA 资源时还应该综合考虑其他多方面因素，包括资源的内容、学科范围、质量、信息源、作者和出版者、成本、资源的生命周期等。

12.3.2　应用长期保存的技术

（1）选择适合的 OA 仓储建库软件

构建 OA 仓储是保存 OA 资源的必要措施，而 OA 仓储的运作需要软件的支持，选择合适的建库软件对其资源的管理与长期保存都具有十分重要的意义。因此，国际范围内的各种学术机构、研究机构、技术部门、IT 公司等都开始积极参与 OA 仓储建库软件的研究，并开发了多款建库软件，使 OA 仓储的建库软件有了多种选择，为 OA 仓储的发展提供了技术平台。目前主要的 OA 仓储建库软件有

① Online Australian Publications: Selection Guidelines for Archiving and Preservation by the National Library of Australia [EB/OL]. [2016-04-12]. http://pandora.nla.gov.au/selectionguidelines.html.

英国南安普顿大学开发的 Eprints,美国麻省理工学院图书馆和美国惠普公司实验室合作开发的 DSpace,康奈尔大学和弗吉尼亚大学图书馆联合开发的 Fedora,欧洲粒子物理研究所开发的 CDSware,德国马普学会开发的 eDoc,新西兰怀卡托大学开发的 Greenstone、加拿大拉瓦尔大学开发的 Archimede、荷兰蒂尔堡大学开发的 ARNO、荷兰科技信息服务协会开发的 i-TOR、德国埃森大学开发的 MyCoRe、德国斯图加特大学开发的 OPUS 等都是比较成功的 OA 仓储建库软件系统。

在以上诸多建库软件中,DSpace 已经成为世界上使用最多的 OA 仓储建库软件,根据著名 OA 库收录站点——开放存取仓储名录(OpenDOAR)的数据,截至 2015 年 9 月 19 日,全球有 2973 个 OA 仓储,其中 1296 个仓储采用了 DSpace,所占比例高达 43.6%①。我国目前还处于机构库研究的初期,所构建的机构库也大多采用 DSpace 作为建库软件。然而,随着我国机构库建设的全面展开,对建库软件的选择也应该具备更灵活的策略。主要可以从以下三点考虑:

首先,应根据建库目标选择具有相对优势的软件。

不同建库软件有其功能侧重点,如 DSpace 侧重于以社区为基础的内容管理与提交;Epints 因其简单灵活而拥有最广泛的用户群;Fedora 的功能相对齐全,灵活性和拓展性强;CDSware 可对存储不同类型资料的大型机构知识库进行操作。这些软件无绝对的优劣之分,其创建时都是依据相应的运行环境和要求,按照一定的原则和目的来设计,各机构应根据自身的具体情况进行选择。

其次,优先选择开放源码软件。

开放源码软件是目前国内外 OA 仓储采用的软件系统的主要类型。选择开源软件有以下三个方面的好处。第一,能够节省经费,开源软件是免费的,一般不需要太多的资金投入。第二,目前已经存在较成熟、使用广泛的开源产品,且发展迅速,Dspace、Eprints、Fedora 等建库软件都是开源的。第三,基于机构各不相同,需要进行相应的

① Search or Browse for Repositories [EB/OL].[2016-09-19].http://www.opendoar.org/find.php/.

定制,采用开源软件更有利于构建适合本机构的模型,也有利于构建适合本机构的用户界面。

最后,选择遵循 OAI-PMH 的建库软件。

OAI-PMH 是由 OAI 协会从 1999 年开始发展的一个协议,2002 年 6 月推出了比较完备的 2.0 版。它是国际数字信息资源交换标准之一。该协议通过定义一个标准的接口,使服务器能够将其存储的元数据信息有选择地提供给外部应用程序或其他服务器。遵循 OAI-PMH 可以解决不同资源的元数据互操作,有效挖掘、发布和利用 Internet 上数字信息资源的协议,且 OAI-PMH 实行开放性原则,任何组织和个人都可以使用,且操作简单。选择遵循 OAI-PMH 协议的建库软件有利于提高各个 OA 仓储之间的互操作能力。

(2)应用 OAIS 参考模型建库

开放归档信息系统参考模型(Reference Model For an Open Archival Information System, OAIS)①,是美国国家航空和航天局(NASA)和美国空间数据系统咨询委员会(Consultative Committee for Space Data Systems,CCSDS)于 1999 年联合制定的开放归档信息系统参考模型,旨在对数字资源的存取和长期保存规定概念和参考框架。OAIS 参考模型本身并不包含数字保存的特殊技术,其功能在于为描述系统结构和比较各种实施方案提供统一的术语和概念。

在 CCSDS 和 ISO 的推动下,OAIS 模型经过完善与修正,已于 2002 年成为 ISO14721:2002 标准。来自图书馆、档案馆、科学数据、文化传承等领域开展数字资源长期保存相关项目的重要参照,OA 仓储同样可以应用 OAIS 参考模型进行系统的规划和设计。

OAIS 参考模型主要包括环境模型、信息模型和功能模型三个方面。环境模型主要涉及和外部环境的关系,其反映的是与 OAIS 系统交互的实体,在环境模型中,OAIS 被认为是一个置身于信息生产者(Producer)、用户(Consumer)和管理者(Management)之间的存档

① Reference Model for an Open Archival Information System (OAIS) [EB/OL].[2016-09-19]. http://public.ccsds.org/publications/archive/650x0m2.pdf.

体系。信息模型主要对 OAIS 系统内的信息流进行描述和定义,主要概念包括信息对象(Information Object)、信息包(Information Package)和数据管理信息(Data Management Information)。功能模型主要涉及 OAIS 系统内部构成,提供了数字信息保存的整体框架和策略,是 OAIS 模型中最精华的一部分。

在介绍 OAIS 功能模型之前,首先有必要了解一下信息包的概念,因为信息包是功能模型中各模块之间传递的基本对象。信息包是 OAIS 信息模型中的核心概念,主要分为三大类:提交信息包(Submission Information Package,SIP),指由信息生产者提交给 OAIS 的信息包,它的形式和具体内容通常由信息生产者和 OAIS 协商决定。存档信息包(Archival Information Package,AIP),指由 OAIS 保存的符合永久或长期保存属性的信息包。发布信息包(Dissemination Information Package,DIP),指 OAIS 基于信息用户需求请求而传递给用户,从一个或若干个 AIP 中提取出来的信息包。

OAIS 功能模型由六大模块构成,包括摄入模块、档案存储模块、数据管理模块、存取模块、系统管理模块和保存规划模块,如图 12-1 所示。

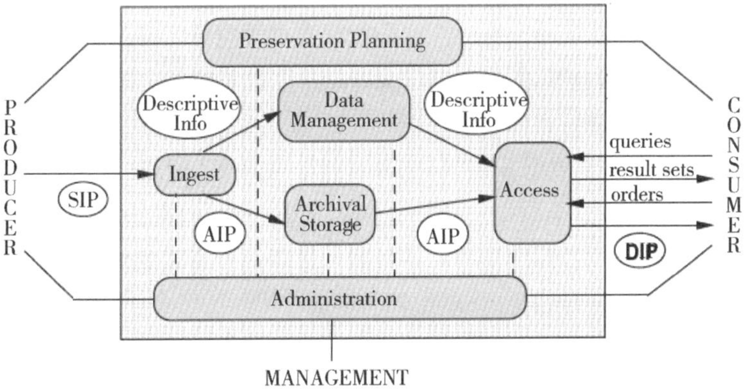

图 12-1 OAIS 功能模型①

① Reference Model for an Open Archival Information System (OAIS) [EB/OL]. [2016-09-19]. http://public.ccsds.org/publications/archive/650x0m2.pdf.

① 摄入模块(Ingest)。其主要功能是从信息生产者那里接收 SIP。SIP 经过校验后,建立相应的元数据,元数据交给数据管理模块,SIP 则被转化为适合长期保存的 AIP,然后交给档案存储模块保存。

② 档案存储模块(Archival Storage)。其主要功能是存储、维护和检索 AIP。这一模块将从摄入模块接受的 AIP 永久存储到保存系统中,并负责这些数据的技术维护工作,如数据更新、技术仿真或数据迁移,对在技术仿真和数据迁移中形成的信息的数据内容单元,还具有同输入模块协作、重新建立有关元数据并送交数据管理模块的能力。此外,档案存储模块还会在存取功能模块提出请求时将 AIP 提供给该模块。

③ 数据管理模块(Data Management)。主要负责元数据的管理,包括关于数字信息单元的元数据和关于长期保护处理政策、程序、技术和系统的元数据。改模块还可以对这些元数据数据提供检索功能以产生结果集,并从这些检索结果集中生成查询报告。

④ 存取模块(Access)。主要负责用户对所需信息的获取,提供检索机制,用户可以通过输入相关检索词或利用模块中提供的词表来查找相关的文献信息,并将 AIP 转换为适合用户利用的 DIP。同时,该模块还可以承担身份认证和授权管理等责任。

⑤ 系统管理模块(Administration)。负责监控各个模块的运行,对 OAIS 系统进行整体管理。该模块通过系统管理模块中存储的监控存储系统的元数据开展工作,并利用有关政策、规范、程序等来实施监测和控制整个电子出版物存档的工作过程,由系统管理者对各个模块的操作权限进行设置,并对操作过程进行必要的修改,使电子出版物的存档过程更符合操作者的要求。

⑥ 保存规划模块(Preservation Planning)功能。主要负责监测 OAIS 的环境,并为保证在技术过时等环境下 OAIS 系统仍长期可用而提供相关建议。具体包括系统中存储内容的评估,对存档机构标准和政策的建议,存档信息定期迁移的建议以及制定具体的迁移计划、测试计划以保证管理迁移目标的实施等。

OAIS 虽然已经成为一种标准,但在其使用过程中要注意的是,

OAIS 是一个参考模型,而不是一个系统设计模型。因此,在机构参照 OAIS 模型构建 OA 仓储或是其他数字资产管理系统时,并不一定要使机构所建系统和 OAIS 模型中的功能或处理环节完全一致,而是应该根据机构自身的实际情况进行适当调整。在应用 OAIS 参考模型建设 OA 仓储时,应根据 OA 出版模式与 OA 资源的特点进行适当的调整,具体包括在应用 OAIS 构建机构库系统的过程中就可以在摄入模块采取严格的质量控制和制定规范的格式,在数据管理模块注重数据更新,在存取模块采取开放用户权限等。

(3)OA 仓储长期保存的其他相关技术

OA 资源长期保存的最终目标是使当前存档的数字资源能还原原始数字资源,从而保证 OA 资源可以被永久获取和理解。在这个还原过程中,文献标识技术、资源获取、永久保存等相关技术都是十分重要的。

①数字对象唯一标识符技术。数字对象唯一标识符即基于保存标识的定位技术是确保机构知识库系统中存储内容可以永久被查找到的唯一的身份符号,可以实现对存储内容的访问获取。由于数字信息存取技术不断更新改变,机构知识库存储内容也必将随着技术变革发生存储位置的迁移。当机构知识库内容迁移到新系统或知识库时,为了避免保存用户在利用机构知识库存储内容时出现"无效链接"的现象,同时也为了体现机构知识库永久性的特点,机构知识库必须采用基于保存标识的定位技术。目前普遍应用的是数字对象唯一标识符(Digital Object Unique Identifier,DOI)技术与美国全国研究创新联合会(Corporation for National Research Initiatives,CNRI)开发的句柄系统(CNRI Handle System)①。

DOI 为数字信息提供了全球唯一的身份标识,就如同出版物贴上了条形码一样,因而 DOI 被形象地称为数字资源的条形码或身份证。DOI 具有唯一性、永久性、通用性、可操作性等特点。DOI 在国外应用比较广泛,比如 Elsevier、Blackwell、John Wiley、Springer 等大

① 邓君. 机构知识库建设模式与运行机制研究[D]. 长春:吉林大学,2008:92.

型出版商大多使用 DOI 对数字资源进行标识。然而,国内使用 DOI 尚处于初级阶段,基本都是一些自定义的唯一标识符方案,还没有成熟统一的标识符解析系统。2007 年年初,中国科学技术信息研究所和万方数据联合取得了 DOI 的中文注册权,并在此基础上成立了中文 DOI 注册中心,成为中文信息服务领域第一个国际 DOI 基金会(International DOI Foundation,IDF)组织下的中文代理,中文 DOI 才开始得以全面推广与应用。

Handle 系统是一个通用的分布式名称服务系统,它包括一套开放的系统协议、唯一标识符名称空间以及协议的参考实现模型,可以高效、可扩展、可靠的方式提供基于网络的唯一标识符注册和解析服务,其中也包括 DOI 的解析服务。与其他的解析系统或机制相比,Handle 系统具有安全高效的解析和管理机制(包括认证/授权、数据保密、服务验证以及隐私保护等功能);可以独立于物理运行环境,实现对标识符及其属性的分布式服务和管理;开放的协议和数据模型;高效、可靠、可扩展等优势获得了广泛应用①。值得注意的是,Handle 系统在数字图书馆与机构库建设领域也展现了其发展潜力。如美国的 Los Alamos 国家实验室、美国国会图书馆的国家数字图书馆计划和 MIT 的 Dspace 机构库都应用了 Handle 系统,中国互联网信息中心也开始以 Handle 系统为基础改进域名系统服务。

②更新、迁移与仿真技术。不管采用什么样的技术方案,技术的过时总是不可避免的。目前在数字资源长期保存中得到普遍认可的最核心的方法主要有更新(Refreshing)、迁移(Migration)和仿真(Emulation)三种。

更新技术(Refreshing)又称拷贝,是在原来的技术环境下实时重写信息数据,将数据流从旧存储介质转移到新存储介质上,防止由于存储介质物理化性能变化而引起的信息丢失。造成数字信息得不到长期存取的一个重要原因就是储存媒体本身容易受到各种侵袭而损

① 镇锡惠. CNRI Handle 系统介绍及近期情况[J].前沿探索(万方数据技术研究院),2007(2):29-30.

坏。于是，许多国家都制定行业规范或国家标准，对数字信息的存储媒体做出规定。如美国国家档案与记录管理委员会（National Archives and Records Administration，NARA）指出：只读式光盘、一次写入光盘和可擦式光盘三种光学媒体可以用来作为数字文件的载体。[①] 我国国家档案局在《办公自动化电子文件归档与电子档案管理方法》中规定，电子文件应“拷贝至耐久的载体”，禁止用磁盘来保管电子文件，并分先后次序对载体进行了推荐：只读式光盘、一次写入光盘、可擦式光盘、磁带。著名的“多拷贝确保资料安全”（Lots of Copies Keep Stuff Safe，LOCKSS）项目主要对已订购的电子资源或开放存取资源进行保存，而受控的 LOCKSS（Controlled LOCKSS，CLOCKSS）项目在出版商和图书馆两大社区共同管理的模式下建立可持续的、全球分布式的存档系统，设有 CLOCKSS 存档箱的图书馆系统保存出版的重要学术资源，而无需要求该馆订购相应资源。

迁移是一种持续地将数字信息从一种技术环境转换到另一种技术环境的技术策略，意味着基于字符的数据可以从一个存储介质转移到另一个存储介质上，以进行数字信息的长期保存，同时，它也可以将原始数据格式转换为独立于具体原始软硬件平台的标准数据格式。美国保护与存取委员会（The Commission on Preservation and Access，CPA）和研究图书馆组织（The Research Libraries Group，RLG）的数字信息归档特别工作组曾在《保护数字信息：数字信息存档特别工作组报告》中指出：“迁移是对付技术过时的最佳良策，它应是数字资料完成定期转换的一系列有组织的工作，包括维护数字对象的真实性、用户的再检索、显示与其他利用的能力。”[②]目前，迁移技术的实现方式主要有三种：将数字信息从稳定性低的存储介质迁移到稳定性更高的存储介质，从对软件依赖性强的格式迁移到对软件依赖程度低的格式，从旧的计算机软硬件环境（例如旧版本、旧格式）

① National Archives and Records Administration [EB/OL]. [2016-06-06]. http://www.archives.gov/.

② Preserving Digital Information: Report of the Task Force on Archiving of Digital Information [EB/OL]. [2016-06-06]. http://www.clir.org/pubs/reports/pub63watersgarrett.pdf.

迁移到新计算机环境(例如新版本、新格式)。迁移技术将数字信息从各式各样的格式上迁移至更易管理的标准格式中,对于长期保存那些与软件无关的格式产生的文本文件或简单、通用的平面文件较为实用。

仿真是一个计算机系统对另一个计算机系统的部分或全部模拟,使模拟的计算机系统与被模拟的计算机系统接收相同的数据,执行相同的程序,获得相同的结果。目前仿真技术方面主要有仿真硬件、仿真软件和操作系统仿真,利用中间媒介层或虚拟计算机实现。在数字资源保存中,由于仿真技术可以保存原始文件,并适用于所有的数字对象,实现了一次处理、永久使用,所以仿真被视为理想的保存策略。

仿真技术适合于超文本、多媒体等复杂的数字信息,以及其他依赖特殊软(硬)件而又无法在新、旧技术平台之间进行迁移的数字信息。但是,仿真技术依然面临兼容性并不可靠,自身耐用性需要保持,软/硬件环境的特性难以保存等问题。

在保存的具体技术上,OA 资源与数字信息资源是一致的。更新旨在维护数字信息的长期可读,保证数字文化遗产的永久留传,简单地说,更新是针对载体老化或磨损而采用的方法,它将数字信息拷贝到新的载体上,保护信息本身不受存储载体质量恶化的影响。迁移是将数字信息从一种技术环境转换到另一种技术环境,此方法与数字信息编码格式转换相仿。仿真是制造一个能运行过时软硬件的计算机软件(仿真器),模仿原软硬件运行环境来支持数字信息的存取,是延迟技术淘汰的一种方法,它可以使应用程序在非原技术平台上运行。

(4) 随着技术的进步而采取不断更新的措施

数字信息资源的保存需要随着技术的进步而采取不断更新的措施。惠普公司的整合式存档平台(HP Integrated Archive Platform)将该公司的服务器、网格存储技术、内容标引技术、检索与政策管理软件整合为一个单一的、可扩展的电子资源发现平台,能轻易地储存、搜寻和撷取数以亿计的电邮、文件和图像①。2008 年 4 月,OCLC 宣

① HP Integrated Archive Platform [EB/OL].[2016-06-06].http://h41112.www4.hp.com/promo/imhub/integrated_archive/index.html.

布为图书馆数字馆藏的长期保存提供数字存档服务(Digital Archive Service),对于OCLC的图书馆数字馆藏管理软件CONTENTdm的用户以及其他一些文化遗产管理机构而言,该数字存档服务集成了馆藏建设工作流程中的各个不同环节,可供随意选择组合。用户可使用CONTENTdm的采选工作站、Connexion联机编目系统以及网络采集服务的各种功能来保障母本文档的安全①。澳大利亚国家图书馆针对著名的“保护与存取网络化的澳大利亚文献资源”(PANDORA)项目开发了PANDORA数字存档系统(The PANDORA Digital Archiving System,PANDAS),旨在提供一个集成化的、基于网络的存档管理系统②。该系统制定了严格的数字信息资源保存制度,并发布了可操作性强的《PANDAS手册》。该手册规定了数字信息资源保存的具体流程,如何检索、创建和编辑数字信息资源的记录,如何收集、处理、存档和发布数字信息资源等细节③。如规定该系统的永久资源定位符是根据澳大利亚国家图书馆为其数字收藏开发的方案而产生的④。

经过新西兰国家图书馆的测试,Ex Libris公司的Ex Libris Digital Preservation System已投入使用,该系统基于开放档案信息系统模型,符合数字仓储要求,提供数字保存的基础设施与技术,可对资源的重复性、安全性与完整性进行检查,提供永久定位工具和标准的API,便于图书馆长期保持其资源的可用性与完整性⑤。

---

① OCLC Offers Digital Archive Service for Long-term Storage of Libraries' Digital Collections [EB/OL].[2016-06-06].http://www.oclc.org/asiapacific/zhcn/news/releases/200810.htm.

② PANDORA Digital Archiving System (PANDAS) [EB/OL].[2016-06-06].http://pandora.nla.gov.au/pandas.html.

③ Pandas Manual [EB/OL].[2016-06-06].http://pandora.nla.gov.au/manual/pandas3/3toc.html.

④ NLA Guidelines for the Development and Application of a Persistent Identifier Scheme for Digital Resources [EB/OL].[2016-06-06].http://www.nla.gov.au/initiatives/persistence/PIappendix1.html.

⑤ Ex Libris Offers Digital Preservation System [J]. Information Today,2009,1(26):42.

在数字信息资源保存领域的另一个挑战是大规模数据存储的解决方案和数字信息保存的有关技术。关于网络信息资源的存档、标引和存取,美国圣地亚哥超级计算机中心对于美国国家科学数字图书馆项目、该中心与美国国会图书馆合作的项目分别采取了不同的技术①。

12.3.3　加强长期保存的合作

数字资源长期保存是一项艰巨而复杂的工程,这个任务不应该也不可能由一个机构独立承担,对此,合作已经成为数字资源长期保存领域的共识。合作的思想对于 OA 资源的长期保存来说同样适用,图书馆对 OA 资源的长期保存工作离不开合作。结合数字资源长期保存的实践经验与 OA 资源的特点,笔者认为,图书馆对 OA 资源的合作保存策略应主要包括发挥国家图书馆在合作中的领导作用、发挥图书馆联盟的协调作用和利用数字保存联盟的辅助作用三个方面。

(1)重视国家图书馆的领导作用

既然国家图书馆拥有法定权利去获得和保存该国出版的文化财产,那么,对于同样属于国家文化遗产重要组成部分的 OA 资源,国家图书馆在合作保存责任体系中理应起领头作用。目前,不少国家图书馆已经开始获取和保存数字资源的实践,其中较为成功的典型有荷兰国家图书馆的 e-Depot 项目和澳大利亚国家图书馆的 RANDORA 项目。中国国家图书馆也开展了数字资源长期保存的探索实践,主要代表为 WICP 试验项目。发挥国家图书馆在对 OA 资源的长期保存工作中的领导作用有以下好处:

首先,国家图书馆的地位决定了它可以在宏观层面上对 OA 资源长期保存活动的责任体系、系统组织、项目建设等进行科学规划,通过资源优化配置实现 OA 资源最大化的保存。其次,国家图书馆

---

① Cowart Charles, Minor David, Moore Reagan, Zhu Bing. Archiving, Indexing and Accessing Web Materials: Solutions for Large Amounts of Data [EB/OL]. [2016-06-06]. http://iwaw.europarchive.org/07/IWAW2007_minor.pdf.

拥有与其他国家图书馆交流的机会与平台,可以从更多途径获取国际上关于 OA 资源长期保存的最新信息,分享项目经验,以作为自身进行长期保存工作的借鉴。再次,国家图书馆有比较充足的经费来源,可以为其开展 OA 资源长期保存的试验项目,进行 OA 资源长期保存的技术攻关提供相关保障。

澳大利亚国家图书馆(National Library of Australia)的数字信息资源保存政策明确规定,“国家图书馆保存电子形态文献的政策是力图确保在长期存取类别中所有资源的持续性可获取。电子资源的识别、选择、保护和保存将与包含资源的创作者、生产者以及全国档案与收藏机构在内的单位开展合作”。“在标准领域,国家图书馆的政策是支持开发和使用被认可的元数据标准以及电子资源描述和输入方面的最佳实践”①。该馆还制定了一系列有关数字信息资源保存制度的文件,包括:网络化的澳大利亚电子出版物法定呈缴政策(Legal Deposit Policy for Networked Australian Electronic Publications)、网络化的澳大利亚电子出版物保存政策(Preservation Policy for Networked Australian Electronic Publications)、网络化的澳大利亚电子出版物编目政策(Cataloguing Policy for Networked Australian Electronic Publications)、网络化的澳大利亚电子出版物存取政策(Access Policy for Networked Australian Electronic Publications)和网络化的澳大利亚电子出版物元数据标准(Meta Data Standards for Networked Australian Electronic Publications)。

不列颠图书馆的“数字化战略 2008—2011”提出:“通过数字化再造和对易损文档的保护,实现对珍稀、脆弱的文化遗产内容的长期保存。”②

荷兰国家图书馆数字存档项目 e-Depot 已发展成为数字出版物的长期安全存储,该存档的目的是对精选的荷兰语网站的永久存取,

① Policy on Networked Australian Electronic Documents [EB/OL].[2016-06-06].http://www.nla.gov.au/policy/elecpol.html.

② Digitisation Strategy 2008—2011 [EB/OL].[2016-06-06].http://www.bl.uk/aboutus/stratpolprog/digi/digitisation/digistrategy/index.html.

其选择标准为：荷兰语、历史、文化与社会可全文检索。网络存档的所有工作流程都是可操作的，并整合到荷兰国家图书馆的相关部门①。

（2）发挥图书馆联盟的协调作用

对于 OA 资源的长期保存工作，图书馆联盟的协调作用一方面表现在促进保存工作流程的规范化和业务管理的标准化。如由大型的研究图书馆、社会组织和政府代理机构等成员组成的美国数字图书馆联盟（DLF），联盟自身不保存数字信息，而是致力于保存技术标准的研究，帮助其他机构保存数字信息。DLF 倡导的 METS 元数据编码与传输标准（Metadata Encoding and Transmission Standard）不仅适用于图书馆内部数字对象的管理，而且适用于这些对象在图书馆之间或图书馆与其用户之间的交换。因此，METS 可以很好地胜任 OAIS 开放档案信息系统参考模型中 SIP 提交信息包、AIP 存档信息包或 DIP 发布信息包的角色，对促进数字资源的长期保存以及数字对象的有效管理有重要作用。

另一方面，图书馆联盟可以实现 OA 资源的多备份存储，提高资源的安全保障。多备份保存联盟（LOCKSS）就是一种代表模式，LOCKSS 名字本身就表达了通过建立多个副本保证数据安全的意思，作为一个分布式数字资源长期保存系统，LOCKSS 也可以看作是一个图书馆联盟性质的机构，因为图书馆获得出版商授权后，可以利用 LOCKSS 工具在本地创建一个永久保存的数字化信息缓存站点，实现本地存储、管理以及用户服务等功能。LOCKSS 联盟负责软件开发、技术支持、组织协调等工作，联盟图书馆可以免费提供后台管理、操作平台、工具插件等开源软件，简化了成员图书馆的数字资源长期保存工作流程，同时也降低了长期保存工作的成本。LOCKSS 还建立了联盟图书馆间资源共享与协作机制，实现本地资源的动态更新、损坏修复、丢失补遗等功能，保证资源的完整性及永久有效性。

---

① Long-term Usability of Digital Resources [EB/OL].[2016-06-06].https://www.kb.nl/en/organisation/research-expertise/long-term-usability-of-digital-resource/dd/dd_projecten/webarchivering/index-en.html.

最后,图书馆联盟还有利于解决保存经费问题,成员图书馆可以共同负担开展保存工作的经费,发挥各自能力积极引进外界资金。

(3)利用数字保存联盟的辅助作用

美国国会图书馆 NDIIPP 项目管理主任 Martha Anderson 认为,数字保存不是单一的行动,而是一个团体的行动。合作联盟保存方式是数字信息资源长期保存的最佳选择,即建立以全国性的数字信息保存系统为主、其他信息保存机构广泛参与的数字信息资源分散保存的共同体机制。

在建设数字保存者合作网络前需要进行周密的规划,如由谁起主要作用?哪些机构参与?管理机构是什么?保存的数字资源地方范围是什么?选择的标准是什么?采用什么工具?遵循什么协议与标准等?在建设过程中需要加强管理,尤其要加强合作参与方之间的交流与协调。

IFLA 和许多国家图书馆都十分重视数字保存的合作及其规划与管理。在 IFLA 国家图书馆馆长会议(Conference of Directors of National Libraries,IFLA-CDNL)资助下,荷兰国家图书馆数字保存部从法律、组织和技术角度总结和评价了 2004 年以前亚洲、澳大利亚、欧洲、新西兰和北美 15 个国家图书馆数字保存方面的努力①。2008 年 7 月 29 日,数字保存联盟(Digital Preservation Coalition,DPC)在不列颠图书馆组织召开了题为"数字保存规划:原则、实例与未来"(*Digital Preservation Planning: Principles, Examples and the Future With Planets*)的专题讨论会②。2008 年 10 月 19—24 日,美国密歇根大学召开了题为"数字保存管理:针对长期问题的短期解决方案"的专题研讨会③。

图书馆在对 OA 资源进行合作保存时可以借鉴数字保存联盟的

---

① Ingeborg Verheul. Networking for Digital Preservation: Current Practice in 15 National Libraries[M]. Munich: K. G. Saur,2006.

② Frances Boyle,Jane Humphreys. Digital Preservation Planning: Principles, Examples and the Future with Planets [J]. Ariadne,2008,30(57):2.

③ Jane Hedberg.Digital Preservation Workshop [J]. College & Research Libraries News,2008,69(7):416.

成果,如数字保存联盟DPC编写的《数字资料保存管理手册》(*Preservation Management of Digital Materials: A Handbook*)在数字保存领域得到了广泛应用。自2000年该手册推出第一版以来,DPC一直紧跟数字保存领域的发展,对手册进行修订,内容非常详尽,包括数字长期保存的媒体、格式、机构组织、保存策略等。DPC还与澳大利亚的数字信息资源保存门户——保护对数字信息的存取(Preserving Access to Digital Information,PADI)共同出版季刊《数字保存新动态》(*What's New in Digital Preservation*),传播数字保存领域最新的技术与思想。

国际互联网保存联盟(International Internet Preservation Consortium,IIPC)成立于2003年,IIPC通过国际间的合作交流,支持开发和利用通用的工具、技术和标准,致力于构建全球的网络信息资源的永久存档。为了实现大规模的Web存档,IIPC提出了一个包括摄入、存储、存档、内容管理、存取访问、检索查询在内的Web存档架构,并且通过相关的工具软件来实现Web存档的相关功能。IIPC还提出了一个基于开源软件的Web存档方案以实现大规模Web资源的长期保存①。

欧洲各大学、图书馆、档案馆及出版界的欧洲著名的学者、专家组成的保护与存取欧洲委员会(European Commission on Preservation and Access,ECPA)、美国的保护与存取委员会(Commission on Preservation and Access,CPA)等也开展了对以数字格式存储的信息的长期存取问题的调研,并发布了一系列数字信息的长期存取方面的研究报告。

与其他地区相比,欧洲非常重视数字信息资源保存的地区合作。欧盟资助的项目有:①网络化的欧洲储存图书馆(Networked European Deposit Library,NEDLIB),NEDLIB的目的在于开发专门用于为欧洲储存图书馆收集网络资源的采集软件。20世纪90年代中期以后,在已开发的标引网页内容的采集技术之中,NEDLIB是最早的专

① 张智雄.IIPC构建基于开源软件的Web存档方案[J].中国教育网络,2009(5):20.

门为保存目的而开发的采集软件之一;②为期三年的“激活的网络存档”(Living Web Archive,LiWA)项目计划拓展现有的网络内容捕捉、保存、分析,丰富服务内容以提高网络存档的可信度、连贯性与互操作性①;③“通过网络化的服务进行保存与长期存取”(Preservation and Long-term Access through Networked Services,PLANETS),该项目于2006年开始,为期四年,主要目标是开发实用的服务与工具,确保科学与文化资产的长期存取②;④欧盟科学数据长期保存计划(Permanent Access to the Records of Science in Europe,PARSE.Insight)关注科学研究过程中产生的原始数据、中期分析以及最终成果等所有数字资源的长期保存问题,希望通过研究寻得确保这些珍贵的科学数字资源长期可存取、可利用、可理解的有效方法和途径,从而为欧洲电子信息基础设施(E-Infrastructure)的整体构建提供建设性意见或指南③。

欧洲范围与数字保存相关的地区性项目还有永久存取联盟(The Alliance for Permanent Access)和欧洲社会科学数据档案联盟(Council of European Social Science Data Archives,CESSDA)。欧洲开放存取资源的保存项目“欧洲档案”(European Archive)是一个非营利性项目,是欧洲资源(如声音、活动图像与网页)的数字图书馆,为研究人员、历史学家、学者和普通大众提供免费检索,拟开发存储、存取和保护数字物件的大规模存档构建与基础设施,并与“因特网档案馆”项目开展合作④。

数据存档技术联盟(Data Archive Technology Alliance)则是针对社会科学数据保存的国际合作项目,目的是促进与建立数据保存、保

① Living Web Archives. Developing the Next Generation Web Archive Technologies[EB/OL].[2016-06-06].http://www.liwa-project.eu/.

② Welcome to Planets[EB/OL].[2016-06-06].http://www.planets-project.eu/.

③ Permanent Access to the Records of Science in Europe[EB/OL].[2016-06-06].http://www.parse-insight.eu/.

④ European Archive[EB/OL].[2016-06-06].http://www.europarchive.org/.

护与共享的技术标准,其参与者包括旨在收集与保存濒危社会科学数据的美国 NDIPP Data-PASS 项目、欧洲社会科学数据档案联盟(Council of European Social Science Data Archives)和澳大利亚社会科学数据存档(Australian Social Science Data Archive)①。

12.3.4　完善长期保存的政策

作为长期保存的有力保障,制定合理完善的长期保存政策是非常重要的。在 OA 仓储的建设初期就制定完备的长期保存政策,对数字资源的数据提交、资源长期保存、资源再利用等方面做出相应规定,有利于后期长期保存工作的开展。

OA 资源长期保存政策是人们为了实现 OA 资源长期存取的目标而制定的方针、原则、策略和措施。目前,OA 资源的长期保存政策还很不完善,相对而言,现行的数字资源保存政策大多明确了数字资源长期保存的原则、规范和标准,制定了数字资源长期存取的具体行动计划,OA 资源的长期保存政策可以借鉴其有利的部分并结合自身特点加以调整完善。从总体上说,OA 资源长期保存政策应朝着以下三方面发展:

(1)以 OA 资源的可持续利用为长期保存的目标

保证 OA 资源的可持续利用也是获取科研人员对 OA 仓储信任度、吸引其参与自我存档的重要因素。成功的 OA 仓储应该不仅能够将研究者提供的科研文献长期保存于此,还必须在存缴、组织和保存转移等方面的政策上和技术上为长期保存提供具体支持②。因此,不少 OA 仓储的长期保存政策在资源的保存时限方面都倡导无限期保存,并声明将通过迁移和仿真技术确保资源持续的可获得性和可读性,使科研人员更有动力将研究成果存储在 OA 仓储中。而关于 OA 仓储的信任度问题,RLG 和美国国家档案与记录管理委员

---

① NDIIPP Helps Data Archive Technology Alliance [EB/OL]. [2016-06-06].http://www.digitalpreservation.gov/news/2008/20081028news_article_DataTechAlliance.html.

② 张晓林.机构知识库的政策、功能和支撑机制分析[J].图书情报工作,2008(1):25-29.

会(NARA)在2005年公布的《认证可信任数字仓储的审核清单草案》(*Audit Checklist for the Certification of a Trusted Digital Repository, Draft for Public Comment*)[①]和其2008年修正与扩展版《可信任数字仓储审核与鉴定:标准与清单》(*Trustworthy Repositories Audit & Certification: Criteria and Checklist*)[②]中,都将资源的可持续利用与否看作决定一个数字机构库是否能被鉴定为一个可信赖的数字信息收集场所的主要因素之一。

(2)在保存重点上重视OA资源的评估

OA资源类型十分复杂,不仅保存研究人员的论文资料,还保存科研过程的其他记录,如教学课件、实验数据与报告等,而长期保存问题又涉及技术应用、资金支持、数字权益保护等诸多问题,所以其数字保存过程中的选择和评价工作是必不可少的,在制定OA资源长期保存政策过程中应确保优先保存最有价值的数字资产长期可获得[③]。这就可以借鉴数字资源评估领域的一些政策与方法。如数字保存联盟(DPC)开发的数字资源长期保存选择工具(Decision Tree for Selection of Digital Materials for Long-term Retention)[④]采用互动式的评估方式,在数字资源版本与内容选择、保存责任与权利、保存技术与费用、文件与元数据保存四个方面均制定了具体评价细则,并在选项旁附有一些建议。中国高等教育文献保障系统(CALIS)数字资

---

① Joanne K. Patricia H. Janet Eke. Thomas G. H. Using the Audit Checklist for the Certification of a Trusted Digital Repository as a Framework for Evaluating Repository Software Applications[J/OL].[2016-05-31]. http://www.dlib.org/dlib/december06/kaczmarek/12kaczmarek.html.

② Trustworthy Repositories Audit & Certification (TRAC): Criteria and Checklist [EB/OL]. [2016-05-31].http://www.crl.edu/content.asp?l1=13&l2=58&l3=162&l4=91.

③ 范媛静,宛玲.国外数字资源长期保存政策扫描[J].数字图书馆论坛,2006(4):5-8.

④ Preservation Management of Digital Materials: The Handbook [EB/OL].[2016-05-31].http://www.dpconline.org/advice/preservationhandbook.

源评估指标体系中关于数字资源的可持续发展的五条评估标准①，即数字资源在馆藏资源中的比例、可永久获取的数字资源在馆藏中的比例、长期保存数字资源的费用和公平使用与存档方法评价也值得参考。

(3)在保存方式上鼓励合作保存与多备份保存

促进学术自由交流是发起 OA 运动的主要目的，许多 OA 项目都由多个机构共同建设，机构合作不仅有利于资源的保存，也有利于资源共享与促进跨机构的学术合作。合作保存有利于明确各机构的保存任务和责任，协调不同组织和利益相关者之间的关系，制定统一的行为标准，还可降低保存的成本与风险。如英国的“机构资源存取计划”(Focus on Access to Institutional Resources Programme，FAIR)的实施涉及 OA 运动的技术、法律、文化等各个方面，其发展策略和经验比较具有借鉴意义②。OA 资源中有许多属于原生数字资源，且其中一些资源仅以数字形式存在，没有相应的印刷版本，一旦丢失便无法再获得。对于这样的 OA 资源，可以借鉴传统模式中对印本建立多个复本保存的方法，对数字资源采取多备份保存的策略，将其备份到多个计算机主机上。

12.3.5　征求公众对开放存取资源长期保存的意见

2011 年 11 月 4 日，白宫科技政策办公室(OSTP)在其网站发布了征求公众对数字信息获取与保存意见的公告③。公告称：《2010 年美国竞争再授权法》规定，OSTP 应与有关机构进行协调以制定相关政策，确保公众能接触到联邦政府资助的非保密科研项目成果信息，确保对这些成果信息的长期管理保存。为此，OSTP 发出征求信息(Request for Information)公告，希望听取公众对于联邦政府资助的

---

① 肖珑，李浩凌，徐成. CALIS 数字资源评估指标体系及其应用指南[J].大学图书馆学报，2008(3)：2-8.

② 袁红梅，乔冬梅. 开放存取：英国 FAIR 计划的实践与启示[J].图书情报知识，2007(7)：92-95.

③ Request for Information [EB/OL].[2016-12-21]. http://www.gpo.gov/fdsys/pkg/FR-2011-11-04/pdf/2011-28623.pdf.

非保密科研项目成果信息之长期保存与公开获取的看法,共提出13个问题,包括:什么样的联邦政策有利于联邦政府资助的非保密科研项目成果信息之公开获取与保存?什么样的联邦政策有助于美国经济增长和提高美国科学事业的生产率?与此同时,可采取什么步骤来保护出版者、科学家、联邦机构和其他利益相关者的知识产权权益?联邦机构在制定数据管理政策时,如何充分考虑学科之间、不同类型数字信息之间的固有差异?联邦机构如何考虑联邦政府资助的非保密科研项目成果信息之长期保存和扩散所涉及的相对成本和效益方面的差异?各类利益相关者如何尽其所能地对数据管理规划的实施作出贡献?如何改进资助机制,以应对数字信息保存与扩散所涉及的实实在在的费用问题?采取什么措施来测度、确证人们是否在贯彻关于信息保存与扩散的联邦政策?采取什么措施来改善这样的政策?政府还可以采取哪些措施来鼓励人们将公开获取的科研数据创新性地应用于已有市场与产业以及新市场与新产业,从而创造就业岗位,推动经济增长?因为人们见到的往往是对数据的二次报道利用,采取哪些机制来确保对原始数据生产者贡献的承认?如何实现联邦政府资助的非保密科研项目成果信息的互操作?如何对联邦政府资助的非保密科研项目成果信息进行再利用?如何针对不同对象确定信息再包装(Re-purposing)的数字信息标准问题?

此举足以证明美国对联邦政府资助的非保密科研项目成果信息的长期保存可以保其长期可存取,也反映美国政府集思广益的方式值得其他国家借鉴。

2011年10月19—20日,2011年数字保存峰会(Digital Preservation Summit 2011)在德国举行,欧美15个国家约100位国际专家参加。面对信息完全以数字格式而非印刷存在的比例迅速增加的现状,如何确保这些数字资料长期保存不变且可访问?谁应为此承担责任?这是本次峰会"准备好数字保存"的议题。德国国家经济图书馆—莱布尼茨经济信息中心(ZBW)主任Klaus Tochtermann教授在开幕式上称,"到2020年,80%学术出版物将仅以数字格式出现而无印刷格式"。会议认为,数字信息保存包含科学信息、法庭信息等多种信息的保存,需要发挥很多人的智慧。会上,支持电子与印刷全文文献、许可、非文本资料、数字保存及开放存取的专业伙伴 Goportis 介绍，其正开始一项大量数据的数字保存计划，来自三个德国国家图书馆的馆藏，目标是把数字保存作为一项永久任务，集成进现有图书馆环境。会议强调数字信息长期保存中协作的重要性，即国际合作与跨机构交换是成功实施这些任务的先决条件①。

此外，数字信息资源开放存取还存在科研资助政策要求、经济保障、质量控制等问题，本书第3章学者们的研究中对这些问题有所涉及，在此不便赘述。

① Digital Preservation Summit 2011 [EB/OL]. [2016-06-06]. http://www.digitalpreservationsummit.de/.

附录1 全球地方政府或部门开放数据门户(美国除外)

国家	网站名称	网址
阿根廷(3)	Bahía Blanca	http://bahiablanca.opendata.junar.com/home/
	Buenos Aires	http://data.buenosaires.gob.ar/
	Misiones Province	http://www.datos.misiones.gov.ar/
奥地利(6)	Graz	http://data.graz.gv.at/
	Linz	http://data.linz.gv.at/
	Niederösterreich	http://www.ncopenbook.gov/NCOpenBook/
	Tirol	http://www.tirol.gv.at/applikationen/e-government/data/
	Vienna	http://data.wien.gv.at/
	Vorarlberg	http://data.vorarlberg.gv.at/
澳大利亚(12)	Australian Capital Territory	https://www.data.act.gov.au/
	Brisbane	http://data.brisbane.qld.gov.au/index.php/datasets/
	CSIRO	https://data.csiro.au/dap/home?execution=e1s1
	Mosman Council	http://data.mosman.nsw.gov.au/

续表

国家	网站名称	网　　址
澳大利亚(12)	New South Wales	http://data.nsw.gov.au/
	Queensland	https://data.qld.gov.au/
	Research Data	http://researchdata.ands.org.au/
	South Australia	http://data.sa.gov.au/
	South Australia Government Data Directory	https://data.sa.gov.au/index.cfm?objectid=1C5C4F6F-96B8-CC2B-67DE3073BF2AE0EC
	Tasmania— Spatial Data Work	http://www.dpipwe.tas.gov.au/sif
	Victoria	http://www.data.vic.gov.au/
	Western Australia — NewSLIP	https://www2.landgate.wa.gov.au/web/guest/slip-stream-e-news
巴西(3)	Brazilian Federal Senate	http://dadosabertos.senado.gov.br/
	Novo Hamburgo	https://dados.novohamburgo.rs.gov.br/
	Sao Paulo	http://www.governoaberto.sp.gov.br/view/
比利时	Antwerp	http://opendata.antwerpen.be/
加拿大(31)	British Columbia	http://www.data.gov.bc.ca/
	British Columbia Local Government	http://www.civicinfo.bc.ca/
	Burlington	http://cms.burlington.ca/Page7429.aspx
	County of Grand Prairie No. 1	http://www.countygp.ab.ca/EN/main/community/maps-gis/open-data/data.html
	District of North Vancouver	http://geoweb.dnv.org/data/
	Edmonton	http://data.edmonton.ca/
	Fredericton	http://www.fredericton.ca/en/citygovernment/DataMain.asp

续表

国家	网站名称	网　　址
加拿大(31)	Guelph	http://guelph.ca/services.cfm?itemid=78870&smocid=1550
	Halifax	https://www.halifaxopendata.ca/
	Hamilton	http://www.hamilton.ca/ProjectsInitiatives/OpenData/
	Alberta	http://data.alberta.ca/
	Langley	http://www.tol.ca/Services-Contact/Open-Data/Open-Data-Catalogue
	Mississauga	http://www.mississauga.ca/portal/residents/publicationsopendatacatalogue
	Montreal	http://donnees.ville.montreal.qc.ca/
	Nanaimo	http://www.nanaimo.ca/datafeeds
	Niagara Falls	http://www.niagarafalls.ca/services/open/data/
	Niagara Region	http://www.niagararegion.ca/government/opendata/default.aspx
	North Okanagan	http://www.rdno.ca/index.php/maps/digital-data
	Ontario	http://www.ontario.ca/government/government-ontario-open-data
	Prince George	http://princegeorge.ca/cityservices/online/odc/Pages/Documents.aspx
	Québec(City)	http://donnees.ville.quebec.qc.ca/
	Québec(Province)	http://www.donneesquebec.ca/fr
	Red Deer Open Data Catalogue	http://data.reddeer.ca/
	Region of Peel	http://opendata.peelregion.ca/
	Saanich	http://www.saanich.ca/data/catalogue/index.php

续表

国家	网站名称	网　　址
加拿大(31)	Saskatoon	http://opendata-saskatoon.cloudapp.net
	Surrey	http://www.surrey.ca/city-services/658.aspx
	Toronto	http://www.toronto.ca/open
	Vancouver	http://data.vancouver.ca/
	Waterloo	http://opendata.waterloo.ca/
	Windsor	http://www.citywindsor.ca/opendata/pages/open-data-catalogue.aspx
中国(11)	北京市政务数据资源网	http://www.bjdata.gov.cn
	上海市政府数据服务网	http://www.datashanghai.gov.cn
	浙江政务服务网	http://data.zjzwfw.gov.cn
	武汉市政府公开数据服务网	http://www.wuhandata.gov.cn
	青岛市政府数据开放网	http://data.qingdao.gov.cn/data
	无锡市政府数据服务网	http://opendata.wuxi.gov.cn
	湛江市政府数据服务网	http://data.zhanjiang.gov.cn
	佛山市南海区:数说南海	http://data.nanhai.gov.cn
	宁波市海曙区数据开放平台	http://data.haishu.gov.cn
	深圳市坪山新区数据开放平台	http://www.psxq.gov.cn/opendata
	深圳市福田数据开放平台	http://www.szft.gov.cn/data/

续表

国家	网站名称	网　　址
丹麦	Open Data Aarhus	http://www.odaa.dk/
芬兰(3)	Helsinki Region Infoshare	http://www.hri.fi/en/about/open-data/
	Jyväskylä	http://data.jyvaskyla.fi/
	Tampere	http://tampere.fi/avoindata
法国(12)	Angers	http://data.angers.fr/
	Aquitaine and Gironde	http://datalocale.fr/
	Hauts-de-Seine	http://opendata.hauts-de-seine.net/
	La Rochelle	http://www.opendata.larochelle.fr/
	Le Mans Open Data	http://www.lemans.fr/page.do?t=2&uuid=16CB26C7-550EA533-5AE8381B-D7A64AF8
	Loire-Atlantique	http://data.loire-atlantique.fr/
	Montpellier	http://opendata.montpelliernumerique.fr/
	Nantes	http://data.nantes.fr/
	Paris	http://opendata.paris.fr/opendata/jsp/site/Portal.jsp
	Rennes	http://www.data.rennes-metropole.fr/
	Saône-et-Loire	http://www.opendata71.fr/
	Toulouse	http://data.grandtoulouse.fr/
德国(10)	Baden-Württemberg	http://opendata.service-bw.de/Seiten/default.aspx
	Berlin	http://daten.berlin.de/
	Bremen	http://www.daten.bremen.de/
	Environmental Portal	http://www.portalu.de/portal/default-page.psml
	Hamburg	http://daten.hamburg.de/
	Leipzig	http://www.apileipzig.de/
	Moers	http://www.offenedaten.moers.de/
	Rheinland Pfalz	http://www.daten.rlp.de/
	Rostock	http://datacatalogs.org/catalog/rostock
	Zurich	http://data.stadt-zuerich.ch/content/portal/de/index/ogd/daten.html

续表

国家	网站名称	网　址
韩国	Seoul	http://data.seoul.go.kr/
印度尼西亚	Regina	http://openregina.cloudapp.net/
爱尔兰	Fingal	http://data.fingal.ie/
意大利(22)	Bari	http://opendata.comune.bari.it/
	Bologna	http://dati.comune.bologna.it/
	Chamber of Deputies	http://dati.camera.it/it/
	Emilia-Romagna Open Data	http://dati.emilia-romagna.it/
	Florence	http://dati.comune.firenze.it/
	Italian Parliament	http://dati.camera.it/it/
	Italy Senate	http://dati.senato.it/
	Lombard	https://dati.lombardia.it/
	Lucca	http://opendata.provincia.lucca.it/
	Piedmont	http://www.dati.piemonte.it/
	Puglia	http://www.dati.puglia.it/
	Medicine Hat	http://data.medicinehat.ca/
	Milan	http://dati.comune.milano.it/
	Rome(Province)	http://www.opendata.provincia.roma.it/
	Sardinia	http://www.sardegnageoportale.it/index.html
	Trentino	http://dati.trentino.it/
	Trento	http://www.innovazione.provincia.tn.it/opendata
	Turin	http://www.comune.torino.it/aperto
	Tuscany	http://dati.toscana.it/
	Udine	http://www.comune.udine.it/opencms/opencms/release/ComuneUdine/comune/Bilanci_comunali/open_data http://dati.veneto.it/

续表

国家	网站名称	网　址
意大利(22)	Venice	http://dati.venezia.it/
	Vicenza Geodata	http://www.comune.vicenza.it/uffici/dipgenpers/sistinf/sit/daticartografici.php
日本(2)	METI	http://datameti.go.jp/
	Shizuoka Prefecture	http://open-data.pref.shizuoka.jp/htdocs/
荷兰(5)	Alkmaar	http://www.alkmaar.nl/opendata
	Amsterdam O+S	http://www.os.amsterdam.nl/
	Enschede	http://opendata.enschede.nl/
	Open GEO-Data	http://maps.amsterdam.nl/open_geodata/
	Rotterdam	http://rotterdamopendata.nl/
秘鲁	Lima	http://www.munlima.gob.pe/datos-abiertos-mml.html
俄罗斯(5)	Ministry of Finances	http://www1.minfin.ru/ru/
	Moscow	http://data.mos.ru/
	Open Government	http://opendata.bigovernment.ru/results/
	Russian Open Budget	http://budget.gov.ru/data/opendata
	Russian Open Police	http://data.openpolice.ru/
西班牙(16)	Aragon	http://opendata.aragon.es/
	Asturias	http://risp.asturias.es/catalogo/index.html
	Badalona	http://badalona.cat/portalWeb/badalona.portal?_nfpb=true&_pageLabel=opendata
	Balearic Islands	http://www.caib.es/caibdatafront/
	Barcelona	http://w20.bcn.cat/opendata/
	Castilla-La Mancha	http://opendata.jccm.es/
	Catalonya	http://dadesobertes.gencat.cat/
	Euskadi(Basque Country)	http://opendata.euskadi.net/
	Galicia	http://abertos.xunta.es/portada/

续表

国家	网站名称	网址
西班牙(16)	Junta de Castilla y León	http://www.datosabiertos.jcyl.es/
	Library of the National Congress	http://datos.bcn.cl/es/
	Lleida	http://cartolleida.paeria.es/lleidaoberta/inici.aspx
	Navarre	http://www.navarra.es/home_es/Open-Data/
	Pamplona	http://dataportals.org/portal/pamplona
	Terrassa	http://opendata.terrassa.cat/
	Zaragoza	http://www.zaragoza.es/ciudad/risp/
瑞典(2)	OpenAid.se	http://openaid.se/
	Stockholm	http://open.stockholm.se/
英国(16)	Allerdale	http://datacatalogs.org/catalog/allerdale
	Birmingham	http://www.birmingham.gov.uk/open-data
	Great Manchester	http://www.datagm.org.uk/
	Kent	http://www.kent.gov.uk/your_council/open_data.aspx
	Lichfield	http://lichfielddc.gov.uk/
	London	http://data.london.gov.uk/
	Manchester	http://www.manchester.gov.uk/info/500215/open_data
	Merton Council	http://www.merton.gov.uk/council/dp-foi/open-data.htm
	North Devon Council	http://www.northdevon.gov.uk/index/lgcl_council_government_and_democracy/nonlgcl_open_data.htm
	Open Kent	http://www.openkent.org.uk/
	Redbridge	http://data.redbridge.gov.uk/
	Salford City Council	http://www.salford.gov.uk/opendata.htm

续表

国家	网站名称	网　　址
英国(16)	Sutton	https://data.sutton.gov.uk
	Trafford Council	http://www.trafford.gov.uk/opendata/
	Warwickshire	http://www.guardian.co.uk/world-government-data/search?facet_source_title = opendata.warwickshire.gov.uk
	Wyre Council	http://www.wyre.gov.uk/opendata
乌拉圭	Montevideo	http://www.montevideo.gub.uy/institucional/datos-abiertos/introduccion

附录 2

世界银行开放数据目录（按数据名称首字母字顺排列）

序号	数据名称	经济体数量	更新周期	时间范围
1	Africa Development Indicators (ADI)	53	无更新计划	1960—2012 年
2	African Cities Diagnostic	21	无更新计划	2002—2012 年
3	Africa's Infrastructure: Airports	24	无更新计划	1990—2009 年
4	Africa's Infrastructure: Electricity	24	无更新计划	1990—2009 年
5	Africa's Infrastructure: National Data	24	无更新计划	1990—2009 年
6	Africa's Infrastructure: Ports	24	无更新计划	1990—2009 年
7	Africa's Infrastructure: Railways	24	无更新计划	1990—2009 年
8	Africa's Infrastructure: WSS Utility	24	无更新计划	1990—2009 年
9	Actionable Governance Indicators	224	无更新计划	1990—2013 年
10	Afghanistan Reconstruction Trust Fund (ARTF)-Donor Contributions-BETA	—	不定期	—
11	Afghanistan Reconstruction Trust Fund (ARTF)-Project Allocations and Disbursements-BETA	—	不定期	—

续表

序号	数据名称	经济体数量	更新周期	时间范围
12	Afghanistan Reconstruction Trust Fund (ARTF)-Donor Contributions-BETA	—	—	2013—2014 年
13	Afghanistan Reconstruction Trust Fund (ARTF) Documents-BETA	—	不定期	—
14	Afghanistan Reconstruction Trust Fund (ARTF) Project Results-BETA	—	不定期	2001 年以来
15	Afghanistan Reconstruction Trust Fund (ARTF) Project Results-BETA	—	—	2013—2014 年
16	Afghanistan Reconstruction Trust Fund Acronyms-Pilot	—	不定期	—
17	Agriculture in Africa-Telling Facts from Myths	6	每季度	2010—2011 年
18	AidFlows	210+	不定期	2002—2012 年
19	All the Ginis Dataset	187	每年	1950—2012 年
20	Arab World Education Performance Indicators	22	无更新计划	2000—2009 年
21	Armenia BOOST Public Expenditure Database	1	每年	2006—2013 年
22	Bolivia Agricultural Public Expenditure Review		无更新计划	1996—2008 年
23	Business Environment and Enterprise Performance Survey (BEEPS)	29	一年及以上	—

续表

序号	数据名称	经济体数量	更新周期	时间范围
24	Business Environment Snapshots	—	无更新计划	2009—2013 年
25	Climate Change Data	213	不定期	1990—2011 年
26	Climate Change Knowledge Portal: Ensemble Projections	—	无更新计划	—
27	Climate Change Knowledge Portal: Historical Data (CCKP)	—	无更新计划	1961—1999 年
28	Climate For Development	—	无更新计划	—
29	Commercial Credit Exposure by Counterparty Rating	—	每年	2010 年以来
30	Contributions to Financial Intermediary Funds	—	每季度	—
31	Corporate Procurement Contract Awards	—	每季度	2013 年以来
32	Corporate Scorecard 2013 Indicators	185	无更新计划	1990—2012 年
33	Country Opinion Survey Data (COSD)	—	不定期	—
34	Country Partnership Strategy for India (FY2013-17) (IndiaCPS)	1	不定期	1951—2011 年
35	Country Policy and Institutional Assessment (CPIA)	95	每年	2005—2014 年
36	Country Profiles (CP)	214	每季度	2000 年以来
37	Crowd-Sourced Price Collection	8	无更新计划	—
38	Data on Statistical Capacity	149	每年	2004—2014 年

续表

序号	数据名称	经济体数量	更新周期	时间范围
39	Data Resources for Structural Economic Analysis	—	无更新计划	—
40	Documents & Reports	—	每天	1946 年以来
41	Doing Business (DB)	189	每年	2004—2015 年
42	East Asia and Pacific Economic Update (EAP)	12	每半年	2007—2013 年
43	Education -Education Implementation Completion Reports	—	每年	—
44	Education-Historical Education Financing by IDA and IBRD	—	每年	1963—2015 年
45	Education-IDA Grants	—	每年	2002—2014 年
46	Education-Knowledge Activities	—	每年	—
47	Education-New Commitments by Region and Sub-sector	—	每年	1990—2014 年
48	Education-New Projects with Education Components/Activities	—	每年	2000 年以来
49	Education Statistics (EdStats)	214	每季度	1970 年以来
50	Education Tables	—	无更新计划	—
51	Enterprise Surveys (ES)	135	不定期	2005—2014 年
52	Environment At-a-Glance Factsheets	—	无更新计划	—
53	Export Value Added Database (EVAD)	118	不定期	1997—2011 年
54	Exporter Dynamics Database (EDD)	70	不定期	1997—2014 年
55	Financial Intermediary Funds Cash Transfers	—	每季度	—

续表

序号	数据名称	经济体数量	更新周期	时间范围
56	Financial Intermediary Funds Commitments	—	每季度	—
57	Financial Intermediary Funds Funding Decisions	—	每季度	—
58	GDP ranking (GDP)	217	每季度	2015—2015 年
59	GDP ranking, PPP based (GDP PPP)	217	每季度	2015—2015 年
60	GEM Commodities	WLD	每月	1960 年以来
61	Gender Highlights: 2012 World Development Report	214	无更新计划	1999—2010 年
62	Gender Statistics	217	每季度	1960 年以来
63	Global Bilateral Migration Database (GBMD)	226	一年及以上	1960—2000 年
64	Global Economic Monitor (GEM)	196	每天	1990—2011 年
65	Global Economic Prospects (CEP)	187	每半年	1960 年以来
66	Global Financial Development (GFDD)	206	每年	1960—2014 年
67	Global Financial Inclusion (Global Findex) Database (Global Findex)	140	一年及以上	2011—2014 年
68	GNI per capita ranking, Atlas method and PPP based (GNIPC)	217	每季度	2015—2015 年
69	GNI ranking, Atlas method (GNI)	217	每季度	2015—2015 年
70	GPE Results Forms Database	46	一年及以上	1995—2030 年
71	Guatemala BOOST Public Expenditure Database	1	每年	2004—2013 年

续表

序号	数据名称	经济体数量	更新周期	时间范围
72	Haiti Data	1	无更新计划	1998—2010年
73	Health Nutrition and Population Statistics	217	每半年	1960—2013年
74	Health Nutrition and Population Statistics by Wealth Quintile	90+	每年	1960—2014年
75	Health Nutrition Population (HNP) Lending	—	每年	1970—2012年
76	Historical IFC Reach Data	—	每年	2004—2012年
77	Household Survey Education Profiles	—	无更新计划	—
78	IBRD and IDA Operational Summary	—	每年	2006年以来
79	IBRD Balance Sheet FY2011	—	无更新计划	—
80	IBRD Balance Sheet FY2012	—	无更新计划	—
81	IBRD Balance Sheet FY2013	—	无更新计划	—
82	IBRD Balance Sheet, FY2010	—	无更新计划	—
83	IBRD Statement Of Cash Flows FY2012	—	无更新计划	—
84	IBRD Statement Of Cash Flows FY2013	—	无更新计划	—
85	IBRD Statement of Cash Flows, FY2010	—	无更新计划	—
86	IBRD Statement Of Cash Flows, FY2011	—	无更新计划	—
87	IBRD Statement Of Income FY2012	—	无更新计划	—

续表

序号	数据名称	经济体数量	更新周期	时间范围
88	IBRD Statement Of Income FY2013	—	无更新计划	—
89	IBRD Statement of Income, FY2010	—	无更新计划	—
90	IBRD Statement Of Income, FY2011	—	无更新计划	—
91	IBRD Statement Of Loans-Historical Data	—	每月	2009年以来
92	IBRD Statement of Loans-Latest Available Snapshot	—	每月	2016—2016年
93	IBRD Statement of Subscriptions to Capital Stock and Voting Power	—	不定期	—
94	IBRD/IDA/IFC Trust Funds-Annual Cash Contributions and Disbursements	—	不定期	2006—2012年
95	IDA Balance Sheet FY2012	—	无更新计划	—
96	IDA Balance Sheet FY2013	—	无更新计划	—
97	IDA Balance Sheet, FY2010	—	无更新计划	—
98	IDA Balance Sheet, FY2011	—	无更新计划	—
99	IDA Results Measurement System (IDA)	77	每季度	1990年以来
100	IDA Statement Of Cash Flows FY2011	—	无更新计划	—
101	IDA Statement Of Cash Flows FY2012	—	无更新计划	—
102	IDA Statement Of Cash Flows FY2013	—	无更新计划	—

续表

序号	数据名称	经济体数量	更新周期	时间范围
103	IDA Statement of Cash Flows, FY2010	—	无更新计划	—
104	IDA Statement Of Credits and Grants-Historical Data	—	每月	1961—2013年
105	IDA Statement of Credits and Grants-Latest Available Snapshot	—	每月	—
106	IDA Statement Of Income FY2011	—	无更新计划	—
107	IDA Statement Of Income FY2012	—	无更新计划	—
108	IDA Statement Of Income FY2013	—	无更新计划	—
109	IDA Statement of Income, FY2010	—	无更新计划	—
110	IDA Statement of Voting Power and Subscriptions and Contributions	—	不定期	—
111	IEG World Bank Project Performance Ratings (IEG WB Project Ratings)	170	每季度	1964年以来
112	IFC Advisory Services Projects	—	每天	—
113	IFC Enterprise Finance Gap Database-Raw Data	—	无更新计划	—
114	IFC Enterprise Finance Gap Database-Summary Data	—	无更新计划	—
115	IFC Financial Highlights	—	每年	2005—2013年
116	IFC Investment By Industry-Annual Summary	—	每年	2010年以来
117	IFC Investment By Product-Annual Summary	—	每年	2009年以来

续表

序号	数据名称	经济体数量	更新周期	时间范围
118	IFC Investment By Region-Annual Summary	—	每年	2009—2015 年
119	IFC Investment Services Projects	—	每天	—
120	IFC Statement Of Cumulative Gross Commitments	—	每年	2009 年以来
121	IFC Subscriptions and Voting Power	—	不定期	—
122	India Power Sector Review	1	不定期	2003—2011 年
123	Indonesia Database for Policy and Economic Research (INDO-DAPOER)	1	不定期	1976—2013 年
124	International Comparison Program 2005 (ICP)	191	一年及以上	2005
125	International Debt Statistics (IDS)	120	每年	1970 年以来
126	International Debt Statistics: Summary and Country Tables	129	无更新计划	—
127	Jobs (JOBS)	214	—	1990—2014 年
128	Joint External Debt Hub (JEDH)	256	每季度	1990 年以来
129	Kenya BOOST Public Expenditure Database	1	每年	2002—2012 年
130	Kiribati BOOST Public Expenditure Database	1	每年	2002—2012 年
131	Knowledge Economy Index (KEI)	146	无更新计划	1995—2011 年
132	Landmine Contamination, Casualties and Clearance Database	202	不定期	1999—2009 年
133	Little Data Book on Climate Change: Supplemental Data	245	无更新计划	—

续表

序号	数据名称	经济体数量	更新周期	时间范围
134	Logistics Performance Index (LPI)	160	一年及以上	2006—2013 年
135	Major Contract Awards	—	不定期	2004 年以来
136	Manufactures Unit Value Index	—	不定期	1960—2025 年
137	Mapping for Results	81	无更新计划	—
138	Mexico BOOST Public Expenditure Database	1	每年	2008—2014 年
139	MIGA Project Portfolio (MIGA)	179	每周	1988 年以来
140	Migration and Remittances Factbook 2011	210	一年及以上	2000—2010 年
141	Millennium Development Goals (MDGs)	214	每季度	1990—2014 年
142	Millennium Development Goals Tables (MDG Tables)	214	每季度	1990 年以来
143	Minas Gerais (Brazil) BOOST Public Expenditure Database	1	每年	2005—2013 年
144	Moldova BOOST Public Expenditure Database	1	每年	2005—2013 年
145	Monitoring Gender Mainstreaming in World Bank Lending Operations (MGM)	124	无更新计划	—
146	Open Data for the Horn	9	无更新计划	2006—2011 年
147	Open Data in Development-Google Hangouts Schedule	—	不定期	—
148	Open Financial Data Demand Nano-Survey Responses	—	无更新计划	—

续表

序号	数据名称	经济体数量	更新周期	时间范围
149	Paid In Contributions to IBRD/IDA/IFC Trust Funds based on FY of Receipt	—	不定期	1999—2012 年
150	Paraguay BOOST Public Expenditure Database	1	每年	2003—2013 年
151	Peru BOOST Public Expenditure Database	1	每年	1999—2011 年
152	Pipeline research-open data driven companies in emerging markets	—		—
153	Poland BOOST Public Expenditure Database	1	每年	2004—2013 年
154	Population Estimates and Projections	217	每年	1960 年以来
155	Population ranking (POP)	217	每季度	2015—2015 年
156	Poverty and Equity Database	170	每季度	1974 年以来
157	Private Participation in Infrastructure	137	每年	1984—2011 年
158	Privatization Database	139	每年	1990—2008 年
159	Professional Services Knowledge Platform Africa	19	无更新计划	—
160	Public Accountability Mechanisms	90	不定期	2008—2013 年
161	Quarterly External Debt Statistics GDDS (New) (QEDS/GDDS)	51	每季度	2002—2015 年
162	Quarterly External Debt Statistics SDDS (New) (QEDS/SDDS)	95	每季度	1998—2015 年

续表

序号	数据名称	经济体数量	更新周期	时间范围
163	Quarterly Public Sector Debt (QPSD)	101	每季度	1995—2014 年
164	Recipient-executed Grants-Commitments and Disbursements	—	不定期	—
165	Remittance Prices Worldwide	121	每季度	2008—2015 年
166	Research Datasets and Analytical Tools	—	不定期	—
167	Rio Grande do Sul (Brazil) BOOST Public Expenditure Database	1	每年	2004—2013 年
168	Rural Access Index (RAI)	209	无更新计划	—
169	Service Delivery Indicators	4	不定期	2010—2013 年
170	Services Trade Restrictions Database	103	无更新计划	2008—2011 年
171	Seychelles BOOST Public Expenditure Database	1	每年	2004—2012 年
172	Socio-Economic Database for Latin America and the Caribbean (SEDLAC)	24	每半年	1974—2013 年
173	Solomon Islands BOOST Public Expenditure Database	1	每年	2006—2013 年
174	Subnational Malnutrition Database	137	不定期	1969—2012 年
175	Sub-national Poverty Data	0	每年	1999—2013 年
176	Sustainable Energy for All (SE4ALL)	181-212	不定期	1990—2010 年
177	Temporary Trade Barriers Database including the Global Antidumping Database	42	不定期	1980—2011 年

续表

序号	数据名称	经济体数量	更新周期	时间范围
178	The Atlas of Social Protection: Indicators of Resilience and Equity (ASPIRE)	120	每半年	1998—2014年
179	The Changing Wealth of Nations	150	无更新计划	1995—2008年
180	The World Bank Components Of VPU Budget	—	无更新计划	2011—2012年
181	Thematic Health Nutrition Population (HNP) Data	—	每年	1990—2014年
182	Togo BOOST Public Expenditure Database	1	每年	2009—2013年
183	Total Contributions to IBRD/IDA/IFC Trust Funds-Summary based on FY of Agreement	—	不定期	2000—2013年
184	Trade Costs Dataset	178	每年	1995—2013年
185	Trade in Services Database (TSD)	195	每半年	1995—2011年
186	Wage Bill and Pay Compression	—	一年及以上	—
187	WDR2013 Occupational Wages around the World (WDR2013 OWW)	171	无更新计划	1983—2008年
188	WDR2013 Survey on Good Jobs (WDR2013 SGJ)	4	无更新计划	2012—2012年
189	Wealth Accounting	—	每年	1970—2014年
190	World Bank Expenditures By Program	—	无更新计划	2005—2011年
191	World Bank Finances Data Dictionary	—	不定期	—

续表

序号	数据名称	经济体数量	更新周期	时间范围
192	World Bank Policy Research Working Papers	—	每天	—
193	World Bank Program Budget	—	无更新计划	2009—2014 年
194	World Bank Projects & Operations	—	每天	1947 年以来
195	World Development Indicators (WDI)	217	每季度	1960 年以来
196	World Development Report 2011 (WDR2011)	211	无更新计划	1960—2009 年
197	World Development Report 2013 on Jobs Statistical Tables	156	无更新计划	1995—2010 年
198	World Development Report 2014 (WDR 2014)	133	无更新计划	—
199	World Integrated Trade Solution (WITS)	219	每季度	1962 年以来
200	World Report on Disability	194	无更新计划	—
201	Worldwide Governance Indicators (WGI)	215	每年	1996—2014 年
202	2015 Climate Investment Funds-Clean Technology Fund (CTF) Results Data	—	—	2014—2015 年
203	2015 Climate Investment Funds-Scaling Up Renewable Energy Program (SREP) Results Data	—	—	2014—2015 年